AIX-EN-PROVENCE

LA VILLE OÙ IL FAIT BON VIVRE

Caracolant toujours en tête des villes où il fait bon vivre, Aix sait allier l'harmonie et le bien-être à l'esprit d'initiative. Comme Aix ne fait pas les choses à moitié, elle nous a embarqués dans la biennale d'art et de culture *Une cinquième saison* qui a permis de relancer la créativité artistique et donné à la ville un élan nouveau ; la preuve en est le renouvellement incessant des projets patrimoniaux – dernier chantier en date avec la vente du Collège des Prêcheurs au ministère de la Justice – et les différentes devantures apparues récemment qui permettent à la ville de conforter son titre de premier centre commercial intramuros. La ville, désormais piétonne, continue à se transformer et se rénover pour permettre à chacun de s'imprégner de la chaleur de sa pierre dorée et de goûter à l'harmonie élégante de son habitat. Jeunes ou moins jeunes, habitants ou touristes, vous trouverez toujours à votre goût, au détour d'une rue, une nouvelle boutique de vêtements branchés, une galerie d'art, un café tendance cocktail-plancha ou tapas ou encore un lieu de copartage librairie-salon de thé. Quoi de plus facile au *Petit Futé* que de suivre la tendance bien-être et écoresponsable, c'est ce que vous trouvez dans la nouvelle rubrique du *Mag* : du hammam au créateur de produits de beauté, des produits bio aux initiatives locales, ces pages sont remplies d'adresses appétissantes et conviviales avec des conseils judicieux glanés sur le terrain. Et toujours, les rubriques « *Je visite ma ville* » pour un regard renouvelé, « *Je me régale* » pour se délecter, « *Je sors-Je me cultive* » ou « *Je crée mon espace de vie* » pour que le quotidien soit toujours exceptionnel : le *Je* des en-têtes de chapitres est bien celui du lecteur qui se transformera, nous l'espérons, en un *Nous* joyeux et enthousiaste pour découvrir, s'étonner, bref savourer à Aix-en-Provence la douceur de vivre au rythme des saisons.

EDITION

Directeurs de collection et auteurs : Dominique AUZIAS et Jean-Paul LABOURDETTE
Responsable d'édition : Véronique DARDOIZE
Auteurs : Bérengère BOSSY, Olivia DE VILLEUNE, Laure LAVERGNE, Oriane ROMAN, Rémi DUVERT, Véronique DARDOIZE, Pascale VINCENS, Christine ROESCH, Karen AYME, Corinne LACRAMPE, Jean-Paul LABOURDETTE, Dominique AUZIAS et alter
Directeur Editorial : Stéphan SZEREMETA
Rédaction France : Briséis CREAC'H-MENUT, Audrey VEDOVOTTO, Marie VIGNERON, Nicolas WODARCZAK, Mélanie PEILLET
Rédaction Monde : Laure CHATAIGNON, Morgane VESLIN, Pierre-Yves SOUCHET, Natalia COLLIER

FABRICATION

Maquette et Montage : Romain AUDREN, Julie BORDES, Delphine PAGANO
Iconographie et Cartographie : Anne DIOT, Julien DOUCET

WEB ET NUMERIQUE

Directeur Web : Louis GENEAU DE LAMARLIERE
Technical Project Manager : Hervé MARION
Développeurs : Guillaume BARBET, Adeline CAUX
Intégrateur Web : Mickael LATTES, Antoine DION
Webdesigner : Caroline LAFFAITEUR
Community Traffic Manager : Alice BARBIER, Noémie LE SAUX

DIRECTION COMMERCIALE

Directeur commercial : Guillaume VORBURGER
Coordinatrice des Régies commerciales : Manon GUERIN
Account Manager Marketplace : Leila ROUGEOT
Responsable Régies locales : Michel GRANSEIGNE
Responsables Développement régie inter : Jean-Marc FARAGUET et Guillaume LABOUREUR et Camille ESMIEU
Assistante commerciale Régie internationale : Leila ANTRI-BOUZAR
hefs de Publicité Régie nationale : Caroline AUBRY, François BRIANCON-MARJOLLET, Perrine DE CARNE MARCEIN, Jonathan TOUTOUX

DIFFUSION ET PROMOTION

Directrice des Ventes : Bénédicte MOULET assistée d'Aissatou DIOP
Responsable des ventes : Jean-Pierre GHEZ assisté de Nelly BRION
Relations Presse-Partenariats : Jean-Mary MARCHAL

ADMINISTRATION

Président : Jean-Paul LABOURDETTE
Directrice des Ressources Humaines : Dina BOURDEAU assistée de Sandra DOS REIS et Eva BAELEN
Directrice Administrative et Financière : Valérie DECOTTIGNIES
omptabilité : Guillaume PETIT, Aminata BAGAYOKO, Jeannine DEMIRDJIAN, Adama DIABY
Recouvrement : Fabien BONNAN assisté de Sandra BRIJLALL
Responsable informatique : Elie NZUZI-LEBA

PETIT FUTÉ AIX-EN-PROVENCE

LES NOUVELLES EDITIONS DE L'UNIVERSITE
18, rue des Volontaires - 75015 Paris.
✆ 01 53 69 70 00 - Fax 01 42 73 15 24
Internet : www.petitfute.com
SAS au capital de 1 000 000 € - RC PARIS B 309 769 966
Couverture : © Ron Dale - stock.adobe.com / © Oleg Kapustin - stock.adobe.com / © mkos83 - ck.adobe.com / © master1305 - stock.adobe.com / © Javier brosch - stock.adobe.com / © Corona Borealis - stock.adobe.com / © amenic181 - stock.adobe.com / © svetazi - stock.adobe.com / © inerva Studio - stock.adobe.com / © Lustre - stock.adobe.com / © Prostock-Studio - iStockPhoto.com / © Stramyk Igor - stock.adobe / © Cathédrale d'Aix, -en-Provence © Jean-Luc Ichard - iStockPhoto.com
Impression : IMPRIMERIE CHIRAT - 42540 Saint-Just-la-Pendue
Achevé d'imprimer : mars 2023
Dépôt légal : 18/03/2023
ISBN : 9782305080215

Pour nous contacter par email, indiquez le nom de famille en minuscule suivi de @petitfute.com
our le courrier des lecteurs : info@petitfute.com

PEFC™
10-31-1895
Certifié PEFC
Ce produit est issu de forêts gérées durablement et de sources contrôlées.
pefc-france.org

SOMMAIRE

© OH MY DEUCHE

Oh my Deuche.

© MAS DES ECUREUILS

Mas des Ecureuils.

© HOTEL SAINTE VICTOIRE

Hotel Sainte Victoire.

SOMMAIRE

© MA FERME

Ma ferme.

© MAS D'ENTREMONT

Mas d'Entremont.

© MR CHOU

Mr Chou.

LA VILLE EN MOUVEMENT...

© B. BOSSY

BIENNALE D'ART ET DE CULTURE

Intitulée « Une 5e saison » car en continu sur les 4 saisons, la biennale a été lancée à l'initiative de la mairie d'Aix. Plus de 70 partenaires culturels et socio-culturels ont lancé quelque 100 projets : du cirque, de la danse, du théâtre, de l'art lyrique ou graphique, des expositions. Libre champ était donné aux artistes pour faire rayonner sur Aix un vent de créativité artistique. Défi relevé !

THE CAMP

© THECAMP

Vous voulez développer un monde plus durable et partager vos idées ? TheCamp est le lieu pensé pour cela, de l'architecture moderne à la performance énergétique, rien n'est laissé au hasard. Explorateurs, designers, artistes, inventeurs, vous y trouverez des salles de séminaire, un auditorium, une salle de restauration, un hôtel avec chambres et suites au cœur d'un site de 15 ha. Un projet engagé !

© @VILLASAINTANGE

AMA TERRA

Âma Terra, *l'âme de la Terre,* c'est le nouveau restaurant de l'hôtel 5 étoiles la Villa Saint-Ange à Aix. Pierre Gagnaire, chef multi-étoilé, signe la carte proposant une cuisine méditerranéenne toujours inspirée à base de produits frais, locaux et de saison. Un moment de découverte gustative enthousiasmante tout autant que savoureuse auquel vous convie son chef exécutif Jean-Denis Le Bras.

EN SELLE !

Les Lignes Aixoises, c'est le nom du réseau de voies cyclables. Depuis 2020, la ville investit chaque année 3 à 4 millions pour en aménager de nouvelles. Le but : relier le centre-ville aux villages alentour mais aussi développer les itinéraires secondaires avec bientôt une signalétique spécifique. Un moyen de contribuer à la bonne santé physique mais aussi à l'écologie et à l'économie de tous.

© ADAVA PAYS D'AIX

© DALIDA INSTITUTE

AIX DONNE DE LA VOIX

Dalida Institute, la première école dédiée aux métiers de chanteur a ouvert récemment à Aix-en-Provence : une école de la voix pour tous les amateurs, des plus jeunes aux plus confirmés, comme pour ceux qui veulent entamer une carrière professionnelle. Stages en immersion en studio avec des coachs, cursus sur une année, pour se former aux techniques vocales, scéniques, au son et à la lumière.

© B. BOSSY

LA JUSTICE AU COUVENT

Le Collège des Prêcheurs est devenu la propriété du ministère de la Justice, confirmant ainsi Aix-en-Provence comme cour d'appel et d'assises éminemment reconnue. La réorganisation va regrouper à terme 602 personnes, soit 27 % de plus qu'aujourd'hui, sans compter tous les avocats, experts, notaires, conciliateurs qui y passeront. Une belle dynamique. Le cloître restera toutefois ouvert au public.

INTERVIEW

JEAN-MARC GOBBI

PRÉSIDENT FONDATEUR D'IBS OF PROVENCE

Vous êtes un entrepreneur de premier plan dans le pays d'Aix et Marseille avec toujours de nouvelles ambitions.

Tout d'abord je reste concentré sur le développement d IBS of Provence, notamment pour satisfaire une forte attente. L'écosystème que nous avons construit autour d'IBS, regroupant une société de restauration, de traiteur, de bâtiments, d'entretien d'espaces verts et de deux imprimeries, lui donne une grande autonomie, indispensable au déploiement de notre stratégie. Actuellement, c'est un groupe de quatre écoles internationales à Luynes, Marseille et Montpellier. Nous allons maintenant nous installer à Puyricard et à Éguilles et bientôt du côté de Cassis et de Saint-Rémy-de-Provence, toujours afin de proposer un enseignement d'excellence en conciliant audace à l'américaine et rigueur à la française. Vivant ensemble sur le campus, nos élèves apprennent l'ouverture et la tolérance, ce qui ne va pas sans quelques défis qui nécessitent créativité et performance.

Justement, le sport est l'un des piliers formateurs à IBS, ce n'est pas un hasard si vous avez pris récemment la présidence du PAUC, club de handball du pays d'Aix.

Le groupe IBS est actionnaire majoritaire du club. Mon but comme président n'est pas de bouleverser l'équipe ou d'en modifier le fonctionnement. Nous travaillons avec l'équipe dirigeante et l'entraîneur dans le but de conforter les excellents résultats obtenus (troisième place en starligue) et visons bien sûr la coupe d'Europe.

Vous avez d'autres défis ?

J'aime découvrir de nouveaux univers, c'est vrai. Nous avons repris avec mon épouse le château Saint-Pierre de Méjans, un domaine viticole dans le Luberon. Nous y avons créé une maison d'hôte et un parcours d'art contemporain. Parmi les membres fondateurs de Mécènes du Sud, je suis passionné d'art contemporain et collectionneur. Ce prieuré du XIIe siècle n'est pas seulement porteur d'histoire, mais également un lieu vivant d'échange et de partage tout au long de l'année.

› IBS OF PROVENCE
500, route de Bouc-Bel-Air Luynes
13080 **AIX-EN-PROVENCE**
✆ 04 42 24 03 40
www.ibsofprovence.com

› IBS OF MARSEILLE
27 boulevard de la Corderie
13007 MARSEILLE

© PATRICK DESGRAUPES

© VINCENT AGNÈS

© PAUC

RAPHAËLLE BEYSSAC

CHOUETTE ENSEMBLE, UN FOODTRUCK EN PARTAGE

Raphaëlle d'où est venue l'idée de ce projet ?

D'abord une réponse à un problème personnel, étant moi-même parent d'un enfant différent. Après une expérience professionnelle auprès du chef Marx au Mandarin Oriental, j'ai eu l'idée de créer une restauration inclusive, c'est-à-dire une structure à la fois service de restauration de midi pour les entreprises et accompagnement du handicap. A l'institut des Parons, j'ai surtout fait une rencontre merveilleuse et très aidante avec la chef Murielle, qui a accepté de m'accueillir dans sa cuisine : nous avons ainsi démarré une collaboration gourmande et inclusive qui veut mettre à l'honneur des jeunes porteurs de handicaps et les valoriser en misant sur leur talent.

Chef Murielle, comment vous êtes-vous située dans cette aventure ?

J'étais chef de cette cuisine centrale qui faisait des repas à midi et le soir pour toutes les personnes de l'Institut lorsque j'ai reçu la proposition de prendre des jeunes différents. Après m'être formée, je suis devenue éducateur technique, responsable de l'atelier cuisine. Dans cet atelier d'insertion professionnelle, les jeunes apprennent l'exigence et la technique culinaire, participant à tout le processus de fabrication et de service. Ils peuvent aussi gérer l'argent car sous notre marque de fabrique L'Atelier des p'tits chefs nous vendons en interne des terrines et autres pour racheter du matériel ou faire une sortie en fin d'année.

Parlez-nous de vos actions et de vos projets.

Notre petite estafette rose, La Belle de Chouette, anime des évènements privés ou d'entreprise avec un menu intitulé « surprise dans l'assiette » car les recettes ont la même base, mais, suivant l'humeur ou le talent, elles seront préparées toujours différemment : nous voulons « titiller les papilles » et jouer « décalé » pour mettre à l'honneur les différences. Nous travaillons des produits locaux très majoritairement bio désormais, en circuits courts, pour faire croquer la saisonnalité.

Nous avons pour demain le projet d'ouvrir un restaurant toujours dans la continuité de notre histoire : accompagner les jeunes dans l'apprentissage d'un métier en valorisant leur différence et mettant à profit leur talent.

› CHOUETTE ENSEMBLE
150, avenue Georges Pompidou
13100 **AIX-EN-PROVENCE**
✆ 06 50 37 01 51
www.chouetteensemble.fr

© CHOUETTE ENSEMBLE

© CHOUETTE ENSEMBLE

© CHOUETTE ENSEMBLE

ET ACCESSIBLE À TOUS !

© INSTITUTDESPARONS

INSTITUT DES PARONS

Le défi de l'institut des Parons ? Accompagner les jeunes en situation de handicap : leur permettre de se développer dans un environnement adapté mais non fermé et de s'accomplir dans le respect de leurs potentialités pour accéder à l'autonomisation de chacun. Dans un monde sans cesse en mouvement, l'institut développe de nouvelles méthodes pour leur bien-être et des projets innovants inclusifs.

LES CRODILES

Montrer que ce qui est nécessaire aux enfants à besoins particuliers l'est aussi pour les autres : voici une véritable boutique inclusive pour

© VD

tous les enfants, y compris ceux qui peuvent avoir des troubles DYS, TDHA, moteurs, visuels ou sensoriels. Conseillée par des professionnels, Sandra propose des articles ludiques et outils thérapeutiques pour l'apprentissage et la rééducation des enfants.

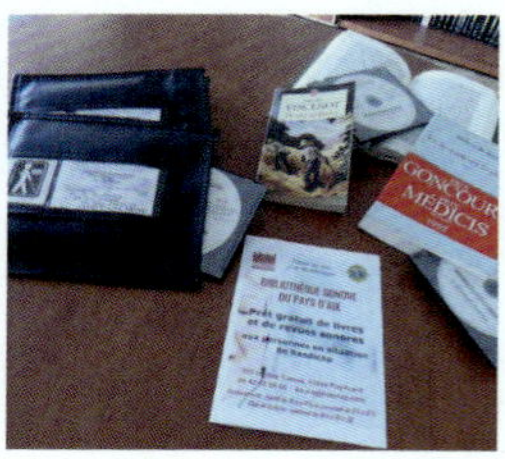

© BIBLIOTHÈQUE SONORE

BIBLIOTHÈQUE SONORE

L'association « les donneurs de voix » propose à tous ceux qui ne peuvent plus se concentrer sur un livre (handicapés ou non-voyants) une bibliothèque sonore : ce sont 3 600 ouvrages enregistrés sur CD ou accessibles en téléchargement, mais aussi accès aux 14 000 ouvrages enregistrés sur le serveur national. Club de lecture proposé tous les premiers vendredis du mois à la bibliothèque Méjanes.

CHEZ PIERRE

Chez Pierre, un petit dernier pour changer le regard sur le handicap : un restaurant extraordinaire en plein centre d'Aix qui veut employer des personnes porteuses de handicaps. Un projet qui suit les personnes depuis leur formation jusqu'à leur accompagnement dans l'élaboration des plats en cuisine et le service en salle, pour mettre en valeur les « pierres précieuses » et vraiment talentueuses !

© B. BOSSY

PHÉNIX

Permettre à tous d'avoir accès aux activités physiques et sportives, c'est le credo de l'association Phénix : s'appuyant sur la conviction que le sport est constitutif à la bonne santé de chacun et surtout qu'il contribue au lien social mutuel, Coralie et Jonathan ont voulu développer cette association pour proposer à tous des activités variées, sportives et de loisirs. Ensemble, tout est possible !

© PHENIX

CECIDEV

L'association Cecidev veut permettre une meilleure mobilité des personnes non voyantes ou mal voyantes : prendre en compte les demandes, éduquer les chiens avec des familles d'accueil, former des personnes à leur utilisation et sensibiliser tout le monde au handicap visuel, l'association est sur tous les fronts pour accompagner les maîtres et leur chien et leur permettre une véritable autonomie.

© CECIDEV

JANVIER

PASTORALE MAUREL
(AIX-EN-PROVENCE)

Oeuvre d'Antoine Maurel, c'est la pièce la plus jouée en Provence, en quatre actes. Cette pièce, dans laquelle la représentation de la Nativité sert de prétexte à un enchaînement d'épisodes divertissants, s'achève par l'ultime rassemblement des personnages autours de la crèche.

FÉVRIER

GRAND PRIX DU PAYS D'AIX
(AIX-EN-PROVENCE)

Course cycliste française disputée tous les ans sur la commune de Puyricard sur une distance de 138 km (4 tours de 34,5 km). L'épreuve est organisée par l'Amical Vélo Club d'Aix-en-Provence (AVCA).

MARS

FESTIVAL DES ÉCRIVAINS DU SUD
(AIX-EN-PROVENCE)

Durant 4 jours, le festival met à l'honneur le Sud et sa beauté et valorise tous les écrivains qui le célèbrent.

JOURNÉES EUROPÉENNES DES MÉTIERS D'ART
(AIX-EN-PROVENCE)

Les artisans d'art du Pays d'Aix ouvrent les portes de leurs ateliers, cette année autour du thème "Nos mains à l'unisson".

JUILLET

FESTIVAL INTERNATIONAL DE PIANO
(LA ROQUE-D'ANTHÉRON)

Un festival international dans un cadre enchanteur. Le rendez-vous des mélomanes, amateurs et pianistes de grande classe.

FESTIVAL INTERNATIONAL D'ART LYRIQUE
(AIX-EN-PROVENCE)

LA référence en matière d'art lyrique. Aix et ses monuments se mettent au diapason. Des concerts magiques dans des cadres uniques.

FESTIVAL LES MUSICALES DANS LES VIGNES DE PROVENCE
(HYÈRES)

Ce festival allie dégustation de vins à un concert musical dans le cadre de lieux d'exception. Parfait pour rêver sous un ciel étoilé.

AOÛT

FESTIVAL LES NUITS PIANISTIQUES
(AIX-EN-PROVENCE)

De surprise en surprise musicale dans des lieux enchanteurs et peu ouverts au public...

LES NUITS D'AIX
(AIX-EN-PROVENCE)

Marché nocturne sur le Cours Mirabeau de mi-juillet à fin août : artisanat local, poterie, lavande, bougies, et produits de bouche calissons, gibassiers, madeleines, pains d'épices, tapenade... De quoi remplir votre panier !

SEPTEMBRE

BÉNÉDICTION DES CALISSONS
(AIX-EN-PROVENCE)

La bénédiction des calissons est un événement dominical incontournable avec plusieurs temps forts en ville. Traditionnel et gourmand !

AVRIL

LE FESTIVAL DE PÂQUES

(AIX-EN-PROVENCE)

Une programmation de musique classique d'excellence avec 33 concerts, 1000 artistes et des prix accessibles pour tous

RENCONTRES DU 9E ART

(AIX-EN-PROVENCE)

Des bulles sous différentes formes et dans toutes les langues pour un festival toujours animé.

MAI

LES JOURNÉES DE L'ÉLOQUENCE

(AIX-EN-PROVENCE)

Joutes verbales et jeux de mots à la clé, conférences et master class ouvertes à tous... Laissez-vous inspirer !

JUIN

SALON VIVRE CÔTÉ SUD

(AIX-EN-PROVENCE)

Un salon dédié à l'art de vivre, de l'inventivité, du moderne, de la créativité, c'est le grand showroom du Parc Jourdan !

LES FLANERIES D'ART CONTEMPORAIN

(AIX-EN-PROVENCE)

A la découverte de jardins extraordinaires qui ouvrent leurs portes pour accueillir des œuvres d'artistes contemporains.

AIX EN JUIN

Du 8 au 30 juin. Prélude au festival d'Art Lyrique, concerts à Aix et environs, gratuits, ouvert à tous les publics.

OCTOBRE

AIX EN FOULÉES

(AIX-EN-PROVENCE)

L'occasion de partager une belle balade sportive au cœur de la cité du Roy René. Départs sur l'avenue des Belges, pour un parcours de 5 ou 10 km.

NOVEMBRE

FESTIVAL TOUS COURTS

(AIX-EN-PROVENCE)

Festival International de courts métrages d'Aix-en-Provence. A Aix et hors les murs. Courts métrages en compétition, Masterclass, conférences, tables rondes, le Festival est le lieu de rencontres et d'échanges autour de la création cinématographique contemporaine internationale.

DÉCEMBRE

FOIRE AUX SANTONS - AIX

(AIX-EN-PROVENCE)

Cette foire est un rendez-vous incontournable. Les maitres santonniers les plus réputés, dont le Santonnier Fouque depuis 1934, est présent.

LES ÉCO-RESPONSABLES

La tendance était dans l'air du temps mais Aix n'a pas voulu être en reste et s'en est saisie avec une belle inventivité : nous les petites Futées, nous avons été séduites par le dynamisme et l'élan productif de toutes ces initiatives qui, au-delà de la démarche, veulent entraîner un mouvement volontaire de conversion à un mode de vie à la fois respectueux du bien-être de chacun et de leur travail. Tri de déchets, bio en vrac, épicerie fine, produits de beauté, vêtements, foodtruck différent, tous les domaines sont inventoriés et les initiatives très nombreuses. Les jeunes sont souvent moteurs mais les aînés les partagent et n'hésitent pas à se lancer dans l'aventure. Décidément, Aix se renouvelle et sait prendre des risques, une belle énergie d'éco-responsabilité !

SAUVAGE MÉDITERRANÉE

UNE MARQUE ÉCO-ENGAGÉE

Notre Méditerranée est l'une des mers les plus polluées du monde… L'association aixoise Sauvage Méditerranée s'est engagée depuis 2018 auprès des associations de protection de l'environnement pour récupérer les plastiques rejetés par la mer sur nos côtes et pour les recycler en bijoux, sacs, porte-clefs... ▶▶ *Page 134*

© VD

© .NOD

.NOD

MANGEONS DANS LE BON SENS

Des vinaigrettes, des sauces ketchup et barbecue sans sucre, des mayonnaises inspirées du fait-maison, du 100% bio, fabriquées en Provence, c'est le pari réussi de la jeune start-up Bio Future installée à Venelles près d'Aix. Ils ont lancé une gamme de produits sous le nom de. *nod*, de bons produits dans tous les sens du terme. Les emballages en verre sont recyclables, que du bon pour la planète. ▶▶ *Page 94*

© IPSAGO

IPSAGO

0 GASPI

Fabriquer des biscuits d'apéro et des biscuits fruités anti-gaspi, c'est le pari de Thibault et Renaud, amis d'enfance. Ils ont créé IPSAGO il y a 1 an à Aix, une jeune start up engagée contre le gaspillage alimentaire. On trouve leurs biscuits un peu partout dans les magasins bio de la région depuis le mois de juin. Des biscuits d'un genre nouveau, aussi bons pour votre palais que pour la planète. ▶▶ *Page 97*

© LES ESSENTIELS

LES ESSENTIELS

UN SOIN C'EST TOUT

Les Essentiels ce sont des produits d'hygiène et de soins, des cosmétiques bio 100 % naturels fabriqués de A à Z à Saint-Cannat près d'Aix. Un laboratoire dont la démarche écoresponsable lui a valu la reconnaissance de l'association Slow Cosmétique. On aime leurs shampoings solides, les huiles démaquillantes, les gommages exfoliants et la chantilly de karité pour le corps et les cheveux ▶▶ *Page 130*

© AU POIDS CHICHE

AU POIDS CHICHE

DU VRAC AMBULANT

On fait ses courses Au Poids Chiche, un camion-épicerie itinérant comme autrefois l'épicier qui allait de village en village dans les campagnes. C'est Lauriane qui est au volant. On vient avec son panier, ses bocaux, ses bidons, ses bouteilles car tout est vendu en vrac : farine, sucre, céréales, biscuits, épices, fruits secs, condiments, thés, tisanes, produits de droguerie, savon et cosmétiques. ▶▶ *Page 97*

© ELISABETH J

LA FERME DE VIOLAINE

UN DOMAINE DE SENTEURS ET DE SAVEURS

Un domaine de 30 ha bio et en permaculture : il y pousse de la vigne, des fruits et légumes, des plantes aromatiques, des oliviers... Elisabeth, la propriétaire, s'est entourée de passionnés de la terre qui cultivent chacun leur parcelle. Elle-même a planté 200 rosiers Centifolia bio qu'elle transforme en cosmétiques, hydrolat et sels de bain. ▶▶ *Page 97*

© VD

ARTHUR & VALENTINE

DES SAVONS TOUT DOUX

Arthur et Valentine, 2 prénoms pour des savons tout doux pour les bébés et les enfants, est une jeune marque née à Ventabren en 2021, une savonnerie artisanale dont le projet a germé devant l'école des 2 bambins où leurs mamans se sont rencontrées. Leurs savons sont formulés avec des ingrédients naturels issus de l'agriculture locale, biologique ou éthique. Bons pour la peau et bons pour la planète.

▶▶ Page 131

© CLEVER BEAUTY

CLEVER BEAUTY

DES VERNIS ET DES MASCARAS ANTI GASPI

Clever Beauty, c'est une jeune marque de maquillage naturel et anti-gaspillage, écoresponsable, écologique, avec des vernis et des mascaras fabriqués ici. C'est l'Aixoise Maëva Bentitallah qui en est la fondatrice et créatrice. Elle a inventé le 1er vernis à ongles, 12 couleurs, doté d'un bouchon anti-gaspillage et le 1er mascara en flacon de verre, recyclable et rechargeable. On a testé pour vous, on adore !

▶▶ Page 130

© VD

DE SILOS EN BOCAUX

DU BIO EN VRAC

Consommer local et bio et n'acheter que les quantités dont on a besoin, c'est ce que propose Hugo l'épicier de Silos en Bocaux à Pertuis dans le Pays d'Aix. Produits alimentaires et de première nécessité, de l'huile d'olive aux biscuits d'apéro et aux céréales, des bonbons bio aux cosmétiques, des ustensiles de cuisine au rayon crèmerie. Pensez à amener vos bocaux et bouteilles pour faire votre marché.

▶▶ Page 96

© D.BOSSY

FAIRE LE MUR

LE GESTE ET LA MATIÈRE

Faire un enduit, une peinture murale, c'est un savoir-faire ancestral si l'on veut bien faire les choses en conciliant les enjeux techniques, écologiques, esthétiques de l'habitat et de son environnement. Peintre en décor du patrimoine, artisan d'art, Goulven Delisle fabrique lui-même ses couleurs et enduits à partir de matières brutes le plus souvent récupérées sur le chantier. Du circuit court à 100%.

▶▶ Page 170

INTERVIEW

MATTHIEU COLOMBE

UN LIBRAIRE INDÉPENDANT ET HEUREUX

Malgré un contexte complexe, la libraire Goulard a toujours pignon sur le cours Mirabeau, rendez-vous aixois incontournable.

Depuis plus de 20 ans à sa tête, Matthieu Colombe a fait de cette vieille dame née en 1880 une librairie jeune et branchée. Son parti pris : dépoussiérer la librairie de l'idée d'une bibliothèque silencieuse et élitiste, on doit y entrer comme si l'on se promenait sur une place d'Aix, flâner, demander des conseils, échanger avec des amis lecteurs.

Parlez-nous des « coups de cœur ».

Ces petits morceaux de papier rose en post-it sur les livres ? Nos coups de cœur sont à l'initiative de nos libraires, ils sont plus d'une vingtaine, Anne responsable du rayon littérature, aidée de Jeoffroy, Julie et Lisa au rayon polar, Aurélia aux sciences humaines… ce sont de vrais libraires qui lisent les livres, les sélectionnent et indiquent en quelques phrases pourquoi ils l'ont aimé. Vous verrez aussi deux coups de cœur pour un même livre, occasion d'échanger entre eux. Ce ne sont pas seulement des livres qui leur ont plu par leur qualité d'écriture ou leur originalité, c'est une sélection aussi pour orienter la clientèle et la satisfaire en fonction de ce qu'elle nous a demandé en amont, de ce qu'elle recherche, nous sommes véritablement à l'écoute. Nous collons évidemment à l'actualité et aux tendances de lecture dans nos choix mais nous sommes aussi découvreur de pépites, c'est le rôle d'un bon libraire. Par exemple, nous avions vu avant les autres et mis en avant *L'Ombre du Vent* de Carlos Ruiz Alfon. Une petite fierté.

Et les projets ?

Toujours mieux accueillir le public en organisant un espace convivial avec des modules pour se poser et accueillir des signatures plus fréquemment, toujours très appréciées. Enfin, la librairie ce n'est pas qu'un lieu physique, notre clientèle s'est élargie via le net ; nous avons une personne dédiée aux réseaux sociaux, Instagram notamment, c'est aussi un espace de partage sur lequel nous proposons des choix de lecture quotidiennement et nos lecteurs nous suivent.

› LIBRAIRIE GOULARD
37, cours Mirabeau
13100 **AIX-EN-PROVENCE**
✆ 04 42 27 66 47
www.librairiegoulard.com

LES RESTAURANTS

Un dîner en ville ou une escapade gourmande, quoi de meilleur que de redécouvrir le plaisir d'une bonne table ? Aix a toujours su attirer ses habitants ou les touristes de passage, lui permettant de développer une offre toujours plus attractive de belles tables, étoilées ou non, pour tous les budgets. Dans notre top 10, cette année, nous vous proposons une sélection particulièrement éclectique, signe du renouvellement audacieux et remarqué dans toute la ville et ses alentours. Des classiques « Maison française » au plus spécialiste historien, en passant par les découvertes saveurs du monde, le choix est large. La tendance du moment : prendre un moment simple mais gustatif entre amis autour d'un bon cocktail et d'une belle planche de produits frais, que du beau et du bon toujours à partager !

MANA

COFFEE, BREAKFAST, LUNCH VEGAN & APÉRO

On a craqué à midi pour leur burger, leur courge rôtie aux épices, les noix de cajou caramélisées, leur galette de polenta, leur granola de quinoa croustillant aux fruits et la brioche au caramel. Des assiettes belles et copieuses ! On a fait le plein de vitamines avec les jus de fruits pressés à la minute. On est revenu un matin pour le café torréfié par leurs soins. Cadre, ambiance et service au top ! ▶▶ *Page 106*

© VD

© B BOSSY

NIRO BY LE GAMBETTA

DU BISTRONOMIQUE

Niro, c'est la nouvelle table bistronomique à Aix. Damien Serre Combe a du talent, il cuisine avec passion des recettes salées/sucrées avec juste ce qu'il faut d'épices des 4 coins du monde. Les saveurs sont subtiles : crème de citron confit au gingembre, quelques cranberries, et pour relever une sauce du banyuls, les assaisonnements sont parfaits. Belle formule en café gourmand. A tester ! ▶▶ *Page 50*

© VD

LE PRÉAU

DANS LA COUR DES GRANDS

Coup de cœur pour Le Préau à Rognes, son chef Antonin Wishart et sa jeune brigade, la cuisine fraîche et inventive, le cadre et l'ambiance. Antonin, la trentaine, est un perfectionniste jusque dans le dressage des assiettes et l'accueil. Il prône les circuits courts et se sert dans le potager familial. Poissons, viande, légumes, tout est maîtrisé. Pas d'impasse sur le dessert, il est compris dans le menu. ▶▶ Page 75

© BÉRENGÈRE BOSSY

VINTREPIDE

LA BELLE ALLIANCE

Au cœur du vieil Aix, Vintrépide, c'est deux petites salles en enfilade, à la déco épurée, et chaque jour sur la carte deux poissons sauvages, deux viandes, quatre ou cinq entrées et autant de desserts. Le chef William Aubert prépare une cuisine très raffinée, inspirée, c'est élégamment présenté. La carte des vins est présentée par Éric Jaegg : suivez ses conseils pour les accords avec l'assiette. ▶▶ Page 51

© VD

MAS D'ENTREMONT

S'ATTABLER DANS UN ÉCRIN DE VERDURE

À la Table du Mas d'Entremont, Mayeul Robin maîtrise les grands classiques auxquels il rajoute sa touche de jeune chef. À ses côtés, le chef pâtissier Vincent Le Bolloc revisite lui aussi la carte des desserts en fonction des saisons. L'un et l'autre privilégient les bons produits d'ici. Le cadre vaut le détour : jardins, bassins et chambres cosy de l'hôtel. On est sur les hauteurs de la ville. ▶▶ Page 43

© LES HALLES 1889

LE COMPTOIR D'ENTRECASTEAUX

LE BISTROT CHIC D'EGUILLES

C'est une savoureuse cantine pour les habitués du coin au cœur des Halles 1889. Et elle vaut le détour pour un déjeuner d'affaires par exemple. Le jeune chef Raphaël Bossy change sa carte toutes les semaines et compose avec les produits locaux. Les pâtisseries sont signées Frédéric Lang. Cadre sympa, terrasse en été et soirées concert ou barbecue le week-end. ▶▶ Page 72

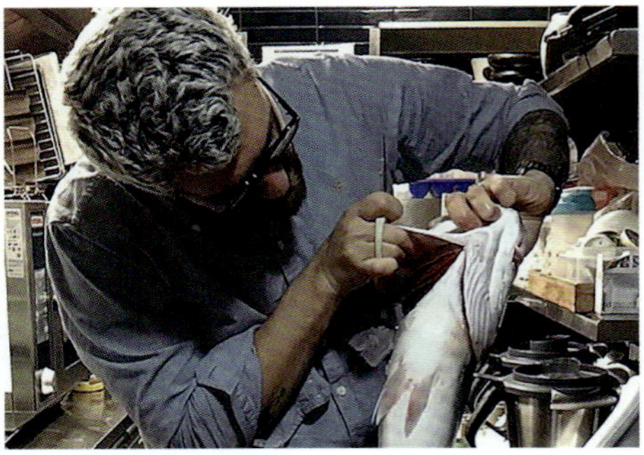

© VD

SAUVAGE

LA TENTATION

Un menu unique en 7 ou 10 temps, avec entrée, poisson, viande et dessert, que Loïc Pétri décline en fonction du marché et de son inspiration. Revenu dans son Sud natal pour y ouvrir son restaurant et épaulé par Dominique, sa maman, qui réalise les desserts, Loïc élabore une cuisine créative avec de beaux produits saisonniers. Plaisir des yeux et des papilles dans un cadre élégant. Gastronomique ! ▸▸ Page 49

© DE L'UNE À L'AUTRE

DE L'UNE À L'AUTRE

LA DÉCOUVERTE

Au calme à deux pas de la place des Cardeurs, dans un lieu accueillant comme une maison d'amis, De l'Une à l'Autre c'est une cuisine du marché savoureuse. Légumes de saison bien travaillés ou plats mijotés comme le sauté de veau aux olives, tout est savoureux, y compris les desserts ; on a testé le Crousti-Coco de Bernard, une verrine incontournable parmi les douceurs pérennes de la carte. On aime ! ▸▸ Page 51

© LE GRAND PUECH

LE GRAND PUECH

PREND DE LA HAUTEUR

A Mimet, plus haut village des Bouches-du-Rhône, l'hôtel-restaurant le Grand Puech c'est une vue à 180° sur la chaine de l'Étoile. On aime le cadre cosy, la table au coin du feu l'hiver, la terrasse ombragée l'été et la cuisine aux accents méditerranéens. Le chef Michel Basaldella qui porte haut les couleurs de la Provence et de son Italie natale vous accueille chaleureusement avec son bel accent. ▸▸ Page 73

© LA MAISON FRANÇAISE

LA MAISON FRANÇAISE

TOUJOURS ÉLÉGANTE

Dans ce lieu à l'écart, à la fois lobby d'un club anglais et restaurant très français, la nouvelle cheffe Élodie Li signe la carte de cette élégante table aixoise incarnant la gastronomie française, comme la blanquette de veau en croûte, sans compter la carte des douceurs signée Florian Grad. Ambiance feutrée. ▸▸ Page 82

INTERVIEW

L'HÔTEL SAINTE VICTOIRE

A VAUVENARGUES UNE VILLÉGIATURE CHIC ET GOURMANDE

Face au château de Picasso, dans un écrin de verdure au pied de la montagne Sainte Victoire emblématique du Pays d'Aix, l'Hôtel et sa table gastronomique aux accents brésiliens nous ont conquis dès l'ouverture en 2019. Alessandro Blay, le propriétaire épaulé par Matthieu Dulhoste en ont fait un lieu à la fois chic et cosy. Pour séjourner, les 13 chambres et les 2 suites sont toutes élégantes et raffinées. Pour la table, Mateus Marangoni est un chef accompli, repéré par le Michelin en 2021, sa cuisine est un voyage au pays des saveurs.

Alessandro, comment s'est passée votre dernière saison estivale ?

Ce fut la bonne surprise après le Covid : nous avons eu une vraie reprise car la clientèle était au rendez-vous avec notamment le retour des étrangers. Notre avantage sans doute c'est que nous sommes un hôtel à taille humaine, dans la nature, et quelle nature ! loin de l'agitation de la ville, un luxe notamment en haute saison, pour celles et ceux qui recherchent un lieu de ressourcement et de tranquillité.

Vous avez une table de restaurant réputée ?

Oui, nous avons maintenant une reconnaissance professionnelle, en ayant obtenu très récemment le titre de Maître Restaurateur, seul titre délivré par l'état, label qui récompense une cuisine authentique eu égard à plusieurs critères dont l'originalité : notre chef brésilien Mateus Marangoni propose en effet une cuisine créative internationale aux accents méridionaux bien maitrisés. Nous sommes particulièrement attentifs à développer des partenariats avec des fournisseurs locaux et artisans comme la boulangerie Noé qui travaille ses propres farines et offrons maintenant une déclinaison de recettes vegan, avec un Tofu Gravlax rouge à base de betteraves ou le Gua Bao et aubergine Shiso, avec son pain Bao et crème de bananes.

Quels sont vos projets pour l'avenir ?

Un projet artistique avec l'installation prochaine d'une œuvre d'art née de la collaboration entre Marie Guerrier, qui a déjà réalisé pour nous une série d'estampes et le calligraphe français Nicolas Ouchenir. Une œuvre à 4 mains en quelque sorte parce que la création est le moteur de notre espace. Celle-ci devrait être dévoilée peu avant les quatre ans de l'établissement.

> HÔTEL SAINTE VICTOIRE****
33, avenue des Maquisards - **VAUVENARGUES**
✆ 04 42 54 01 01
www.hotelsaintevictoire.com/fr/

© HOTEL SAINTE VICTOIRE

© HOTEL STE VICTOIRE

© HOTEL STE VICTOIRE

LES ACTEURS DU BIEN-ÊTRE

Prendre soin de soi est une préoccupation naturelle et les lieux aixois qui permettent une véritable parenthèse de bien-être apaisante et dynamisante à la fois ne manquent pas. Nous avons eu du mal à les sélectionner, aussi avons-nous privilégié des critères communs : vivre un moment de qualité et d'exception, une véritable bulle de douceur et si l'attention écologique est promue c'est tant mieux ! Des hammams et centres de spa, à tester seul ou entre amis, des instituts de beauté mais à l'écoute de nos besoins, et utilisant des matières naturelles, un coiffeur qui fait son show parce que nous sommes la personne la plus importante du monde ! Même si nous ne le croyons pas, n'hésitons pas, *carpe diem* est notre devise, une fois n'est pas coutume.

© NATCHA

NATCHA

SOINS DE JOUVENCE SUR MESURE

Formée aux techniques ancestrales de beauté selon la tradition de la médecine chinoise, Nathalie - facialiste holistique, acupunctrice et naturopathe - utilise la lithothérapie avec les Guashas en quartz rose, améthyste, néphrite et obsidienne pour des massages tonifiants et drainants. Nathalie se partage entre Aix et Paris, dans sa clientèle des personnalités du cinéma et de la mode. Et nous ! ▶▶ *Page 132*

© SRMAZARINE

SR MAZARINE

LUXE, CALME ET VOLUPTÉ

Une expérience de bien-être privilégiée à deux pas du cours Mirabeau : une grande salle voûtée aux murs de pierres apparentes, en son milieu une piscine chauffée et tout autour un espace détente, un hammam, des salles de massage et de soins à la carte... Luxe, calme et volupté pour un véritable temps de ressourcement. SR Mazarine propose aussi une gamme de produits de beauté pour prolonger les soins. ▶▶ *Page 138*

© PLUME

PLUME

UN COCON BEAUTÉ TOUT DOUX

Offrez-vous une parenthèse rien que pour vous et laissez-vous aller à la détente dans ce petit institut de beauté comme un cocon au cœur d'Aix. Soins et massages du visage, soins du corps, épilations, soins et manucure des mains et des pieds, des soins personnalisés en fonction de vos attentes, puisque chaque peau est unique. Camille, Kim et Aurélie, le trio féminin, vous accueillent chaleureusement. ▶▶ *Page 132*

© VD

ROBERTO FANTI COIFFURE

ÇA COIFFE ET ÇA DÉCOIFFE CHEZ ROBERTO !

Depuis 25 ans, Roberto est reconnu maître pour son coup de ciseaux. Il a le coup d'œil pour savoir quelle coiffure ou couleur va révéler le mieux votre personnalité, il vous fait une jolie tête et vous rend le moral si vous l'aviez perdu. On lui fait confiance à lui et à sa jeune équipe et on attend avec impatience les shows coiffure organisés chaque année ! ▶▶ *Page 131*

© HAMMAMDESPRECHEURS

HAMMAM DES PRÊCHEURS

LE SOIN ET LA DOUCEUR

Ici c'est l'assurance d'un moment de douceur et de bien-être, au cœur de la vie trépidante : l'espace voûté dans un bel hôtel du centre-ville comporte une grande salle de hammam d'où s'échappent de douces vapeurs parfumées. Vous avez le choix entre de nombreux massages et soins. Gentillesse et professionnalisme. ▶▶ *Page 137*

LES PERSONNALITÉS

Aix, ville de culture, oui, mais non pas endormie sur ses lauriers ! Le nouveau défi consiste à redonner ses lettres de noblesse à la culture en la débarrassant de ses oripeaux compassés et en en faisant un vecteur populaire commun à tous. Le pari est relevé haut la main grâce à la volonté de la mairie lors du lancement de La Cinquième Saison ou biennale de la culture mais aussi à des personnalités remarquables et entrainantes. Notre top 5 cette année distingue un directeur de festival, un directeur de musée, une écrivaine, un entrepreneur et une artiste et pédagogue. Ce qui les anime ? Une même passion pour découvrir dans leurs domaines de nouveaux talents et permettre surtout d'entraîner tous les autres en le manifestant. Une culture en partage, c'est dynamique et créatif !

© FONDATION VASARELY

PIERRE VASARELY

LA CULTURE MODERNE POUR TOUS

Unique petit-fils de Victor Vasarely, Pierre a hérité de son grand père la volonté de populariser et d'actualiser l'art moderne. En sa mémoire, il développe la fondation à Aix, et particulièrement le centre architectonique dont le symbole emblématique représente désormais un élément incontournable du paysage aixois ; conférences, expositions, parcours ludiques, la modernité à portée de tous !

▶▶ Page 31

© F.MANTOVANI GALLIMARD

© SARAH WONG

PAULE CONSTANT

SE FAIRE L'ÉCHO DU MONDE

Depuis plusieurs années maintenant, Paule Constant a posé ses valises à Aix-en-Provence. Prix Goncourt en 1998 et élue à l'Académie du prix Goncourt au fauteuil de Robert Sabatier, elle interroge dans ses livres les rapports humains, entre humour et causticité. Elle a créé en 2000 le centre des Écrivains du Sud et en 2015 le festival du même nom pour mettre en valeur la figure esthétique du Sud.

▶▶ *Page 28*

PIERRE AUDI

UN FESTIVAL ENTRE CRÉATIONS ET TRADITION

Le metteur en scène franco-libanais Pierre Audi est reconduit jusqu'en 2027 à la tête du Festival d'Art Lyrique. Pour cette 75e édition, il réitère avec une programmation innovante entre tradition et modernité et toujours la volonté d'instaurer le dialogue entre les œuvres, les autres arts, l'actualité, le public et les lieux : 6 opéras, 3 opéras en version de concert et 15 concerts et récitals.

▶▶ *Page 29*

© PHILIPPE BIOLATTO-AIXMAG

© JEROME LOPEZ

JOSETTE BAÏZ

30 ANS DE DANSE ET DE CŒUR

Personnalité de corps et de coeur, Josette Baïz l'est assurément. Danseuse, chorégraphe mais avant tout pédagogue, elle crée il y a 30 ans le groupe Grenade, à la fois groupe de danse professionnel adulte mais aussi école pour les jeunes de quartiers défavorisés. S'appuyer sur la jeunesse, le métissage des cultures et par la danse révéler à chacun sa vérité, une école de partage et de création.

JEAN-MARC GOBBI

ENTREPRENDRE C'EST DU SPORT

Nouvel actionnaire principal et président du PAUC, club de handball du pays d'Aix, les défis sont depuis toujours le moteur de Jean-Marc Gobbi, un entrepreneur à la carrure de sportif, fondateur d'IBS, l'École internationale de Luynes dans laquelle le sport est un pilier formateur, tant pour l'éducation que pour l'exigence dans les objectifs et les résultats. Endurant et sprinteur à la fois !

▶▶ *Page 183*

LES GRAINES DE VAINQUEUR

Les graines de vainqueur sont marquées cette année par une tendance écoresponsable, gastronomique et start-up. Le contexte environnemental a vu comme partout le développement de nombreuses initiatives mais à Aix elles se sont fait l'écho d'une prise de conscience affirmée de la recherche de sens et du bien-vivre. Conversion à une alimentation saine et néanmoins gourmande, recette de grand-mère adaptée au goût du jour, objets utilitaires toujours réutilisables et non jetables, la tendance est nette : sans renoncer au bien-vivre, trouver le bon compromis entre reconnaissance du travail, origine des produits surtout locaux et recherche affirmée de l'excellence. Ce sont aussi des personnalités attachantes qui nous font partager leurs pépites quitte à nous emmener dans de véritables virées gourmandes !

SAVONS ET CHIFFONS

L'ESSENTIEL ET L'UTILE POUR LA MAISON

Une nouvelle droguerie en centre-ville qui prône l'écologique et le durable avec des produits d'hygiène, des produits ménagers et des ustensiles pour la cuisine et la salle de bains. Marine propose le fabriqué en France avec un brin de nostalgie pour des articles d'antan : la tapette en osier, le filet à provisions, le presse-purée, le broc d'eau en métal noir, le peigne en bois. Excellents conseils. ▶▶ *Page 141*

© VD

© RAPHAELLE BEYSSAC

CHOUETTE ENSEMBLE

CUISINE GOURMANDE ET INCLUSIVE

Proposer une cuisine gourmande et inclusive avec la petite estafette rose, c'est le nouveau pari relevé par Chouette ensemble ! Des événements privés ou d'entreprise, un menu « surprise dans l'assiette » car les recettes ont la même base, mais préparées toujours différemment, il s'agit de « titiller les papilles » et de « jouer sur le décalé » avec des produits locaux et en circuits courts. ▶▶ *Page 71*

© LA MAMETTE

LA MAMETTE

L'APÉRITIF PROVENÇAL BIO ET ARTISANAL

La Mamette, en hommage à la grand-mère de Victor qui faisait du vin d'orange. Pour que la recette ne se perde pas, il s'est lancé dans la fabrication de cet apéritif à base de vin nature, d'agrumes bio (citron, orange, pomelos, mais aussi yuzu, main de bouddha, citron nectar), de quelques épices (cannelle, clou de girofle) et un peu d'alcool. Une bonne base pour renouveler et booster vos cocktails !

▶▶ Page 102

© VD

NARCISSE

L'HISTOIRE DANS L'ASSIETTE

Anthony Marras et Astéria ont ouvert ce restaurant il y a peu. Une adresse confidentielle et atypique avec une carte qui nous plonge dans l'histoire, avec les mets favoris des rois et autres grands de France. L'huître Louis XIV, les pommes Dauphine et le chocolat Louis XV, le veau Marengo sauce Napoléon mais aussi les escargots Talleyrand ! Royal, impérial tout comme la carte des vins.

▶▶ Page 49

© LA BONNE QUILLE

LA BONNE QUILLE

LES BONS FLACONS DE DIMITRI

La Bonne Quille, cave et bar à vin, est un lieu convivial où Dimitri et Hency partagent leur goût du bien vivre ensemble : chez eux, on s'installe sans chichis en terrasse autour de tonneaux ou on partage la table en intérieur pour déguster une bonne bouteille, une assiette de charcuterie ou tapas maison, fleurs de courgettes en saison, carpaccio d'anguilles. Accueil chaleureux et conseils généreux !

▶▶ Page 110

© LES NAVETTES AIXOISES

LES NAVETTES AIXOISES

DES NAVETTES OUI, MAIS AIXOISES

Plus besoin d'aller à Marseille pour acheter ses navettes lorsque l'on habite le pays d'Aix. Laëtitia a appris le métier dans une biscuiterie artisanale marseillaise bien connue. Ses navettes ont la même saveur et la même tendreté en bouche. Laissez-vous guider par l'odeur qui embaume quotidiennement la rue Victor Leydet, à 2 pas de la Rotonde.

▶▶ Page 92

© LEJAS

LE JAS
UNE TABLE À LA CAMPAGNE

Au détour d'une petite rue à l'écart dans le village, le Jas vous ouvre ses portes : salle voûtée, nappe blanche en tissu et jolis verres, la cuisine traditionnelle est préparée à base de produits frais et locaux, avec lesquels Emeric Corbon, le jeune chef, développe ici un généreux talent. Des classiques mais aussi des plats revisités avec un goût personnel certain. Service et accueil au top !

▶▶ Page 73

© LA PINÈDE

LA PINÈDE
IL Y A DE L'AMBIANCE !

Pour faire partager leur amour du Sud, Arthur et Charlotte ont ouvert récemment La Pinède, un bistro accueillant et généreux mettant à l'honneur la cuisine méditerranéenne. A midi c'est sur le pouce et le soir à l'apéro dans une ambiance moderne et sympa aux couleurs terre de Provence. Planchas, tapas, croque-monsieur ou plateau veggie. A goûter, leur choix de cocktails, frais et faits maison.

▶▶ Page 110

© VD

L'ANTRE DE CALLIOPÉE
LIBRAIRIE SALON DE THÉ DES IMAGINAIRES

Nouvelle librairie indépendante dédiée à la littérature fantastique, à la science-fiction et à la pop culture, mais aussi lieu de rencontre et de partage car Mathilde a eu la bonne idée de créer un grand espace salon de thé/coworking dans le prolongement de la librairie, poussez la porte, Mathilde a presque tout : 3 000 ouvrages référencés !

▶▶ Page 118

© BINÔME CANIN

BINÔME CANIN
COMPORTEMENTALISTE CANIN

Bénévole à la SPA, Julie s'est spécialisée dans le dressage et l'éducation du chien, et tout ce qui touche aux troubles du comportement – phobies, destruction, fugue, malpropreté, anxiété de séparation. Son approche douce et ludique dans le respect de l'animal et ses besoins vous donnera les clés pour mieux comprendre votre compagnon à 4 pattes : le binôme chien/humain est assurément primordial.

▶▶ Page 166

JE VISITE MA VILLE

Que l'on soit touriste, nouvel arrivant, Aix se (re) découvre à chaque visite, changeante selon les saisons, selon les jours, les heures, festivalière ou quotidienne. D'une simple balade au fil des rues et des placettes, à l'attention portée aux façades des hôtels particuliers, aux portes et balcons ouvragés, nous vous proposons quelques itinéraires pour découvrir l'ancienne capitale de la Provence, celle que l'on nomme « la ville aux mille fontaines ». Quelques dates aussi pour des rendez-vous culturels, expos, concerts… Aix, on l'aime sous la lumière du Sud, rayonnante en juillet aussi bien qu'en décembre. On la visite parce qu'elle est belle, riche de son patrimoine, de son histoire, de ses traditions, chaleureuse avec ses marchés colorés, son folklore provençal, son bel accent, chic et raffinée et gourmande aussi. Voici quelques suggestions d'itinéraires avant de vous plonger dans les pages qui suivent ; pour les rues pittoresques – ruelle Esquicho-Coude –, pour faire du shopping – rues Fabrot ou Marius-Reynaud –, des pauses gourmandes – places des Cardeurs, Tanneurs, Verdun, Villon –, et en premier lieu l'incontournable Cours Mirabeau pour se donner rendez-vous à la terrasse d'un café.

CULTURE

LES JOURNÉES DE L'ÉLOQUENCE

9, Avenue Henri Pontier
✆ 04 65 36 27 10
www.atelier-languefrancaise.fr
Le 20 mai 2023 dans les jardins du pavillon Vendôme.

L'éloquence a désormais pignon sur rue depuis un documentaire à succès et un film sorti sur les écrans nationaux. À l'initiative des Ateliers de langue française, Aix a désormais son festival national de l'éloquence. La première édition s'est tenue en 2015, et le succès ne se dément pas. Joutes verbales et jeux de mots à la clé, conférences et master class ouvertes à tous. Soirée d'ouverture au théâtre du Jeu de paume et de clôture au pavillon Vendôme. Les participants (étudiants notamment) à ce concours d'éloquence annuel peuvent s'inscrire en amont (voir le site).

FÊTE

FESTIVAL LES MUSICALES DANS LES VIGNES DE PROVENCE

HYÈRES ✆ 06 60 30 32 90
lesmusicalesdanslesvignes.blogspot.com
Du 8 juin au 18 septembre 2023.

Ce festival allie la dégustation de vins à un concert musical dans le cadre de lieux d'exception. Pour sa 11ème édition, 60 concerts sont programmés dans 40 prestigieux domaines, du Var au pays d'Aix, entre autres le château de Fonscolombe, de Beaupré, du Seuil ou encore La Gaude et jusque dans le Luberon. Le programme musical est éclectique, toujours de grande qualité et souvent l'occasion de belles surprises, du jazz à la musique classique en passant par la musique du monde. Installé dans de confortables transats, on se laisse aller à rêver sous un ciel étoilé.

CULTURE

RENCONTRES DU 9E ART

www.bd-aix.com
D'avril à mai.

Depuis 2004, les Rencontres du 9e Art sont devenues un rendez-vous important de l'année et font d'Aix une petite sœur d'Angoulême. Ce festival de la bande dessinée et des arts associés est organisé en partenariat avec les librairies d'Aix, la ville et les collectivités territoriales. Durant plusieurs semaines, au printemps, Aix multiplie les bulles sous leurs différentes formes et dans différentes langues. La manifestation s'articule autour d'une quinzaine d'expositions gratuites, de tables rondes, de conférences, de projections d'ateliers, de dédicaces d'ouvrages et même de spectacles. Le dessin de presse s'invite aussi à la fête avec toute son audace et son courage.

FOIRE

FESTIVAL DES ÉCRIVAINS DU SUD

Du 22 au 26 mars.

Inauguré pour la première fois en 2015 par le Centre des écrivains du Sud, sur l'initiative de Paule Constant, le festival met à l'honneur le Sud comme esthétique et valorise tous les écrivains qui le célèbrent. Durant 4 jours, de nombreux écrivains se retrouvent dans différents lieux de la ville, que ce soit à la mairie, à l'hôtel Maynier d'Oppède, à Sciences Po : conférences, débats, signatures, master class, les formats sont divers mais ont tous le même but, celui de s'enrichir mutuellement d'une culture du Sud et revisiter ensemble ses différents accents.

FÊTE

BÉNÉDICTION DES CALISSONS

✆ 04 42 26 23 41
www.benediction-calisson.com
Premier dimanche de septembre.

Que l'on soit provençal ou touriste, la bénédiction des calissons est un événement incontournable début septembre, marquant la célébration de ce symbole aixois. Depuis bientôt 25 ans, la tradition est respectée : son origine remonte à 1630, quand l'assesseur Martelly fit vœu de rendre grâce à la Vierge de Notre-Dame-de-la-Seds si elle intercédait pour l'extinction de l'épidémie de peste. En l'église Saint-Jean-de-Malte, l'évêque bénit les panières pleines de calissons des artisans aixois, avant une généreuse distribution aux fidèles. Traditionnel et gourmand !

FOIRE

FOIRE AUX SANTONS - AIX

Esplanade Cézanne (devant la statue de Paul Cézanne)
✆ 06 13 24 48 50 - www.aixenprovencetourism.com
Fin novembre jusqu'au 31 décembre, tous les jours à partir de 10h. Salon gratuit place de la Rotonde.

S'il y a bien une tradition aimée de génération en génération, ce sont les santons de Provence ! Pour Noël, ils se nichent joliment dans la crèche, héritée des grands-parents ou constituée avec créativité et accessoires, notamment de la mousse et des petits objets réalisés et vendus par les santonniers, outre les santons proposés dans plusieurs tailles. Si on est fidèle à la tradition, on achète une nouvelle figurine chaque année. Cette Foire est devenue un rendez-vous très apprécié. Les principaux santonniers, dont le Santonnier Fouque depuis 1934, y sont présents. Une messe des santonniers célébrée en provençal accompagne son inauguration (en même temps que les évènements du Noël aixois).

FOIRE

SALON VIVRE CÔTÉ SUD

Parc Jourdan
✆ 01 70 19 33 69
www.vivrecotesud.fr
En juin. Restauration champêtre. Entrée payante.

Ce salon annuel de renom rassemble chaque année plus de 260 exposants et 28 000 visiteurs. S'y exprime l'esprit du Sud en terme de décoration et de savoir-faire artisanal. Les espaces se divisent selon des thématiques : aménagement (sols, murs, pergolas, éclairage), jardin (paysagistes, mobilier, accessoires), créateurs (designers, concepteurs), décoration d'intérieur (luminaires, tissus, arts de la table, linge de maison, accessoires) et stylisme. L'événement attire un public chic, amoureux d'un certain art de vivre, à la fois raffiné et décontracté. Sa tenue annonce l'été qui arrive et en fait un rendez-vous incontournable pour bon nombre d'Aixois. Food-trucks pour manger sur le pouce.

FOIRE

LE SM'ART

✆ 06 88 89 09 54
www.salonsmart-aix.com
Du 4 au 8 mai 2023. Entrée payante. Catalogue. Restaurant champêtre. 2 nocturnes. Animations musicales.

Le Sm'art, c'est le salon méditerranéen d'art contemporain et d'art abstrait. Créé par Christiane Michel, il est devenu au fil des années un rendez-vous important de l'art contemporain avec ses 25 000 visiteurs. Une gigantesque exposition avec 4 000 œuvres d'art, 30 galeristes et plus de 200 artistes européens, plasticiens, peintres, sculpteurs, vidéastes, photographes, graveurs, designers confirmés. N'éludant aucune discipline, le salon fait même place au *street art*. En dénominateur commun : l'engagement et la qualité. Un lieu d'échanges, une rampe de lancement de projets dont la force d'émulation attire à la fois des marchands avisés et des visiteurs mordus.

MUSIQUE

LE FESTIVAL DE PÂQUES

380, avenue Max-Juvenal
✆ 08 20 13 20 13
www.festivalpaques.com/fr
Du 31 mars au 16 avril 2023. Billetterie en ligne.

Le festival fête ses 10 ans ! 1000 artistes seront au rendez-vous durant les 17 jours de cette édition anniversaire exceptionnelle. Créé à l'initiative du violoniste Renaud Capuçon en 2013 et avec son directeur Dominique Bluzet, le Festival de Pâques est un rendez-vous incontournable de la scène musicale classique européenne. Entre innovation et tradition, avec cette année 33 concerts joués dans 10 lieux différents, la programmation met à l'honneur les plus grands solistes et chefs d'orchestre, les jeunes musiciens aussi, de la musique de chambre à la musique baroque et classique avec un coup de projecteur sur Richard Wagner. Un moment d'émotion symphonique et musicale.

MUSIQUE

FESTIVAL INTERNATIONAL D'ART LYRIQUE

Place des Martyrs-de-la-Résistance
✆ 08 20 92 29 23
www.festival-aix.com
Juillet ; abonnement en ligne.

Le Festival international d'art lyrique se déroule chaque été à Aix-en-Provence depuis 1948. C'est l'un des grands rendez-vous lyriques européens de la scène internationale. Historiquement dédié à Mozart - *Così fan tutte* fut le premier opéra joué au théâtre de l'Archevêché - la programmation s'élargit depuis du baroque au plus contemporain. Pierre Audi, son directeur, redouble d'ambition : des œuvres jamais présentées à Aix, des créations mondiales contemporaines à l'honneur dans le cycle « incise » et la retransmission en *live* ou en léger différé.

MUSIQUE

FESTIVAL LES NUITS PIANISTIQUES

760, chemin des Plaines
www.lesnuitspianistiques.org
Auditorium Campra du Conservatoire Darius Milhaud. Première quinzaine du mois d'août.

Si la Roque d'Anthéron offre chaque été un magnifique Festival de piano, il y a également sur Aix-en-Provence depuis 1992, un rendez-vous musical et classique unique, le Festival Les Nuits Pianistiques, offrant au public un programme classique des plus larges, de Mozart à Debussy en passant par Beethoven, Brahms, Chopin... Son créateur, Michel Bourdoncle, professeur au conservatoire a eu l'idée de proposer ce festival-académie, permettant à de jeunes talents de venir en stage et de donner un concert en fin de Festival. Quand apprentissage rime avec plaisir.

MUSIQUE

LES FLANERIES D'ART CONTEMPORAIN

9, avenue Paul Cézanne
www.aix-en-oeuvres.com
Un samedi et dimanche de juin.

Les flâneries d'art contemporain sont nées à l'initiative d'Andréa Ferréol, fervente admiratrice de Cézanne et amoureuse de son atelier. En collaboration avec l'office du tourisme est née l'idée de proposer une flânerie artistique dans Aix ; les promeneurs poussent la porte d'un jardin inconnu et rencontrent l'art, que ce soit en découvrant une œuvre d'art, en écoutant un concert musical, ou en participant à une lecture publique, une signature de livres... Depuis 15 ans maintenant, le succès est au rendez-vous : programme sur le site aix-en-oeuvres.com

FONTAINE

LA FONTAINE D'EAU CHAUDE

On l'appelle plus communément la fontaine moussue. Comme à Salon-de-Provence, la mousse verte a tellement colonisé cet édifice que l'on ne voit plus sa pierre, juste son socle. Construite par l'architecte Jacques Fossé en 1666, la fontaine moussue est l'une des 3 fontaines du cours Mirabeau et se situe en son milieu ; sa spécificité est avant tout son eau chaude en provenance de la source thermale des Bagniers. Si vous venez en hiver, vous verrez une légère brume s'échapper des alentours de la fontaine. Cette eau d'origine thermale n'est toutefois pas potable. Seul regret : la mousse, au fil des ans, est de moins en moins présente et a tendance à brunir. Un symbole d'Aix !

FONTAINE

LA FONTAINE DES PRECHEURS

Situé devant l'église de la Madeleine, le marché s'installe à ses pieds les mardis, jeudis et samedis. Le sculpteur Jean Chastel, l'a livrée en 1758 dans un pur style baroque. Elle fait ainsi écho à la façade monumentale de l'église voisine. Les quatre médaillons représentent des personnages célèbres : Sextius, Charles du Maine, Louis XIV et le comte de Provence, futur Louis XVIII. Dans les années 1760, certains humoristes rapportaient que l'aigle du sommet de l'obélisque était ainsi placé pour surveiller les exécutions dans la cour de la prison, toute proche.

FONTAINE

FONTAINE DE LA ROTONDE

C'est l'un des monuments les plus connus, les plus emblématiques même, d'Aix-en-Provence. Depuis 1860, date de son inauguration, la Fontaine de la Rotonde domine du haut des 12 mètres la place éponyme et constitue le point d'orgue du non moins fameux cours Mirabeau. Son bassin, de 32 mètres de diamètre est orné 12 lions en bronze qui semblent monter la garde. Au sommet de la fontaine, trois statues féminines, trois « grâces », réalisée chacun par un sculpteur différent, qui regardent dans trois directions différentes : la justice vers Aix, le commerce et l'agriculture vers Marseille et les beaux-arts vers Avignon. Du canal Zola puis du Verdon, les eaux proviennent aujourd'hui de la ville.

FONTAINE

LA FONTAINE DU ROI RENÉ

La perspective du cours se fixe vers cette majestueuse fontaine, dont la haute statue qui domine le cours Mirabeau est censée représenter le roi René, tout en drapé sur un piédestal cerclé d'un bassin pour inspirer solennité et respect. Ce monarque, venu d'Anjou, fut comte de Provence au XVe siècle. Il est représenté avec un sceptre et une grappe de raisin car il fut un protecteur des arts, et donna aussi un grand élan à l'élevage et à l'agriculture. Ce roi que l'on disait sage et bon avait son château à Tarascon qui - fait rare - ne fut jamais attaqué. Le soupçon demeure : le sculpteur David d'Angers, débordé, n'aurait-il pas envoyé la statue de Louis XII au lieu de celle du bon roi René ?

FONTAINE

FONTAINE DES 4 DAUPHINS

La fontaine baroque est au cœur du quartier Mazarin où s'alignent d'élégants hôtels particuliers. Elle fut chantée par le poète Emile Sicard « La fontaine dont l'eau reflète les dauphins est comme une couronne au milieu de la place - Un hôtel la fait sienne, un autre l'enlace de sa fenêtre ouverte où tremble un baldaquin. » L'œuvre réalisée en 1667 par le sculpteur Jean-Claude Rambot se compose d'un rocher fleuri de roseaux qui supporte un petit obélisque flanqué de quatre dauphins rejetant de l'eau. Les dauphins symbolisent le titre que prit au IXe siècle, le suzerain de la province du Dauphiné et qui fut donné aux fils aînés des rois de France à partir de 1349.

FONTAINE

MUR D'EAU DE SEXTIUS-MIRABEAU

Avenue Max-Juvénal

Tous les jours.

Ville ancestrale d'eau et de fontaines, Aix méritait bien cette installation unique à l'une de ses entrées. Il s'agit du plus grand mur d'eau urbain d'Europe, créé par le designer français Christian Ghion. L'eau y ruisselle sur 700 m² avec une chute maximale de 17 mètres de haut, en circuit fermé (eau recyclée de la ville). C'est beau, audacieux, rafraîchissant et illuminé la nuit. Il se situe à l'orée du quartier Sextius-Mirabeau, terminé en 2007. Ce mur d'eau est le pendant du mur végétal de Patrick Blanc, réalisé sur l'autre façade de ce même pont.

MUSÉE
CAUMONT CENTRE D'ART

3, rue Joseph-Cabassol ✆ 04 42 20 70 01
www.caumont-centredart.com
De 6 mai au 18 septembre 10h-19h. Du 19 septembre au 5 mai 10h-18h. 14,50 €. Gratuit moins de 7 ans.

Au cœur du quartier Mazarin, l'hôtel particulier Caumont qui abritait l'ancien conservatoire de musique d'Aix-en-Provence, s'est métamorphosé en un écrin somptueux de prestigieuses expositions. Pour l'inauguration en 2015, l'artiste italien *Canaletto* fut à l'honneur. Puis ce fut *Botero et Picasso, Nicolas de Staël en Provence, Chagall, les Chefs-d'œuvre du Guggenheim De Manet à Picasso, Les Grands Maîtres du Japon, Sorolla, l'artiste franco-chinois Zao Wou-Ki et en 2022 Raoul Dufy, l'ivresse de la couleur*. On flâne dans les jardins à la française avant de passer à la librairie-boutique. On prolonge la visite par la table de Caumont à l'heure du déjeuner ou pour un thé et des pâtisseries.

MUSÉE
MUSÉE DES TAPISSERIES

28, place des Martyrs-de-la-Résistance
✆ 04 88 71 74 15
Ouvert tous les jours de 10h à 12h30 et de 13h30 à 17h sauf le mardi. En été jusqu'à 18h.

L'ancien Palais de l'Archevêché, devenu musée des Tapisseries en 1909, est un vaste bâtiment composé de quatre ailes encadrant une cour intérieure. Le Palais abrite une riche collection de tapisseries des 17e et 18e siècles, réunie par les archevêques. La cour devient également connue dès 1948 puisque Gabriel Dussurget, directeur de scènes musicales, y organisa le premier Festival d'Art lyrique dédié à Mozart. Depuis, le lieu incontournable est un des théâtres de plein air les plus réputés d'Europe. Depuis 1990, le musée des Tapisseries développe une section Arts du spectacle, proposant des expositions temporaires comme une exposition de costumes de théâtres.

MUSÉE
COLLECTION JEAN ET SUZANNE PLANQUE

24, rue Maréchal-Joffre ✆ 04 42 52 88 32 - En bus : lignes 1, 3 et 13 (arrêt Saint-Jean) Parkings : Carnot ou Mignet (ouverts tous les jours)
Ouvert du mardi au dimanche de 12h à 18h et de 10h à 18h en haute saison. Ticket valable pour le musée Granet.

La chapelle des Pénitents Blancs des Carmes, monument historique du Grand Siècle, a été réhabilitée pour accueillir une extension du musée Granet. Entre 1865 et 1878, le lieu avait déjà été une annexe du musée pour recevoir l'importante donation Bourguignon. Inauguré en 2013, le nouvel espace abrite les chefs-d'œuvre du XXe siècle de la remarquable collection mise en dépôt au musée Granet pour quinze ans par la fondation Jean et Suzanne Planque. Sur 700 m², près de 300 œuvres sont visibles, des impressionnistes jusqu'à Cézanne, Picasso ou Dubuffet. Un écrin pour un joyau...

MUSÉE
MUSÉE DU CALISSON

5380, route d'Avignon ✆ 04 42 39 29 82
www.calisson.com
Visite libre et gratuite 7j/7. Audioguide pour 3 €. Visite guidée sur réservation, circuit spécial enfants.

Attenant à la fabrique du Roy René, ce musée est un vrai hommage au calisson, petite friandise emblématique d'Aix-en-Provence ! Connu dans le monde entier, son goût sucré d'amande et de melon confit fait partie du patrimoine et de l'histoire de la ville. Ce récent musée, situé sur la RN7 à une dizaine de minutes en voiture du centre-ville aixois, dévoile l'histoire et les secrets du calisson. Parmi d'autres découvertes, les ateliers de fabrication de calissons et nougats n'auront plus de secret pour vous. Senteurs gourmandes, archives, machines anciennes y témoignent du passé mais aussi du présent, l'entreprise ayant été couronnée par le label Entreprise du patrimoine vivant (EPV).

MUSÉE
FONDATION VASARELY

1, avenue Marcel-Pagnol ✆ 04 42 20 01 09 - Ligne de bus : Aixpresse A - arrêt Vasarely - www.fondationvasarely.fr
Ouvert tous les jours et les jours fériés de 10h à 18h. Gratuit jusqu'à 5 ans. Adulte : 12 €. Tarif réduit : 9 €.

Artiste majeur des années 1960, Victor Vasarely créé cette fondation en 1976 pour mettre l'art contemporain à la portée du plus grand nombre et particulièrement des habitants du quartier populaire du Jas-de-Bouffan. Populariser l'art moderne ! Ce centre « architechtonique » aux sculptures « lumino-cinétiques », rénové en 2013, est pensé comme une cité futuriste du bonheur. Cet édifice, classé à l'inventaire des monuments historiques, s'inspire du Bauhaus. Le bâtiment est composé de seize volumes hexagonaux impressionnants. C'est un écrin grandeur nature, pour les quarante-deux intégrations monumentales de cet artiste, qui abrite également une salle consacrée à l'art optique.

MUSÉE
MUSÉE DU VIEIL AIX

17, rue Gaston-de-Saporta ✆ 04 88 71 74 31
www.mairie-aixenprovence.fr
Ouvert tous les jours, sauf le mardi. Entrée : 3,70 €. Gratuit le premier dimanche du mois.

C'est dans un hôtel particulier du 17e siècle qu'en 1932, le musée d'Histoire de la ville est créé. Plus précisément à l'hôtel Estienne de Saint-Jean, une ancienne demeure aristocratique, dans la jolie rue Gaston de Saporta. On y admire entre autres un majestueux escalier en ferronnerie et des décors colorés. Les collections constituées à partir de dons effectués par la fondatrice du musée, Marie d'Estienne de Saint-Jean, évoquent le passé aixois. Mobilier, faïences, santons, objets de compagnonnage, marionnettes de crèche parlante sont à découvrir avec soin. Autre élément du musée à apprécier : un modello de Gaulli, maquette de son projet pour le baptistère de Saint-Pierre de Rome.

MUSÉE

MUSÉE GRANET

Place Saint-Jean de Malte ✆ 04 42 52 88 32 - En bus : lignes 1, 3 et 13, arrêt Saint-Jean. Parkings : Carnot ou Mignet, ouverts tous les jours. Accès PMR : 18, rue Roux-Alphéran à l'arrière du musée.
www.museegranet-aixenprovence.fr

Ouvert du mardi au dimanche de 12h à 18h (en hiver), de 10h à 19h l'été. Gratuit jusqu'à 18 ans.

Dans cet ancien palais qui abrite le Musée Granet, les collections permanentes vous promènent des Primitifs à la Renaissance jusqu'aux chefs-d'œuvre d'art moderne de la donation Philippe Meyer dont des œuvres de Giacometti et le *Paysage du Jas de Bouffan* de Cézanne ; le peintre aixois figure en bonne place dans le musée avec notamment le *Portrait d'Émile Zola*. Les expositions sont internationales et vont de l'antiquité égyptienne en passant par Cézanne, jusqu'aux grands maîtres de l'art moderne et contemporain. Dans la chapelle des Pénitents-Blancs jouxtant le musée, se trouve la collection Planque, superbe, avec près de 300 chefs-d'œuvre de Picasso, Dubuffet, Renoir, Monet, Gauguin...

CÉLÉBRITÉ

ATELIER PAUL-CEZANNE, DIT ATELIER DES LAUVES

9, avenue Paul-Cézanne ✆ 04 42 21 06 53 - Au nord du centre-ville. Lignes 5 et 12 au départ de la Rotonde.
www.atelier-cezanne.com

Tous les jours de 10h à 18h en haute saison. Adulte : 6,5 €. Tarif réduit : 3,5 €. City Pass : gratuit. Visites guidées.

Une étagère sur le mur, une table, un chevalet... C'est dans cette petite maison au mobilier dépouillé que Paul Cézanne s'enfermait lorsque le temps l'obligeait à s'écarter des pentes de Sainte Victoire, ou des bords de l'Arc. Durant les dernières années de sa vie, le peintre y a créé des œuvres majeures, aujourd'hui dispersées dans le monde entier. Les « Grandes Baigneuses » ou le « Jardinier Vallier » sortent de cet atelier. Venez découvrir ce lieu hors du temps et mettre vos pas dans ceux du grand maître aixois avant tout ! Expositions temporaires et nuit des musées.

EDIFICE RELIGIEUX

CATHÉDRALE SAINT-SAUVEUR

34, place des Martyrs-de-la-Résistance ✆ 04 42 23 45 65
www.paroisses-aixarles.fr

Tous les jours de 8h à 19h.

La cathédrale Saint-Sauveur serait bâtie à l'emplacement d'un temple antique dédié à Apollon. La tradition chrétienne rapporte que saint Maximin y édifia une modeste chapelle en hommage à saint Sauveur. Mais sa construction a tout de même duré près de 2 000 ans, offrant une diversité architecturale remarquable. Plusieurs trésors... Son clocher à 64 m de hauteur, le baptistère du Vᵉ siècle, ses niches murales, le cloître restauré. Ce lieu sert aussi d'écrin magnifique à de nombreuses formations musicales et concerts réguliers. Pour la visiter autrement, téléchargez aussi son application, la cathédrale Saint-Sauveur étant la 1ʳᵉ cathédrale de France connectée grâce à ses pierres interactives !

EDIFICE RELIGIEUX

ÉGLISE DE LA MADELEINE

Place des Prêcheurs
✆ 04 42 38 02 81

Réouverture prévue en 2025.

Édifiée par l'architecte Laurent Vallon entre 1691 et 1703, sur les fondations d'un couvent dominicain, la façade fut remaniée en 1855 par l'Aixois Henri Revoil. Cette église, considérée longtemps comme la plus belle des Bouches-du-Rhône et où furent baptisés François de Malherbe, Gaspard de Gueidan ou encore Paul Cézanne, conserve de nombreuses œuvres d'art dont le panneau central du Triptyque de l'Annonciation, de Barthélemy d'Eyck (XVᵉ siècle) et la Nativité de Jésus de Pierre Mignard (XVIIᵉ siècle). Fermé au public depuis 2006, d'importants travaux de rénovation et de sécurisation ont eu lieu. La façade a été également rénovée retrouvant son lustre d'antan et la réouverture se prépare.

EDIFICE RELIGIEUX

ÉGLISE SAINT-JEAN-DE-MALTE

24, rue d'Italie
✆ 04 42 38 25 70
www.moinesdiocesains-aix.cef.fr

Messes tous les jours à 12h05 et le dimanche à 10h30 et 18h ; laudes à 8h et vêpres à 19h.

Située à l'angle du musée Granet, l'église Saint-Jean-de-Malte, construite hors les murs entre 1270 et 1280 par les Hospitaliers de Saint-Jean-de-Jérusalem, est la première église gothique de Provence. Siège à l'origine du mausolée des comtes de Provence - Raymond-Béranger IV, on y remarque aujourd'hui ses magnifiques vitraux et son orgue moderne de la maison Kern. En 2018, événement attendu, l'église a retrouvé son carillon avec 3 cloches neuves installées dans le campanile, remplaçant celles fondues pour fabriquer des canons durant le siège de Toulon de Napoléon en 1793.

MÉMORIAL

SITE MÉMORIAL DU CAMP DES MILLES

40, chemin de la Badesse ✆ 04 42 39 17 11
www.campdesmilles.org

Ouvert tous les jours de 10h à 19h. Durée de visite : environ 2h30. Gratuit jusqu'à 9 ans.

C'est le seul grand camp français d'internement et de déportation encore intact et accessible au public. Entre 1939 et 1942, 10 000 personnes de 38 nationalités y furent internées. 2 000 furent déportées vers Auschwitz, dont une centaine d'enfants. Des artistes et des intellectuels y séjournèrent comme Max Ernst ou Hans Bellmer, ils ont su résister par la création artistique, de nombreuses traces sont visibles dans la salle des Peintures Murales. Un parcours muséographique interactif très pédagogique, ateliers et conférences : un musée citoyen à découvrir en famille.

aul Cézanne (1839-1906), *Les Baigneuses* (détail), vers 1895
uile sur toile, 29 x 45,5 cm
aris, musée d'Orsay, dépôt au musée Granet, Aix-en-Provence, 1984

MONUMENTS & ÉDIFICES

HÔTEL DE GALLIFET - ART CENTER

52, rue Cardinale ✆ 09 53 84 37 61
www.hoteldegallifet.com
Entrée payante. Voir les jours d'ouverture sur le site Internet. Concert de jazz tous les jeudis de l'été. Salon de thé.

Une escale de charme au cœur du quartier Mazarin et une adresse atypique et multiple ouverte au public depuis 2010. C'est un hôtel particulier du XVIIIe siècle dont le grand jardin intérieur arboré tout à fait romantique et paisible offre une parenthèse à l'abri de l'effervescence citadine et du très proche cours Mirabeau. Vous pouvez vous y restaurer à la belle saison, faire une halte à l'heure du thé, privatiser les lieux, assister à des concerts de jazz l'été, visiter les expositions temporaires. Cette adresse mérite votre attention à plus d'un titre !

MONUMENTS ANTIQUES

THERMES SEXTIUS

55, avenue des Thermes
✆ 04 42 23 81 82
www.thermes-sextius.com
Hamman, sauna finlandais, club de gym.

Bordé par la Tourreluque, ce site est le dernier vestige de l'enceinte médiévale d'Aix. La légende raconte que les eaux des thermes Sextius proviennent de la Sainte-Victoire. Celles-ci, naturellement chaudes (36 °C) et minéralisées, sont captées au cœur d'Aix à l'emplacement même où le général romain Caïus Sextius fonda les thermes d'Aquae Sextiae. Le bâtiment actuel s'élève sur l'emplacement précis d'anciens thermes romains détruits au XIXe siècle. Les fouilles ont permis de découvrir une piscine thermale visible dans l'entrée de l'édifice actuel, heureux mariage d'une architecture héritée du XVIIIe siècle et de locaux ultramodernes adaptés au confort et aux exigences d'aujourd'hui.

MONUMENTS & ÉDIFICES

HÔTELS PARTICULIERS DU VIEIL AIX

Tous les jours et à toute heure.

Le centre-ville abrite plus de 150 demeures édifiées entre le XVIe et le XVIIIe siècle, un patrimoine à découvrir au fil d'une balade. En partant du haut du cours Mirabeau : l'hôtel du Poët et sa façade à mascarons ; au n° 38, l'hôtel Maurel de Pontevès et ses atlantes soutenant le balcon, spécifiques de l'art baroque aixois ; au n° 19, l'hôtel Arbaud-Jouques et au n° 20, l'hôtel de Forbin. Ou en partant de la place des quatre Dauphins et remontant la rue du quatre Septembre au n° 9 l'hôtel Villeneuve d'Ansouis avec ses somptueux balcons à encorbellement en fer forgé.

SITE URBAIN

PLACE D'ALBERTAS

Centre piéton

Cette petite place est un vrai bijou. En 1724, le marquis Henri Reynaud d'Albertas, jaloux de son voisin de rue, le conseiller au parlement Jean-Baptiste Boyer d'Eguilles, et de son avant-cour en façade, va rénover et embellir son hôtel particulier. Plus tard son fils fait aménager une place selon le plan des places royales parisiennes, en avant de l'hôtel et délimitée par un ensemble d'immeubles uniformes que le marquis louait à des particuliers. En 1860, une fontaine vient orner le centre de la place. Depuis 2000, les façades et toitures de la place classées monuments historiques volent la vedette à l'hôtel des Albertas. On y croise de jeunes artistes venant y faire des croquis.

MONUMENTS & ÉDIFICES

MONUMENT JOSEPH SEC

6, avenue Pasteur
Ouvert tous les jours de 8h à 12h et de 14h à 16h30. Gratuit.

Joseph Sec (1715-1794), était un maître menuisier et marchand de bois fortuné qui fut également jacobin et pénitent gris de confession. Son monument cénotaphe éponyme est un rare représentant de l'architecture révolutionnaire. On l'attribue au sculpteur marbrier Barthélémy Chardigny, qui a certainement joué un rôle majeur dans la conception du monument. On distingue la personnification de l'Europe symbole de liberté et celle de l'Afrique symbole de l'esclavage. Une statue représentant la loi trône au sommet de l'édifice. Vous trouverez aussi dans le jardin, sept grandes statues illustrant des passages de l'Ancien Testament. Un Détour à faire pour comprendre l'histoire républicaine aixoise !

BIBLIOTHÈQUE

CITÉ DU LIVRE

8-10, rue des Allumettes ✆ 04 42 91 98 88
www.citedulivre-aix.com
Ouvert du mardi au samedi de 10h à 19h. Restauration (le Bistrot Méjanes). Animations et conférences.

Bel exemple de réhabilitation d'une manufacture d'allumettes historique, la Cité du livre est devenue un carrefour culturel incontournable. L'architecture en fer, verre, briques et pierres a inspiré l'architecte P. Deslandes qui livra en 1989 la bibliothèque Méjanes, noyau initial de la Cité du livre. En 93, deux galeries d'exposition et l'amphithéâtre de 300 places verront le jour. Ses locaux incluent des salles de cours de l'IUT Métiers du livre et du Patrimoine, une salle d'exposition de 480 m², une salle de conférences de 160 places, un auditorium de 40 places et une cour intérieure arborée. Un lieu culturel et de partage incontournable animé et chaleureux !

VISITE GUIDÉE

AIX PROVENCE OUTDOOR

✆ 06 70 21 16 30
http://evana-provence.com
Partenaire du grand site Ste Victoire. Calendrier détaillé sur le site web. Possibilité de réservation en ligne.

Découvrir Aix et sa région par des activités de plein air, voilà l'idée à développer lorsque Stéphane Couette et Lionel Marchèse se sont associés il y a quelques années. Simples balades ou vraies randonnées encadrées, vous pourrez ainsi sillonner le superbe massif de la Sainte-Victoire ou encore marcher dans les pas de Cézanne avec un parcours retraçant ses paysages peints. Une balade originale a également lieu à la nuit tombée autour du massif, encadrée par des accompagnateurs diplômés et passionnés. Possibilité de privatiser une activité pour un groupe d'amis ou professionnel. Et depuis février 2022, retrouvez leur topo-guide dans votre librairie préférée.

VISITE GUIDÉE

NATURE EN SOI

373, avenue Jean-Paul-Coste ✆ 06 09 84 01 10
natureensoi.com
Frais d'adhésion 10 € pour 1 an. Adhésion offerte dès la 1re participation.

A la découverte de la nature qui nous entoure ! Cette association de curieux et connaisseurs fondée par Stéphane et Isabelle vous propose des sorties à faire en famille pour apprendre à reconnaître les plantes par exemple, des balades au fil de l'eau, mais aussi des sorties poétiques dans la nature et des initiations aux techniques de survie (à partir de 6 ans). Un éventail large d'activités autour d'Aix. Notons aux beaux jours et sur réservation l'organisation de sorties culinaires dans les vignobles ou encore un apéritif sauvage, des cours de cuisine nature. Il y en a vraiment pour tous les goûts avec un seul mot d'ordre : l'amour de la nature. Calendrier des activités sur le site.

VISITE GUIDÉE

ATELIER CARNETS DE VOYAGE

Quatrinaime ✆ 06 28 06 90 10
www.quatrinaime.blogspot.com
Coût : 50 € (repas, matériel et transport non inclus). Dates et calendrier sur le blog.

Catherine Moullé a deux passions dans la vie : le dessin et sa ville d'Aix-en-Provence. Par ces sorties groupées pour le moins insolites, elle vous propose de sillonner la ville, carnet de dessin et crayons à la main. Un vrai plaisir des yeux à retranscrire sur le papier. Et Aix-en-Provence ne manque pas de couleurs, on le sait bien. Ces balades dessinées sont ouvertes à tous, la condition première étant d'être curieux et intéressé. Des sorties sont organisées dans la région et des cours de dessin dispensés à Aix (dates et réservations sur le site).

VISITE GUIDÉE

OFFICE DE TOURISME D'AIX EN PROVENCE

300, avenue Guiseppe Verdi
✆ 04 42 16 11 61
Ouvert du lundi au samedi de 9h à 17h.

L'office de tourisme d'Aix-en-Provence reste incontournable pour renseigner de ce qui se passe dans la ville et ses environs. Une équipe nombreuse, un accueil aimable, un service efficace et un coin boutique important. Il propose des visites guidées de la ville par thèmes : sur les pas de Cézanne, Zola, Aix et Plassans ou Aix, cité du Roi René, aussi plus insolites, sur les libertins et courtisanes, ou Aix hors des sentiers battus. Futé, le pass touristique inclut un circuit de visites et l'accès au réseau de bus. Les réservations individuelles ou en groupe se font aussi en ligne.

VISITE GUIDÉE

LA BELLE ÉCHAPPÉE

✆ 06 51 41 83 21
labelleechappee.fr
À partir de 79€/45min

C'est une belle échappée que vous propose Éric à bord de ses side-cars pour sillonner la région en mode vintage. Du sur-mesure toute l'année pour 45 minutes, 2 heures, en demi-journée ou en journée. Du littoral à l'arrière-pays, vous trouverez des circuits en fonction de votre séjour, dans les gorges du Verdon, les vignobles de Cassis à Bandol, les champs de lavande ou les villages perchés du Luberon, dans le pays d'Aix avec une virée vers la montagne Sainte Victoire, ou même à Marseille. Ou encore pour les amateurs de bières au gré des nombreuses brasseries artisanales locales. Une manière inhabituelle de (re) découvrir le paysage et de faire de belles rencontres.

VISITE GUIDÉE

LE PETIT TRAIN ELECTRIQUE

Départ : rond-point de la Rotonde devant la statue de Cézanne
www.aixenprovencetourisme.com
Basse saison : tous les jours de 11h15 à 17h15. Haute saison : tous les jours de 10h15 à 18h15.

La visite en petit train électrique vous permet d'appréhender la ville en 40 minutes chrono ! Vous montez à bord au départ de la Rotonde, devant la statue de Cézanne. Confortablement installé, votre casque audio sur la tête, vous découvrez Aix et son patrimoine à travers un texte rédigé par un conférencier historien (huit langues au choix !). Le tour de ville commence par l'emblématique cours Mirabeau avec ses hôtels particuliers et ses fontaines. De placettes en ruelles, vous découvrirez l'histoire d'Aquae Sextiae, du Roi René et de Cézanne : Alors en voiture !

JE VISITE MA VILLE
GUIDÉ C'EST ENCORE PLUS INTÉRESSANT !

VISITE GUIDÉE
PROVENCE INSOLITE

✆ 06 07 32 10 31
www.provence-insolite.org

À la fois guide-conférencier et conteur de rues, Jean-Pierre Cassely propose de vous faire découvrir Aix-en-Provence de façon insolite. Pleines d'humour et parfois même sulfureuses, ces histoires vous transporteront dans les rues de la cité du roi René, à la découverte des curiosités et des trésors cachés, de Mirabeau en son cours, de Cézanne en ville, Cézanne aux champs, et autres anecdotes des deux Garçons, de Casanova ou du Marquis de Sade ! Un excellent moyen de découvrir Aix sous un autre jour. Jean-Pierre vous propose aussi de sortir du pays d'Aix avec un programme de visites de Marseille, Toulon et Sanary ou encore Cassis. Il faut bien sûr s'inscrire au préalable.

VISITE GUIDÉE
TOURS IN PROVENCE

✆ 06 24 19 29 91
www.tours-in-provence.com
Labellisé marque Valeurs Parc Naturel Régional.

Cécile propose 4 circuits thématiques pour découvrir la Provence de la Camargue au Verdon en passant par les Alpilles et le Luberon à bord de son mini van climatisé. Cécile évoque le patrimoine culturel et gastronomique, les produits du terroir, la vigne. Guide conférencière, naturaliste et bénévole à la LPO, elle est passionnée d'ornithologie et vous propose de découvrir les nombreuses espèces d'oiseaux sédentaires ou de passage - Vous observerez les oiseaux en toute liberté en toute saison : balbuzard pêcheur, guêpier d'Europe, flamants roses, cygnes sauvages, spatule blanche, chevalier Arlequin, échasses blanches, avocettes, rousserolles. Les jumelles sont fournies si vous n'en avez pas.

VISITE GUIDÉE
REISETRIP TOURS

✆ 06 49 85 82 74

Elodie est une guide accrédité Parc et polyglotte, qui souhaite vous emmener dans des escapades culturelles et des balades bien-être dans des espaces protégés en Provence. Un parti pris écolo et engagé pour un tourisme qui veut aussi être un moment de plaisir pour tous, dans le respect de la nature environnante. Découvrir l'agriculture biologique, apprendre à reconnaitre des plantes sauvages, bref prendre connaissance du patrimoine mythique de la Provence entre mer et montagne, tout en renouant avec vos sens, une aventure originale mais qui ne manque pas de charme : alors laissez-vous embarquer en toute confiance, vous découvrirez de nouveaux horizons et qui sait vous-même ?

VISITE GUIDÉE
LE VISIBLE EST INVISIBLE

300, avenue Giuseppe-Verdi ✆ 06 29 67 62 81
https://levisibleestinvisible.fr/
Tarifs sur demande, en passant par le site internet. Billetterie et départs Office de Tourisme d'Aix en Provence.

Le visible est Invisible propose des visites publiques au départ de l'officie du tourisme mais aussi privées sur mesure, à Aix-en-Provence, mais aussi à Toulon, Marseille, Avignon, La Ciotat et Marignane. Ces visites sont conduites par trois guides, primés à plusieurs reprises, pour la qualité de leur travail (meilleurs guides de ville d'Europe en 2019, 2020 et 2022). Avec eux, vous découvrirez la ville d'une manière originale et ludique, grâce à leurs explications et au regard qu'ils portent sur leur ville. Frédéric Paul qui a créé « le visible est invisible » est régulièrement invité pour participer à des émissions radio, ou télévision. Des visites à mesure sur le chemin de l'invisible.

VISITE GUIDÉE
SECRETS D'ICI

300, avenue Giuseppe-Verdi ✆ 09 71 33 57 96
www.secretsdici.fr
Visites à partir de 10 € par personne. Départs de l'Office de tourisme. Privatisations et groupes.

Grâce à *Secrets d'ici*, le patrimoine et les curiosités d'Aix ne seront pour vous plus des secrets. En partenariat avec l'Office de tourisme de la ville, une petite troupe de guides passionnés et passionnants, Arthur, Mylène et Jérôme vous font découvrir la vieille ville à travers des parcours spécifiques, comme celui des places et fontaines ou encore celui consacré à la Résistance à Aix-en-Provence et font le lien entre la petite et la grande histoire. Une balade à vélo électrique est même proposée pour le confort de tous. A découvrir aussi avec eux les villages de Jouques et de Fuveau ainsi que le site archéologique d'Entremont. Et pourquoi ne pas aller jusqu'à Nîmes ou Arles ?

JOOKS

Lauréate du Prix RunningTech en 2021, Jooks embarque vocalement ses utilisateurs pour des découvertes touristiques sur nos sorties sportives. Du tourisme sportif loin d'être barbant, qui invite à se cultiver tout en marchant, courant, pédalant. Parmi les 1 300 parcours proposés dans 300 villes du monde, certains sont spécialement conçus pour les fauteuils roulants. Inclusive et drôlement décalée.

SITE NATUREL

BOUCLE PÉDESTRE ENTRE THOLONET ET BARRAGE ZOLA

300, avenue Giuseppe-Verdi
✆ 04 42 16 11 61
www.aixenprovencetourism.com

Au départ du Tholonet, cette promenade vous emmène par monts, par vaux et par eaux ! En deux petites heures de marche, vous appréciez ainsi d'autant plus la variété des paysages : montagne d'abord avec la Sainte-Victoire, lac ensuite avec le barrage Zola, construit en 1850 par François, père de l'écrivain, puis dense végétation à partir de la Petite Mer, le tout ponctué bien sûr par quelques remarquables points de vue. Bref, on est bien loin d'une balade « plan-plan », vous ne verrez pas le temps passer ! Demandez l'itinéraire à l'office de tourisme d'Aix.

SITE NATUREL

LA MONTAGNE SAINTE-VICTOIRE

Sentier Handicap sur Bibémus - vue du belvédère. Maison Sainte-Victoire à Saint-Antonin-sur-Bayon (04 13 31 94 70)

Située à l'est de la ville, la célèbre montagne Sainte-Victoire culmine à 1 011 m d'altitude (pic des Mouches) et représente un des symboles d'Aix-en-Provence. Paradis des randonneurs et amoureux de la nature, on recense 900 plantes à fleurs, 27 espèces de mammifères et 126 espèces d'oiseaux. Sainte-Victoire est surtout connue pour avoir inspiré le peintre Paul Cézanne qui lui dédia une soixantaine de toiles. Près de 250 km d'itinéraires balisés sont accessibles dans le massif que ce soit côté nord ou sud. Le GR9 longe les crêtes jusqu'à Puyloubier : incontournable.

SITE NATUREL

CARRIÈRES DE BIBÉMUS

3090, chemin de Bibémus ✆ 04 42 16 11 61 - Accès en bus de ville par la ligne n° 6, arrêt « Les Trois Bons Dieux », puis prendre la navette de bus (détails et horaires des lignes sur www.aixenbus.fr). - www.aixenprovencetourism.com
Horaires selon saison. Visites guidées uniquement. Adulte : 15 €. Gratuit moins de 3 ans et City Pass Aix-en-Provence.

De ces carrières d'ocre lumineux, on a longtemps extrait cette pierre dorée qui prend si bien la lumière de Provence. On la retrouve sur de nombreux monuments, édifices et hôtels particuliers d'Aix-en-Provence. Ces carrières, peintes et rendues célèbres par Cézanne, ne peuvent se visiter qu'en partenariat avec l'office de tourisme de la ville, dans le cadre de visites guidées. La visite dure environ 1 heure. Situées entre Aix et Vauvenargues, on s'y rend en navette. Attention, le chemin est escarpé, nécessitant une bonne mobilité. Il est donc indispensable de se munir de chaussures de marche. Une fois sur place, vous admirerez un site naturel de toute beauté.

SITE NATUREL

TERRAIN DES PEINTRES (PAUL CÉZANNE)

49, avenue Paul-Cézanne
Lignes 5 et 12, arrêt les Peintres.
www.aixenprovence.fr
Accès gratuit, ouvert toute l'année.

Depuis l'atelier des Lauves, Paul Cézanne aimait se rendre sur cette colline pour y peindre. Il est émouvant de se retrouver en lieu et place du peintre, et de l'imaginer avec ses pinceaux ! L'artiste y trouvait une vue dégagée du *motif*. En 2004, la Ville a aménagé ce terrain de 400 m² : un bel agencement avec un chemin en pierres s'élevant sur 30 m environ à travers restanques, oliviers et cyprès. La vue sur Sainte-Victoire, du belvédère, est restée presque intacte malgré un environnement de plus en plus urbanisé. L'entrée est peu visible, alors ne la ratez pas !

SITE NATUREL

LA MAISON SAINTE-VICTOIRE

Chemin départemental 17
SAINT-ANTONIN-SUR-BAYON
✆ 04 13 31 94 70
www.grandsitesaintevictoire.com
Ouvert du lundi au vendredi de 10h à 18h ; le week-end et les jours fériés de 10h à 19h. Visite guidée. Boutique.

Avant de grimper à Sainte-Victoire, rendez-vous ici : vous aurez tous les renseignements pour optimiser votre balade. La maison est au pied du versant sud de Saint-Victoire. Elle est gérée par le Label Grand Site de France qui sensibilise à la préciosité et la fragilité de cet écosystème. On découvre un espace muséographique, une salle d'exposition et un sentier de découverte adaptés à tous les publics, touristes, scolaires et randonneurs : la protection est l'affaire de tous et de chacun. Les écoguides du conseil départemental assurent des visites guidées pour les groupes.

ART & CULTURE

GALERIE WILDLIFE ART

18, rue Constantin
✆ 06 63 60 51 14
Ouvert le mardi, le jeudi et le samedi de 10h à 13h et de 14h à 18h.

Le travail d'Aurélien Raynaud, artiste aixois coté pour ses sculptures animalières, des animaux sauvages surtout dont il est l'ardent défenseur, est fascinant. Le décor comme un hymne à la nature est planté dès l'entrée sous le porche débordant de verdure, la galerie s'ouvre ensuite comme un cabinet de curiosités peuplé d'une faune sauvage. Ours, panthères, lions, serpents sont mis en scène aux côtés d'un impressionnant gorille et d'une tortue géante, plus vrais que nature. Quelle que soit la matière travaillée (bronze, acier, bois, marbre, résine ou plâtre, grillage et papier), Aurélien excelle dans toutes les techniques y compris le dessin, le pastel, l'huile et l'acrylique.

ART & CULTURE
GALERIE ARS LONGA
2, rue Jaubert
✆ 06 07 60 60 69
Ouvert du mardi au samedi de 10h à 18h.

Ars Longa, l'Art est long en réponse à la vie qui est brève. Cet aphorisme d'Hippocrate colle tout à fait à la démarche de Marina Fauvey, jeune femme passionnée, historienne d'art de formation qui a installé sa galerie dans ce quartier connu par les amateurs de peinture et d'antiquités. Marina expose et accompagne de jeunes artistes, confirmés ou en passe de l'être, des valeurs sûres en tous les cas pour les éventuels acheteurs et collectionneurs. Peinture, dessin, sculpture, photographie, installations, vidéo, toutes les techniques l'intéressent. Les grands formats sont très à l'aise dans ce lieu qui fut du XIVe siècle à la Révolution le couvent des Clarisses. Une rencontre à faire !

ART & CULTURE
GALERIE MAISON DAUPHINE
14, rue du 4-Septembre
✆ 04 42 38 22 54
www.galerie-maisondauphine.com
Ouvert du lundi au samedi de 10h à 12h30 et de 14h30 à 18h30.

Voici une galerie dynamique à l'image de sa fondatrice et propriétaire, Véronique Kadri. En plein cœur historique d'Aix, dans le quartier Mazarin au rez-de-chaussée d'une belle demeure bourgeoise, qu'elle a transformée en appartements d'hôte. Véronique présente et soutient en permanence des artistes (peintres, plasticiens, sculpteurs, photographes). Certains sont confirmés, d'autres pas encore ou en devenir. Le point commun entre ces artistes, c'est l'émotion que procure leur travail, des œuvres avant tout figuratives, gaies et pleines de sensibilité. Son credo : mettre l'art urbain à portée de main et de bourse. Sur le site de la galerie la liste exhaustive de toutes ces oeuvres.

ART & CULTURE
BONISSON ART CENTER
177, Route des Mauvares - **ROGNES**
✆ 04 42 66 90 20
www.bonisson.com/bonisson-art-center/
Ouvert du jeudi au samedi de 14h à 18h. Et sur rdv. Entrée libre et gratuite. Visite guidée samedi et dimanche 16h.

© BONISSON

Ici l'art et la vigne s'offrent en partage, ce sont les 2 passions de Christian Le Dorze qui a racheté ce domaine viticole en 2017. Victoire sa fille gère les 10 ha du vignoble en AOP Coteaux d'Aix en Provence. Christian lui a créé le Bonisson Art Center dans les anciens chais du domaine, 300 m² sur 2 niveaux et 4 salles d'exposition. Un lieu immense et intimiste à la fois dédié à l'art contemporain sous toutes ses formes, peinture, sculpture, photo, installations éphémères. La création y est de mise, la programmation depuis ses débuts est pointue avec cette année 3 artistes exposés : Jeanne Susplugas, Léon Wuidar et Philippe Ramette.

ART & CULTURE
GALERIE PARALLAX
3, rue des Epinaux
✆ 06 60 55 20 60
Ouvert du mardi au samedi de 10h30 à 12h30 et de 15h à 18h30.

Confidentielle car elle se niche sous un porche dans la cour intérieure d'une maison bourgeoise, cette galerie est néanmoins bien connue des amateurs de photographie. Florence Verrier, photographe indépendante, s'est installée ici en 2018, après avoir travaillé longtemps pour des agences de pub avec l'intention de partager sa passion au grand public en exposant les œuvres de photographes contemporains parmi lesquels Denis Brihat Altfons Alt, Pierre-Jean Amar, Martin Becka, Pascal Bonneau ou Denis Felix et des Coréens comme Choi Kunsu ou Han Sujung. Des artistes à découvrir et pourquoi pas à accrocher chez vous : la galerie est aussi arthotèque et les propose à la location.

ARTS
ESPACE KM
28 bis, rue Roux-Alpheran
✆ 04 42 38 34 60
www.dekerversau.com
Ouvert du mardi au samedi de 13h à 19h. Et sur rendez-vous.

C'est derrière un porche discret que se niche cette belle galerie dont les initiales sont celles des deux artistes Gilles de Kerversau et Estelle Missbach. Lui est sculpteur animalier, artiste de notoriété internationale, et elle créatrice de bijoux. Le lieu a beaucoup de cachet, on chemine tout d'abord par un couloir percé de niches dans lesquelles Gilles de Kerversau a placé quelques figurines animalières personnifiées. Chaque sculpture, ici des bronzes de petit format, mérite qu'on s'y arrête, ce couloir suscite la réflexion. L'espace s'ouvre ensuite sur l'univers coloré et précieux des collections Miss Back, des bijoux pièces uniques à porter de jour comme de nuit.

VISITE

OH MY DEUCHE

6, route de Manosque - **LA BASTIDE-DES-JOURDANS**
✆ 04 90 77 60 71
www.ohmydeuche.fr
Ouvert toute l'année. A partir de 119 € avec le plein (forfait de 180 km/jour), l'assurance.

© OH MY DEUCHE

Une virée en Dedeuche décapotable sur les petites routes de Provence, sur le mode vintage et bucolique, au gré de vos envies, avec une halte pique-nique dans un vallon, dans une pinède ou au bord de l'eau, c'est un plaisir à s'offrir sur une journée... ou plus ! Nous avons testé pour vous une jolie balade, depuis le Luberon jusqu'à Saint-Michel-l'Observatoire avec pique-nique sous les étoiles. Adrienne et Damien vous proposent un road-book si besoin, des circuits hors des sentiers battus, des balades thématiques sur mesure. Les paniers de pique-nique chics et gourmands, les boules de pétanque et les plaids sont fournis... Alors plus d'hésitation, en famille, entre amis ou autres : en route !

NEW

ARTS

GALERIE NEA

7, rue Jaubert
Ouvert le mardi de 9h à 13h et de 14h à 19h30 ; du mercredi au samedi de 10h30 à 13h et de 14h à 19h30.

La dernière nouvelle galerie d'art contemporain, comme son nom l'indique en grec Galerie Néa dans ce quartier de galeries près de la place des 3 ormeaux. Karine Dubois a posé ses valises à Aix, où elle vit depuis vingt ans et propose aux visiteurs des œuvres d'artistes connus ou moins célèbres dans un univers sobre et clair, une ambiance cosy et vintage où l'on se sent tout de suite chez soi. Elle souhaite partager ses regards et ses émotions et favoriser la rencontre entre les arts, de la peinture à la céramique ou à la photographie. Des expositions qui invitent au départ ou à revisiter la ville. Pas de doute, nous sommes mis en mouvement (autre signification du mot néa en suédois) !

ARTS

GALERIE DES 3 ORMEAUX - GALERIE PORTALIS

7, rue Jaubert et 28 rue Portalis
✆ 06 82 06 03 71
www.galerie-portalis-aix.com
Ouvert du mardi au samedi de 10h à 12h30 et de 15h à 19h.

Cela fait plus d'une vingtaine d'années que Christophe Dejaune s'est installé en tant que galeriste à Aix ; au départ restaurateur de tableaux, il est aujourd'hui spécialisé dans la vente, l'achat et l'expertise, surtout des artistes provençaux des XIXe et XXe siècles. En outre une sélection de tableaux et dessins anciens et modernes, des coups de cœur que vous apercevrez aux cimaises de ce bel espace de la rue Jaubert. La galerie Portalis en est le prolongement. Elle porte le nom d'un juriste considéré comme le principal rédacteur du code civil !

MUSÉE

ECOMUSÉE DE LA FORÊT

CD7, chemin de Roman - **GARDANNE** ✆ 04 42 65 42 10
www.ecomusee-foret.org
Hiver : du lundi au vendredi 9h-12h30 et 13h30-17h45. Été : du lundi au vendredi 9h-12h30 et 13h30-18h. Adulte : 6,50 €.

Avec plus de 1 000 m² d'exposition, l'écomusée vous fait découvrir la richesse de la forêt méditerranéenne ; ses différents sols, ses milieux, son histoire et la fragilité des éco-systèmes. 14 espaces thématiques proposent un parcours où les mises en scène, diaporamas et séquences audio visuelles rendent l'itinéraire attractif et ludique pour des enfants quel que soit leur âge. A la fin de la visite, la boutique vous propose des produits. Pour continuer, mettez-vous en jambe pour parcourir sur un sentier d'environ 1,5 km dans le parc attenant les 9 ha de pinède et de chênaie où sont disséminées des activités qui invitent à résoudre des énigmes : apprendre en s'amusant quoi de plus agréable !

PARC / JARDIN

CHÂTEAU LA COSTE

2750, route de la Cride - **LE PUY-SAINTE-RÉPARADE**
✆ 04 42 61 92 92 - www.chateau-la-coste.com
Ouvert tous les jours de 10h à 19h (17h en hiver la semaine). Événements et expositions. Promenade guidée 2h : 15 €.

Un lieu exceptionnel, un écrin de nature allié à la beauté architecturale contemporaine : bienvenue au Château La Coste. Ici, on cultive du vin, certifié bio depuis 2009. Une gamme de cépages variés et délicats, que vous pourrez retrouver au caveau de vente, un espace clair et moderne. Tous les renseignements nécessaires sur la production vous seront donnés par une équipe accueillante. Le château dispose aussi d'un centre d'art, dessiné par l'artiste japonais Tadao Ando. Un lieu hybride accueillant un restaurant, mais aussi des expositions. Pour découvrir le tout, la promenade Art & Architecture vous donnera un bel aperçu du site, de ses installations et œuvres d'art. A ne pas manquer !

PARC / JARDIN

JARDINS D'ALBERTAS

DN8 - **BOUC-BEL-AIR** ✆ 04 42 22 94 71
www.jardinsalbertas.com
En juin, juillet et août, tous les jours de 13h à 19h. Adulte : 5 €. Réduit : 4 €. Gratuit pour les moins de 7 ans.

Classés Monument historique, les Jardins d'Albertas associent la tradition italienne de la Renaissance et l'esprit du jardin *à la française*, développé par Le Nôtre. Toujours propriété de la famille Albertas, ils ont été conservés à l'identique depuis 3 siècles et organisés comme un théâtre, avec des promenades encadrant une succession de terrasses. Le bassin de 17 jets est un chef-d'œuvre de l'art des fontaines. A suivre, les visites guidées par la famille d'Albertas lors des Journées du patrimoine. Chaque mois de mai, depuis près de 30 ans, ce cadre majestueux accueille aussi les Journées des Plantes avec plus de 170 exposants et quelque 20 000 entrées pour aider à l'entretien des jardins.

PARC / JARDIN

PARC JOURDAN

Avenue Jules-Ferry
Ouvert tous les jours et les jours fériés à partir de 9h. Le soir fermeture entre 17h et 20h30 selon la saison. Gratuit.

C'est le parc emblématique de la ville où Aixois, étudiants, touristes aiment flâner sur les allées ombragées, lézarder sur ses belles pelouses, regarder leurs enfants jouer. On accède sur ses 4 hectares aménagés en 2 niveaux (inaugurés en 1935) par la rue Anatole-France ou l'avenue Jules-Ferry. La partie basse du jardin est traitée dans le style *à la française* reliée par un double escalier d'eau monumental à la partie haute, aménagée en jardin romantique. Dans la partie haute, l'Oustau de Provenco, belle maison de maître, propose animations et événements annuels autour des traditions provençales. Aux beaux jours, le parc accueille spectacles et manifestations telles le Salon Vivre Côté Sud.

PARC / JARDIN

JARDIN DU PAVILLON VENDÔME

32, rue Célony
Accessible toute l'année (fermeture en cas de vent violent). En été de 9h à 20h. Fermeture en hiver à 17h30.

Non loin du cours Sextius, ce jardin est un havre de paix où l'on peut se reposer le long d'allées ombragées, particulièrement lorsque les centaines de roses embaument la galerie près de l'orangeraie. Une partie du parc est aménagée à la française avec le bassin au centre, en perspective sur le pavillon de Vendôme, ancien pavillon de plaisance du 17e siècle, commandité par Louis de Mercoeur, duc de Vendôme pour abriter ses amours secrètes avec la belle du Canet. Aujourd'hui musée de la ville, des expositions temporaires d'œuvres modernes ou événements ponctuels y ont lieu.

ZOO

PARC ANIMALIER DE LA BARBEN

Route du Château
LA BARBEN
✆ 04 90 55 19 12
www.parcanimalierlabarben.com
Ouvert tous les jours. Haute saison 9h30-19h. Basse saison 10h-18h. Adulte 18 €. Enfant de 3 à 12 ans 12 €.

© LA BARBEN

© LA BARBEN

Au cœur d'un site classé Natura 2000, le Parc animalier de la Barben s'étend sur un plateau de 33 ha dominant le Pays salonnais. Au fil des 9 km de sentiers, on découvre 700 animaux répartis en 120 espèces : lions, girafes, rhinocéros, tigres, loups à crinière, hippopotames, gazelles, gibbons..., sans oublier la bergerie du XIe siècle qui abrite le vivarium. Selon votre envie, vous pourrez ponctuer votre balade d'un pique-nique, d'une pause au restaurant ou au snack. Un petit train, une boutique, et des animations et spectacles d'oiseaux en vol complètent le tout.

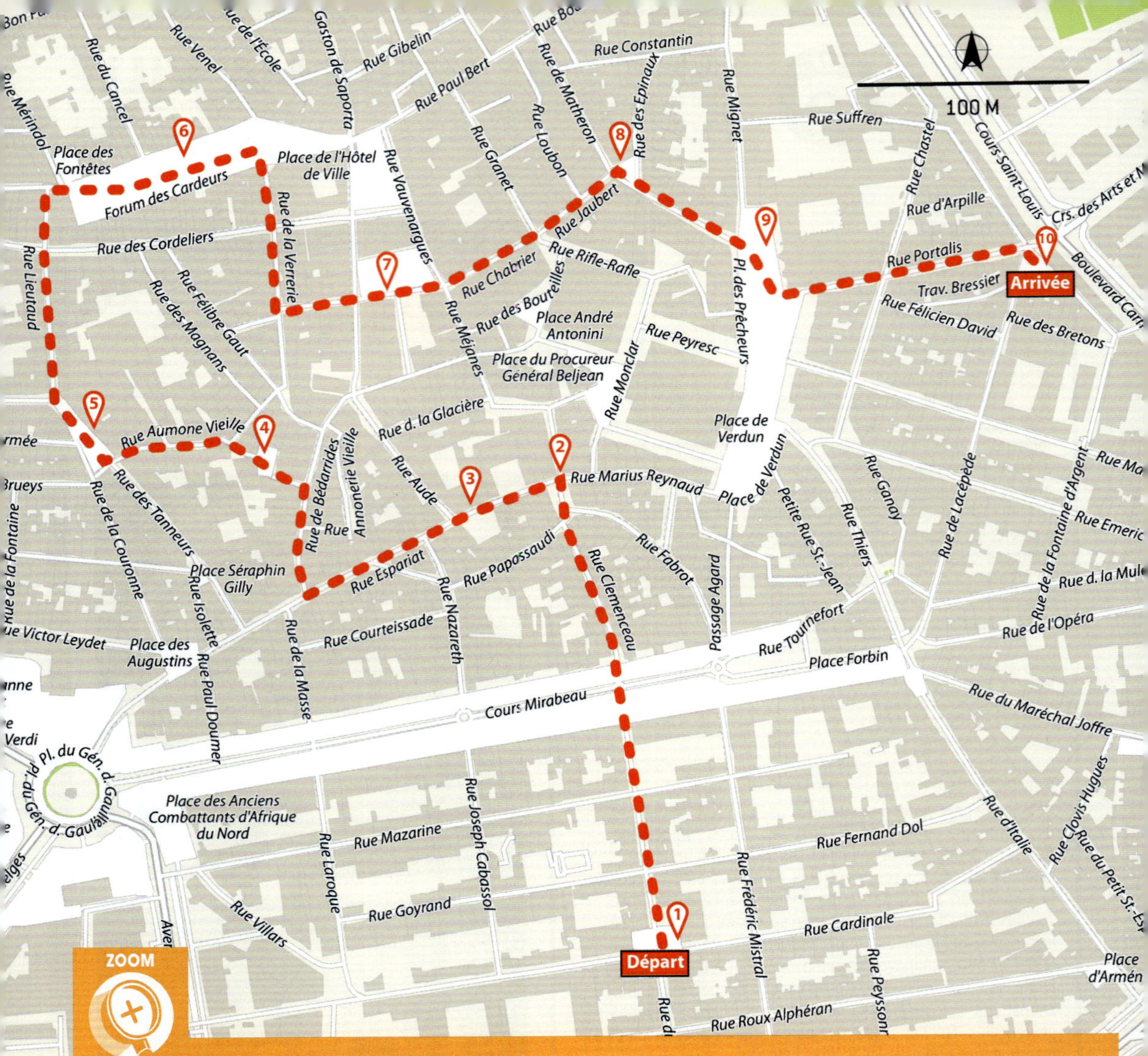

ZOOM

DE PLACE EN PLACE

Si Aix est la ville aux mille fontaines, elle est aussi ville de places. Bien cachée au détour d'une rue ou d'un carrefour évident, la place retrouve tout son sens avec la piétonnisation du centre-ville : à vous de les découvrir.

Démarrez de la place des 4 dauphins (1), célèbre pour indiquer les 4 points cardinaux au cœur du quartier Mazarin. Remontant la rue du 4 septembre et traversant le cours Mirabeau, vous empruntez la rue Clemenceau jusqu'à la place Saint-Honoré (2) conçue au début du XVIIIe siècle à l'initiative d'un avocat aixois Pierre Honoré. Prenez à gauche la rue Espariat pour découvrir la célébrissime place d'Albertas (3), créée en 1745 par le marquis d'Albertas pour faire une cour à la parisienne devant son hôtel particulier. Continuez la rue Espariat, prenez à droite la rue Bédarride puis la première à gauche vers la place Ramus (4): ce sculpteur aixois créa la justice, l'une des 3 statues de la Rotonde. En continuant par la rue de l'aumône-vieille, vous débouchez sur la place des tanneurs (5), du nom des artisans tanneurs installés dans ce quartier au XVIIIe siècle. Remontant la rue Lieutaud, vous découvrez la place des cardeurs (6), construite en 1963 après la démolition d'un îlot insalubre dans l'ancien quartier juif de la ville, le long de la rue des cardeurs, qui démêlaient les fils et les peignaient à l'aide d'une carde : c'est désormais une place de restaurant et bars, cœur de ville jeune et animé. En la remontant, vous arrivez sur la place de l'hôtel de ville puis par la rue Vauvenargues sur la place Richelme (7), ancienne place aux herbes où le marché s'installe tous les matins et les terrasses des bars tous les soirs. La ville a voulu honorer une généreuse donatrice de terrains, Marie-Rose Richelme.

Par la rue Chabrier, vous découvrez la place des 3 ormeaux (8) avec ses nombreuses galeries d'art, et redescendant la rue Montigny, vous débouchez sur la place des prêcheurs (9) du nom du couvent dominicain, frères prêcheurs qui jouxte l'actuelle église de la Madeleine. Remontant finalement rue Portalis, vous arrivez à la place Joachim Gasquet (10), poète et critique d'art aixois, dont le père, un ami de Cézanne, fit sur lui un livre de référence.

CHÂTEAU

ROCHER MISTRAL

2376, Route du Château - **LA BARBEN**
✆ 04 88 60 22 56
Du vendredi au dimanche, fériés et vacances scolaires. 7j/7 juillet-aout. En ligne 25 et 19 €, en caisse 28 et 22 €.

Avec ses spectacles historiques, son grand marché provençal et son restaurant dédié à Alphonse Daudet, Rocher Mistral vous invite à découvrir la Provence de façon inédite. Situé dans le plus vieux château de la région, le parc Rocher Mistral vous fera découvrir le rocambolesque Claude de Forbin, officier dans la marine royale de Louis XIV, revivre la violente révolte des « Cascaveu » en 1630, voyager en l'an mille avec les moines de l'abbaye Saint-Victor de Marseille. Vous découvrirez aussi les jardins classés du château, réalisés par André Le Nôtre, lors d'un spectacle nocturne alliant histoire, poésie et technologie. Rocher Mistral est fermé du mois de janvier au mois de mars.

COMPLEXE MULTISPORTS

INDIAN FOREST AIX-EN-PROVENCE

chemin du viaduc
✆ 06 29 28 23 77
Ouvert de 10h à 18h 30 selon la saison.

Indian Forest accueille petits et grands en quête d'aventure sur un parc de 3 ha en bordure de la rivière de l'Arc. Dès 3 ans, vous êtes sûrs de faire le plein de sensations : plus de 135 activités, avec parcours accrobranche équipés de tyroliennes, ponts de singe et autres sauts de Tarzan, les sportifs ne seront pas déçus. Testez également votre équilibre en marchant sur des slacklines, ou jouez aux boules et bien sûr profitez de l'aire de pique nique, pour un moment de sport et de détente à partager en famille ou entre amis. Des sessions nocturnes sont proposées.

PARC D'ATTRACTIONS

GRIMMLAND - LABYRINTHE GÉANT

LA ROQUE-D'ANTHÉRON ✆ 04 42 22 19 15
grimmland.fr
Tarif adulte 12,50 €. Enfant 14,50 €. Ouvert de février à novembre de 10h à 18h, jusqu'à 20h en été.

Redécouvrez les célèbres personnages des contes des frères Grimm sur 4 ha d'amusement et d'attractions familiales à quelques kilomètres d'Aix ! Plus de 30 activités dont chaque année de nouvelles à partager en famille ou entre amis. Le grand labyrinthe reste bien sûr l'attrait principal du parc. Du jardin des lutins pour les plus petits à la rivière à souhait ou les serpents blancs, en bateau, en kart à pédale ou pieds nus, tout est fait pour le plaisir. Possibilité d'organiser un goûter d'anniversaire. Et 2 cabanes insolites pour passer la nuit la tête dans les étoiles.

PARC D'ATTRACTIONS

GULLI PARC

Rue des Frères-Perret
✆ 09 72 30 73 73
Ouvert 10h-19h mercredi, week-end, fériés et tous les jours de vacances. Tarifs complets en ligne

Ce parc couvert (le plus grand de la région) est avant tout fait pour les plus petits. Pas moins de 2 400 m² d'amusement. Les entreprises y font leurs sapins de Noël et les familles fêtent les anniversaires. Il y a l'espace Baboun Park pour les 1 à 5 ans avec des bulles, des cabanes, des structures pour courir et rebondir, le Volcanik Park pour les 6 à 12 ans avec mini-karting, toboggan, mur d'escalade, etc. Mais aussi un salon zen pour les parents (insonorisé et muni du wifi), un café-snack pour les soifs et les petits creux, un corner-shop pour les souvenirs. De quoi passer une journée en chaussettes sans la voir défiler ! Une entrée enfant comprend deux accompagnants.

PARC D'ATTRACTIONS

IN PARK

820, rue André-Ampère
✆ 04 13 41 51 51
www.inpark.fr
Ouvert 7 jours sur 7 à partir de 17h. jeudi forfait illimité.

Bienvenue dans le royaume du fun ! Karting, lancer de haches, laser game, roller dance, jeux vidéo, un nouveau genre d'autos tamponneuses appelé bumper, il y en a pour tous les goûts et tous les âges. Notez qu'un univers Kids est proposé pour que le plaisir soit partagé en famille. On apprécie avant tout le karting, qui est un gage de bon moment entre amis ou même dans le cadre de séminaires d'entreprise. Possibilité d'organiser enterrements de vie de célibataire, anniversaires et soirées privées originales. Les lieux sont spacieux et modernes, les salles privées aussi, un peu froides tout de même, mais c'est un lieu de loisirs plus que de bien-être, la garantie de passer un bon moment.

PARC D'ATTRACTIONS

VILLAGE DES AUTOMATES-MONTOPOTO

Chemin de la Diligence - Le Plan d'Aigues - **SAINT-CANNAT**
✆ 04 30 30 33 46 - www.villagedesautomates.com
Ouvert 7j/7 d'avril à août ; mercredi, samedi, dimanche de septembre à mars et les vacances scolaires de la zone B.

Montopoto est un parc de loisirs familial, à 12 km d'Aix, dans un espace boisé de 8 hectares avec le Village des Automates – plus de 500 personnages qui changent tous les ans avec notamment des pays personnifiés, l'Inde, le Mexique, le pôle Nord avec le Père Noël. Des aires de jeux, un petit train, des karts, la ferme des animaux et des spectacles durant les vacances scolaires. Egalement des activités dans un décor de jungle, des piscines à balles, des trampolines, des toboggans, un circuit de voitures à pied pour les petits et voitures électriques pour les grands.

HÔTEL

BOUTIQUE HÔTEL CEZANNE****

40, avenue Victor-Hugo
✆ 04 42 91 11 11
www.boutiquehotelcezanne.com
55 chambres, à partir de 120 €.

Près de la gare et à proximité du cours Mirabeau, l'Hôtel Cézanne allie luxe discret, charme et modernité. On aime le petit salon cosy, les teintes audacieuses sur les murs avec des toiles aux cimaises. Le confort est partout dans les chambres : lits *king size* et oreillers moelleux ! Elles sont spacieuses et lumineuses, déco sympa signée par le designer Charles Montemarco. On apprécie les boissons offertes dans les chambres et la possibilité de boire un verre ou croquer un fruit au bar de la réception à toute heure. Terrasse extérieure comme un jardin particulier.

HÔTEL

HÔTEL SAINTE VICTOIRE****

33, avenue des Maquisards
VAUVENARGUES
✆ 04 42 54 01 01
www.hotelsaintevictoire.com/fr/
Adapté aux personnes à mobilité réduite. Room service. Climatisation. Piscine extérieure chauffée. Restauration.

Voici une belle adresse confidentielle pour se poser en vis-à-vis de Sainte Victoire et du château de Vauvenargues où vécut Picasso. Calme, luxe discret et volupté dans ce nid douillet dont la situation exceptionnelle n'est pas le seul atout. Prestations hauts de gamme, confort des chambres spacieuses et lumineuses avec balcon ou terrasse, déco design, sobre et élégante, piscine de rêve et table bistronomique aux accents franco-brésiliens du chef Mateus Marangoni nous ont conquis : c'est notre coup de cœur à quelques minutes du centre historique d'Aix.

HÔTEL

DOMAINE GAOGAÏA***

1075, chemin Mont-Robert ✆ 04 42 24 48 50
www.domaineetcie.com
18 chambres, restaurant bistronomique. Chambre double de 84 à 154 € selon la période. Animaux acceptés. Séminaires.

Dans cette belle bâtisse du XIXe siècle, entièrement rénovée, tout est prévu pour que votre séjour soit placé sous le signe du plaisir. Les chambres sont lumineuses et confortables, décorées dans un style épuré, mêlant le contemporain et les meubles chinés. Le restaurant Gaodina propose une carte bistronomique en fonction des saisons. La cuisine est ouverte sur la salle et la brigade prépare votre assiette en direct. On s'attable sous la verrière ou sur la terrasse dès les beaux jours. Prévoyez d'emporter un maillot car l'hôtel dispose d'une piscine à l'abri des regards. On est aux portes d'Aix, idéal aussi pour l'organisation de séminaires et de réceptions.

HÔTEL

HÔTEL BIRDY****

775, rue Jean-René-Guillibert-Gauthier-de-la-Lauzière
✆ 04 42 97 76 00 - www.hotel-birdy.com
Chambre double de 59 à 175 € selon saison et l'heure d'arrivée. Restauration. Piscine. Petit-déjeuner 16 €.

Non loin de la gare TGV, cet hôtel a changé de nom depuis juin 2017 et a été entièrement rénové cette même année avec une décoration évoquant les Indes britanniques et les Caraïbes d'Hemingway. Il est prisé des hommes d'affaires mais il reste proche du centre-ville grâce au réseau urbain (10 minutes). Il bénéficie d'un environnement plaisant, aéré et verdoyant. D'un côté, les chambres offrent une vue majestueuse sur la montagne Sainte-Victoire, de l'autre, elles donnent sur la pinède. Salon et restaurant se prolongent par la terrasse qui s'ouvre sur un golf vallonné. Une vue bucolique et digne de Cézanne qui invite à la détente au bord de la piscine bleu azur.

HÔTEL

GRAND HÔTEL DU ROI RENÉ****

24, boulevard du Roy-René ✆ 04 42 37 61 00
www.all.accor.com
134 chambres (non-fumeur) dont 3 suites. Chambre double à partir de 169€. Accueil 24h/24. Wifi. Restaurant. Piscine.

Une des adresses hôtelières les plus renommées d'Aix-en-Provence, et ce depuis 1929. L'établissement se trouve désormais sous bannière MGallery by Sofitel et le lieu affiche fièrement ses 4 étoiles largement méritées. Services haut de gamme, espaces privés spacieux et très agréables, décoration à la fois moderne et faisant référence aux codes provençaux. Le restaurant La Table du Roy, propose repas et brunchs le dimanche. Petit bémol, le parking ne contient que 26 places. Il est donc souvent plein ! Situation idéale à deux pas du centre historique.

HÔTEL

HÔTEL CARDINAL**

24, rue Cardinal ✆ 04 42 38 32 30
www.hotel-cardinal-aix.com
29 chambres (dont 6 suites). Chambre simple dès 70 €, double dès 80 €, suite dès 120 €. Petit-déjeuner 10 €. Wifi.

Les prix les plus économiques du centre-ville historique, c'est ici, dans ce petit hôtel de caractère situé dans le quartier Mazarin. Si dans les chambres de cet établissement estampillé de deux étoiles l'atmosphère générale est au XVIIIe siècle, elles ont néanmoins toutes la TV et le téléphone, le Wifi, et dans les salles de bains, un sèche-cheveux ! Beaucoup de charme – plafonds hauts, cheminées, moulures et dorures, meubles anciens – mais aussi du confort. Coup de chapeau pour la qualité du petit déjeuner. Votre animal de compagnie est le bienvenu, pourvu qu'il soit bien élevé, bien entendu. Une plongée historique très prisée en saison, ne tardez pas à réserver.

HÔTEL

HOTEL AQUABELLA - LES THERMES****

2, rue des Etuves ✆ 04 42 99 15 00
www.aquabella.fr

Chambre double ou suite de 135 à 245 € la nuit selon saison. Offres combinées hôtel et thermes. Brunch spa 75€ en hiver.

Bien situé en bordure du centre historique et jouxtant les thermes Sextius, cet établissement 4 étoiles vous propose un séjour reposant et bien-être. Tous les soins sont bien évidemment assurés, thalassothérapie et hydrothérapie, avec un tout nouveau spa. Sa superbe piscine extérieure chauffée, dominée par une tour médiévale, offre un cadre idyllique. Deux restaurants vous accueilleront en terrasse aux beaux jours. Nous apprécions particulièrement les différentes formules proposées (spécial dimanche, escapade romantique, relaxante ou bien-être) à tarifs préférentiels.

HÔTEL

MAS D'ENTREMONT****

315, route d'Avignon ✆ 04 42 17 42 42 - Ligne bus 13.
www.masdentremont.com

Chambre double de 170 à 240 €. Appartement dès 275 €. Petit déjeuner : 22 €. Parking inclus. Wifi. Restauration.

A la sortie d'Aix, en direction de Célony, dans un écrin de verdure arboré, paysagé et fleuri, le mas d'Entremont (qui tire son nom du plateau et du site archéologique voisin) est un établissement cossu de grand standing pouvant satisfaire une clientèle exigeante. Les chambres sont spacieuses et confortables avec de belles salles de bains et des terrasses privatives. Pour la détente, piscine et court de tennis ainsi qu'un espace bien-être avec du matériel de fitness et la possibilité de massages sur rendez-vous. Le parc a du charme avec son bassin, ses jeux d'eau et ses nénuphars, des rosiers à la saison, on flâne entre les colonnades et les pots d'Anduze. Restauration et accueil séminaire.

HÔTEL

LES QUATRE DAUPHINS***

54, rue Alphéran-Roux ✆ 04 42 38 16 39
www.hotel-aix-lesquatredauphins.fr

13 chambres : simple 79-109 €, double confort 99-145 €, double standard 99-125 €, triple 139-179 €. Petit déjeuner 12 €.

L'Hôtel des Quatre Dauphins est un établissement de charme, notre coup de cœur pour se loger à deux pas du musée Granet et du centre d'art Caumont. Les chambres se répartissent sur trois étages desservis par un bel escalier, des chambres raffinées où la beauté s'allie à la sobriété : souci du détail, décoration soignée, éclairage tamisé, jolies tentures, parquet en bois. Certaines plus intimes, notamment les chambres mansardées font de petits nids romantiques avec vue sur les toits d'Aix. Les salles de bains très fonctionnelles sont d'un style contemporain. Petits déjeuners continentaux en buffet servis dans le salon dallé de tomettes anciennes au rez-de-chaussée. Accueil très chaleureux.

HÔTEL

RENAISSANCE AIX-EN-PROVENCE*****

320, avenue Wolfgang Amadeus Mozart ✆ 04 86 91 55 00
www.renaissanceaixenprovencehotel.com

133 chambres à partir de 180€ Parking 19 €. Animaux acceptés (avec supplément).

Tout le prestige du groupe Marriott se retrouve à l'Hôtel Renaissance, le 5* situé dans le pôle culturel d'Aix. Les prestations sont luxueuses, les chambres et suites offrent de très beaux volumes, de 30 à 75 m² pour la suite présidentielle. A noter, le petit clin d'œil au calisson aixois dans les motifs des têtes de lit et les miroirs ! Le spa *by* Esthederm offre hammam, salles de soins, de fitness et piscine intérieure. Le chef Vincent Merly propose une belle carte, un de nos coups de cœur pour s'attabler de façon gourmande sur Aix-en-Provence.

HÔTEL

RESIDENCE SUITE HOME AIX-EN-PROVENCE SUD****

184, route de Calas - **BOUC-BEL-AIR** ✆ 04 42 52 10 10
www.suitehome-aix.com/fr

74 studios/appartements à partir de 90 € selon la saison. Parking. Séminaires. Wifi gratuit. Sauna.

Voici une résidence hôtelière dont les prestations sont à la hauteur de ses 4 étoiles : dans un écrin de verdure entre Aix et Marseille, avec confort et accueil soigné. Les suites rénovées et bien agencées comportent un espace couchage, une kitchenette et une salle de bain fonctionnelle avec terrasse en rez-de jardin ou balcon à l'étage. Quelques suites sont communicantes, pratique si vous êtes en famille ou entre amis ! Pratique aussi l'espace buanderie qui se partage entre résidents. Pour la détente : piscine, solarium, salle de fitness, sauna et vélos à disposition.

HÔTEL

LA VILLA GALLICI*****

18, avenue de la Violette ✆ 04 42 23 29 23
www.villagallici.com/fr/restaurant

Relais & Châteaux. Restauration. Chambre double à partir de 280 €. Suite à partir de 535 €. Accueil 24h/24.

À Aix-en-Provence, parmi les hôtels étoilés haut de gamme, celui-ci en a cinq et fait partie des adresses les plus prestigieuses. Située à cinq minutes du centre-ville, La Villa Gallici, bastide élégante et cossue, flirte avec l'art de vivre à l'italienne et le XVIIIe siècle. Meubles d'époque, faïences précieuses, tableaux de maîtres et tissus soyeux. L'enfilade des salons est magnifique, tout comme les jardins en terrasse et la piscine auprès de laquelle, après quelques brasses, les clients pourront se prélasser. Quant au restaurant, il ne dénote pas. Le chef, Christophe Gavot propose une farandole de saveurs méditerranéennes. Parfaite illustration du « luxe, calme et volupté » baudelairien.

ET POUR DORMIR ?

HÔTEL

HÔTEL DE FRANCE***

63, rue Espariat ✆ 04 42 27 90 15
www.hoteldefrance-aixenprovence.com

Chambre double de 109 à 129 €. Suite à partir de 189 €. Petit déjeuner 14 €. Animaux 10 € par nuit. Wifi gratuit.

L'hôtel de France a été redécoré récemment avec goût et élégance. Un lifting qui lui donne précisément beaucoup de classe. Trois catégories pour les chambres spacieuses – Charme, Prestige, Suite –, refaites dans des tons très clairs, avec un mobilier contemporain et des lits *queen* ou *king size* à la literie confortable. Dans les salles de bains, douche et/ou baignoire. La salle du petit déjeuner est en lieu et place d'un ancien théâtre du XVIIIe siècle ; moulures et rideau de scène ont été conservés. Pas de dépose-minute devant l'hôtel mais il se trouve à 50 mètres du parking de la Rotonde et si besoin, demandez à la réception de vous ouvrir l'accès en voiture à la rue piétonne.

HÔTEL

HÔTEL LE CONCORDE***

68, boulevard du Roi-René ✆ 04 42 26 03 95
www.hotel-aixenprovence-concorde.com

Chambre double à partir de 80 €, suite à partir de 190 €. Parking privé 12 €. Animaux acceptés (12 €). Wifi gratuit.

À deux pas du cœur de la ville et pratique d'accès, pas très loin de la gare SNCF, cet hôtel de charme au style provençal a des allures de petite résidence de vacances. Donnant sur la cour arborée, des pavillons abritent des chambres où tout a été repensé pour votre confort : lits *king size*, douche à l'italienne ; plateau de courtoisie ; certaines ont même un balcon. Deux suites indépendantes se révèlent très pratiques si l'on séjourne avec des enfants ou entre amis. Une terrasse avec transats est à disposition pour profiter des belles journées ensoleillées, ainsi qu'un grand parking au sous-sol de l'établissement. Mais le véritable atout du Concorde ce sont ses tarifs très attractifs.

HÔTEL

HÔTEL DES AUGUSTINS***

3, rue de la Masse ✆ 04 42 27 28 59
www.hotel-augustins.com

29 chambres (insonorisées et climatisées). Chambre double de 99 à 199 €. Petit-déjeuner 14,90 €. Accueil 24h/24.

L'ancien couvent des Grands Augustins (XIIe siècle) accueillit Martin Luther, père du protestantisme, après son excommunication par le pape. Dès 1892, une partie de l'église du couvent est transformée en hostellerie. C'est ce bâtiment qui vous accueille aujourd'hui. Redécorée récemment, l'entrée est particulièrement spectaculaire, un vrai retour dans le temps mais ses 29 chambres climatisées ont été rénovées en 2015 et sont particulièrement soignées suivant différentes thématiques, artistiques, japonisantes ou classiques. Deux d'entre elles possèdent une terrasse individuelle. Pensez à réserver à l'avance, surtout en été, car le confort se joint à l'agréable par sa situation exceptionnelle.

HÔTEL

HÔTEL LE PIGONNET*****

5, avenue du Pigonnet ✆ 04 42 59 02 90
www.hotelpigonnet.com

49 chambres. Double de 155 à 290 €. Suite de 400 à 780 €. Label Esprit de France. Animaux acceptés. Restauration.

Cette bastide de charme affiche cinq étoiles à deux pas du centre-ville d'Aix. Les 49 chambres et suites sont meublées et décorées avec luxe dans un goût parfait. Le jardin luxuriant où bruissent 25 fontaines est un pur bonheur. Une belle piscine à l'écart vous permet de faire quelques brasses. Pour les adeptes, l'espace détente et bien-être est complet : hammam, sauna, bain bouillonnant, salle de fitness. Autre atout de cet établissement : son restaurant La Table du Pigonnet où l'on s'installe avec plaisir pour goûter la cuisine de Thierry Balligand. On se donne rendez-vous au bar pour un cocktail ou une coupe de champagne. Le personnel est aux petits soins.

HÔTEL

HÔTEL LA CARAVELLE**

29, boulevard Roi-René ✆ 04 42 21 53 05
www.lacaravelle-hotel.com

Chambre double de 75 à 95 € selon la saison. Chambre simple de 65 à 75 €. Familiale de 109 à 119 €. Accueil 24h/24.

Idéalement placé, à quelques pas du Cours Mirabeau, du Musée Granet et du quartier Mazarin. Le cadre est chaleureux, la déco tendance, les teintes assorties. 30 chambres, toutes bien pensées pour votre confort ; douche ou baignoire, sèche-cheveux. Au rez-de-chaussée une chambre spacieuse est prévue pour les personnes à mobilité réduite. Dans les étages, les chambres qui donnent côté boulevard ont un balcon, du double-vitrage et la climatisation. Les autres à l'arrière de l'hôtel ont la vue sur un petit jardin, une oasis de verdure. L'accueil est attentif, personnalisé et si vous avez besoin d'une bonne adresse pour vous attabler de façon gourmande, on saura vous renseigner.

HÔTEL

HOTEL PAUL**

10, avenue Pasteur ✆ 04 42 23 23 89
www.aix-en-provence.com/hotelpaul

Ouvert toute l'année. 23 chambres climatisées. Chambre double de 75 € à 125 € ; Restaurant. Parking Pasteur à proximité

Coup de cœur pour cet établissement récemment redécoré dans un style moderne juste à l'orée du centre-ville, à 150 mètres des Thermes et quelques pas de la cathédrale Saint-Sauveur. L'entrée aux lignes blanches et noires débouche sur une grande salle aux canapés orange confortables et son jardin attenant, un havre de paix à deux pas du fourmillement de la ville. Les chambres joliment rénovées, spacieuses et confortables - douche à l'italienne- promettent un agréable séjour. Celles qui donnent sur le jardin intérieur sont un peu plus chères, mais cela en vaut bien la peine. Seul bémol : le stationnement. Le parking Pasteur est à 20 m et payant.

HÔTEL
LE MAS DES ÉCUREUILS

1170, petite route des Milles
✆ 04 42 24 40 48 - www.lemasdesecureuils.com
Chambre double standard à partir de 86 €. Chambres supérieures dès 100 €. Parking inclus. Wifi gratuit. Restauration.

Situé à 5 km du centre historique d'Aix-en-Provence, cet hôtel-restaurant de charme niché dans une belle pinède, à l'écart du bruit, est une invitation au bien-être, l'endroit idéal pour se ressourcer. L'été on profite des extérieurs, sieste dans un hamac, plongeon dans la piscine. En toute saison, on apprécie le hammam. En famille ou entre amis, on se retrouve au terrain de pétanque ou autour de la table de ping-pong. Et le bar est ouvert en continu. On ne s'ennuie pas au Mas des Écureuils ! Les chambres sont confortables, quelle que soit la catégorie, certaines ont une terrasse privative… Le plaisir d'être ici se prolonge à la Table du Mas, l'été les repas sont servis sur la terrasse.

CHAMBRE D'HÔTE
LA FERAUDE

1095, chemin du Moulin du Fort - **GARDANNE**
✆ 06 11 22 77 91
www.laferaude.fr
4 chambres, salles de séminaire.

Située entre Gardanne, Bouc Bel Air et Luynes, la maison d'hôtes La Féraude propose 4 belles chambres, confortables et rénovées récemment. Avec son grand jardin à la française et son labyrinthe de buis, sa grande allée de platanes, et son magnifique bassin de 30 m de long, l'endroit a tout le charme de la maison de famille où l'on trouve repos et quiétude. Catherine sait accueillir ses hôtes avec simplicité et élégance. Idéal aussi pour un séminaire d'entreprise ou un team building avec 2 salles de 30 m^2 et 40 m^2 que l'on peut réunir en un seul espace. L'authenticité et le luxe bourgeois d'une vraie maison : rare à deux pas de la gare TGV d'Aix et de l'aéroport de Marseille.

CHAMBRE D'HÔTE
L'HÔTEL PARTICULIER LE 28

28, rue du 4-Septembre
✆ 07 83 15 75 92
www.hotelparticulier-le28.com
Ouvert toute l'année. 1 chambre et 3 suites. En haute saison, en fonction de la chambre, compter de 200 € à 400 €.

Le 28 à Aix est une adresse délicieuse nichée au cœur du quartier Mazarin. Cet hôtel particulier vous accueille dans un écrin enchanteur et original. Il dispose de chambres d'hôtes d'exception souvent réservées d'une année sur l'autre, notamment lors du Festival d'art lyrique. Les vastes suites (de 20 à 40 m^2) sont meublées avec beaucoup de goût. Ambiance raffinée, bougies parfumées, lustres à pampilles, œuvres d'art contemporaines, collaboration avec le spa SR Mazarine pour un moment bien-être, petits déjeuners de rêve... Pour un séjour exceptionnel.

CHAMBRE D'HÔTE
LE JARDIN DE MARIE

47, rue Roux-Alpheran ✆ 06 15 93 65 39
www.jardindemarie.net
Ouvert toute l'année. 3 chambres. Chambre double de 110 € à 130 €. En haute saison 2 nuits mini. Petit déjeuner inclus.

Marie a toujours vécu dans cet hôtel particulier et les chambres d'hôtes qu'elle y a aménagées étaient autrefois celles des trois sœurs de la famille. En rez-de-chaussée, elles s'ouvrent sur le jardin, un écrin de verdure avec des coins pour bouquiner à l'ombre ou pour paresser au soleil, on y petit-déjeune l'été, sinon les petits déjeuners sont servis dans la pièce de réception lumineuse. Chaque chambre dispose de sa salle de bain. Le Jardin de Marie est très bien placé au cœur du Quartier Mazarin à deux pas du Musée Granet, de l'Hôtel de Caumont et du Cours Mirabeau. Marie est guide conférencière, elle saura vous conseiller sur ce qu'il faut visiter en priorité.

CHAMBRE D'HÔTE
LA MAISON D'AIX

25, rue du 4-Septembre ✆ 04 42 53 78 95
www.lamaisondaix.com
Chambre double à partir de 270 € ; suite à partir de 400 €. Petit déjeuner inclus. Parking fermé sur réservation.

Offrez-vous un séjour sous le signe de la volupté ! Cet hôtel particulier, demeure d'Henriette Reboul, célèbre antiquaire et prêtresse de l'amour, a été rénové dans un style contemporain haut de gamme par Laure Juhen et Louis Mariotti, et aménagé en maison d'hôtes raffinée. La Chambre d'Henriette, la Love Suite, le Corset et le Jardin secret, les noms des chambres et suites sont des suggestions d'ambiance. Elles sont tout à la fois luxueuses, confortables et cosy, dans l'épure : teintes choisies, teck au sol et salles de bains design. Accès illimité au spa et à l'espace détente au sous-sol, avec bassin chauffé et hammam. Au rez-de-chaussée, profitez du beau salon rouge en soirée.

CHAMBRE D'HÔTE
MAISON DU COLLECTIONNEUR

19, rue Roux-Alphéran
✆ 06 51 45 09 49
maison-du-collectionneur.com
4 chambres et une suite.

A deux pas du musée Granet et dans un bel hôtel particulier aixois, la Maison du Collectionneur réserve son intérieur luxueux aux plus initiés. La maison, très spacieuse, a été décorée d'œuvres d'art collectionnées au cours de différents voyages ou rencontres : une collection éclectique qui marie avec goût le moderne et l'ancien, toujours pour le confort et le plaisir des hôtes de passage. De la Forsanetti surréaliste avec sa tête de lit majestueuse, la Ponti aux meubles vintage, les Italiens aux paysages cézanniens, la Madeleine Castaing à l'esprit fauve jusqu'au loft esprit Baskia pouvant accueillir 2 adultes et 2 enfants, chaque chambre est un voyage d'artiste !

ET POUR DORMIR ?

CHAMBRE D'HÔTE

MAS DE SILVACANE

34, avenue de Silvacane - **LA ROQUE-D'ANTHÉRON**
✆ 07 48 88 22 05 - www.masdesilvacane.fr

Ouvert toute l'année. 2 chambres d'hôtes 95€ et un gite à partir de 690€/semaine. Wifi gratuit.

Beaucoup de charme dans cette grande maison de village : les deux chambres et le gîte de 50 m² donnent sur un petit jardin en restanques avec terrasses privatives. Les propriétaires ont soigné les prestations partout, depuis la literie jusqu'à la déco et aussi la petite cuisine équipée pour les hôtes de passage. On se partage la piscine selon des créneaux horaires en été et on profite du jardin quelle que soit la saison, car ici le soleil est omniprésent toute l'année. Les petits déjeuners sont copieux pour bien démarrer la journée, et pour la ponctuer avant d'aller dîner dans un bon restaurant aux alentours, commandez un plateau apéro, c'est convivial, comme si l'on était en vacances chez des amis.

HÉBERGEMENT RELIGIEUX

FRÈRES ET SOEURS BÉNÉDICTINS DE SAINTE-LIOBA

Chemin des Mérentiers - **SIMIANE-COLLONGUE**
✆ 04 42 22 60 60 - www.lioba.com

Conditions d'accueil et participation aux frais d'hébergement à convenir avec la mère supérieure.

Vous voulez profiter d'un hébergement agréable en pleine campagne au calme et un peu à l'écart ? Le séjour chez les moines et moniales de Sainte-Lioba vous séduira. Le lieu fondé en 1935 par Hildegard Michaelis a été petit à petit construit en pierres apparentes par la communauté de moines et de moniales qui y réside suivant la règle de saint Benoît. Vous pouvez aussi jouir de la vue à couper le souffle et de la marche dans la colline. Un endroit hors du temps et pourtant à 15min d'Aix. L'accueil est délicat et chaleureux. Une expérience inédite !

APPARTEMENT

LA MAISON DAUPHINE

14, rue du 4-Septembre ✆ 06 51 06 18 75
www.maisondauphine.com

Haute saison à partir de 219 € la nuit. En basse saison, 168 € la nuit.

Dans une rue perpendiculaire au cours Mirabeau, cette grande bâtisse bourgeoise du XVIIe siècle abrite trois appartements de charme dans les étages (sans ascenseur). Une maison d'hôtes différente, ambiance feutrée, déco design et raffinée, le cadre est chic, élégant, c'est ainsi que l'a voulu Véronique Kadri, propriétaire des lieux et galeriste. Le confort est partout. On vous y assure un service de conciergerie si besoin, pour répondre à toutes vos demandes de babysitting, chef à domicile, réservation d'une table, soins esthétiques, organisation d'excursion, location de véhicule, transferts depuis la gare ou l'aéroport. Le petit déjeuner est offert si la réservation est faite en direct.

HÔTEL

ÂMA TERRA

7, traverse Saint-Pierre
✆ 04 42 95 10 10
villasaintange.com/fr

34 chambres et suites. Réceptions et mariages. Wifi gratuit. Restauration. Bain bouillonnant. Salle de massages.

Hôtel luxueux pour villégiature d'exception à quelques minutes du centre-ville, la Villa Saint Ange, ses 5 bastides et un luxuriant jardin se partagent les 8 000 m² de ce qui fut autrefois un domaine familial. Les volumes sont superbes, l'esprit du Second Empire imprègne ce lieu à l'instar d'un riche hôtel particulier. Les chambres décorées sont d'un raffinement exquis avec terrasse ou jardin privatif. On profite de la piscine à débordement tout au long de l'année. Salles de massage, fitness et bain bouillonnant sont à disposition de la clientèle. On se retrouve au bar pour un cocktail. Pierre Gagnaire signe la carte d'Ama Terra le restaurant de la Villa Saint Ange.

CAMPING

CAMPING CHANTECLER****

41, avenue du Val-Saint-André ✆ 04 42 26 12 98
www.campingchantecler.com

Ouvert toute l'année. Emplacement + 2 personnes. Mobil-home de 2 à 6 personnes. Chalet de 4 à 6 personnes. Piscine.

Le camping aixois de référence depuis 1960. Les propriétaires ont changé depuis mais le standing est là, le confort en premier lieu pour des vacances inoubliables. Huit hectares de verdure à une dizaine de minutes (à pied !) du vieil Aix historique. Des chalets et mobil-homes pour 2 à 6 personnes avec souvent jardinet et terrasse. Les soirées sont animées en été, mais ceux qui n'aiment pas ça ne sont pas obligés de participer... Et si une envie de baignade dans la Grande Bleue vous prend : Marseille et Cassis sont à 30 minutes. Les chalets et mobil-homes, boisés et confortables, ne manquent pas de charme. Réservations pour une semaine au minimum et mensuelle uniquement en basse saison.

SERVICES À LA PERSONNE

HOSTENGA AIX-EN-PROVENCE

✆ 06 65 34 04 86
www.hostengatravel.com/

Tarif conciergerie Appartement à partir de 50 € la nuit pour 2 personnes. Maison à partir de 360 € pour 10 personnes.

Hostenga est une conciergerie gestionnaire d'appartements et de maisons de particuliers qui louent leurs biens de façon saisonnière. Elle propose des remises de clefs en personne et se charge de l'entretien des logements, mais offre également une centrale de réservation en direct de ceux-ci, à travers son portail internet de belle facture. Sur Aix-en-Provence et sa région, la petite équipe sympathique de Hostenga gère une trentaine de logements pour le moment et continue son développement. Que vous souhaitiez trouver votre prochain lieu de vacances ou ayez un bien pour lequel vous cherchez un gestionnaire efficace, cette conciergerie locale est une solution de qualité.

JE ME RÉGALE

Vous croyez que le soleil brille juste sur la Sainte-Victoire ? Peut-être, et ce ne sont pas les 2 800 heures d'ensoleillement annuel sur Aix qui diront le contraire ! Mais il n'est pas que dans le ciel cézannien, il est aussi ailleurs... Il devient plus subtil, plus piquant, plus sucré, un rien extraordinaire, souvent (espérons-le pour vous) délicieux, quelquefois raffiné, parfois traditionnel, « Made in France », parfois aussi exotique ou méditerranéen. Ce soleil virtuel et pourtant si réconfortant dans un monde ponctuellement anxiogène, se retrouve dans nos assiettes et nos verres. À Aix, même les plus timorés ou compliqués, au choix, sauront trouver un encas adapté à leur régime et leur porte-monnaie ! Une carte de plus de 500 établissements, restaurants, pizzerias, pauses-déjeuner vous attend en centre-ville et sur le territoire aixois. Des plus historiques aux plus récents établissements qui ont envie de compléter un menu haut de gamme, tous les gourmets, avec ou sans *l'Accent*, pourront choisir leur point de chute en journée ou soirée.

VOTRE GUIDE DEVIENT
INTERACTIF

TAPEZ **PETITFUTE.APP** DANS LE NAVIGATEUR DE VOTRE SMARTPHONE.

PRENEZ UNE PHOTO DE LA PAGE DÈS QU'ELLE A CE PICTO !

GASTRONOMIQUE

ÂMA TERRA

7, Traverse Saint-Pierre
✆ 04 42 95 10 10
Ouvert tous les jours le midi et le soir. 95 € (entrée, plat, dessert, + 45€ avec accord mets vin).

Le restaurant Âma Terra, l'âme de la terre est le nouveau restaurant de l'hôtel 5 étoiles la villa Saint Ange à quelques encablures du cours Mirabeau, niché au cœur d'un parc ombragé. C'est le chef multi étoilé Pierre Gagnaire qui signe la carte cultivant une cuisine méditerranéenne d'inspiration raffinée et singulière aux produits frais, locaux et de saison. De la belle verrière second empire, façon jardin d'hiver à la grande terrasse sur les jardins provençaux, le chef exécutif Jean-Denis Le Bras vous emmène dans un moment de découverte gustative enthousiasmante tout autant que savoureuse. Un moment de haute gastronomie à la française, à n'en pas douter !

GASTRONOMIQUE

LA VILLA GALLICI

18, avenue de la Violette ✆ 04 42 23 29 23
www.villagallici.com/fr/restaurant
Ouvert tous les jours midi et soir sauf lundi et mercredi midi. Formule 115 ou 155 € (3 ou 6 plats).

La Villa Gallici, magnifique Relais et Châteaux 5 étoiles, ouvre sa table aux non-résidents, au déjeuner ou au dîner sur réservation. La cuisine raffinée du chef, Christophe Gavot, se distingue par la qualité des produits du Sud et la justesse des cuissons. Quelques suggestions pour vous inspirer : filet de saint-pierre rôti, lentilles noires beluga vinaigrées, poire de bœuf Black Angus cuite saignante à basse température, ou encore ses ravioles vitello tomato. Le service est orchestré par le maître d'hôtel Jérôme Placé dans le confort des salons feutrés où sont dressées les tables. Au printemps, la terrasse vous transporte au cœur d'un jardin florentin, sous les platanes.

GASTRONOMIQUE

CHÂTEAU DE LA GAUDE - LE ART

Route des Pinchinats
www.chateaudelagaude.com
Ouvert du mercredi au dimanche le midi et le soir. menus de 97 € à 185 €.

Aussitôt arrivé, aussitôt étoilé, Mathieu Dupuy Baumal depuis son installation à Aix en 2019, conforte son art. Sa cuisine est audacieuse, atypique diront certains, technique, moderne, en accord avec sa personnalité affirmée, sa détermination et son esprit sportif. Les saveurs fusionnent, inspirées de ses voyages. L'assiette, les vins et le cadre font le reste. Tout est parfait au Art. Tentez l'expérience, on est à 10 min du centre-ville. Propriété viticole, le Château de la Gaude abrite aussi un hôtel 5 étoiles et son spa, deux autres restaurants, une cave et un bar à vins.

GASTRONOMIQUE

RESTAURANT MICKAËL FÉVAL

11, petite rue Saint-Jean
✆ 04 42 93 29 60
www.mickaelfeval.fr
Du mardi au samedi midi et soir. Réservation impérative.

Mickaël Féval nous régale d'une cuisine très soignée. La présentation est magnifique, les saveurs et les associations très réussies. Les menus varient avec les saisons, tout comme la carte du déjeuner. Pour vous mettre en appétit, voici quelques suggestions : le lieu jaune, nacré à la poudre de coriandre, huitre et kumquat, ou le carré de veau, pommes fondantes et navet, pour finir avec une mousse légère de mangue et estragon granité à la pomme verte avec une tuile à l'anis étoilé. A découvrir le menu accord mets-vins, un régal ! De l'accueil chaleureux à l'accompagnement de plat en plat, tout est parfait ! Jamais déçu, on aime y revenir souvent entre amis.

GASTRONOMIQUE

LA MAISON FRANÇAISE

2 et 3bis, rue Fernand Dol
✆ 04 42 12 69 09
www.lamaisonfrancaise.com
Ouvert du mardi au samedi de 10h à 23h.

La Maison Française, en lieu et place des anciennes écuries du quartier Mazarin, offre un cadre élégant et chaleureux pour un déjeuner d'affaire, un dîner en tête à tête et entre les deux, on s'y pose pour un thé, un goûter ou un cocktail. Aux commandes de la cuisine, la jeune cheffe franco-américaine Elodie Li travaille de jolis produits dans des recettes bourgeoises, voire classiques auxquelles elle ajoute son grain de sel. Les desserts sont signés Florian Grad (Pâtisserie Victoire à Puyricard). On profite de la terrasse dès qu'il y a un rayon de soleil. En face, l'épicerie fine de La Maison Française avec des produits haut de gamme, du caviar au chocolat en passant par l'art de la table.

HAPPYCOW

Depuis 1999, HappyCow répertorie les adresses véganes proches de chez vous. On se crée un profil, se géolocalise et c'est parti pour une aventure culinaire… internationale ! Plus de 180 000 adresses, 600 000 membres et 180 pays y sont enregistrés : de quoi se faire une to *food list* aux petits oignons et pourquoi pas rencontrer les utilisateurs près de chez soi sur son prochain lieu de vacances.

GASTRONOMIQUE

RESTAURANT PIERRE REBOUL

260, rue Guillaume-du-Vair ✆ 04 42 52 27 27
www.chateaudelapioline.com
Le mardi et du jeudi au samedi midi et soir. Déjeuner affaire 65 €. Menu en 3 services 145€, en 6 services 165€.

Au sein du Château de la Pioline, se trouve une belle table étoilée tenue par Pierre Reboul. Le cadre est à la hauteur de ce chef qui nous enchante le palais et pas seulement, car, avant de goûter, la vue est sollicitée de l'entrée au dessert par ces couleurs dans l'assiette, une palette tonique, acidulée ou en demi-teinte selon les saisons. Le chef joue avec les ingrédients, il revisite les recettes et il assaisonne ses plats de clins d'œil et d'humour. Sa signature : l'incontournable mise en bouche « Flamby de foie gras poêlé au caramel, piment d'Espelette et sel de Camargue ». En été, la terrasse ombragée donne sur le parc. A l'intérieur, salle à manger design ou bien « grand siècle ».

GASTRONOMIQUE

LE SAINT ESTÈVE

2250, route Cézanne - **LE THOLONET** ✆ 04 42 24 80 40
www.leslodgessaintevictoire.com
Ouvert tous les jours midi et soir (fermeture hivernale d'un mois). Menus de 135 à 185 €.

Les Lodges Sainte Victoire ne sont pas seulement une villégiature luxueuse, c'est aussi une très belle adresse pour s'attabler du côté du restaurant étoilé Michelin que l'on soit résident à l'hôtel ou pas. Avant d'apprécier l'assiette, profitez du panorama et de la vue exceptionnelle sur la Sainte-Victoire, un site immortalisé par Cézanne dans le monde entier. La carte est gastronomique avec une cuisine méditerranéenne et de saison. Julien Le Goff, le chef, se laisse aller à sa passion des saveurs, des senteurs et des couleurs... On peut déjeuner sur la terrasse au soleil devant la Sainte-Victoire jusqu'à mi-octobre voire plus, si l'été indien dure. Une adresse d'exception.

GASTRONOMIQUE

NARCISSE

1, Rue des Étuves
✆ 04 42 21 25 27
narcisse-restaurant.fr
Ouvert du jeudi au lundi le midi et le soir. Menu 35 €.

© NARCISSE

Anthony Marras et sa compagne Astéria ont ouvert ce restaurant il y a peu. Une adresse confidentielle dans cette petite rue du centre-ville, atypique aussi avec une carte qui nous plonge dans l'Histoire. Anthony puise son inspiration dans les mets favoris des rois et autres grands de France. Les intitulés parlent d'eux-mêmes : L'huître Louis XIV, les Pommes Dauphines et le chocolat Louis XV, le Veau Marengo sauce Napoléon, le Homard royal, mais aussi le Potage à la Reine et les Escargots Talleyrand ! Royal, impérial tout comme la carte des vins et le service aux petits soins. Tout est parfait jusqu'aux mignardises servies avec le café, en l'occurrence les fameuses pâtes de fruits maison.

GASTRONOMIQUE

SAUVAGE

24, rue Aumône Vieille ✆ 04 42 91 37 56
www.sauvage-aix.fr/
Ouvert du lundi au vendredi soir. Réservation recommandée. Menus 70€ et 120€.

Pas de carte mais un menu unique, en 7 ou 10 temps – entrée, poisson, viande, terre-mer, dessert. Loïc Pétri fait en fonction du marché et de son inspiration. Il est passé dans de belles brigades auprès de chefs étoilés avant de revenir en 2019 dans son sud natal pour y ouvrir son restaurant dans l'esprit d'une salle à manger. Il est épaulé par Dominique, sa maman, qui réalise les desserts. Sa cuisine est créative, libre, audacieuse même, avec de très beaux produits, des alliances sucrées salées. Gastronomique vraiment, plaisir des yeux et des papilles, cadre élégant, accueil et service au top, très belle cave à vins. Une vingtaine de couverts seulement, la réservation est obligatoire.

GASTRONOMIQUE

LA TABLE DU PIGONNET

5, avenue du Pigonnet ✆ 04 42 59 02 90
www.hotelpigonnet.com
Ouvert toute l'année. Tous les jours et les jours fériés midi et soir. L'été bar côté jardin de 11h30 à minuit.

Dans un cadre épuré et une ambiance agréable, le restaurant du Pigonnet décline une gastronomie inventive aux saveurs méditerranéennes. De beaux produits sont mis à l'honneur, la truffe, l'huile d'olive, les asperges, les poissons de pêche selon les saisons, dans de jolies recettes bistronomiques signées Thierry Balligand. On s'attable à l'intérieur dans un cadre raffiné ou bien sur la terrasse ombragée en surplomb du parc. De mai à octobre, Côté jardin vous accueille dans un cadre enchanteur avec tapas et assiettes estivales. Le bar est ouvert jusqu'à minuit. Le maître de salle Benjamin orchestre ces différents espaces magiques avec gentillesse et élégance.

BISTRONOMIE

ATMOSPH'R

320, Avenue Wolfgang Amadeus Mozart
✆ 04 86 91 55 02
www.restaurantatmosphr.fr

Ouvert tous les jours et les jours fériés le midi et le soir. Menu enfant 16 €. Formule du midi 28€ et 32 €.

© P. DANIEL

Pour vous offrir une parenthèse gourmande à Aix, nous vous recommandons Atmosph'R, le restaurant de l'hôtel Renaissance Aix-en-Provence, un 5-étoiles certes, mais à la portée de toutes les bourses avec une formule du midi très attractive. Le chef Vincent Merly, dont les desserts ont fait la réputation du restaurant lorsqu'il en était le chef pâtissier, propose une cuisine créative non seulement dans la recette mais également dans la présentation sur l'assiette ! La décoration privilégie la douceur et la clarté et rend l'atmosphère feutrée et élégante parfaite pour un dîner en amoureux ou un repas d'affaires. En été, le Palm's, restaurant-bar autour de la piscine et un espace bien-être.

BISTRONOMIE

GRENACHE

Place Joachim-Gasquet ✆ 09 80 82 85 92
www.grenache-aix.eatbu.com

Ouvert du mardi au samedi le midi et le soir. Menus de 36 € à 48 €. Formule du midi : 26,50 €. Vin au verre. Terrasse.

Grenache fait l'éloge de beaux flacons en accord avec les mets de saison. Pierre, un temps sommelier chez Alain Ducasse à Monaco, tient les rênes de ce bar à vins bistronomique qui a rapidement fait l'unanimité auprès d'une clientèle exigeante. On n'hésite pas à grimper depuis le centre-ville jusqu'à cette placette ombragée près des Arts et Métiers, dans le cadre agréable d'une terrasse à l'ombre des platanes. Dans l'assiette, les saveurs flattent les papilles : une cuisine traditionnelle à partir de produits frais et locaux, trouvés sur le marché et des fromages affinés de chez Benoît Lemarié à Aix. La carte des vins propose de plus de 200 références, conseils et prix cavistes en prime !

BISTRONOMIE

LES INSÉPARABLES

4, avenue Reine-Astrid ✆ 04 42 27 90 32
www.lesinseparables-aix.fr

Du mardi midi au samedi soir. Formules midi 30 ou 34 €. Menu dégustation 72 €. Parking privé gratuit.

Notre coup de cœur fut immédiat lors de notre visite chez ces deux-là – Mathieu et Christophe – qui prennent la suite des Deux Frères, table réputée dans ce quartier un peu excentré. Les inséparables ont à peine la trentaine, ce lieu leur ressemble : c'est jeune, raffiné et convivial, cadre dans l'épure, teintes toniques, superbe terrasse, cuisine ouverte, assiette savoureuse, créative, esthétique. Christophe cuisine en allant à l'essentiel : rien de sophistiqué, il travaille avant tout les saveurs du produit, de belles viandes, des poissons du jour, des légumes et des fruits de saison. À midi, une formule attractive vous permet de goûter quelques mets choisis sur la carte du moment.

BISTRONOMIE

LICANDRO LE BISTRO

18, rue de la Couronne ✆ 06 27 20 03 99
www.licandrolebistro.com

Ouvert midi et soir du jeudi au lundi. Mardi et mercredi midi. Formule midi de 22 à 27 €. Le soir, menu à 41€.

Passé par de grands restaurants à Paris et en Bourgogne puis chef au Tanao Ando au Château Lacoste, Felipe Licandro s'est installé dans cette petite rue en 2017. Il nous propose une nouvelle cuisine savoureuse d'inspiration méditerranéenne avec des influences espagnoles, qui font honneur à ses origines. Vous prendrez place dans une jolie salle au décor design épuré et au mobilier confortable pour déguster un œuf parfait en entrée, puis selon les plats à la carte, crème Dubarry et haddock fumé, saint Jacques et risotto à la truffe... En dessert la spécialité, la brioche du Licandro, servie chaude en cocotte avec une sauce caramel beurre salé et crème anglaise !

BISTRONOMIE

NIRO BY LE GAMBETTA

37, place des Tanneur ✆ 04 42 27 65 46
restaurantniro.fr/

Ouvert du mardi au samedi le midi et le soir. Menu unique à 39 €. Carte : 35 € environ

C'est une nouvelle table bistronomique avec laquelle il faut compter désormais à Aix. Damien Serre Combe a du talent, il cuisine avec passion et sa créativité se concrétise notamment dans des recettes salées/sucrées avec juste ce qu'il faut d'épices des 4 coins du monde. Les saveurs sont subtiles, ici une crème de citron confit au gingembre, là quelques cranberries, pour relever une sauce du Banyuls, du Muscat ou une pointe de chocolat, pour accompagner une viande un chutney de saison, les assaisonnements sont parfaits. Les desserts sont travaillés, on peut les goûter tous dans la formule du café gourmand. Jolie carte des vins, des cocktails aussi. Le service est top. Allez-y de notre part.

BISTRONOMIE

L'OPÉRA

18, rue Fermée ✆ 04 42 12 44 67
www.lopera-restaurant.fr
Ouvert tous les soirs de 19h à minuit. Menu unique à 50€. Carte 45€ environ.

Au détour d'une petite rue du centre-ville, à 2 pas de la Rotonde, cette table bistronomique fait honneur aux produits frais, locaux et de saison. Jérémy Martinez a pris les rênes de la cuisine, ses recettes sont créatives, les saveurs sont multiples, les assaisonnements bien vus, les assiettes généreuses. On se régale aussi bien avec des plats iodés que des plats du terroir : nous avons testé le poisson du jour du port de Carro et l'agneau en cuisson de 7h. En dessert, du fait maison aussi. Jolie carte de vins. Également un menu 100% CBD, des saveurs surprenantes pour amateurs et curieux. A partir de 19h, on s'installe au bar, vin, cocktails, planchettes de fromage, charcuterie, foie gras.

BISTRONOMIE

DE L'UNE À L'AUTRE

12, rue du Cancel
✆ 04 42 22 79 61
Ouvert le mardi, le mercredi, le vendredi et le samedi le midi et le soir ; le jeudi soir. Carte : 37 € environ. Vin au verre. Jardin.

Un jardin caché, une cuisine du marché savoureuse, un lieu de partage accueillant comme une maison d'amis, voici une table que nous vous recommandons en plein cœur d'Aix, au calme à deux pas de la place des Cardeurs. On se régale avec les légumes de saison bien travaillés, l'aubergine farcie aux petits légumes ou confite aux abricots et thym, les plats mijotés comme le sauté de veau aux olives ou la joue de porc tendre et gouteuse, les poissons en sauce vierge. Les desserts aux fruits, en l'occurrence le crumble d'abricot aux amandes, testé pour vous, n'a pas fait un pli, tout comme le Crousti-Coco de Bernard, une verrine incontournable parmi les douceurs pérennes de la carte.

BISTRONOMIE

VINTREPIDE

48, rue du Puits-Neuf ✆ 04 28 31 16 41
www.vintrepide.com
Ouvert du mardi au samedi midi et soir. Formule midi à 27 ou 29€. À la carte : Entrées de 12 à 18€, plats de 23 à 29€.

Au cœur du vieil Aix, ce restaurant bistronomique, installé dans deux petites salles en enfilade façon bistrot à la déco épurée, propose chaque jour deux poissons sauvages et deux viandes de race, quatre ou cinq entrées et autant de desserts. Le chef William Aubert qui a fait ses armes dans de bien belles maisons propose une cuisine très raffinée, à base d'ingrédients frais, inspirée et élégamment présentée. La carte change toutes les deux semaines mais quelques classiques restent proposés comme les saint jacques aux truffes ou le tartare de filet de bœuf Salers. Le tout allié aux fromages de Syvie Savelli et à une cave d'exception, composée par le sommelier Eric Jaeggy.

BISTRONOMIE

RESTAURANT LE MAS D'ENTREMONT

315, Route d'Avignon
✆ 04 42 17 42 42
www.masdentremont.com
Fermé le dimanche soir et le lundi midi. Menus 51€, 62 ou 85€. Menu enfant 28€.

© MAS D'ENTREMONT

© MAS D'ENTREMONT

Mayeul Robin tient les cuisines du Mas d'Entremont. C'est un chef passionné qui travaille et revisite les plats classiques, de la saint Jacques au foie gras en passant par le filet de bœuf grillé à la purée d'oignons caramélisés, du gibier en saison, des poissons du jour, la truite d'Ardèche juste saisie ou du rouget au citron confit. Gardez une place pour les fameux desserts réalisés par Vincent le Bolloc. Laissez-vous aller à un repas dans le jardin à l'ombre de tilleuls centenaires et au son des cigales. L'été y est doux. L'hiver, la bâtisse est un refuge protecteur.

29 MIOLLIS

29, place Miollis
✆ 04 42 93 31 40
www.29-miollis.lafourchette.rest

Ouvert du lundi au jeudi de 8h à 17h et vendredi jusqu'à 22h. Plat du jour de 13,8 à 16,5€. Terrasse.

Le 29 Miollis est un peu excentré mais ça vaut le coup d'y monter. Depuis l'ouverture en 2013, c'est l'une de nos adresses coups de cœur pour son ambiance conviviale, son patron Ludo super sympa et évidemment pour les assiettes savoureuses qu'on y sert. La chef Sylvie travaille à l'ardoise avec les produits du moment, donc ça change tous les jours, aujourd'hui c'était encornets en persillade, pavé de saumon et citron confit, ribs de cochon caramélisés et les salades qui suffisent à faire un repas. Les accompagnements sont élaborés avec des légumes de saison ou oubliés. Dans la véranda, sur la terrasse ou à l'intérieur, il fait bon se poser au 29. Et tous les mois, un artiste y expose.

BISTROT - BRASSERIE

LE GRILLON

49, Cours Mirabeau
✆ 04 42 27 58 81 - www.cafelegrillon.com

Ouvert tous les jours de 6h à 1h. Carte : 28 € environ. Plat du jour : 14,90 €.

C'est la terrasse incontournable sur le Cours Mirabeau (notamment depuis que les 2G en rénovation sont fermés) pour sa situation, pour la qualité de l'accueil vraiment sympathique ici, le service toujours impeccable, et évidemment la carte brasserie avec les classiques -steak tartare ou entrecôte frites, omelette, lasagnes, paupiette de veau, boudin aux 2 pommes, aïoli du vendredi- et les suggestions quotidiennes. La terrasse est très agréable en toute saison, mais on apprécie de s'attabler les jours de grisaille ou de pluie dans la salle historique ornée de grand miroirs et de lustres à pampilles. On s'y donne rendez-vous à toute heure, du café du matin à l'apéro tard le soir.

LE BISTROT MÉJANES

10, rue des Allumettes
✆ 04 42 91 35 53
www.lebistrotmejanes.fr

Ouvert du lundi au vendredi le midi. Plat du jour à partir de 9,90€. Poisson du jour 12 €. Réservation conseillée.

Cuisine fraîche à l'ardoise. Salades généreuses, tartes salées, viandes, poissons du jour, omelettes, il y en a pour tous les goûts avec une dizaine de propositions et ça change tous les deux jours ! Alternative pour les végétariens également. Le Bistrot Méjanes fait dans la simplicité avec une cuisine familiale savoureuse et généreuse. Les tarifs sont mini, le cadre et l'ambiance sans chichi. Tout à la fois restaurant-cafétéria et café, Le Bistrot est devenu en quelques années LA cantine institutionnelle de la Cité du livre, au cœur du pôle culturel d'Aix, près du conservatoire, du Grand Théâtre et des Allées Provençales. La grande salle cantine rétro et la terrasse pour petits et grands !

LA TABLE DU MAS

1170, petite route des Milles
✆ 04 42 24 40 48
www.lemasdesecureuils.com

Ouvert 7j/7 l'été et tous les jours sauf le week-end l'hiver. Formule 26,50 €. Plat du jour 15,50 €.

La Table du Mas, c'est le restaurant de l'hôtel 3 étoiles Le Mas des Écureuils. Cette table vaut le détour pour le cadre dans une pinède et pour l'assiette. Le chef allie cuisine du marché et produits frais. Au fil des saisons, on se régale d'une côte de bœuf, d'agneau confit ou d'un suprême de volaille farci à la provençale dont le chef vous donne la recette page suivante. Les garnitures sont savoureuses et bien travaillées. Quant aux vins, ils font le tour de l'Hexagone dans une sélection qui fera l'accord avec les mets, de l'entrée au dessert. Pour vos réceptions, mariages, anniversaires, repas d'affaires, la Table du Mas dispose d'une belle capacité d'accueil et vous propose du sur-mesure.

BISTROT - BRASSERIE

BRASSERIE DES ARTS

31, rue Portalis
✆ 06 71 44 67 10

Ouvert tous les jours de 7h à 00h, restauration midi et soir tous les jours sauf dimanche et lundi.

Entre le bar de quartier et la brasserie sans chichi mais où l'on mange très bien, c'est l'adresse idéale pour se retrouver entre amis à toute heure. On apprécie particulièrement la placette sur laquelle on s'attable toute l'année ou presque, sinon à l'intérieur c'est plutôt bistrot rock, un endroit qui se prête bien aux soirées apéro afterwork et concerts (DJ hebdomadaires). Dans l'assiette, c'est en fonction de la saison et du marché, on a le choix entre un burger, un croque avec une salade, mais si l'on pioche dans des recettes plus élaborées, on n'est pas déçu que ce soit avec le pavé de rosbif, sauce moutarde ou le vol-au-vent aux trois poissons. Accueil sympa et bonne ambiance !

BISTROT - BRASSERIE

BRASSERIE LE FORUM

6, rue Peyresc ✆ 09 73 55 28 85
www.leforum-aix.fr

Ouvert du lundi au samedi de 8h à 1h. Plat à 15 €. Réservation conseillée.

Comptoir en zinc, miroirs, chaises bistrot, Le Forum a l'esprit brasserie, conviviale et branchée. Sur la carte des classiques, steak tartare, entrecôte, frites maison, burger, et sur l'ardoise des suggestions en fonction du marché. Les cuissons sont parfaites, les assaisonnements aussi, tout est fait maison et ça se sent. Le vendredi et le samedi des mois en *r*, on choisit ses coquillages sur l'étal en terrasse, servis en plateau ou à l'assiette avec un petit verre de vin blanc. On s'y donne rendez-vous vers 18h autour d'un verre et de planchettes de charcuterie corse. Située entre la cour d'appel et la place des Prêcheurs, c'est l'adresse qui nous plaît et que l'on a envie de partager.

LA TABLE DU MAS DES ECUREUILS

LA RECETTE DU CHEF PASCAL KOSMALA

Lorrain d'origine, avec une formation gastronomique en Alsace et en Bourgogne, le Chef Pascal Kosmala est un épicurien passionné par son métier. Il a repris la cuisine de la Table du Mas, il travaille les beaux produits en favorisant les circuits courts. Sa carte fait l'éloge de recettes traditionnelles auxquelles il rajoute sa touche personnelle sans oublier ses racines.

Suprême de volaille farci à la Provençale en croûte d'olivade et ratatouille

Pour la ratatouille :

Les ingrédients : Oignons, ail, poivrons rouges, courgettes, aubergines, tomate, thym, laurier, huile d'olive.

- Tailler en cubes égaux tant pour tant les oignons, les poivrons rouges, les courgettes, les tomates et les aubergines.
- Chauffer huile d'olive.
- Ajouter l'ail haché et laisser torréfier sans coloration.
- Ajouter les oignons et les faire suer avec une légère coloration.
- Ajouter les poivrons, 5 min après ajouter les courgettes, 3 min après les aubergines, 5 min après les tomates.
- Laisser encore cuire 5 minutes.
- Ajouter du thym en poudre, du sel et du poivre et un peu de sucre pour atténuer l'acidité des tomates.

Pour l'olivade spéciale :

Les ingrédients : Olives noires, tomates séchées, ail, oignon confit

- Mixer tous les ingrédients ensemble.

Pour le plat final :

- Couper le suprême, le farcir de la ratatouille. Couvrir de l'olivade.
- Cuire à 220 °C au four.
- Émincer le suprême une fois cuit. Le déposer sur un lit de tapenade. L'accompagner de la ratatouille. Finir avec un filet d'huile d'olive.

Vous pouvez ajouter des pommes de terres grenaille de Provence, au four.

- Cuire à l'eau les pommes grenailles avec du gros sel et du thym.
- Les couper en 4 dans le sens de la longueur.
- Les poêler à l'huile d'olive avec ail et thym.
- Saler et poivrer.

Je décore d'un brin de romarin frais du domaine et vous ?

› LA TABLE DU MAS
1170, petite route des Milles
✆ 04 42 24 40 48 - www.lemasdesecureuils.com

© MAS DES ECUREUILS

© MAS DES ECUREUILS

© MAS DES ECUREUILS

CÔTÉ COUR

19, cours Mirabeau
✆ 04 42 93 12 51
www.restaurantcotecour.fr
Ouvert du lundi au samedi le midi et le soir. Menus de 50 € à 60 €. Menu déjeuner à partir de 25 €.

Une entrée discrète sur le cours Mirabeau pour un moment très gourmand. Le chef Ronan Kernen et son équipe nous régalent. Dans une cour intérieure, quelques tables dehors pour les beaux jours et toute l'année, un jardin d'hiver chic et branché. En fonction des saisons, on pioche sur la carte des turbots et saint-pierre, une bouillabaisse revisitée, à l'automne des cèpes, des truffes, des ris de veau et écrevisses, la spécialité du chef, du cochon de lait ibérique ou des gambas sauvages en croûte de sel, et dans les desserts la mousse au chocolat chaude de la maison. Également présent à la Petite ferme avenue Victor Hugo et au Petit Prince rue Gaston de Saporta !

BISTROT - BRASSERIE

LE DARIUS

115, avenue Giuseppe-Verdi
✆ 04 42 27 98 97
Ouvert du lundi au samedi midi et soir. Chèque Restaurant.

Brasserie attitrée du conservatoire, voilà une escale agréable sur les Allées Provençales entre deux séances de shopping, où l'on se régale d'une cuisine du marché traditionnelle revisitée. La terrasse est particulièrement appréciée. Le plat du jour change au quotidien et se voit proposer midi et soir. Ce jour, petits farcis de légumes ou andouillette frites. Le tout s'accompagne d'une belle carte des vins. Le service est rapide et sympathique. On fait une pause au Darius en dehors des heures des repas pour prendre un café-croissant, un chocolat chaud ou un soda. Enfin le soir, le dîner prend des allures lounge. Pratique, vous êtes au-dessus du parking de la Rotonde.

DRÔLE D'ENDROIT

14, rue Annonerie-Vieille
✆ 04 42 38 95 54
www.droledesite.fr
Ouvert du jeudi au samedi le midi et le soir mardi midi et soir et mercredi soir ; carte 32 €. Terrasse.

C'est par une ruelle sinueuse que l'on accède à ce Drôle d'Endroit. L'ambiance est chaleureuse, un brin bobo. Aux cimaises, les tableaux ou photos de l'exposition du moment. En cuisine, Nathalie c'est la cheffe dont les bons petits plats privilégient, au gré du marché, les produits issus de l'agriculture biologique en circuit court. Les légumes de saison sont travaillés en flans ou purée pour accompagner viande et poisson. En guise d'apéritif, laissez-vous tenter par un cocktail avec ou sans alcool. La carte des vins, élaborée avec les conseils de Vincent et Livio de la Cave du Félibrige réserve de belles surprises. Une bonne table pour un repas avec de nombreux copains !

GALLIFET KITCHEN

52, rue Cardinale
✆ 09 53 84 37 61
www.hoteldegallifet.com
Ouvert en été mardi, mercredi et dimanche de 12h à 18h30 ; du jeudi au samedi de 12h à 23h. Jardin

Voici une adresse estivale gourmande et atypique, où les arts se conjuguent dans l'assiette (mais oui !) et aussi aux cimaises de la galerie aménagée dans cet hôtel particulier. La cuisine est un art de l'éphémère qui rend heureux et plus encore ici lorsque l'on s'attable dans le grand jardin intérieur sous les marronniers séculaires. Chaque été, un chef investit les lieux avec un mot d'ordre pour élaborer sa carte : des produits frais de la région, les fruits et légumes et les herbes aromatiques du potager du Nicolas, le propriétaire de Gallifet. Une cuisine ensoleillée, pleine de fraicheur, qui va à l'essentiel des saveurs. On prolonge les plaisirs du palais par la visite de l'expo.

GAODINA

1075, chemin du Mont-Robert
✆ 04 42 24 48 50
www.gaodina.com
Ouvert tous les jours le midi et le soir sauf le dimanche soir. Formule midi 21 €, carte 35 €. Brunch 29 €.

Dans la campagne aixoise du côté des Milles, voici une table qui mérite le détour. Situé dans une belle bastide rénovée qui abrite aussi un hôtel de charme, ce restaurant recueille tous les suffrages de la clientèle touristique résidente mais aussi d'une clientèle locale exigeante.... En cuisine, Yannis Lisseri travaille les beaux produits bio et/ou locaux, viandes (au four à braises) et poissons dans des recettes créatives. On s'attable sous la verrière dans un cadre feutré et lumineux ou bien en terrasse sous le marronnier et devant la piscine. Le service est aux petits soins. Bref, un petit coin de paradis à quelques minutes d'Aix. A tester également le brunch samedi ou dimanche.

GRAND HÔTEL DU ROI RENÉ

24, boulevard du Roy-René
✆ 04 42 37 61 00
www.all.accor.com
Ouvert toute l'année. Tous les jours midi et soir - Brunch le dimanche midi.

Bienvenue à la Table du Roi, restaurant du Grand Hôtel du Roi René. Escale de charme et de luxe au centre-ville, le Grand Hôtel Roi René, estampillé MGallery, dont l'origine remonte à 1929 a bénéficié d'une rénovation complète en 2009. La Table du Roi propose une cuisine provençale gourmande et raffinée orchestrée avec brio. La carte propose une sélection de la mer, le pavé de maigre au beurre d'agrumes, par exemple, alors que la sélection du boucher propose son délicat mille-feuille de filet de bœuf au vin de Bandol. Quant aux douceurs du Roi René, elles finalisent le repas à merveille. Le brunch comblera et réjouira tout le monde pour un dimanche festif en famille.

LE JARDIN D'AMALULA

7, rue Mignet
✆ 04 42 63 04 05
www.amalula.fr

Ouvert du lundi au samedi de 9h30 à 15h30. Aux beaux jours, de 8h à 18h30. Tartine gourmande et salade à partir de 15€.

Ne ratez pas l'entrée, c'est au 7 rue Mignet, au bout du couloir, vous découvrez un petit restaurant et salon de thé charmant, avec deux salles paisibles et un très agréable patio. Quel bonheur de déjeuner au calme dans le jardin à l'arrière du restaurant. Ambiance sereine et cosy pour ce Jardin d'Amalula tenu par Madame Cotteret, en salle, et sa fille, Laurine, en cuisine. Vous pouvez vous installer pour un petit déjeuner, puis tout au long de la journée, pour un repas ou une simple consommation. A la carte, des tartines savoureuses, comme par exemple, tartine gourmande la Biarrote (fromage de brebis, jambon serrano, tomates confites), et pour finir un café gourmand maison.

CHEZ JO

59, rue Espariat
✆ 04 42 26 12 47
www.pizzeriachezjo.com

Ouvert tous les jours. Ouvert à midi et tard le soir. Carte environ 25€.

La petite place des Augustins au charme fou partage son ancienneté avec une des adresses les plus mythiques d'Aix-en-Provence. Son ancienneté et la régularité de sa cuisine en ont fait une véritable institution. Cette brasserie à la décoration Belle Époque garantit une ambiance chaleureuse initiée par Jo qui a transmis le flambeau à son fils Alexandre. Sur les murs, les photos de célébrités et de politiques rappellent à quel point l'endroit est apprécié de longue date. La cuisine simple sort tout droit du four au milieu du restaurant d'où Kevin travaille les pizzas et viandes cuites à la perfection. Tartare de bœuf et frites parfaits aussi. Incontournable, donc réservation conseillée.

L'INCONTOURNABLE

14, rue Lucas-de-Montigny
✆ 09 80 32 86 32

Ouvert du mardi au samedi le midi et le soir. En été ouvert 7/7j. Suggestions du jour le midi à partir de 18€

Une adresse « incontournable » sur Aix-en-Provence. L'été, sa terrasse se déploie sous de grands micocouliers autour de la fontaine sur la place pavée. Un intérieur agréable de bistrot moderne au décor épuré et lumineux. Confortables sièges ou banquettes. Le chef Mickaël, voyageur passionné, nous concocte une cuisine qui mélange les saveurs à base de produits frais du marché. Ce jour en suggestion du midi côté viandes : un croustillant de canard ou un simple mais délicieux pavé de rumsteck. Notons aussi la salade terre et mer ou encore le croque-monsieur façon pain perdu. Une cuisine inspirée qui réveille les papilles. Belle carte des vins. Un accueil aux petits soins.

NEW

BISTROT - BRASSERIE

CHEZ LULU

11, rue chastel ✆ 06 10 99 22 75
www.chezlulu-cafegourmand.com

Ouvert du mardi au samedi de 11h à 15h. Menu unique à 16,50 €. Café Lulu à 4 € : 1 espresso et 1 p'tit lulu

Bien au calme à deux pas de la place des prêcheurs et son animation, Chez Lulu vous accueille dans une ambiance décontractée et colorée : parasols rouges pour s'abriter du soleil, table à vichy rouge, la présentation est soignée jusque dans les assiettes toujours colorées et authentiques. Le credo de Lulu : des produits frais, le plus souvent biologiques dans de belles assiettes. La carte est courte, 3 ou 4 plats mais renouvelée chaque semaine. Des gnocchis au pesto rosso fait maison, jusqu'à la salade fraicheur, tout participe à développer les saveurs, sans oublier les fameux p'tits lulus, de petits gâteaux qui sucrent la bouche pour accompagner le café. Accueil souriant et chaleureux !

BISTROT - BRASSERIE

LA MADO

4, place des Prêcheurs ✆ 04 42 38 28 02
www.la-mado-aix.fr

Ouvert tous les jours midi et soir. Plat du jour 18,90 €. Menus de 23,90 à 37,50 €. Service continu du midi au soir.

La Mado est une véritable institution située en face du palais de Justice. Sa cuisine, sa décoration et sa terrasse (valorisée par la rénovation des places Verdun-Prêcheurs) sont ses atouts. Chaque jour, l'équipe de La Mado propose un plat de viande et un de poisson, mais aussi des salades comme la sucrine. À la carte (variée et renouvelée), vous pouvez choisir nombre de tartares ou encore des gambas sauvages grillées à la plancha. Un sushi-tapas bar vous est également proposé. Pour les *afterworks*, les cocktails s'accompagnent de savoureux amuse-bouches (brochettes, mini-burgers...). La Mado accueille les groupes, privés ou professionnels, dans un espace privatisé à leur demande.

O'GUSTUS

7, rue des Bouteilles
✆ 04 42 21 98 37
www.ogustus.com

Ouvert du mardi au mercredi le midi ; du jeudi au samedi le midi et le soir. Formule midi 17 €.

Derrière le Palais de Justice, O'Gustus est une petite adresse qui a nos faveurs depuis ses débuts. Vincent Duplaa, le jeune chef, fait une cuisine du marché avec des plats ensoleillés, mais aussi des spécialités de son Ariège natale : la joue de cochon confite 7 heures dans la graisse de canard, le croustillant de canard confit, le boudin noir, pâtés et jambons. L'été on craque pour les salades qui suffisent à faire un repas, la Antonini au poulet tandoori-gambas est gourmande. On termine en douceur avec la tarte Tatin ou le crumble pomme/poire/gingembre. Le service est efficace, l'équipe super-sympa, la déco soignée, c'est petit, mais c'est cosy ! Et la terrasse est top aux beaux jours.

PAULETTE

4, rue Portalis
✆ 04 42 92 74 10
Ouvert du mardi au jeudi de 10h à 15h ; le vendredi et le samedi de 10h à 15h et de 18h à 22h. Carte : 15 € environ.

Une déco soignée avec le sens du détail. Le mobilier est dépareillé avec de jolies tables bistrot en marbre, des miroirs anciens, les photos des aïeux, tout cela apporte une touche rétro. C'est dans cet univers chaleureux et délicat que Laurence vous propose ses petits plats à déguster dans des pains briochés en guise de contenant ou de façon plus classique dans une assiette. À la belle saison, on profite des quelques tables posées dans la rue piétonne. Très bien situé à l'angle du marché hebdomadaire où vous pouvez rencontrer la cheffe s'approvisionner. Les petits pains délicieux à la farine bio sont spécialement fabriqués par la boulangerie Biscote et Biscotte.

LA BOUCHÉE

5, rue d'Entrecasteaux
✆ 04 42 61 58 39
www.labouchee.fr/
Ouvert du lundi au vendredi soir, samedi et dimanche midi et soir. Menu : 45 € environ. Vin au verre.

Le cadre a de l'allure avec une cuisine semi-ouverte sur la salle de restaurant. Sur la carte des plats en fonction des saisons, suprême de pintade et son risotto aux champignons et parmesan ou selle d'agneau farcie aux blettes et pignons puis les fromages de la Maison Savelli et enfin leur fameuse tarte au citron meringuée ou la poire en trompe l'œil. Les produits frais viennent pour la plupart de l'exploitation familiale, les vins qui accompagnent les mets sont sélectionnés par Joris, et c'est Paola, avec son charmant accent italien qui vous accueille. Un endroit sympa et agréable pour se retrouver en tête à tête ou entre copains. Ambiance conviviale et chaleureuse.

BRASSERIE LA ROTONDE

2A, place Jeanne d'Arc
04 42 91 61 70
www.larotonde-aix.com
Ouvert tous les jours de 7h30 à 1h. Carte 40€

Du petit-déjeuner à l'after-diner, La Rotonde est une adresse incontournable à Aix, en face de la fontaine du même nom. On s'y donne rendez-vous pour le café croissant du matin, prendre un verre entre copains, pour un déjeuner d'affaire, un diner en tête-à-tête (le soir c'est lumières tamisées et champagne). Et puis il y a l'entre-deux 15h à 19h pour un en-cas salade burger ou croque, pour un goûter avec les enfants (mais oui !). Pizzas, steak tartare, coquillages etc, la carte brasserie s'étoffe de spécialités méditerranéennes -poulpe, aubergine à la parmesane- les poissons du jour sont top, et aussi les desserts. Service attentionné, tarifs un peu élevés mais les assiettes sont de qualité.

BISTROT - BRASSERIE

LE VERDUN

20, place de Verdun
✆ 04 42 27 03 24
Ouvert tous les jours midi et soir. Plat du jour de 13,90 €. Vendredi aïoli 17,90 €. Formule de 19,90 à 29,90 €.

Face au palais de justice, ce café central aux allures de bistrot est très apprécié. On peut profiter du brunch composé d'une boisson chaude au choix, un jus de fruit, des tartines beurrées et viennoiseries, une assiette de fromages, des œufs au jambon et même une coupe de fromage blanc ! Un vrai repas. A midi, des classiques sur ardoise : pieds paquets, filet de dorade juste rôti, toutes sortes de recettes de moules-frites, mais aussi burger et autres. Le vendredi c'est aïoli. Les desserts sont maison. Le service est sympathique et efficace. Que ce soit sur la terrasse couverte ou en extérieur, c'est l'assurance d'un bon moment face au palais de justice et près du passage Agard.

RESTAURANT D'APPLICATION DU CFA

200, rue Maurice Estrangin
✆ 04 42 29 61 05
Ouvert du mardi au vendredi de septembre à mai. Midi uniquement. Menus de 13 € et 20 €. Réservation conseillée.

Le CFA forme aux métiers du goût, c'est-à-dire la pâtisserie, la boulangerie et la cuisine-restauration. Ce restaurant permet aux jeunes apprentis de mettre en pratique leurs connaissances et leur savoir-faire. Sur le plan pratique, il est indispensable de réserver car la capacité d'accueil est de 36 places en tables de deux, trois ou quatre personnes au maximum. Les tarifs sont vraiment très raisonnables et ce que vous aurez payé contribuera à la formation des apprentis qui seront les professionnels de demain et sans doute quelques chefs étoilés.

LE ZINC D'HUGO

22, rue Lieutaud
✆ 04 42 27 69 69
www.zinc-hugo.com
Ouvert du mardi au samedi midi et soir. Formule midi 16 € (entrée, plat, dessert).

Un bistrot de charme bien connu des Aixois depuis quinze ans. Murs aux pierres apparentes et imposante cheminée, la carte propose un beau et grand choix de grillades de viandes au feu de bois. des viandes maturées, la française, l'ibérique mais aussi le Black Angus américain, l'entrecôte argentine de la Pampa ou le bœuf de Wagyu, façon Kobé, unique sur Aix, un régal, mais aussi d'autres plats classiques, les ris de veau ou le duos de gambas saint Jacques grillées... La formule du midi comprend une salade en entrée et un dessert. Au sous-sol, une cave à vin vous attend. Chaleureuse et conviviale, venez-y partager l'amour du précieux nectar. Expositions régulières.

BISTROT - BRASSERIE

CAFÉ CAUMONT

3, Rue Joseph Cabassol ✆ 04 42 20 70 01
www.caumont-centredart.com
Ouvert tous les jours 10h-18h. Plat 18,50 €, formule du jour 25 € et carte. Brunch week-end 33,50 €. Jardin. Terrasse.

On s'installe pour un déjeuner, un thé ou un brunch dans les salons raffinés ou le jardin à la française de l'hôtel de Caumont, un privilège, presque un partage avec l'histoire romanesque du lieu qui fut au XVIIIe siècle la demeure de Pauline, marquise de Caumont. De belles salades-repas à la carte – la Barbier de Séville, l'Othello, la Flûte enchantée, l'Orféo ou la Carmen –, un plat en lien avec l'expo en cours, un plat du jour, un risotto, une tarte salée et de succulentes pâtisseries. Le chariot des douceurs accompagne l'heure du goûter : thés et chocolat à l'ancienne, épais et onctueux, aussi sur la carte du brunch le week-end. Très aixois, aristocratique, à deux pas du cours Mirabeau.

BISTROT - BRASSERIE

CAFÉ DU PALAIS

2, rue Manuel ✆ 04 42 38 28 12
www.cafedupalais-aixenprovence.com
Ouvert du lundi au samedi de 7h à 23h et le dimanche de 9h à 22h. Plats de 17 à 22€. Petit déjeuner continental à 13€.

Refait à neuf début 2019, avec un décor vert pastel, le Café du Palais, bar-brasserie-bureau de tabac, est une institution, située juste en face du palais de Justice. Pour vous restaurer à midi, la cuisine de chefs italiens fait plaisir, cuisson, saveurs, assaisonnement, tout est bien vu. La carte propose des salades traditionnelles de brasserie mais aussi les non moins traditionnelles pizza ou encore les fameuses pâtes - lasagne, linguini ou autres penne. Pratique pour les lève-tôt, le Café est ouvert dès 7h en semaine et 9h le dimanche et les jours fériés pour de copieux petits déjeuners et ce jusqu'à 23h le soir. Les patrons Cathy et Pascal Dubourg vous accueilleront chaleureusement.

CHAPITRE VIN

724, avenue du Club-Hippique
✆ 04 42 52 24 59
www.chapitre-vin.com
Resto du lundi au vendredi midi, bar à vin le soir. Plat du jour 15,90€. Pas de formule. Terrasse. Concerts.

Le concept de cette enseigne est entièrement dédié au vin : c'est ainsi que l'ont voulu Laurence et Christian Arrignon, passionnés de vins et de bonne chère évidemment. D'un côté la vinothèque avec 500 références, bien alignées sur leur rayonnage le long des murs, de l'autre une brasserie tendance. En cuisine, on travaille dans l'esprit brasserie, on concocte de belles recettes, du lieu noir rôti au romarin ce midi-là ou le boudin basque. On accompagne tout cela d'un très bon verre de vin à choisir parmi 30 flacons à des tarifs plus que raisonnables. Le soir, c'est plutôt bar à vin avec de belles assiettes de charcuterie, de saumon mariné et de fromages. A tester entre amis !

CHEZ CHARLOTTE

32, rue des Bernardines
✆ 04 42 26 77 56
Ouvert du mardi au samedi midi et soir et lundi soir en été. Formule entrée/plat, plat/dessert à 20€. Menu à 24,5.

Chez Charlotte est une institution à Aix ! Ouvert il y a près d'une quarantaine d'années, l'ambiance est décontractée avec la cuisine carrelée de blanc ouverte sur la salle. Pour profiter des beaux jours, un patio est accessible aux convives. Le principe du restaurant est simple : un menu peu onéreux, même le soir, ce qui est très appréciable à Aix où les prix ont tendance à s'envoler, et une cuisine traditionnelle faite maison. Les plats sont simples mais bons. Grillades à la plancha, osso buco, assiette végétarienne, poisson tous les vendredis (portion de loup cuite au four, par exemple). Attention tout de même, mieux vaut réserver le week-end car le lieu est couru.

LE CHASTEL

2, rue Portalis
✆ 04 42 29 70 64
www.lechastel.com
Ouvert du mardi au samedi midi et soir. Environ 40 euros à la carte.

Le Chastel est fréquenté par une clientèle aixoise « bon chic bon genre », dans une ambiance calme. Vous bénéficiez depuis peu d'un environnement réaménagé, à la fois historique (église de la Madeleine, fontaine des Prêcheurs décorée en 1748 par P. Chastel et remise en valeur en 2019) et moderne, dédié aux déambulations. L'établissement est décoré avec goût dans un style bistro contemporain, agréable. Cette impression perdure dans les assiettes, bien présentées, de poisson frais, viande mijotée ou d'un mets plus élaboré, à la truffe blanche par exemple. Une bonne adresse où vous pourrez commander jusqu'à 14h sans avoir l'impression de demander l'impossible, surtout en vacances !

BISTROT - BRASSERIE

LE CINTRA

14, place Jeanne-d'Arc
✆ 04 42 27 57 01
Ouvert 7j/7 24h/24. Formule de 18,5 à 22 € le midi et de 25 à 35 € le soir.

Ouvert en continu 7j/7 et 24h/24, Le Cintra est une vraie institution aixoise, qui se trouve à deux pas de la Rotonde. C'est l'adresse idéale où manger façon brasserie à toute heure ou pour aller prendre un verre après la dernière séance de cinéma ou après une soirée en boîte de nuit. C'est à la fois un bar avec un très large choix de bières et une brasserie qui propose une longue carte classique : moules-frites, andouillette, côte de bœuf, magret de canard, loup, choucroute… Les plats sont copieux et le service rapide. Ils proposent aussi des tapas à volonté. Piano-bar en soirée et concerts : tout le programme est à découvrir sur leur page Facebook ou sur leur site Web.

ALSACE
L'ALSACE EN PROVENCE

3, rue Jacques-de-la-Roque ✆ 04 42 63 12 87
www.alsaceenprovence.fr
Ouvert du lundi au samedi de 9h à 19h journée continue. Choucroute 17 à 25 €. Baeckeoffe vendredi et samedi.

Cette enseigne qui se situe tout près de la cathédrale a pignon sur rue depuis plus d'une vingtaine d'années. On peut s'attabler dans l´espace dédié pour déguster un plat typique de ce beau terroir qu'est l'Alsace. Sept choucroutes au choix, mais aussi galette de pommes de terre, tourte à la viande, boudin noir et blanc, salade alsacienne, munster rôti, salade de foie gras avec un verre de vendanges tardives. Spécialités Baeckeoffe les vendredi et samedi ou à emporter ! Dans l'après-midi, on se laisse tenter par une belle part de kouglof ou de pain d'épice ! Toutes ces spécialités ainsi que des vins et bières alsaciens sont aussi en vente et à emporter tout au long de l'année.

CORSE
L'INSTANT

4, place Joachim-Gasquet
✆ 04 42 27 63 51
Ouvert du mardi au samedi midi et soir.

Jean-Pierre, jeune Corse originaire d'Ajaccio, s'est installé sur cette place tranquille du centre-ville. On apprécie la déco façon bistrot de village avec petite terrasse sur la place, mais aussi la carte avec, on s'en doute, des produits corses ! Charcuterie (lonzo, coppa et saucissons AOP) et fromages (tomme et chèvre) sont les spécialités mises en avant sur des planchettes conviviales à déguster, ou un burger à la truffe sur le pouce. Mais pas que : aussi de bons petits plats « à la française » : souris d'agneau confite ou gambas à la crème de paprika accompagnées d'aubergines et de brocolis, le tout accompagné d'un rosé frais. Délicieux et bonne ambiance !

CRÊPERIE
LA CRÊP' SAUTIÈRE

18, rue Bédarrides
✆ 04 42 27 91 60
Ouvert du mardi au samedi le midi et le soir. Formule midi 20 € (1 galette, 1 crêpe et 1 quart de cidre ou café).

L'entrée de cette crêperie ne paye pas de mine, mais on y vient pour un bon moment, sans façon. L'enseigne existe depuis… 1973, qui plus est dans la même famille. Ce restaurant est installé dans un ancien pressoir à huile du XVIe siècle et vous accueille dans une salle voûtée et climatisée aux murs en pierre apparente. Le cidre est au verre, les galettes salées sont au sarrasin ou bien au froment, une hérésie pour un Breton, mais il faut bien s'adapter aux Provençaux. Il est possible de commander une salade composée, astucieux quand on fait attention à sa ligne. La carte propose 30 crêpes et galettes au choix. Également un choix de crêpes sans gluten et de crêpes vegan.

PROVENCE
ENTRE MIDI ET DEUX

9, rue d'Italie
✆ 04 42 27 94 75
Ouvert du lundi au samedi le midi.

De jolies nappes blanches couvrent les tables de cette petite institution de la rue d'Italie. Martine concocte de bons petits plats provençaux depuis plus de vingt ans. Entre midi et deux la petite brigade fourmille dans un rythme haletant car le restaurant est toujours rempli. On vient pour cette cuisine traditionnelle à base de produits frais de saison. Un plat qui change tous les jours de la semaine. A la carte quelques entrées et plats. La simplicité est au goût du jour et l'accueil chaleureux. Légumes farcis, tartare de bœuf, carpaccio, tartare de saumon, poisson d'arrivage, des salades repas (salade d'encornets, salade César)… Des vins de la région peuvent être servis au verre.

PROVENCE
LAUTRAIX

855, Route de Berre ✆ 04 42 20 34 76
www.lautraix.com
Ouvert tous les jours le midi et le soir. Menu de 40,9 à 50,9€ avec entrée, plat et dessert.

Lautraix, c'est un cadre enchanteur à l'abri de la route qui peut accueillir en grand nombre pour tous les évènements festifs (mariage, communion) et autres séminaires d'entreprise. Ses quatre grands salons et sa belle terrasse de plus de 250 personnes vous ouvrent les bras. En cuisine, le chef talentueux Christophe Plaut propose une cuisine provençale à base d'huile d'olive du moulin d'Eguilles. Les produits sont choisis par ses soins au plus proche, ainsi les fraises viennent de La Fare-les-Oliviers, la roquette de Saint-Rémy-de-Provence, la viande fraîche de chez Bigard à Marseille et les chèvres de Banon (04). Accueil soigné et authentique pour un moment de qualité !

SUD-OUEST
JACQUOU LE CROQUANT

2, rue Aumône-Vieille ✆ 04 42 27 37 19
www.jacquou.com
Ouvert tous les jours midi et soir. Menus 25 € (entrée, plat et dessert). Menu enfant 11,90 €. Patio, cour intérieure.

Incontournable adresse depuis près de vingt ans, on nous avait recommandé ce petit resto tenu par Antonia. Ni une, ni deux nous y sommes allés pour dîner. Dans une ambiance gasconne, nous nous sommes régalés d'une belle assiette de charcuterie pour certains et d'un foie gras fermier mi-cuit pour d'autres, le sauté de canard sauce aux cèpes a toutes les saveurs du Sud-Ouest, tout comme le cassoulet toulousain dont les proportions généreuses nous ont rassasiés. Cette adresse au cœur de la ville fera plaisir aux amateurs de plats du terroir et d'ambiance chaleureuse au cœur de l'hiver. Pensez à réserver, surtout en week-end, les places sont chères pour bien s'attabler à Jacquou le Croquant !

FROMAGES

LA FROMAGERIE DU PASSAGE

55, cours Mirabeau ✆ 04 42 22 90 00
www.lafromageriedupassage.com
Ouvert du mardi au vendredi de 12h à 14h et de 19h à 22h ; le samedi de 12h à 14h30 et de 19h à 22h30.

Bienvenue dans le royaume de la crèmerie, l'antre du fromage et le paradis des amateurs de pâtes persillées, pressées ou molles. Une belle boutique pour mettre en valeur tous les fromages de la maison rouannaise Mons (meilleur ouvrier de France) ! Que dire alors de la terrasse juste au-dessus, qui vous permet de passer un moment gourmand au-dessus du charmant passage Agard ? La cuisine du chef s'articule autour des fromages de la boutique, mais aussi des produits du marché, viande ou poisson, selon le marché du jour et du moment. Le soir, on partage des tapas. Impossible de considérer ce paradis du fromage sans une belle carte de vins, évidemment, à consommer sur place ou à emporter.

FRUITS DE MER - POISSONS

TOINOU

58, avenue Henri-Malacrida
✆ 04 42 58 08 59
www.toinou.com
Ouvert du mardi au samedi midi et soir, dimanche midi

La 1re enseigne Toinou était en 1962 un simple étal de coquillages et crustacés sur le cours Louis à Marseille. En 1975 ouvrait le point de dégustation à côté de l'étal. Toinou est devenu une institution, les Aixois n'hésitaient pas à faire la route pour s'y attabler jusqu'en 2011, date à laquelle Toinou s'installe quartier des Trois Sautets dans un bel espace. La salle de restaurant s'ouvre par une grande baie vitrée sur une terrasse. Le service est très efficace et l'ambiance chaleureuse. Dans l'assiette, le meilleur de la mer : poissons grillés, pochés, en papillote, crus, des coquillages et des crustacés cuisinés ou tels quels dans de généreux plateaux iodés. Pensez à réserver !

FRUITS DE MER - POISSONS

COQUILLAGES DU ROY RENÉ

120, avenue du Maréchal-de-Lattre-de-Tassigny
✆ 04 42 93 05 05
www.coquillagesduroyrene.com
Ouvert tous les jours midi et soir

Pour déguster coquillages, fruits de mer et crustacés dans le pays d'Aix, voici une adresse excentrée pratique d'accès. Huîtres de Bretagne, de Marennes-Oléron, de Cancale, de Bouzigues, crevettes, langoustines, gambas, homards bleus de Bretagne, tourteaux, bulots, palourdes, praires, moules… le choix est large sur la carte et de plusieurs provenances en fonction des saisons, sans oublier la poutargue, le saumon fumé et du caviar pour se faire plaisir. Sur la carte encore linguine aux palourdes et moules. D'excellents vins accompagnent bien sûr votre plateau. On y vient entre copains pour s'attabler sans chichi mais avec l'exigence de se régaler. Nouveau : vente en ligne également.

RESTAURANT DE BURGER

AUX PETITS OIGNONS

2, rue Peyresc ✆ 06 18 19 00 96 - Toutes les informations d'accès sont sur notre site internet.
www.comptoirgourmand.net
Ouvert du mercredi au samedi de 8h à 11h et de 19h30 à 21h30. Terrasse.

Une toute petite échoppe à côté de la pharmacie rue Peyresc qui se revendique à raison comptoir gourmand et créatif : l'idée est venue de développer le street food, en particulier le hamburger et le hotdog mais à la française avec des produits de qualité et toujours beaucoup de goût : des produits gourmands, avec des pains, des saucisses, des fromages trouvés chez des artisans réputés, le tout accompagné de pommes frites maison au fromage ou nature. Bien sûr, tout est possible en version vegan et sans gluten ; quant aux desserts, du cheese cake mangue à la tarte au citron meringuée, ils sont tous sans gluten. nouveau : le matin, le café aux notes de noisettes avec des cookies...

NEW

FRUITS DE MER - POISSONS

CHEZ LOULOU

3, avenue des Belges
✆ 07 86 90 31 98
Ouvert tous les jours le midi et le soir.

Huitres, homards, moules, bulots, oursins, tourteaux, gambas, calamars, sèches et supions, couteaux, crevettes, petite friture, Chez Loulou, on fait le tour des coquillages et des crustacés. Sur place ou à emporter, en plateaux, en tapas, cuisinés ou à la plancha, les amateurs de saveurs iodées ont cette nouvelle adresse pour s'attabler en terrasse presque toute l'année. Bien sûr, la carte propose 2 ou 3 viandes pour les accompagnants peu ou pas amateurs de poissons. Le soir, c'est festif, on descend au bar à Gin & Rhum et cocktails au sous-sol avec ambiance musicale. Le cadre est lumineux, grandes baies vitrées, on est à 2 pas de l'office de tourisme et du parking de la Rotonde.

SPÉCIALITÉS

LA MAISON DES FONDUES

11, rue de la Verrerie ✆ 04 42 63 07 78
www.maisondesfondues.com
Ouvert tous les jours jusqu ´à 24h. Le vendredi, samedi et dimanche jusqu'à minuit et demi. Fondues de 20,50 à 32 €.

L'enseigne existe depuis 1989. Et depuis cette date c'est clairement celle où l'on aime se blottir dans les froides soirées d'hiver aixois. Comme son nom l'indique, cette maison s'articule autour de la fondue : au fromage, à l'huile, au bouillon et au chocolat, elle est déclinée dans pas moins de 80 sortes, des plus connues comme la fondue savoyarde aux plus originales comme celle au coulis de tomate, en passant par les plus gastronomiques : savoyarde aux morilles, voire... aux truffes. Ici vous avez le choix des fromages, des viandes, des bouillons et des sauces. Pour finir, la fondue au chocolat avec des fruits frais est devenue un classique. Décoration rustique et ambiance conviviale.

SPÉCIALITÉS

BREAKFAST CLUB AIX

3, rue Fernand Dol - 13100 Aix-en-Provence ✆ 09 53 52 08 85
www.breakfastclubfrance.com
Ouvert du mardi au dimanche de 10h à 15h30. Formules 19€ et 35€

Déjà à Cassis à 2 pas du port, Breakfast Club s'est installé nouvellement à Aix, un concept sympa autour du brunch, beaucoup plus copieux qu'un petit-déjeuner classique et qui fait aussi bien pour un déjeuner où l'on mélange salé et sucré. La carte fait le tour des spécialités : œufs brouillés, pancakes, buns, muffins au saumon ou au bacon, croque foie gras, gaufres liégeoises, tartines, plat salé au choix, pâtisserie du jour, boissons, salades de fruits. Vous choisissez votre formule selon le moment et l'appétit, le Brunch Découverte pour 2 personnes se décline en 11 étapes, c'est copieux ! Varié, équilibré si l'on veut, le brunch est une bonne façon de commencer la journée.

SUR LE POUCE

MANA

14, rue Courteissade ✆ 04 86 22 44 44
www.cafesmana.com
Ouvert 7j/7 lundi au vendredi 8h-18h ; samedi dimanche 9h-18h Brunch 19,50 € (réservation conseillée).

Dans un décor chaleureux et bohème, c'est le QG des étudiants et pas que. La carte propose des spécialités vegans et végétariennes, des assiettes copieuses et superbes en présentation. Le dimanche, le brunch a du succès, il faut réserver ! On recommande leurs thés et jus de fruits extraits à la minute : faites le plein de vitamine avec le jus rouge (carotte/betterave/pomme) ou vert (fenouil/gingembre/céleri/raisin). Et on y vient depuis l'ouverture pour leurs cafés. Classés 1er au championnat de France du café 2019, Alexandra et Benjamin sont toujours dans l'excellence, ils sélectionnent de grands crus qu'ils torréfient eux-mêmes. Mana c'est aussi un service traiteur et food-truck privatisable.

VÉGÉTALIEN

LA CABANE EN VILLE

8, rue Lieutaud
✆ 06 22 21 03 31
Ouvert mercredi midi et du jeudi au samedi midi et soir. Végane.

Voici une bonne adresse si l'on cherche un restaurant 100 % vegan à Aix en Provence. De l'entrée jusqu'au dessert en passant par ses vins et boissons proposés, rien n'a été préparé à base de produits animal. Un choix de goût et d'éthique pour la clientèle, déjà conquise par ce concept. Le cadre est zen forcément, vert tendre et décoré d'objets pop culture, on profite d'un joli patio arboré, on déjeune et on dîne au gré de l'inspiration du chef et surtout des fruits et légumes de saison, « veganement » vôtre.. Par exemple de la succulente tortilla sans gluten qui plus est au vegan chili ou muffins aubergines champignons jusqu'au cheese cake aux cerises, tout est parfaitement délicieux !

VIANDE

LE BAR BQ

9, rue Aumone-Vieille
✆ 06 65 97 01 55
www.bar-bq-aix.com
Ouvert toute l'année du mardi au samedi de 18h à 1h

Julien ouvre les portes d'un tout nouveau concept sur Aix-en-Provence : le Bar BQ, traduire « bar et barbecue » dans une ambiance bon enfant, festive et chaleureuse. Côté Barbecue, on est servi, et tout le monde y trouve son compte, entre des brochettes de poulet mariné ou bœuf Angus, cuites à la braises, des burgers pastrami ou le burger brochettes (le best seller cuit à la la braise) et autres tapas gourmands. Le concept se décline de façon à servir de lieu de rendez-vous pour boire un verre, prendre un apéritif dinatoire et fiesta jusqu'à 2h. Le Bar propose une carte de boissons et cocktails faits maison. Jeune et sympa, on y revient avec grand plaisir !

VIANDE

LA BROCHERIE

5, rue Fernand-Dol ✆ 04 42 38 33 21
www.labrocherieaix.com
Ouvert du lundi au samedi le midi et le soir. Menus de 26,50 € à 30,50 €.

Cet ancien relais de poste des écuyers du roi, devenu restaurant, offre un cadre authentique, plafond à la française avec poutres apparentes, roue de diligence en guise de lustre et grande cheminée à l'ancienne. Vous pourrez aussi prendre place dans un patio lumineux. La cuisine fait la part belle aux grillades au feu de bois (mix grill de viandes avec côtes d'agneau, magret de canard, rognons de veau et surprise de bœuf). Sur la carte encore : foie gras de canard entier maison, pâtes fraiches aux noix de Saint-Jacques. La carte des desserts est originale comme ce nid d'amour flambé au grand marnier directement en salle. Tout est fait maison ! L'accueil est extra et les groupes bienvenus.

VIANDE

L'ETAL DES GRANETTES

1840, route de Berre ✆ 04 42 20 18 44
www.etal-des-granettes.com
Du lundi au samedi le soir ; tous les jours le midi. Formule midi 23,90 €. Plat du jour 13,20 €. Terrasse. Parking.

De boucher à restaurateur, il n'y avait qu'un pas à franchir et le voilà franchi. Filet, bavette, entrecôte, andouillette, tête de veau, carré de bœuf et recette à l'ancienne. La viande est choisie avec soin, découpée sur place et exposée sur un véritable étal pour que chacun fasse son choix. Les quantités sont généreuses. Et si vous n'aimez pas la viande, vous pourrez aussi vous régaler d'un autre plat comme un large choix de tapas ou de pizzas. Pour finir, ne manquez pas le café gourmand. Délicieux. Une cuisine sincère. Aux beaux jours, on apprécie la grande terrasse placée dans un écrin de verdure et de sérénité. Amateurs de viandes grillées, vous serez comblés !

ZOOM

OÙ BRUNCHER?

Quoi de plus convivial aujourd'hui que de se retrouver pour un brunch, avec des amis ou en famille ? Le partage d'un bon moment qui fait consensus. Voici notre sélection de bonnes adresses.

Breakfastclub Aix, 3 rue Fernand Dol. Nouvelle adresse-nouveau concept pour bruncher avec des spécialités muffins, pancakes, buns sucrés et salés, et boissons. 35€.

Kava Aix, 11 rue Boulegon. Quand le brunch c'est la norme et que l'on invente la brunchynomie, ici c'est nouveau, c'est frais et gourmand. Formule classique à 25€, arrosée (avec un verre de vin) 28€.

Maison Nosh, place François Villon. Sur les allées provençales, dans une ambiance décontractée et cosy, 2 formules au choix, le brunch à 24€ ou à la carte avec toujours la salade du moment en accompagnement, 7j/7 de 9h à 16h.

Café Caumont dans le magnifique Hôtel de Caumont-Centre d'Art, 3 rue Joseph Cabassol. Salons aux décors XVIIIe et jardin à la française, le brunch est à la hauteur à un prix plus que raisonnable. Boisson chaude/froide, oeuf cocotte, salade composée, samedi et dimanche jusqu'à 15h, 34,5€/enfant 14€.

Faubourg 46, au 46 cours sextius. Une adresse branchée pour un brunch sonore : ambiance musicale et brunch à volonté, samedi et dimanche formule à 29€, et 14€ pour les moins de 10 ans.

Atmosph'R, 320 avenue W.A.Mozart. Au sein de l'Hôtel Renaissance, nul doute que le brunch sera à la hauteur de vos envies. Copieux et bien servi 52€ adulte/20€ Midi-15h.

Mas d'Entremont, 315 route d'Avignon, Célony. Un brunch dans un écrin de verdure en période estivale uniquement dans le restaurant éphémère du Mas au Jardin. 45€.

Gaodina, 1075 chemin du Mont Robert. Brunch gourmand dans la campagne aixoise : brochettes de poulet mariné au saumon gravelax et gâteaux sucrés avec les boissons, tout est bio et fait maison. 29€, formule enfant à 16€.

Château de Fonscolombe au Puy-Sainte-Réparade. Le chef Quentin Durand propose un brunch raffiné : tout est parfait, le cadre sublime, le choix des plats et desserts et le service des plus attentionnés. 60€ à partir de 11h30 dimanche.

Weibel, 2 rue Chabrier. La pâtisserie renommée d'Aix propose un brunch avec oeufs bacon revisités, yaourts muesli etc,thé, café latte et jus, 16€.

SAVEURS MÉDITERRANÉENNES

ITALIEN ET PIZZERIA

DA VITO

8, rue Boulegon ✆ 09 53 65 25 86
www.davito.fr
Ouvert du mardi au samedi le midi et le soir. Pizzas entre 11 € et 17 €. Formule du midi : 13,90 €. Terrasse.

Da Vito est une table qui sent bon l'Italie : le cuisinier, Andréa, vient des Pouilles, les ingrédients, de la farine aux tomates cerises, proviennent du pays, et la carte, composée d'antipasti, pasta et pizzas, est un hommage à la gastronomie transalpine. La décoration, simple et colorée mêle œuvres d'art célèbres et Vespa à l'italienne. Le petit restaurant qui sent bon la méditerranéenne joue la carte de la proximité. Convivialité et bonne humeur sont à l'honneur. Et dans l'assiette ça se ressent. Les pizzas tout droit sorties du four napolitain sont parfaitement cuites et les autres plats typiques tout aussi savoureux. Nouveau, la pizzeria « Il Forno Da Vito » au 2 rue tournefort !

ITALIEN ET PIZZERIA

LE FOUR AIXOIS

4, rue Boulegon
✆ 04 42 38 49 79
Ouvert du lundi au samedi de 11h30 à 15h ; du mardi au samedi de 11h30 à 15h et de 19h à 21h30. Pizza de 10 à 16 €.

Pizzas artisanales faites par deux passionnés à la recherche du produit de terroir qui fera la différence. Leur spécialité, la foccacina, est à découvrir : plus légère qu'une focaccia, elle se croque à emporter ou sur place. On peut l'accompagner d'une petite assiette composée. Produits locaux et de saison, y compris la carte des vins et la bière artisanale. Ambiance bistrot : nappes en papier, chaises d'écolier. Le four central en forme de coupole plante le décor. Renaud et Rémi sont copains depuis plus de vingt ans et ont voulu prolonger l'aventure du Four marseillais. La terrasse donnant sur la rue piétonne et la petite fontaine confèrent au lieu un vrai petit air d'Italie !

ITALIEN ET PIZZERIA

MARASINO

2 bis, avenue Victor-Hugo ✆ 04 42 20 02 00
www.marasino.fr
Ouvert du mardi au dimanche de 9h à 23h30. Le lundi aussi en été, à partir de 17h30. Soirées musicales.

Viva Italia ! Les saveurs italiennes sont à portée de panier et de fourchette chez Marasino, adresse plurielle à la fois épicerie et restaurant, implantée juste à côté de Léopold, sur l'avenue Victor-Hugo, côté Rotonde. Une petite terrasse sur l'avenue, un comptoir en longueur à l'entrée qui fait face à une vitrine d'épicerie fine de produits venus d'Italie. Suit une enfilade de salles chaleureuses et un patio très réussi. Vous avez le choix entre plusieurs espaces, y compris le coin bar à vin où vous mangez sur un tonneau entre les bouteilles. À table : une ribambelle de pastas, risottos... mais aussi de *carne* et de *dolce*. Ambiance branchée, jeune et plutôt chic. Quelques soirées jazzy.

ITALIEN ET PIZZERIA

PANINOTECA DA VERRI

16, rue Maréchal-Foch
✆ 04 42 26 94 55
Ouvert du mardi au samedi de 9h à 18h.

Gastronomia et *pasticceria. Benvenuti in Italia* ! Il faut dire que le lieu s'y prête avec son cadre traditionnel revisité, quelques tables comme en terrasse, un lieu clair et agréable. On y vient pour sa restauration rapide de 12h à 15h avec panini, foccacia garnie et toasts mais aussi pour prendre de la charcuterie, italienne s'entend, ou encore des fromages, des *dolci*, des glaces et du pain... En face : le rayon épicerie avec toutes les pâtes sèches ou fraîches, les *gnocchi* au pesto ou nature, les sauces à la tomate, aux épices, le basilic qui va avec. Et pour continuer, le restaurant rue des Cordeliers a ouvert pour le plus grand plaisir des connaisseurs.

ITALIEN ET PIZZERIA

LA PIZZA

3, rue Aude ✆
04 42 26 22 17
Ouvert tous les jours midi et soir sauf le lundi. Carte : 30 € environ. Terrasse.

Mobilier hétéroclite pour l'intérieur autour du four à bois. Belle et grande terrasse à l'extérieur le long de la rue piétonne. Ambiance familiale et organisation au top ! Au choix vingt-deux pizzas plus les calzones. La pizza phare de la maison est au cantal, mozza, chèvre, saint Marcelin et basilic. Parmi les spécialités encore : grand choix de salades repas, belle carte de pâtes fraîches, les risottos, les viandes (escalope milanaise, tagliatta de bœuf...). Les desserts sont au diapason comme ce *torroncino* maison (nougat glacé, meringue italienne, nougatine, coulis de fruits rouges). Le service est rapide, souriant et convivial même pendant le coup de feu !

TRAITEUR

DÉLICE ORIENTAL

420, Route du Puy sainte Réparade
✆ 04 42 52 77 44
Ouvert du lundi au samedi de 9h à 20h, dimanche de 9h à 13h.

A la fois service traiteur et restaurant, Délice Oriental propose une cuisine raffinée aux saveurs originales et parfumées. Vous souhaitez changer un peu d'univers culinaire ? Vous espérez étonner vos amis ou relations ? Pour un évènement spécial en entreprise ou en famille ? Un apéritif dinatoire ? un cocktail ? Délice oriental vous propose tout clé en main, couscous, tajine, paella orientale, pastillas mais aussi tous les desserts à base de fruits secs de miel et d'épices, tout est fait maison et livré au plus rapidement sur Aix et tout le pays d'Aix de Gardanne à Venelles. Vous pouvez bien sûr venir goûter sur place, nous n'avons pas su résister au succulent baklava !

© OLIVIER DUMONTEIL

© OLIVIER DUMONTEIL

PORZIONE DI CAPRI - ROTONDE

48, Rue Espariat
✆ 04 42 24 84 73

La bâche rouge et des pizzas odorantes… Depuis 1983 à Aix pionnière de la pizza à emporter, Pizza Capri a changé de nom mais les pizzas sont les mêmes, les meilleures d'Aix, dit-on ! avec 4 adresses sur Aix. Un choix important de pizzas à emporter entières ou en portions. Également des pizzas sucrées telle la Nutella-chocolat blanc ; d'autres douceurs sur la carte : tropézienne et sablé aux pommes. Les pizzas sont faites artisanalement. La rançon du succès, c'est la file d'attente, dans ce cas, optez pour la livraison à domicile ou le distributeur automatique rue de la Verrerie.

© OLIVIER DUMONTEIL

© PORZIONE DI CAPRI

© OLIVIER DUMONTEIL

MAROCAIN

LE RIAD

21, rue Lieutaud

✆ 04 42 26 15 79

www.leriad.com

Ouvert tous les jours midi et soir sauf lundi. Menu unique le soir à 35 €. Menu déjeuner 16 €. Jardin. Terrasse

© LE RIAD

© LE RIAD

Le Riad est une institution pour les amateurs de cuisine marocaine traditionnelle. Accueilli avec le sourire, dans le superbe cadre de l'ancien cloître des Cordeliers, l'ambiance est résolument orientale mais sans ostentation, c'est chic et feutré. La décoration est digne d'un beau riad et vous transportera au Maroc le temps d'un repas. On s'installe dans l'une ou l'autre des deux salles à l'intérieur où l'ambiance est intime et tamisée le soir. Le jardin terrasse avec son patio, sa fontaine et la tente berbère où l'on mange en été à l'ombre du tilleul vous garantit le dépaysement. La carte propose tout ce qui enchante les palais avertis, une cuisine aux parfums subtils.

MAROCAIN

LA TABLE MAROCAINE

10, rue Constantin ✆ 04 42 96 05 54

www.tablemarocaine.fr

Ouvert du mardi au samedi le midi et le soir. Couscous de 15 € à 24 €. Tajines de 15 € à 28 €.

C'est le Maroc rue Constantin, le Maroc gourmand, généreux, vrai, traditionnel, hospitalier, souriant ! Vous mangez au 10 de la rue et si c'est plein, dans la salle juste en face. Quelques tables se déploient en terrasse dans la ruelle. Cette adresse reconnue par les locaux depuis longtemps, régale les amoureux de cuisine marocaine depuis les années 1990. Hicham en cuisine, réalise des pastillas à se pâmer ! Les pâtisseries sont délicieuses aussi, les 8 tajines et les 4 couscous savoureux. Quant à l'accueil, il est d'une extrême gentillesse et l'ambiance *comme là-bas*... Une adresse précieuse comme les mille et une nuits, à prix juste et très abordable.

GREC

EDYKOS

Place des Tanneurs

✆ 04 42 26 61 78

Ouvert du lundi au samedi le soir et samedi midi. Menus Mezze de 25,50 € à 28 € (10 entrées, 5 plats). Terrasse.

Une affaire familiale qui tourne depuis des années où vous trouverez une cuisine grecque et arménienne typique. À la carte : plateau mezzé en apéro, tzatziki, salade de poulpes, feuilleté au fromage feta, salade Mykonos, soupe tiède de yaourt citronnée et ses grains de blé, moussaka ou tarama de la mer Egée. Au rang des spécialités arméniennes : assiette de charcuterie avec vraie viande de grison à l'ail et au cumin (Bastourma et Soudjouk), keufté de Smyrne, boulettes de viande à la sauce piquante et son boulgour. Enfin, pour terminer sur une note sucrée, un classique baklava fait l'affaire. Avec un accueil charmant et une déco typée méditerranéenne, le dépaysement est assuré.

GREC

PLATANOS

13, rue Rifle-Rafle

✆ 04 42 21 33 19

www.platanos13.fr

Ouvert du mardi au samedi à midi. Vin au verre. Vente à emporter.

D'une main de cheffe, Eve a repris le flambeau de son papa, heureuse de gérer seule cette petite institution grecque, en cuisine. Elle privilégie la vente à emporter avec quelques tables simples dressées sur la terrasse et la rue fraîchement pavée pendant les beaux jours d'été. Niché au coin de la rue Rifle-Rafle, Platanos est le QG des amateurs de cuisine grecque. Toutes les recettes sont familiales, héritées des aïeux. Une formule unique servie sur un plateau avec mezze au choix. Tzatziki, ktipiti (yaourt grec, fêta, paprika, poivre), Krassato (émincé d'agneau au vin de Samos, cumin et pignons de pin)... sans oublier le retsina, vin de résine, pour arroser le voyage !

JAPONAIS
HANZO

1, boulevard Victor-Coq ✆ 04 42 77 37 65
www.hanzobento.fr
Ouvert du lundi au vendredi midi et soir et le samedi soir. Menu plat du jour 16,90 €. Livraisons. Vegan.

De la cuisine japonaise traditionnelle, c'est ce que vous propose Hanzo. La cheffe japonaise cuisine en direct des spécialités du pays du Soleil-Levant – gyosa, suku, soba, udon, ramen, okonomiyaki, etc. – et les sushis, sashimis, makis, bien sûr, qui font de gourmands plateaux à emporter. Après le thé « maison » au gingembre de bienvenue, les plats arrivent joliment servis, à bonne température, pleins de saveurs et dans des proportions généreuses. L'adresse est confidentielle, située dans un quartier de bureaux et de résidences, derrière la gare routière sous les arcades à l'entrée du parking Méjanes, mais elle mérite vraiment le détour. Réservez car les places sont chères.

JAPONAIS
IZUMI

3, rue Isolette
✆ 04 42 52 45 86
Ouvert du mardi au samedi : 12h-14h et 19h-21h30. Réservation recommandée. Menus de 28 à 34 €.

Petit restaurant très prisé des Aixois amateurs de cuisine japonaise. Familiale et raffinée, la cuisine est pleine de saveur et de fraîcheur. On aime la qualité des produits, et le savant mélange des textures et des saveurs. Sushis et sashimis rivalisent de fraîcheur et de légèreté. Saumon label rouge et bœuf black Angus ou wagyu. Ce petit restaurant, où l'on se sent comme à la maison, a été ouvert il y a six ans par un jeune couple qui se partage la salle et la cuisine. Derrière le comptoir, on peut apercevoir le jeune chef, originaire du Japon, en pleine création. De la pure gastronomie japonaise. Avec une vingtaine de couverts et un seul service, mieux vaut réserver !

JAPONAIS
ONI

20, rue Paul Bert
✆ 09 81 78 40 40
https://www.oni-aix.com
Ouvert du lundi au vendredi le midi et le soir. Bento Box 10,8 €.

© ONI

Fusion réussie entre la cuisine japonaise et française, la jeune cheffe Marine revisite makis et sushis avec les produits frais d'ici. Beaucoup de créativité dans les recettes tant sur le plan des saveurs, des alliances, des textures mais aussi de l'esthétique. Les rouleaux de printemps dont les ingrédients changent chaque semaine se parent de fleurs délicates, aussi beaux que bons. Les sushis-sandwichs composés d'une garniture de saison enroulés dans une feuille de nori se déclinent aussi sans gluten. On passe commande au comptoir. Menus à prix attractifs à déguster sur place dans un cadre zen et design ; ou bien à emporter si l'on est pressé. Service traiteur et livraison Bento entreprise.

JAPONAIS
KOÏ

4, rue Paul-Doumer
✆ 04 42 50 05 05
www.koi-aixenprovence.com
Ouvert tous les jours midi et soir. Réservation sur internet.

Koï se niche dans une petite rue près du cours Mirabeau, où vous trouverez le Koi sushi-bar. L'entrée se fait par une terrasse bien agencée tapissée à l'effigie de la carpe Koï, tout de noir et blanc vêtue. La grande salle qui suit arbore un style moderne aux notes nippones. De grandes tables et une cuisine ouverte, l'ambiance est feutrée et donne envie de se fondre l'espace d'un instant dans cet univers entre terre et mer, à une baguette du pays des Geishas. Dans l'assiette, fusion et découvertes sont à l'honneur. Après une savoureuse mise en bouche, on succombe pour un plat typique : le thon mi-cuit sauce miso parfumé au gingembre, une des recettes qui fait la réputation du lieu..

JAPONAIS
NARUTO

19, rue de la Verrerie ✆ 04 42 21 49 07
www.restaurant-naruto.fr
Ouvert du mardi au samedi le soir. Le midi idem sauf jeudi. Plat du jour 14,70 € (+5 € pour le dessert du jour).

Dans cette ruelle très animée, ce restaurant japonais est dirigé par de vrais chefs japonais. Ses sushis, ses tempuras (beignets de légumes légers et croustillants), ses yakitoris (brochettes marinées), tout est délicieux. La petite mise en bouche d'algues au vinaigre avec quelques graines de sésame est délicieuse et vraiment exotique. Un bon point aussi pour la jolie vaisselle, en céramique et pas en plastique. Le bémol : la salle n'a pas beaucoup de charme (heureusement la décoration japonaise rattrape un peu la froideur du lieu). Si vous avez le choix, préférez la terrasse très agréable, mais malheureusement vite pleine. Desserts fait maison comme le tiramisu au thé vert matcha.

JAPONAIS

YOJISU

130, rue de la Bastide-de-Verdaches ✆ 04 42 38 96 21
www.yoji.fr
Du lundi au samedi de 11h à 22h30. Menu complet 17,60 €. Assortiments de sushis dès 20,90 €.

Un japonais chic et branché aux Milles ! Adresse excentrée, mais avec un parking gratuit. Une initiative de Tran Van Ba, dit Uto. D'origine vietnamienne, mais tombé sous le charme de la cuisine japonaise, il a ouvert cette table dans une zone commerciale aixoise. Décoration branchée, design et zen comme il se doit pour apprécier une cuisine japonaise précise et savoureuse. Sushis et autres plats traditionnels nippons, de la soupe miso aux légumes en tempura. Ateliers de cuisine nippone (initiation sushi et maki, initiation fondue, découpe du poisson). Yojisu, c'est également une épicerie de produits japonais où trouver même de la jolie vaisselle japonaise et de l'alimentaire sec, saké....

CUISINE ASIATIQUE

CAY TAM

29, rue de la Verrerie ✆ 04 42 27 28 11
www.caytam.fr
Horaires à consulter. Menu à 24,50 €. Menu enfant à 9,5€. Vente à emporter.

Le Cay Tam est une valeur sûre de la cuisine asiatique depuis quarante ans à Aix. Réputé pour ses spécialités à la vapeur, ses nems, ses soupes, son canard laqué ou encore ses crevettes sauce aigre-douce, goûtez par exemple à la fondue japonaise *sukiyaki* (bœuf, tofu, légumes). Pour les barbecues, le serveur apporte un mini-barbecue, une grande assiette de crevettes, de seiches et de tranches de bœuf ultra fines marinées dans une sauce épicée, de la salade, des vermicelles de riz, de la menthe et des feuilles de riz à tremper dans de l'eau et chacun fait ses propres rouleaux ce printemps ! C'est ludique et délicieux. La viande très tendre et cuite en quelques secondes sur le grill.

CUISINE ASIATIQUE

GREEN BOWL

3, rue emeric David ✆ 09 82 38 59 69
www.greenbowl.fr
Ouvert du lundi au vendredi de 9h à 14h30 ; le samedi de 11h30 à 14h30.

Le restaurant Green Bowl propose des Bowls variés du monde entier, et toujours avec des propositions vegan et sans gluten. Le bowl pom framboises à base de quinoa pomme céleri noix et raisins secs avec une vinaigrette à la framboise ou encore le bowl turc, riz aubergine tomate, pois chiches ; tout est fait maison avec des produits frais du marché de la place des prêcheurs à côté : la preuve, dépêchez vous quand il n'y en plus, il n'y en a plus... et pour les gourmands, en dessert, de délicieux moelleux, mousse de fruits et autres cookies. La salle est agréable mais les places sont chères. Et bien sûr vous pouvez emporter, formule menu bowl- dessert et café ou boisson.

CUISINE ASIATIQUE

LES P'TITES BOUCHÉES

10, rue Aumone-Vieille ✆ 06 61 72 23 50
www.lesptitesbouchees.com
Ouvert du mardi au samedi midi et soir. Formule midi à partir de 13,5€. Le soir 8 € par bouchée.

C'est la nouvelle sensation gastronomique aixoise ! Aux commandes, Paul et Clara, deux jeunes restaurateurs talentueux, proposent une carte exclusivement composée de « bouchées » ou plutôt en *dim sum*. Ces bouchons de farce à base de viande et de légumes dans une pâte légère et cuits dans des paniers de bambou vous permettront de goûter à plusieurs mets alléchants de la carte : poulet citron vert edamame, porc trois champignons, tête de lion. On accompagne ces petits délices de riz, salade de chou mariné, et il ne reste plus qu'à apprécier la fraîcheur des produits. L'intérieur est joliment pensé, moderne, influencé par l'Asie mais design. Pensez à réserver, les places sont chères !

CUISINE ASIATIQUE

OH RESTAURANT

14, rue Félibre Gaut
✆ 09 83 61 71 40
www.ohsushiaix.fr
Ouvert le midi du lundi au samedi et le soir du mardi au samedi.

Le petit restaurant de la rue des cordeliers, devenu grand, transféré rue Félibre Gaut propose toujours une cuisine japonaise et coréenne de grande qualité au son d'une musique traditionnelle du Japon. Ici tout est délicat, même les prix. Le raffinement se retrouve dans l'assiette, entre sushis, tataki, sashimi, chirachi, okonomiyaki, sorte de crêpe japonaise aux multiples ingrédients ou des spécialités coréennes comme le bibimbap, un mélange de riz à l'huile de sésame avec œuf et légumes marinés et viande au choix ou le dak-gangjeong poulet croustillant avec une sauce épaisse. Tout est certifié fait maison, au meilleur rapport qualité-prix. Service de livraison et vente à emporter.

VIETNAMIEN

TAY LAI

16 bis, rue des Marseillais
✆ 04 42 23 53 79
Ouvert 7j/7 midi et soir. Menu enfant : 12 €. Menus 25 € et 32 €. Chèque Restaurant

Le Tây-Lai propose une authentique et savoureuse cuisine sino-vietnamienne. Les plats traditionnels de différentes régions du Vietnam sont cuisinés dans leur version gastronomique. C'est un franco-vietnamien- René Audibert réfugié en France en 1975 à la chute de Saïgon qui a ouvert ce restaurant en 1986. *Tay* (français) et *Lai* (mélange) fait référence au métissage et à l'Eurasie. On mange dans la salle voûtée ou sur la terrasse, dans une rue piétonne calme. Les nems sont excellents, les spécialités à la vapeur et les nouilles sautées aussi... Mention spéciale pour le canard laqué et la crêpe vietnamienne ou la soupe tonkinoise *Pho Tai* qu'on vient préparer devant vous.

CUISINE DU MONDE

CHEZ AMA

9, rue Isolette
✆ 04 42 26 38 32
Ouvert du mardi au samedi de 12h à 15h et de 19h30 à 23h. Menus de 11 € à 20 €.

Pour les curieux qui aiment découvrir d'autres cultures, ce petit restaurant discret propose une cuisine toute éthiopienne. Uniquement des plats traditionnels comme le dorowot, du poulet mijoté pendant six heures. Mais aussi des plats de viande et légumes que l'on peut partager à plusieurs et manger avec les doigts, en y plongeant la traditionnelle Injera (sorte de galette faite à partir de farine de teff, plante que l'on ne trouve qu'en Ethiopie). Décoration sobre et conviviale et cent-pour-cent ethnique, dont les objets ont été rapportés par la chaleureuse Ama. Les desserts sont faits maison. A découvrir, le Tej, boisson culte du pays à base de miel fermenté.

LIBANAIS

LE BEYRIT'S

16, place des Prêcheurs ✆ 04 42 20 59 77
www.beyrits.com
Ouvert du mardi au samedi, et dimanche le midi. Formules à partir de 22 €. Carte 30 € environ. Vente à emporter.

Beyrit's c'est le nom phénicien de Beyrouth, et c'est notre coup de cœur en terme de gastronomie libanaise à Aix en Provence. La carte fait le tour des spécialités à commencer par les *mezzés* chauds ou froids à se partager en guise d'entrée : *fattouche, moutabal, houmous*, feuilles de vigne, *kebbé, fatayer, samboussek*, aubergines frites.. Chacun fait son choix ensuite : galettes, brochettes ou grillades, pas de mauvaise surprise, tout est fait maison et les produits sont frais. En dessert, le *mhalabiyé* a du succès, c'est un flan à l'eau de fleur d'oranger. Dans le verre, les vins libanais sont tout indiqués. Cadre sympa, ambiance estivale en terrasse, accueil souriant et service efficace.

IRANIEN

LE JASMIN

6, rue Fonderie
✆ 04 42 38 05 89
www.lejasmin.net
Ouvert lundi au samedi, dimanche sur réservation (groupes à part. de 6). Menu 26 € et 31 €. Plat du jour 16 €. Terrasse.

© LE JASMIN

Toute la Perse dans votre assiette. Voici le seul restaurant iranien de la région dont on apprécie les saveurs typées et l'accueil chaleureux à l'orientale depuis une quarantaine d'années. Les épices se déclinent dans des recettes traditionnelles avec subtilité et sans excès : saumon au safran et citron, fricassée de veau à l'aubergine, ragoût d'agneau, grillades ou boulettes de viande et riz au safran, omniprésent dans la cuisine iranienne. Un menu végétarien figure également sur la carte. En dessert, le *baghlava* léger et peu sucré se déguste tiède, suivi d'un café noir dans le marc duquel Cyrus lira votre avenir... L'été, on s'installe sur la placette ombragée.

LIBANAIS

LE DIVAN D'ANTIOCHE

8, forum des Cardeurs
✆ 04 42 21 19 38
Ouvert du lundi au samedi le midi et le soir. Menus de 22 € à 32 € (midi et soir). Menu enfant : 10 €.

Ici, les spécialités libanaises voisinent avec celles de la Turquie. Tous les plats sont élaborés à base de produits frais. Quel bonheur ce petit bout du Moyen-Orient en pays d'Aix ! Les saveurs, les sourires, la gentillesse, tout est là ! Dans l'assiette, que du vrai : taboulé oriental, celui qui regorge de persil plat dentelé, caviar d'aubergine, *samboussak* fourré à la viande hachée, keftas bien rôties. Et c'est copieux ! On aime le mezze oriental : un assortiment de dix mets différents, ce qui permet de varier les plaisirs. Si le thé à la menthe convient bien à cette cuisine, ceux qui préfèrent un rosé ne seront pas non plus déçus par la carte des vins...

CUISINE OCÉAN INDIEN ET PACIFIQUE

LE TUBE

44, rue de la Verrerie ✆ 06 08 73 86 04
www.letube.eatbu.com
Ouvert toute l'année du mardi au samedi de 19h à 22h. Carte : 20 € environ.

Bienvenue en vacances. Le Tube offre une cuisine inspirée des endroits où l'on prend la vague et le soleil : Ceviche de cabillaud à la coriandre polynésien, Fish and chips australien, Burger tahitien, cabillaud sauce cacahuète brésilienne sont servis dans un décor de bois travaillés par la mer et les amoureux du surf. Le vin lui aussi provient de régions où l'on glisse sur l'eau, sud-africain, chilien, australien... ce qui offre un vrai dépaysement. De simples entrées aux plats copieux et savoureux, on passe un moment agréable à prix abordable bercé par les musiques d'été californiennes. Une belle adresse pour se sentir au chaud dans les soirées fraiches de mi-saison !

À EMPORTER

CLUB SANDWICHES ET CIE

3, petite rue Saint-Jean ✆ 04 42 91 23 10
www.clubsandwiches.eatbu.com

Ouvert du lundi au samedi de 9h à 17h. Formules sandwichs, soupes, salades de 4,50 à 9 €.

Pierre-François (tout le monde l'appelle Pierre) Giuge, qui a ouvert cette enseigne, dans une petite rue en haut du cours Mirabeau, travaille des produits frais et s'attache à de jolies présentations, des saveurs gourmandes et quelques inventions culinaires pour réveiller nos papilles. Du sandwich mais qualitatif et élégant. Au menu : des pains spéciaux et des ingrédients variés pour vos sandwiches, des soupes, des salades, des desserts du jour, comme ce carrot cake, et des smoothies. Alors burger au foie gras ou soupe du jour ? Sur place ou à emporter ? Notons que des plats mijotés sont aussi proposés et pas seulement des sandwichs. Aïoli ou confit de canard par exemple pour quelques euros.

À EMPORTER

MANLIO'S PIZZAIOLI MODERNI

1, rue Jacques-de-la-Roque
✆ 09 82 30 36 52

Ouvert toute l'année. Du mardi au samedi midi et soir. Carte : 7 € environ. Vente à emporter.

Se faire une place au soleil dans le domaine de la pizza à Aix n'est pas chose aisée. Marco, né à Rome, a réussi son pari avec brio. Ici on sert la pizza *al taglio* (à la coupe), une véritable spécialité de la ville éternelle. La pâte lève naturellement 48h, sans matière grasse, sans additifs avec une farine 100 % bio. La garniture se compose exclusivement de produits italiens goûteux à la qualité irréprochable. La spécialité maison : suppli rosso ou bianco pour les connaisseurs. 10 % de remise pour les étudiants, livraison gratuite, petit espace de restauration.

À EMPORTER

CRÊPES À GOGO

2, avenue Victor-Hugo
✆ 04 42 27 64 11

Fermé en août. Ouvert du lundi au samedi de 11h à 19h15. Crêpes de 1,80 à 5,80 €. Crêpes vendues aussi par 6 ou 12.

Depuis 1979, une vraie institution connue de tous, située dans le passage sous-terrain menant du cours Mirabeau à l'Apple Store. Ici se croisent gourmands, étudiants, lycéens, touristes et un peu toutes les couches de la population aixoise puisque ces crêpes, aux prix très doux, font l'unanimité. Il faut parfois s'attendre à devoir faire la queue dans le tunnel mais à l'arrivée, un régal ! Des sucrées classiques et gourmandes, des salées bien garnies, comme la complète qui constituera un bon déjeuner rassasiant. Une crêpe du mois vient compléter l'offre régulièrement. Pratique, on vend ici aussi de la pâte à crêpe ou des crêpes nature par 6 ou par 12. Livraison et commande par Ubereat.

À EMPORTER

RÔTISSERIE BELLEGARDE

42, rue Mignet
✆ 09 81 80 17 92

Ouvert du mercredi au samedi de 10h30 à 20h ; le dimanche de 10h30 à 18h.

Sur place ou à emporter, la Rôtisserie Bellegarde comme son nom l'indique, propose des viandes rôties tout au long de la journée -poulets fermiers, coquelets, travers de porc, saucisses- mais pas uniquement, la carte est variée avec des plats du jour -ravioles, confit de canard, lasagnes, couscous-, le vendredi généralement c'est poisson au menu. Les desserts sont faits maison du crumble au fondant classique Au rayon traiteur, des volailles, des salades, des légumes cuisinés, de quoi vous dépanner si votre frigo est vide. Ils ont également un petit rayon épicerie qui rend service, avec des boissons, des tapenades, des moutardes fines, des terrines, des chips artisanales, des confitures.

NEW

À EMPORTER

KAVA AIX

11, rue Boulegon
✆ 04 12 20 56 50
www.kava-aix.com

Réservation sur leur Instagram @kavaaix.

Kava, comme « café » en ukrainien, est un concept de coffee-shop bistronomique ouvert récemment à 2 pas de la place Bellegarde. Un univers aux couleurs végétales, quelques tables à l'intérieur et en terrasse pour passer un moment gourmand et copieux autour d'un café, thé, ou kombucha (boisson fermentée réputée bénéfique à la digestion). Le tout accompagné d'un assortiment brunch de qualité, du salé comme des œufs bacon, champignons ou encore du gouda aux truffes ou pour les palais plus sucrés, du pain perdu, mascarpone, sauce caramel beurre salé au piment d'Espelette ou pancakes au fruits de saison, tout est préparé et servi à l'assiette. Bière artisanale La Baroude ou vin nature.

À EMPORTER

TITA

11, rue des Bernardines ✆ 06 13 60 46 54
www.titaaix.fr

Ouvert du mardi au samedi de 11h45 à 16h30. Menu 9 € ou 11 €. 6 falafels 7 €.

Depuis son food truck initital, Tita a fait son chemin et reprend maintenant un nouveau local pour le plus grand bonheur de ses clients. Nouveau challenge donc, et l'on peut désormais réserver sa table dans cette chaleureuse et confortable salle de restaurant. La culture israélienne est à l'honneur. Outre le désormais mythique falafel à base de pois chiche bio et houmous la carte propose de nouveaux plats traditionnels dont un plat végan. C'est toujours familial, on peut emporter son déjeuner comme pour de nombreux voisins qui passent devant le restaurant le matin et passent commande : « deux assiettes falafel ! ». Mais pas que...comme il nous est bien proposé !

SUR LE POUCE

L'ATELIER DES SAISONS

55, cours Mirabeau
✆ 09 87 36 08 14
lateliersaisons.fr
Ouvert du lundi au samedi de 10h à 16h. Vente à emporter.

C'est dans une partie de l'ancien couvent des Carmes qu'Alicia et Jean-Laurent ont créé leur *Atelier des Saisons*. Un lieu atypique plein de charme pour un concept de salade bar de qualité. Choix de bases multiples, légumes de saison et produits frais, à vous de composer votre salade en jouant avec les ingrédients. On peut manger à l'étage ou bien au bar, et la vue sur les cuisines qu'offre la grande verrière en fer forgé permet d'observer parfois le couple en pleine création. Car aux salades, s'ajoutent l'hiver de bons plats préparés comme des lasagnes, des quiches ou des soupes. À tester : l'excellent wrapp grillé au cheddar et pousses d'épinard. Pour les Aixois, c'est une cantine adoptée.

SUR LE POUCE

BUNNY'S BUBBLE TEA

10 rue des Chapeliers ✆ 06 58 86 86 86
www.bunnysaix.fr
Ouvert du lundi au samedi de 11h30 à 20h30, sur place ou à emporter.

Bunny's Bubble Tea pour vous restaurer sur le pouce, avec de délicieux sandwichs vietnamiens pour changer un peu. De la cuisine vite et bien faite : du Ban mi, un baguette croustillante avec de la viande ou des légumes assaisonnés à la mode vietnamienne, sauce aigre-douce, coriandre et piments, au Bo bun, plat de vermicelles de riz avec de la viande ou encore le Bo cuon, une crêpe à base de farine de riz avec de la viande de porc et des champignons noirs, tout est préparé sous vos yeux avec professionnalisme et générosité. Pour compléter un thé aux fruits ou un smoothie à l'avocat ou au yaourt. On s'attable en extérieur devant le comptoir, on croise les gens du quartier et c'est sympa.

SUR LE POUCE

FRESH BOX

11, rue Granet ✆ 04 42 23 62 97
freshbox13.fr
Ouvert du lundi au dimanche midi. Livraison ou à emporter (commande en ligne).

Beaucoup plus diététique qu'un hamburger-frites et tout aussi gourmand, le fastfood asiatique façon Fresh Box. On doit ce concept à Nicolas et Florent qui ont ouvert leur première enseigne rue Granet en 2011. Ils proposent une cuisine thaïe revisitée dont la star est le wok décliné sous différentes versions à partir de produits frais. On compose sa box : légumes, riz ou nouilles + bœuf ou crevettes + toppings ananas cacahuètes échalotes + sauces, c'est rapide, pas cher et bon. Ou bien à la carte : salade thaïe, nem bun, gyozas, wrap. Tout est cuisiné en direct. Les desserts sont maison : panna cotta au thé matcha, daifuku... Même enseigne au 724, avenue du Club hippique ouvert jusqu'à 22h..

SUR LE POUCE

HEALTHYFOOD

5, rue des Allumettes
✆ 04 42 26 18 55
Ouvert du lundi au samedi 8h30-15h. Petit déjeuner 5,5 €, plats 12 €, pasta box 8 €. Chèque Restaurant. A emporter.

Ce petit restaurant-bar à salades sous les arcades fait l'unanimité auprès d'une clientèle locale qui vit ou travaille dans ce quartier. Les plats, salades et desserts concoctés sur place avec des produits frais sont gourmands et savoureux. Lasagnes brousse épinards, osso buco, seiches en persillade, soupes, clafoutis, tiramisu, tartes, tout est fait sur place. On choisit ses plats sur l'ardoise et on s'installe à l'intérieur ou en terrasse. Dans la formule self-service, il y a du choix dans les salades à emporter et pasta box, on compose soi-même sa garniture (légumes, poisson, volaille, charcuterie, fromage, sauces maison). Et tôt le matin, on peut y prendre un petit déjeuner copieux.

SUR LE POUCE

LA MAISON DU HANDBURGER - BURGER BAR

8, place des Augustins et 5 place forum des cardeurs
✆ 04 88 14 40 50
www.burger-bar.fr
Ouvert tous les jours de midi à minuit. Burgers à partir de 10 €.

Deux restaurants pour cette institution du burger aixois. Des ingrédients bien choisis, des recettes variées qui ravissent une foule de clients de tous les âges, venus apprécier une certaine idée du burger à la française. Du classique cheeseburger au Savoy garni de tomme de Savoie, le pont entre les cultures est fait (ajoutez à cela un peu d'Italie avec le Genovese et tout le monde se retrouve à table). Notons trois burgers pour les végétariens et trois également au poisson. La carte est fournie. Tout est fait maison, les prix ne sont pas excessifs. On y court !

SUR LE POUCE

MAISON NOSH

Place François Villon ✆ 06 52 86 22 39
www.maison-nosh.com
Ouvert du lundi au dimanche de 9h à 16h ; Lunch 14 €. Brunch 24 € ou 28€.

On suit depuis ses débuts la Maison Nosh, elle a déménagé dans un lieu plus spacieux, le concept reste le même entre *coffee-shop* et *fast food* avec uniquement des produits sains et locavores, du petit-déjeuner au brunch en passant par la pause déjeuner. Sur leur carte des hot-dogs sans saucisse donc, des sandwichs, des salades, des bouillons, des recettes végétariennes et aussi sans gluten, et des douceurs anglo-saxonnes cookies, cheese-cakes à gogo en desserts ou à grignoter dans la journée avec un milk-shake ou un jus de fruits frais pressés. Le cadre est chaleureux, l'équipe est jeune et sympa et les tarifs attractifs. Également service traiteur sur commande.

SUR LE POUCE

MONSIEUR CHOU

42-44, cours Sextius ✆ 06 23 49 49 18
www.monsieurchou.com

Ouvert du lundi au samedi. Terrasse. Vente à emporter. Traiteur (mariages, baptêmes, anniversaires) Boutique.

Loïc Derbay, c'est notre chouchou depuis qu'il s'est installé à Aix en 2014. Les choux salés et sucrés sont les stars de la carte auxquels se rajoutent veloutés et salades. Loïc garnit ses choux avec les produits de saison, ainsi l'hiver on appréciera un chou au foie gras ou au magret fumé et noix, l'été un chou au caviar d'aubergine. En dessert, vous avez le choix entre une vingtaine de choux tous plus gourmands les uns que les autres. Et comme la gourmandise est un péché mignon, rien ne vous empêche d'en acheter un de chaque pour les déguster ensuite tranquillement chez vous. Possibilité de passer commande pour un buffet original et apprécié de tous vos convives.

SUR LE POUCE

PIACERE

4, rue des Bernardines ✆ 04 42 66 39 34
www.piacere-aix.com

Ouvert du lundi au samedi de 11h à 0h30 ; La Piadina du jour 5 €. Les pâtes du jour 6,50 €.

Piacere veut dire « plaisir » en italien. Et à en croire l'affluence, ce dernier est largement partagé. Complet tous les midis lorsque affluent étudiants et passants, la maison propose une *piadina*, sorte de galette originaire d'Emilie-Romagne, que l'on compose de multiples produits frais et variés (tomates, oignons, coppa), légèrement chauffée et arrosée d'un fin trait de vinaigre balsamique. Accompagnée d'une boisson et d'un dessert pour 8,5 € seulement, le principe fast (*but quality*) food fait un franc succès depuis quelques années. Le tiramisù est tout simplement le meilleur de la ville. Pas besoin d'être italien pour le faire bien, juste une petite famille qui donne du sien !

SUR LE POUCE

LE TUYAU

14, rue des Tanneurs ✆ 04 42 95 25 76
www.le-tuyau-aix.fr

Ouvert lundi au samedi de 9h à 18h sauf mercredi. Brunch le dimanche midi.

Restaurant de tartines, bar à salades et coffee shop, Le Tuyau c'est tout cela à la fois. Un concept convivial imaginé par Béné et Victor, qui commence avec le petit noir du matin jusqu'à la fin d'après-midi pour un encas avant d'aller au ciné. Mais c'est surtout à midi que Le Tuyau fait le plein, on y vient pour leurs tartines gourmandes faites minutes avec un bon pain (bio et sans levure) à la mie dense garni de produits du marché. Plus light, les salades du jour permettent d'enchainer sur un cheesecake à l'abricot ou un cookie cranberry chocolat blanc. On aime la déco, briques rouges et murs bleus et la petite terrasse pour profiter du soleil à l'heure du goûter.

SALADERIE

CEVICHERIA EL MAR

2, rue Vauvenargues
✆ 09 81 84 69 24
www.cevicheriaelmar.com

Ouvert tous les jours de 11h30 à 14h30 et de 18h à 22h.

Une porte ouverte sur la cuisine latino-américaine en plein cœur d'Aix, voilà le pari de la Cevicheria el mar : tout est frais et fait maison. Son nom vient du « ceviche », ce plat originaire du Pérou à base de poisson cru mariné dans du citron vert, mais on le propose aussi selon d'autres recettes à base de crevettes et fruits de mer, de saumon, de thon, de cabillaud ou encore de poulpe, le tout servi dans un beau bowl accompagné d'avocat, bien sûr, et d'autres légumes frais, oignons rouges ou poivrons rouges avec des chips de banane, des pommes de terre et des patates douces. En hiver, de délicieuses soupes : une cuisine fraîche et simple comme on les aime !

TRAITEUR

RAPHAËL CHIAPPERO

79, Avenue de la Grande Bégude
VENELLES
✆ 06 59 40 42 58

Ouvert du mardi au vendredi de 10h à 19h.

Du marché aixois à la boutique de Venelles, les clients ont suivi Raphaël Chiappero pour ses pâtés en croûte, canard à l'orange et pistaches, pigeon foie gras, foie gras ris de veau et autre magret truffe. Mais c'est surtout sa fameuse saucisse d'Aix au vin blanc et genièvre, qu'il ne faut pas manquer de goûter. Tout est préparé de façon artisanale à base de viande fermière longuement marinée et cuite de façon lente, sans conservateurs ni additifs. Venez et repartez avec terrines, pâtés, saucisses ou boudins, car tout met l'eau à la bouche. Raphaël propose aussi des plats traiteurs et se met en quatre pour vous servir et vous apporter de quoi ravir vos convives !

TRAITEUR

TOUT&BON

760/800, avenue Mayor de Montricher ✆ 04 42 65 04 77
www.toutetbon.fr

Livraison en 3h (sandwich, plateau-repas) ou 24h (cocktail, buffet).

Tout & bon est le partenaire idéal pour tous les moments gourmands en entreprise : plateaux-repas pour un déjeuner d'affaires ou une réunion, brunch pour une formation ou un séminaire, cocktail, tout est possible avec une grande flexibilité. C'est simple, il suffit d'appeler avant 10h30 pour être livré le jour même ! Du produit choisi avec soin jusqu'au plateau de présentation, en passant par les cuillères en bois, tout est vérifié pour être écoresponsable, la qualité bio en plus. Car ce qui compte c'est l'engagement de produits locaux, les circuits courts et les valeurs éthiques des fabricants ; et ceci pour permettre le bien-être et la santé du consommateur !

BURGER
FIVE GUYS

2, avenue des Belges ✆ 04 84 80 14 80
www.fiveguys.fr
Ouvert 7j/7 de 11h à 23h. Burger à partir de 6,25 € (sans frites, vendues séparément). Hot-dog à partir de 5,50 €.

Five Guys est une enseigne américaine de burgers bien connue de nos amis d'outre-Atlantique et implantée depuis peu en France. Le restaurant d'Aix est le seul de la région et l'on afflue de partout pour goûter à un peu d'Amérique. Il faut donc s'attendre à devoir faire la queue et prendre son mal en patience. Malin, on peut commander en ligne et passer récupérer sa commande pour s'éviter ce désagrément. Au menu, des burgers, très américains, bien garnis et au pain moelleux, des frites croustillantes et un choix de sandwichs originaux dont un végétarien. Les milkshakes valent le détour et sont très gourmands. En somme, oubliez votre régime et accordez-vous le rêve américain.

FOOD TRUCKS
LES FOUS DE TRUCK

✆ 06 62 39 66 35 - lesfousdetruck.hubside.fr
Lu/Mer Venelles. Mar/Jeu Merkure Business School, Aix-en-Provence. Vendredi Emporion Méditerranée, Puyricard. Samedi, Beaurecueil

Amandine et Thomas, 25 ans à peine quand ils ont monté leur petite affaire, sont encore là après les confinements successifs, c'est dire leur ténacité et leur enthousiasme. Sans parler de leur créativité en matière de burgers tant sur le plan gustatif que sur le plan esthétique ! Les intitulés sont sympa : le Cocotte aux couleurs de Pâques, le Tout Schuss à la raclette, le Truffé au gouda à la truffe, le Porto Vecchio... les ingrédients varient selon l'inspiration dans leur pain burger frais, sauce maison, steak haché, emmental, œuf, ciboulette, oignons frits, sirop d'érable, tomates cerises, aiguillettes de poulet panées, camembert, galette de pommes de terre et comté... Miam !

CAFÉTÉRIA
CAFÉ PASSION

3, rue de l'Opera
✆ 06 48 23 49 68
Ouvert tous les midi

Vous cherchez un plat à emporter ou vous voulez manger rapidement, n'hésitez pas, le Café Passion saura vous régaler : un bar, quelques tables à l'écart dans la rue de l'Opéra, on se sent un peu comme à la maison ou chez des amis tant l'accueil est chaleureux. Une carte à l'ardoise qui change tous les jours, et conviendra à tous, végan compris. Des plats comme des lasagnes, formule assiettes ou bowl, c'est copieux, appétissant et tout simplement délicieux. Testé pour vous un bowl à base de quinoa avec des petits légumes du jour, avocat, carottes et en dessert une succulente tarte aux pommes caramélisées. Possible aussi dès le petit déjeuner avec des formules pour petit ou grand appétit !

PIZZAS
PORZIONE DI CAPRI

1, Rue Fabrot ✆ 04 42 38 55 43
Autres adresses 48 rue Espariat, 48 place Richelme, distributeur automatique 8 rue de la Verrerie. - www.pizza-capri.fr
Ouvert toute l'année. Tous les jours de 7h à 1h. Livraison midi et soir tous les jours.

La bâche rouge et des pizzas odorantes... Pionnière de la pizza à emporter, une institution depuis 1983 à Aix, Pizza Capri a changé de nom mais ce sont les mêmes pizzas, les meilleures d'Aix, dit-on ! 4 adresses à Aix pour satisfaire la clientèle fidèle et nombreuse et un choix important de pizzas à emporter, entières ou en portions. A l'heure du goûter, on craque pour la pizza Nutella-chocolat blanc ; d'autres douceurs aussi sur la carte : la tropézienne et le sablé aux pommes. Les pizzas sont faites artisanalement, les fromages sont livrés par un fromager aixois. Pour éviter les files d'attente, nous vous conseillons la livraison à domicile ou le distributeur automatique rue de la Verrerie.

FOOD TRUCKS
CHOUETTEENSEMBLE

150, avenue GEORGES POMPIDOU
✆ 06 50 37 01 51
www.chouetteensemble.fr
Sur Rendez-vous.

Une petite estafette rose, « chouette ensemble », pour porter un regard différent sur le handicap. Une collaboration gourmande et inclusive puisque les plats sont préparés et servis par des jeunes handicapés. Ainsi, « chouette ensemble » anime des évènements privés ou d'entreprise avec un menu intitulé « surprise dans l'assiette » ; les recettes ont la même base, mais suivant l'humeur ou le talent, elles seront préparées toujours différemment, voulant « titiller les papilles » et jouer sur le décalé, par exemple le traditionnel moelleux au chocolat sera assaisonné avec une épice différente suivant les saisons, mais toujours des produits locaux, en circuits courts.

PIZZAS
PORZIONE DI CAPRI - DISTRIBUTEUR AUTOMATIQUE

8, rue de la Verrerie
pizza-capri.fr
7/7 jours 24/24h. CB uniquement.

N'en cherchez pas ailleurs, ce distributeur automatique de pizzas fraîches est le seul sur Aix. Si Pizza Capri a changé de nom, rien d'autre n'a changé, les pizzas sont toujours aussi bonnes, en témoignent les files d'attente devant les 3 comptoirs de l'enseigne. Dans ce 4e point de vente en libre-service et accessible non-stop jour et nuit, vous avez le choix entre une dizaine de pizzas artisanales, croustillantes et savoureuses, dont une au Nutella. Le distributeur est réapprovisionné quotidiennement par leur magasin de la place Richelme qui produit les pizzas.

BAR À VIN

LA BONNE QUILLE

16, avenue de la Bourgade
LE PUY-SAINTE-RÉPARADE
✆ 06 62 72 27 37
Ouvert du mercredi au dimanche de 10h à 21h. Terrasse. Restauration. Possibilité de privatisation 10 pers.

© VD

Dimitri Tikhonkikh est passé dans de belles maisons avant de s'installer dans la région, viticulteur à Sannes dans le Luberon, il a ouvert La Bonne Quille au Puy Ste Réparade, à quelques km d'Aix, avec Hency, Cave et bar à vin, le lieu convivial ne désemplit pas, il faut dire que les 2 compères sont bons vivants parmi les meilleurs. Ici pas de chichi, on s'installe en terrasse autour de tonneaux, on partage la grande table à l'intérieur, pour déguster un bon flacon bio et une assiette de cochonnaille ou d'abats cuisinés par Dimitri, des tapas maison, fleurs de courgettes en saison, carpaccio d'anguille. Super accueil, superbes vins avec les conseils d'Hency, bières, alcools, épicerie fine.

LA MAISON DES BONS VIVANTS

Zac les Prés verts
Allée des Prés Verts
PERTUIS
✆ 04 90 68 82 25
la-tribu-des-bons-vivants-pertuis.eatbu.com
Ouvert lundi midi et du mardi au samedi le midi et le soir. Terrasse. Afterwork et soirées à thème.

Les Bons Vivants portent bien leur nom. Gabriel et son équipe ont donné leur enthousiasme à ce lieu convivial qui mérite largement le détour. Certes la zone active dans laquelle se situe le restaurant n'est pas glamour mais on l'oublie dès que l'on est chez eux. Florian, le chef excelle en cuisine en revisitant avec brio des plats brasserie. Cuisson parfaite des viandes servies sur une planche à découper et mention très bien pour ses pâtés en croûte réalisés de A à Z dans sa cuisine. On se régale y compris au moment du dessert ! Tout est fait maison bien sûr. Jolie carte de vins.

NEW

BISTRONOMIE

LA CHOUETTE A SA PLACE

45, avenue Maurice Plantier - **VENELLES**
✆ 04 42 39 17 47
la-chouette-a-sa-place.eatbu.com
Ouvert du lundi au jeudi le midi ; le vendredi et le samedi le midi et le soir. Terrasse.

La chouette adresse pour s'attabler et bien manger c'est ici au cœur de Venelles, en terrasse ou bien à l'intérieur cosy. Manon a changé de vie pour ouvrir ce petit resto car elle adore cuisiner et partager. Une cuisine familiale et responsable avec des produits locaux, tout est fait maison, beaucoup de légumes mais pas que, des recettes savoureuses, ensoleillées en été, mijotées aux premiers frimas. La Tatin d'aubergines confites, le parmentier de canard, le curry de poireaux, les bowls végétariens, la tarte aux noix de pécan caramélisées, le cake au citron et les meringues fondantes sont quelques-unes des suggestions au fil des saisons. Sinon laissez-vous tenter par l'assiette surprise !

BISTRONOMIE

LE COMPTOIR D'ENTRECASTEAUX

2690, Route des Milles
EGUILLES
✆ 04 13 91 24 00
Ouvert du lundi au samedi le midi. Terrasse.

C'est un jeune chef qui officie au bistrot chic des Halles 1889. Raphaël Bossy, pas encore la trentaine, est passé par les cuisines du Renaissance à Aix et de l'Éouvé à Ventabren, il a du talent et nous fait ici une cuisine du marché créative et savoureuse avec les produits frais des Halles sur place. Il renouvelle sa carte chaque semaine, ce qui fait le bonheur des habitués qui en ont fait leur cantine. Nous avons goûté son foie gras, le travers de porc caramélisé aux figues, les Saint-Jacques aux agrumes. Belle présentation dans l'assiette, service efficace.

NEW

LE COMPTOIR DE L'EOUVÉ

5, avenue de la République
COUDOUX
✆ 04 13 10 69 42
Ouvert du mercredi au samedi le midi et le soir.

L'Eouvé, qui signifie le chêne vert en provençal, s'est déplacé jusqu'à Coudoux pour ouvrir une nouvelle table et une nouvelle terrasse sur la place de l'hôtel de ville. Aux manettes toujours la chef Karen Favre et sa cuisine généreuse et méditerranéenne à base de produits frais et de saison : effiloché d'épaule sauce d'agneau confite avec gnocchis faits ici ou papillote de filet de loup et ses panisses maison, et en douceur tarte sablé breton et crème citron. C'est étonnant et à prix imbattable. En salle Stéphane Almela vous accueille avec la même générosité et le même professionnalisme. Réservation obligatoire, les places sont chères malgré le parking facile !

GASTRONOMIQUE

DAN B.

1, rue Frédéric-Mistral - **VENTABREN** ✆ 04 42 28 79 33
www.danb.fr

Menu 4 mets en semaine 71€ et menus en 6 et 8 mets à 109€ et 135€ le week-end.

Déco résolument contemporaine pour cette table étoilée avec de grandes baies vitrées pour profiter de la vue extraordinaire sur la plaine et au-delà, par beau temps, jusqu'à l'étang de Berre. En été, le vitrage s'ouvre et l'on se retrouve comme sous un préau panoramique. A 10 kilomètres d'Aix, Dan Bessoudo continue de nous régaler et de nous étonner. Ce chef formé auprès des plus grands relève le pari d'attirer une clientèle dans un village excentré et il y réussit fort bien. Sa table rend hommage aux produits du terroir à travers une carte saisonnière et 3 menus, l'un en semaine avec 4 mets et les deux autres en week-end, un parcours créatif en 6 et 8 mets, un régal !

BISTROT - BRASSERIE

LE GRAIN DE SEL

Avenue de l'Europe - **LA ROQUE-D'ANTHÉRON** ✆ 04 42 50 77 27
www.restaurant-le-grain-de-sel.com

Ouvert du lundi au samedi le midi et le soir. Formule du midi 16 €. Vin au verre. Terrasse. Vente à emporter. Traiteur.

Sympathique cantine pour les Rocassiers, bonne adresse pour les gens de passage et les festivaliers, le Grain de Sel fait l'unanimité depuis une quinzaine d'années. Le cadre cosy, terrasse et salle à manger, nous fait oublier la situation aux abords de bâtiments administratifs et d'un parking au demeurant très pratique. L'accueil est prévenant, le service aux petits soins. On apprécie le moulin à poivre et la fleur de sel en assaisonnement si besoin. Les viandes sont à la cuisson désirée, le pain se mange avec plaisir, le petit verre qui accompagne la formule est local. La carte est courte, tant mieux car les suggestions satisfont tous les gourmets et les végans. On reviendra.

GASTRONOMIQUE

HÉLÈNE DARROZE À VILLA LA COSTE

2750, route de la Cride - **LE PUY-SAINTE-RÉPARADE**
✆ 04 42 50 50 00 - www.villalacoste.com

Ouvert 7/7 midi et soir d'avril à septembre, 5 jours sur 7 d'octobre à avril. Menu déjeuner 85 et 138€. Menus dîner 138 et 170€

Le lieu est résolument contemporain, une œuvre d'art au même titre que celles qui jalonnent le domaine (que vous pourrez découvrir après le repas). Tout est en harmonie ici, le cadre dans l'épure, les tables parfaitement dressées, le service efficace, attentif et discret. On y déguste une cuisine de saison et d'inspiration méditerranéenne. Par exemple Menu en 5 ou 7 plats, hommage au potager, de la courge au radis, associés à de la viande ou du poisson jusqu'au dessert de potimarron et mélange de chocolat. On prolonge le séjour dans l'une des villas suites luxueuses.

PROVENCE

LE GRAND PUECH

8, rue Saint-Sébastien - **MIMET**
✆ 04 42 58 91 06
www.legrandpuech.fr

Ouvert du mercredi au samedi le midi et le soir ; le dimanche midi. Carte : 45 € environ.

© LE GRAND PUECH

Situé à Mimet, dans le village le plus haut des Bouches-du-Rhône et bénéficiant d'un vue dégagée sur la chaine de l'Étoile, le restaurant Le Grand Puech saura vous séduire aussi par le cadre raffiné de sa cuisine. Le chef Michel Basaldella, non content de porter haut les couleurs de la Provence et de son Italie natale, montre un vrai souci écocitoyen et éthique : des produits frais et locaux, et le plus possible biologiques, pour préserver les saveurs. Du risotto carnaroli aux asperges à la dorade snackée parfumée à l'anis étoilée, aux pommes et aux oranges, tout est absolument délicieux, sans compter une belle sélection de vins et digestifs italiens : *mamma mia, veramente fabulosa* !

BISTROT - BRASSERIE

LE JAS

10 BIS, rue de l'Église
LA ROQUE-D'ANTHÉRON
✆ 04 42 50 50 58

Ouvert du vendredi au mardi le midi et le soir. Vin au verre. Formules de midi 22€ et 26€, menus 42€ et 70 €. Terrasse.

Au détour d'une petite rue à l'écart dans le village, vous trouverez un endroit charmant pour prendre une belle pause déjeuner : salle voûtée, nappe blanche en tissu et jolis verres, la cuisine traditionnelle est préparée à base de produits frais et locaux, avec lesquels Emeric Corbon, le jeune chef développe ici un généreux talent. Des classiques comme une terrine de foie gras mi-cuit mais aussi des plats revisités avec un goût personnel certain comme par exemple le dos de cabillaud avec ventre en brandade et légumes oubliés, crème brûlée à l'orgeat et amandes torréfiées. Le service est rapide, l'accueil convivial, on se sent vraiment accueilli en famille.

BISTROT - BRASSERIE

L'EDEN

Chemin de Jalassières - **EGUILLES**
✆ 04 88 14 40 69
www.edeneguilles.com
Ouvert du mardi au samedi le midi et le soir. Carte : 43 € environ. Formules midi 22 € et 28 €. Parking gratuit.

© VD

Originaire d'Alsace, Rémi Koesler a pas mal bourlingué en Chine, au Québec, en Irlande, avant de s'installer dans le sud de la France. Un retour aux sources si l'on peut dire puisqu'il a fait ses classes au lycée hôtelier de Marseille. Si sa cuisine met en avant les produits d'ici, ses voyages inspirent quelques-unes de ses recettes. Le menu de midi attractif flatte les palais tout autant que celui du soir, plus gastronomique. A la fin du service, Rémi passe de table en table pour s'enquérir de votre avis. Le zoom médiatique quand il a été désigné pour représenter la Provence cet été dans une émission culinaire sur M6 ne lui a pas donné pour autant la grosse tête !

L'AUBERGE PROVENÇALE

Impasse de Provence - **MEYREUIL**
✆ 04 42 58 68 54
www.auberge-provencale.fr
Ouvert du jeudi au lundi midi et soir. Menu Saveurs 31 €. Menu Carte 49,5 € et 52,5€. Menu tout truffes 69 €. Terrasse.

Cette jolie bastide jaune, lumineuse et accueillante n'est pas dans le quartier le plus glamour de la ville mais sa table connait un grand succès. A l'intérieur, une salle au décor un peu traditionnel mais une carte alléchante. En entrée, nous vous conseillons les fleurs de courgettes farcies aux deux saumons. En plat, le homard entier et décortiqué. ou encore le menu tout truffes ! Enfin, vous ne pouvez pas quitter l'auberge sans avoir goûté au dessert au calisson d'Aix-en-Provence. Un délice. L'Auberge propose également des menus à thème : truffes, homard. L'Auberge provençale reste un de nos coups de cœur, pour les papilles et pour l'accueil d'une rare gentillesse.

BISTROT - BRASSERIE

CHEZ LE GARDE

Route départementale 10 - **VAUVENARGUES**
✆ 04 42 65 19 53
Ouvert le lundi et du mercredi au jeudi le soir ; du vendredi au dimanche midi et soir.Terrasse. Vente à emporter.

Les anciens connaissent bien ce restaurant en bordure de la route avant le village ; le garde-chasse qui y vivait dans les années 1950, cuisinait paraît-il de bons plats de gibier. Le lieu a gardé le nom, son authenticité, l'ambiance est chaleureuse, conviviale voire festive comme une guinguette les soirs d'été. On y vient entre copains, en couple ou en famille pour s'attabler autour d'un plat du jour, d'une grillade et d'un flacon du pays. On s'y régale aussi d'une pizza cuite au feu de bois. On s'y arrête pour prendre un verre accompagné d'une planchette de charcuterie ou de fromage. La bonne humeur est de mise. On est ici comme chez des amis. On recommande !

GASTRONOMIQUE

LE MAS BOTTERO

2340, Route D'Aix - **SAINT-CANNAT** ✆ 04 42 67 19 18
www.lemasbottero.com
Ouvert du mercredi au samedi, midi et soir, et dimanche midi. Menus de 30 € à 120 €.

De la couleur, des saveurs, un accueil charmant, et un cadre contemporain pour cette table étoilée (1 étoile Michelin). Indéniablement, les raisons pour faire un détour chez Nicolas Bottero sont nombreuses. Sa cuisine lui ressemble, c'est tonique, joyeux, inventif et notre palais, à la suite de notre passage, s'en délecte encore. Nicolas a aménagé un coin épicerie fine où s'alignent des bocaux cuisinés sur place : veloutés, fruits au sirop, confitures, tapenades, saumon fumé maison... de quoi se faire plaisir chez soi ou pour offrir. Et au fond du jardin, un carré d'herbes aromatiques et deux petites cabanes en bois où s'ébattent quelques jolies poulettes pondeuses.

PROVENCE

LE MAS DES VIGNES

Campagne-du-Rouret - **COUDOUX** ✆ 04 42 52 07 36
www.lemasdesvignes.fr
Ouvert le dimanche et le lundi le midi ; du jeudi au samedi le midi et le soir. Formule du midi : 26 €

Tout le charme de la Provence s'offre à vous entre les murs de cette vieille bâtisse en pierres sèches, nichée dans un décor de carte postale. La salle est rustique, dispose d'une superbe cheminée, idéale pour vous accompagner en hiver. Le jardin, lui, se prête aux belles journées d'été. Dans l'assiette, une cuisine inspirée du terroir local et quelques classiques gastronomiques français : de la terrine d'aubergines à la mousse des granettes, en passant par les petits farcis de légumes ou les pieds et paquets de la maison, spécialité du chef. Le vendredi aïoli complet de saison. La carte varie en fonction du marché : gourmandise garantie ! Un bel endroit pour un bon moment convivial.

LE MÔME

57, avenue Maurice-Plantier - **VENELLES**
✆ 09 83 23 37 69
www.leonlemome.com
Ouvert du mardi au samedi midi. Du mercredi au samedi soir. Plat du jour 13,90 €. Plats principaux de 18 à 26 €.

Bien manger et bien boire, c'est toujours d'actualité pour le Môme qui a migré depuis peu de la place Ramus au cœur d'Aix à Venelles. Les assiettes sont généreuses, les saveurs bien présentes. Le môme c'est toujours Léon, corse par son père et provençal par sa mère, qui a bien grandi et continue d'écrire son histoire ! Avec sa maman, Esther Blanc, ils proposent une carte changée régulièrement avec les produits de saison : bien sûr les charcuteries et fromages typiques corses mais aussi des suggestions provençales comme la Tatin de tomate au chèvre ou les petits farcis, tout est fait maison bien sûr. L'ambiance est conviviale, la déco très sympa. Pensez à réserver.

L'OPUS BISTRO

90, avenue des Logissons - **VENELLES**
✆ 04 42 53 13 30
www.lopus.fr
Ouvert du lundi au jeudi de 8h à 16h ; le vendredi et le samedi midi et soir. Formule midi : 16,90 €, enfant : 9,9 €.

A l'Opus, tout est fait maison et ça se sent ! Les assiettes sont soignées et néanmoins copieuses. Dans le menu de midi, les suggestions sont vraiment gourmandes : tataki de thon, andouillette AAA, ou filet de loup rôti ; parfait pour déjeuner entre deux rendez-vous, un déjeuner de travail ou après avoir fait ses courses à l'Intermarché voisin, avec un bon rapport qualité prix. En fin de semaine, on y va entre copains le soir, l'ambiance est conviviale et les menus proposent des plats brasserie. En dessert, des classiques revisités, fondant au chocolat au caramel au beurre salé et cette recette à l'ancienne, la brioche perdue au sirop d'érable. Possibilité de privatiser pour un évènement.

VIANDE

LA TABLE DU BOUCHER

1652, Avenue Paul-Jullien - **LE THOLONET**
✆ 04 42 27 08 23
www.latableduboucher.fr
Restaurant ouvert le midi du lundi au samedi ainsi que le vendredi et samedi soir. Carte 30 €.

© NAKIDE

Les amateurs de viande rouge ont ici leur adresse, à la fois boucherie, traiteur et restaurant. C'est LA table du Boucher au sens littéral du terme, car les viandes sur la carte du restaurant sont celles de la boucherie, des viandes maturées et d'exception, tendres et goûteuses, viandes françaises du monde. Et si le morceau particulier qui vous fait envie n'est pas sur la carte, vous le choisissez sur l'étal de la boucherie, on vous le découpe comme vous le souhaitez et le chef vous l'amène à votre table, à la cuisson désirée. Coup de cœur pour la côte de bœuf maturée, le steak tartare et coup d'œil aussi dans les suggestions du jour. Le concept a du succès, il vaut mieux réserver.

GASTRONOMIQUE

L'ORANGERIE - CHÂTEAU DE FONSCOLOMBE

Route de Saint-Canadet - **LE PUY-SAINTE-RÉPARADE**
✆ 04 42 21 13 13 - www.fonscolombe.fr
Ouvert 31 mars à début janvier. Carte : 55 € environ. Brunch du dimanche : 60€ adulte et 24€ enfant.

Le château de Fonscolombe, hôtel cinq étoiles du groupe 2L Collection estampillé Relais & Châteaux, se situe aux portes d'Aix-en-Provence. La Maison dispose de deux restaurants, la brasserie de luxe L'Orangerie et le restaurant gastronomique La Table de l'Orangerie. Aux beaux jours les restaurants sont délocalisés en terrasses dans le parc du domaine à l'ombre des arbres ou au soleil. A la carte on retrouve des produits provençaux sublimés, détournés, accompagnés au grès des inspirations et des envies du talentueux Chef Quentin Durand aux commandes des deux tables.

BISTRONOMIE

LE PRÉAU

1, Cours Saint-Etienne - **ROGNES** ✆ 09 83 94 02 77
www.lepreaurestaurant.com
Ouvert le mercredi soir et du jeudi au dimanche midi et soir. Menus 29€ et 39€. Terrasse

Gros coup de cœur pour Le Préau, son chef Antonin Wishart et sa jeune brigade, la cuisine fraîche et inventive, le cadre et l'ambiance. Antonin, la trentaine, a pas mal bourlingué avant de revenir dans la région. Perfectionniste jusque dans le dressage des assiettes et l'accueil, il prône les circuits courts et se sert autant que faire se peut dans le potager et le poulailler familial, sinon chez des producteurs et maraîchers locaux. Il travaille les poissons à merveille, des poissons de nos côtes principalement en direct de la pêche locale. L'art de saucer s'impose si vous optez pour une viande, les jus corsés sont divins. Ne faites pas l'impasse sur le dessert, il est compris dans le menu.

LE RELAIS DE SAINT-SER

Avenue Paul Cézanne - **PUYLOUBIER**
✆ 04 42 66 37 26
www.relaisdesaintser.com
Fermé lundi et dimanche soir en basse saison. A la carte, compter 55 € (entrée, plat et dessert). Terrasse. Hôtel.

Campé au pied de la Sainte-Victoire dans une ancienne ferme du XIXe siècle, le Relais de Saint-Ser prend le parti de la modernité : grande baie vitrée face à la montagne, décoration soignée en noir et blanc, rappelant Picasso qui repose non loin, tout est fait pour inviter au calme et profiter de la nature environnante. Le chef Erwan Le Garff et son équipe proposent une carte au gré des saisons et des produits locaux. Une carte de 4 entrées et plats avec suggestion entrée et plat du jour à la semaine : pressé de râble de lapin à la tapenade en entrée, espadon fumé et risotto d'épeautre sur une émulsion d'huître et les fromages de la fromagerie Fanon au Tholonet... Tout est succulent.

GASTRONOMIQUE

LE SAINT ESTÈVE

2250, route Cézanne - **LE THOLONET** ✆ 04 42 24 80 40
www.leslodgessaintevictoire.com
Ouvert tous les jours midi et soir (fermeture hivernale d'un mois). Menus de 135 à 185 €.

Les Lodges Sainte Victoire ne sont pas seulement une villégiature luxueuse, c'est aussi une très belle adresse pour s'attabler du côté du restaurant étoilé Michelin que l'on soit résident à l'hôtel ou pas. Avant d'apprécier l'assiette, profitez du panorama et de la vue exceptionnelle sur la Sainte-Victoire, un site immortalisé par Cézanne dans le monde entier. La carte est gastronomique avec une cuisine méditerranéenne et de saison. Julien Le Goff, le chef, se laisse aller à sa passion des saveurs, des senteurs et des couleurs... On peut déjeuner sur la terrasse au soleil devant la Sainte-Victoire jusqu'à mi-octobre voire plus, si l'été indien dure. Une adresse d'exception.

RESTAURANT

RESTAURANT LES BARBUS

72, place Jean-Jaurès
PERTUIS
✆ 09 87 15 38 08
Ouvert du mardi au samedi le midi et le soir. Menu unique à 35 €. Formule du midi : 16 €. Vin au verre. Terrasse.

Dans le pays d'Aix, ils font l'unanimité depuis 2017. Romain et Fabien, les barbus, prônent le bien manger et le bien boire. Fabien cuisine en direct des produits ultra-frais. Les recettes sont originales et mettent en avant les saveurs des poissons et des viandes dont les cuissons sont particulièrement soignées. La carte est courte avec une suggestion à midi qui change tous les jours : épaule d'agneau confite et palourdes, tournedos de veau et polenta de châtaigne, sauté de lapin et purée carottes et clémentine, chou praliné au coing. Tout est fait sur place, des fonds de sauce aux glaces, un gage de saveurs !

L'OUSTAU DE SAINT-MARC

Route de Vauvenargues - **SAINT-MARC-JAUMEGARDE**
✆ 04 42 24 90 47 - Passer le village de Saint-Marc-Jaumegarde et continuer en direction de Vauvenargues. Après avoir laissé sur votre droite la route du barrage de Bimont, prendre le deuxième chemin sur votre gauche (fléché). - www.oustausaintmarc.com
Ouvert du mardi au dimanche midi et du mardi au samedi soir. Horaires d'été. Menu ardoise 38 €. Privatisation.

Face à la montagne Sainte-Victoire, dans la pleine campagne aixoise, l'Oustau de Saint-Marc vous invite à profiter d'un petit coin de paradis provençal. Cette table est une valeur sûre dans la région. A midi, on pioche sur l'ardoise des suggestions de saison, et sur la carte on apprécie les plats pérennes comme l'agneau de 8 heures aux senteurs de romarin, la longe de porc cuisson longue et sa sauce laquée, et en dessert la pavlova à la mangue et coulis passion. En été, la terrasse vous offre un superbe panorama. L'hiver, ambiance coin du feu avec la grande cheminée dans la salle à manger. Également possibilité de privatisation pour des séminaires ou mariages.

RESTAURANT

RESTAURANT LES MICHELS

7, rue du chene de louiset - hameau les michels - **PEYNIER**
✆ 04 42 26 28 56
www.restaurantlesmichels.fr
Ouvert du mardi au vendredi midi et soir ; samedi soir. Formule à 19 € le midi, le soir menu 39 €. Parking.

Le restaurant les Michels a été repris par une jeune équipe, dynamique, le chef Mickaël Bourges, récemment nommé disciple d'Escoffier, son épouse en salle Angélique et son second Ludovic Robin. Situé au cœur du hameau des Michels à Peynier, la salle est claire et spacieuse, dans un environnement très végétal. Le menu à l'ardoise propose des classiques revisités avec goût et très joliment présentés dans l'assiette. L'ardoise change tous les jours, à la carte, en entrée par exemple, le poulpe à la Galega, en plat le tataki de thon aux deux sésames, crème curry rouge ou le ris de veau aux morilles, spécialité du chef, tout respire les valeurs d'une belle cuisine.

LE PIANO GOURMAND

4, avenue d'Aix
ROGNES
✆ 04 42 50 23 46
Ouvert du mardi au samedi le midi et le soir ; le dimanche midi. Soirées thématiques, musicales.

Vous ne pouvez pas rater Le Piano Gourmand à l'entrée de Rognes, sa jolie façade et sa terrasse ombragée. Ambiance rétro-hétéroclite à l'intérieur, une pompe à essence sortie tout droit d'un cartoon donne le ton dès l'entrée, aux murs et sur le comptoir des plaques publicitaires émaillées des années 1950-1960. Dans un coin, un tourne-disque diffuse de la musique selon l'humeur du moment. Désormais ce sont Vincent et Alexandra qui vous accueillent. Sur la carte, toujours des pizzas, et des plats traditionnels et généreux. Le vendredi c'est moules-frites. En dessert, l'irrésistible fondant au chocolat ou la tarte aux fraises en passant par les glaces l'pinguini.

HAPPYCOW

Depuis 1999, HappyCow répertorie les adresses véganes proches de chez vous. On se crée un profil, se géolocalise et c'est parti pour une aventure culinaire… internationale ! Plus de 180 000 adresses, 600 000 membres et 180 pays y sont enregistrés : de quoi se faire une to *food list* aux petits oignons et pourquoi pas rencontrer les utilisateurs près de chez soi sur son prochain lieu de vacances.

LA TERRASSE D'OLIVIER

3, rue des Ferrages - **LA BASTIDONNE**
✆ 04 90 09 97 70
www.laterrasse-dolivier.com
Ouvert le mardi et du jeudi au samedi midi et soir ; le dimanche et les jours fériés midi. Jardin, terrasse. Animations.

Dans le sud du Luberon à 5 minutes de Pertuis, voici une table que nous vous recommandons, orchestrée par Olivier Brissy qui travaille les produits frais, locaux et de saison. Dans l'assiette, les Saint-Jacques ouvrent l'automne avec panais et cèpes, figues et raisin en dessert ; truffes, champignons et gibier sont les stars de l'hiver, suivent les asperges, les artichauts dans des recettes printanières pour accompagner viandes et poissons, la carte estivale décline toutes les saveurs de la Méditerranée. Olivier a du talent, de l'inspiration. Tout est parfait de l'entrée au dessert. Y compris l'accueil. Le cadre est sympa et quand on s'attable en terrasse, on a l'impression d'être en vacances.

GASTRONOMIQUE

LA TABLE DE L'HÔTEL SAINTE VICTOIRE

33, avenue des Maquisards - **VAUVENARGUES** ✆ 04 42 54 01 01
www.hotelsaintevictoire.com/fr/
Ouvert tous les jours le midi et le soir. Menus 65 et 90 € et carte. Terrasse.

Face à Sainte-Victoire et au château où vécut Picasso, l'adresse a quelque chose de confidentiel, c'est un bonheur de la partager. Le temps d'un séjour on apprécie le confort douillet et raffiné de la chambre, on y va aussi pour le plaisir du palais. La cuisine de Mateus Marangoni est une invitation au voyage. Créatives, ses recettes mêlent l'exotisme du Brésil -sa terre natale- aux saveurs de la Provence. Repéré par le Michelin en 2021, il vient d'obtenir le titre de Maître Restaurateur, c'est dire le talent de ce jeune chef. Sa carte change régulièrement, allez-y de notre part.

BISTROT - BRASSERIE

LA THÉIÈRE

22, rue Principale - **PUYRICARD** ✆ 04 42 92 03 54
la-theiere-de-puyricard.com
Ouvert le lundi et le mardi le midi ; du mercredi au vendredi le midi et le soir. Carte : 26 € environ.

Voici une petite adresse sympathique au cœur de Puyricard. Tout est fait maison, et les produits frais, en majorité locaux, sont issus de l'agriculture raisonnée ou bio. La carte propose des plats simples et goûteux, aux saveurs méditerranéennes : poulet au citron et gingembre, espadon en persillade, tempura de fleurs de courgettes, tomates à la provençale, écrasé de pomme de terre à l'huile d'olive, fondue de fenouil, caviar d'aubergine, piperade. En dessert, l'abricot rôti et son crumble, la compotée de pêche et verveine, le moelleux choco et caramel selon la saison. Et bien sûr une sélection de thés pour une pause gustative avec sa collection de petites théières.

LA TABLE DE LA FONTAINE

5127, route de Berre - **VENTABREN**
✆ 04 42 92 09 10
www.latabledelafontaine.fr
Ouvert du mardi au samedi midi et soir. Le dimanche midi. A la carte. Plats de 20 à 135 €.

Ouvert en 2014, ce restaurant en contrebas du charmant village de Ventabren célèbre la viande, en proposant une sélection des viandes les plus prestigieuses. Français, uruguayen ou brésilien, vous découvrirez sans doute le bœuf comme jamais vous ne l'avez goûté, avec entrecôte ou onglet de black angus maturé. On ajoute à cela le fameux porc hispanique à pattes noires pluma iberica. Du classique aussi comme le foie gras mi-cuit. Le poisson, les huîtres et les Saint-Jacques s'invitent également sur la carte, que du frais et du sauvage de l'étal d'à côté : une très belle table assurément, un art de vivre à la française. Et la fontaine existe bel et bien, juste devant le bar !

ITALIEN ET PIZZERIA

TRATTORIA DAI GIULIANI

26, Avenue de Provence - **CABRIÈS**
✆ 04 42 61 80 07
www.trattoria-dg.com
Ouvert du mardi au samedi de 18h30 à 22h.

C'est la trattoria des 2 Julien ! L'un italien est en cuisine, l'autre en salle. Au centre du village de Calas, face à l'église, ce restaurant italien propose une cuisine napolitaine traditionnelle simple et sans prétention, mais toujours gourmande. Les plats sont affichés sur l'ardoise ou en vitrine et conjuguent créativité et produits locaux : du burger veggie à base de steak de pois chiches et haricots rouges en passant par la « pasta » du moment comme les fagottini gorgonzola, noix et ricotta, velouté d'asperges et chips de coppa et parmiggiano jusqu'aux pizza à la pâte levée, sans oublier les desserts, le fameux tiramisu bien sûr ou le baba au rhum napolitain, tout est succulent !

LA FERME AUBERGE DE LA BAIE DES ANGES

647, Chemin des Plaines Baronnes - **LA CIOTAT**
✆ 08 21 20 01 26
https://lafermeauberge.fr
Ouvert du mardi au samedi de 12h à 14h30 et de 19h à 22h ; le dimanche de 12h à 14h30. Menus à 48 € ou 58 €.

Ici, les menus varient régulièrement car les plats sont élaborés selon la production locale. Autre point positif : tout est fait maison ! Dans les plats à la carte, vous pourrez trouver de la viande (entrecôte charolaise, porcelet de la ferme, hamburger de la ferme..), des poissons et crustacés (homard, dorade... selon arrivage), tous les jours le brunch à emporter et à déguster sur la terrasse pique-nique vue mer et tous les vendredis aïoli traditionnel. Aussi, il est possible de privatiser la ferme auberge pour vos évènements (mariages, baptêmes, séminaires...).

JE FAIS MON MARCHÉ

Dans cette rubrique, nous vous proposons une farandole de bonnes adresses sur Aix et ses environs. Vous pourrez y trouver tout ce que vous aimez ou voulez connaître. Vous pourrez vous approvisionner auprès d'enseignes locales, boucheries, épiceries, ventes de fruits et légumes issus de l'agriculture locale et bio. Vous pourrez faire un détour dans plusieurs châteaux viticoles ou faire une halte sucrée aux Chocolats Puyricard et aux Madeleines non pas de Proust, mais de Christophe. Enfin, votre séjour ne serait pas un excellent souvenir sans la découverte des marchés. Il n'y a pas un jour de la semaine où le centre-ville ne s'illumine de leurs étals colorés de la place Richelme au marché des Trois places. Ils sont variés et structurés, ici, fruits et légumes, denrées alimentaires, là, vêtements, maroquinerie, plus loin, livres anciens ou sur une autre place, marché aux fleurs. Cela fait le charme d'Aix, oscillant entre grande agglomération et ville à taille humaine. Les marchés traditionnels du cœur piétonnier (rénové) donnent une image de carte postale à savourer sans modération.

VOTRE GUIDE DEVIENT

INTERACTIF

TAPEZ **PETITFUTE.APP** DANS LE NAVIGATEUR DE VOTRE SMARTPHONE.

PRENEZ UNE PHOTO DE LA PAGE DÈS QU'ELLE A CE PICTO !

BOUCHERIE

BOUCHERIE DES PRÊCHEURS

6, Place des Prêcheurs

✆ 06 05 60 62 00

Ouvert du mardi au jeudi de 7h à 13h et de 15h30 à 19h ; le vendredi et le samedi de 7h à 19h. Traiteur.

© BOUCHERIE DES PRÊCHEURS

La Boucherie des Prêcheurs en lieu et place de la Boucherie du Palais propose ses viandes et volailles dans un espace relooké avec un petit plus : des banquettes pour patienter en attendant son tour. L'étal est alléchant, privilégiant les petits éleveurs engagés et les circuits courts. Pour les amateurs, un beau rayon de viandes maturées. Les bouchers qui vous servent sont des experts de la découpe et de l'apprêt. Dans le labo attenant, un jeune chef cuisine quotidiennement des plats traiteurs de saison – alouettes sans tête, pieds et paquets, salade de museau, petits farcis...– Et du côté de la rôtisserie, on se laisse tenter par de belles volailles fermières pour nos déjeuners dominicaux.

BOUCHERIE

BOUCHERIE DU PALAIS

543, Route du Puy Sainte-Réparade ✆ 04 42 38 28 06

www.boucheriepalais.com

Ouvert du mardi au samedi de 8h30 à 13h et de 15h30 à 19h30 ; le dimanche de 8h30 à 13h.

Cette boucherie traditionnelle, ouverte en 1981 place des prêcheurs par les propriétaires de la Boucherie de la Pioline est une référence locale. Elle a depuis peu déménagé sur le centre commercial, « le Jardin des Sens » à Puyricard. La clientèle est fidèle et les a suivis. Et pour cause ! La boucherie pratique des prix intéressants, à l'instar de son slogan « la viande de qualité au meilleur prix ». Les viandes sont d'origine française bien sûr et vous trouverez également des préparations culinaires délicieuses. Le plus : les conseils avisés des bouchers qui vous servent avec la gouaille et le sourire. Vous trouverez de quoi remplir votre panier si vous êtes amateur de bonne viande.

CHARCUTERIE

CHARCUTERIE OLIVIER

26, rue Jacques-de-La-Roque

✆ 04 42 23 26 80

www.charcuterie-olivier.fr

Ouvert du mardi au samedi de 8h à 12h30.

Cette enseigne transmise de père en fils depuis 1959, est plébiscitée par les Aixois pour son professionnalisme et la qualité de ses produits. Ici tout est « frais maison » et préparé sur place à 95%. Les chipolatas sont réputées dans toute la ville, mais aussi les rissoles au jambon, les saucissons à se pâmer, les divins raviolis à la daube du mercredi… On peut aussi faire provision d'olives de Nyons et de jambon à l'os maison. La saga continue avec Philippe Olivier, aidé maintenant de son fils Damien. Essayez donc la brandade, la caillette aux épinards, les andouillettes ou le fameux pâté en croûte ! A la caisse : la patronne, Eve, toujours charmante et souriante.

VIANDES - VOLAILLES

LA BOUCHERIE DU PONT DE L'ARC

127, avenue Fortuné-Ferrini ✆ 04 42 26 32 85 - Entre la pharmacie et le restaurant de sushis - https://boucheriedupontdelarc.fr

Ouvert du mardi au samedi de 7h30 à 13h et de 16h à 19h30 ; le dimanche de 7h30 à 13h.

Cette adresse aux couleurs aixoises vous propose des viandes de boucherie et des volailles, issues d'élevages respectant les animaux et les hommes. Le « bien manger » y est le maître mot. Les produits sont choisis avec soin par le patron, Jean-Yves Robert, pour vous garantir le plaisir de bien manger et d'une alimentation saine. Vous trouverez sur l'étal des volailles de l'Ardèche, du bœuf simmental, des charcuteries maison, mais également un beau rayon crèmerie avec des fromages fermiers et locaux et un rayon traiteur avec des plats cuisinés maison.

VIANDES - VOLAILLES

A LA BOUTIQUE GOURMANDE

61, rue d'Italie

✆ 04 42 21 43 26

Ouvert du jeudi au samedi de 9h à 13h et de 16h à 19h ; le dimanche de 9h à 12h30.

Viandes et volailles, charcuteries de terroirs, rôtisserie, traiteur, à la boutique gourmande tout est garanti « qualité de la fourche à la fourchette », soigneusement sélectionnées par Hervé, chevillard de métier, son fils Jérémie et son neveu Alexandre. L'agneau est de Sisteron, le porc noir de Bigorre, le bœuf du Limousin. Nous avons apprécié les spécialités lyonnaises et les charcuteries en provenance de Lyon mais aussi d'Alsace, de Bourgogne et de la Loire. Et les plats sont cuisinés par Emmanuel le tonton : petits farcis provençaux, légumes du soleil, tian de légumes. On fait la queue mais on ne voit pas le temps passer : le magnifique étal sait animer les papilles et le client est roi !

© LES 2 COMPÈRES

© HALLES DE VENELLES

BOUCHERIE

LES HALLES DE VENELLES

13, rond point de la gare - **VENELLES**
✆ 04 42 54 14 94 - www.leshallesdevenelles.fr
Ouvert le dimanche et le lundi de 8h à 13h ; du mardi au samedi de 8h à 12h30 et de 15h à 19h. Livraison possible.

On plébiscite les Halles de Venelles quand on est amateur de viande et de charcuterie. À l'exigence de la clientèle répond celle de Julien quant à la qualité et à la provenance des produits. Que ce soit les viandes rouges et maturées, la charolaise label Rouge, l'Aubrac, la Blonde de Galice ou la Black Pearl, le veau, l'agneau, les volailles, les jambons, les saucisses, les abats, les brochettes en été et le rayon traiteur avec des plats cuisinés au quotidien, le choix est important. Suivez les conseils de Julien et de son équipe pour les temps et les températures de cuisson, les assaisonnements et les accompagnements. Prévoyez à l'avance vos commandes particulières.

© LES 2 COMPÈRES

© LES 2 COMPÈRES

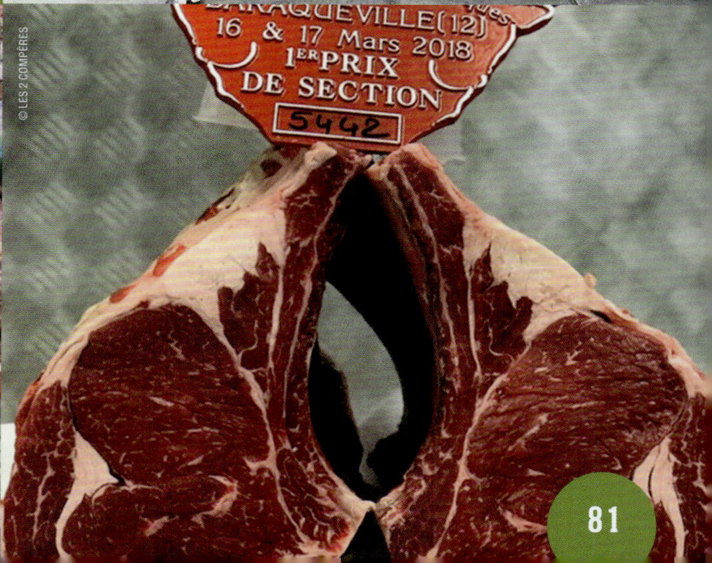

© LES 2 COMPÈRES

EPICERIE FINE

LA MAISON FRANÇAISE

2 et 3bis, rue Fernand Dol ✆ 04 42 12 69 09
www.lamaisonfrancaise.com
Ouvert du mardi au samedi de 10h à 19h.

© LA MAISON FRANÇAISE

L'art de vivre à la française a son écrin à cette nouvelle superbe adresse : le concept d'un lieu unique imaginé par Leila Erdmann, pour faire l'éloge de la gastronomie, celui aussi des produits d'exception qui font la réputation de nos meilleurs artisans de bouche sans oublier les arts de la table mis en avant à travers une sélection pointue. Si la réservation d'une table au restaurant est vivement conseillée, nul besoin de réserver pour passer à la boutique-épicerie fine. Produits de la terre et de la mer, condiments, vins et spiritueux, douceurs et confitures font le tour de nos belles régions via quelques maisons iconiques Vérot, Pariès, Bernachon, La Couronne...Du luxe à tous les prix.

LE LOPIN DE ROBIN

8, avenue Saint-Jérôme
13100 Aix-en-Provence
✆ 06 74 48 37 58
lelopinderobin@gmail.com
Ouvert du lundi au samedi de 8h30 à 13h et de 15h30 à 19h30.

Robin propose uniquement des produits issus de l'agriculture locale, biologique et/ou raisonnée, du circuit court de moins de 150 km. Pour les fromages, la charcuterie, les confitures et le miel, ils proviennent essentiellement des Alpes de Haute Provence ; pour les fruits et des légumes de saison, Robin se fournit chez les maraichers du 04, dans le 05, les Bouches-du-Rhône et le Vaucluse. Les amateurs de produits en vrac ont du choix : de l'épeautre, des pois chiches, du riz de Camargue, des pâtes... Également un rayon dédié à la viande en direct de chez un éleveur de Tallard. Et Robin est très bien placé en prix pour des produits de qualité dont la traçabilité est garantie.

VIANDES - VOLAILLES

FREEZ BEEF

Boulevard de la sainte Barbe - **PERTUIS**
✆ 09 83 48 66 51
www.freezbeef.fr
Ouvert du lundi au samedi de 9h30 à 12h30 et de 14h30 à 19h.

Du surgelé, de la qualité et des saveurs, c'est le concept de cette boucherie imaginée par Eric Baudet, héritier d'un savoir-faire familial. Il achète ses viandes en direct, elles sont découpées et surgelées à -35 °C dans le labo. Bœuf, veau, agneau, porc, volaille, saucisses, triperie : le choix est large pour garnir votre panier de morceaux choisis en fonction de vos recettes ainsi que des morceaux d'exception Angus, porc ibérique, boeuf bio du bourbonnais et porc fermier d'Auvergne. Pratique, Freez Beef propose aussi quelques plats cuisinés : alouettes et paupiettes, choucroute et gardianne de taureau. Dégustations ponctuellement du côté du bar à viandes. Convivial !

POISSONS - FRUITS DE MER

PARO POISSONNERIE ET FRUITS DE MER

563, route du Puy Sainte-Réparade
✆ 04 42 22 69 09
www.poissonnerieparo.fr

Romain Paro est l'un des poissonniers le plus titré de France : élu meilleur ouvrier de France en 2017, représenté en 2021, on ne compte plus le nombre de médailles obtenues. Son lieu, il l'a voulu magnifique pour mettre en valeur les plus beaux poissons, du beau et du bon mais aussi du maturé, fumé ou en plateau. Sans compter qu'il propose aussi pour nous simplifier la vie ou agrémenter un repas entre amis un important rayon traiteur, des nems, tielles, tartare, acras, beignets, brochettes et aussi rillette, terrine et brandade, à 100% préparés sur place. Un vrai Pro !

POISSONS - FRUITS DE MER

TOINOU

58, avenue Henri-Malacrida
✆ 04 42 58 08 59
www.toinou.com
Ouvert tous les jours. Commande en ligne

Pas besoin d'aller à Marseille pour acheter son poisson, Toinou Aix c'est 25 m d'étal avec le meilleur de la mer quotidiennement toute l'année. Huitres, moules, oursins, crabes, violets, clams, amandes, crevettes et gambas, langoustes, homards et poissons du jour, vous n'avez que l'embarras du choix pour remplir votre panier, on vous donne les conseils et les recettes, vous repartez avec vos achats, votre plateau ou bien vous êtes livré chez vous. Pratique, si vous êtes pressé vous passez la commande sur le site. Mais rien ne vous empêche, si c'est l'heure de l'apéro, de déguster quelques huitres avec un verre de vin blanc ou de vous installer côté restaurant pour un repas iodé.

FRUITS - LÉGUMES

COULEURS PAYSANNES

35, avenue de la Grande-Bégude
VENELLES
✆ 04 42 20 41 24
www.couleurs-paysannes.fr
Ouvert du lundi au samedi de 9h à 19h. Parking gratuit.

© COULEURS PAYSANNES

Cette coopérative regroupe plus de cent adhérents locaux – céréaliers, maraîchers, paysans-boulangers, éleveurs – sans aucun intermédiaire entre eux et vous. Les fruits et légumes en agriculture bio ou raisonnée, cueillis mûrs à point sont au même prix que chez le producteur, tout comme les produits laitiers, fromages fermiers et même les poissons frais ou crustacés de la Seyne-sur-Mer. Au rayon épicerie, diverses céréales en vrac, du miel, des tapenades... et des vins. Le pain est fabriqué par des paysans-boulangers avec leurs propres blés et petit épeautre. Être paysan, c'est LA condition pour rentrer dans l'aventure et porter haut les saveurs et couleurs paysannes jusqu'à vos paniers !

POISSONS - FRUITS DE MER

COQUILLAGES DU ROY RENÉ

120, avenue du Maréchal-de-Lattre-de-Tassigny
✆ 04 42 93 05 05 - www.coquillagesduroyrene.com
Ouvert tous les jours et les jours fériés. Fermé en été. Vente en ligne et livraison possibles. Chèque Restaurant.

Pour vos plateaux de coquillages, ne vous compliquez pas la vie à chercher les meilleurs tarifs, la qualité et la fraîcheur des produits, l'accès pratique : les Coquillages du Roy René réunissent tous ces critères et depuis de nombreuses années ! Dans la descente de Célony, à l'embranchement de la Chevalière, on y accède par l'A51, un parking réservé à la clientèle permet de prendre son temps en choisissant dans le vaste vivier, langoustes et homards. Sur l'étal de 20 mètres de long, du choix dans les huîtres, les moules, les crevettes et gambas, les praires, palourdes, tellines et violets, les oursins en saison. Restauration sur place et plateaux de fruits de mer sur commande.

HUILE D'OLIVE

L'ÉPICERIE AUX HUILES

32, rue des Cordeliers ✆ 04 86 31 74 96
www.lepicerieauxhuiles.fr
Ouvert du mardi au samedi de 10h à 13h et de 15h à 19h. Huiles d'olive, épicerie fine et cosmétique.

L'huile d'olive est à l'honneur dans cette jolie boutique de la rue des Cordeliers. Blandine va à la rencontre des producteurs de la région et sélectionne elle-même son huile, et la met en bouteille. Elle peut vous proposer une petite dégustation, pour découvrir toute une gamme de saveurs, du fruité vert au fruité noir. Un rayon épicerie sucrée et salée complète l'ensemble, biscuits, tapenades... Une gamme cosmétique à base d'huile d'olive, toujours locale, savons Fer à cheval. Pour faire un cadeau original, pour un événement familial ou professionnel, les étiquettes des mignonnettes, petites bouteilles en verre d'huile d'olive de 5 cl, sont personnalisables.

FROMAGERIE - CRÈMERIE

FROMAGERIE SAVELLI

9, rue des Marseillais
✆ 04 42 23 16 84
Ouvert du mardi au samedi de 8h à 13h et de 16h à 19h30.

© OLIVIA DE VILLENEUVE

Seule fromagerie à Aix à disposer de sa propre cave d'affinage. À deux pas du marché de la place de la Mairie, Sylvie Savelli propose plus d'une centaine de fromages frais ou très affinés. Terroir et tradition sont à l'honneur : l'Etivaz, comté de plus de 30 mois d'affinage, bleu de Gex, stilton, vieux cheddar fermier, cabrichon ariégeois, brebis du Luberon... La bonne adresse pour composer un plateau de fromages de fête. Truffe dans le brie de Meaux, le pecorino, ou le Brillat-Savarin. Crème fraîche et beurre de baratte mais aussi un très bon rayon épicerie fine. La meilleure fromagerie d'Aix ! Composition de plateaux pour réception et possibilité de mettre le fromage sous vide.

FRUITS - LÉGUMES

MA FERME

Le Valadet – Route de Berre - **EGUILLES**
✆ 04 42 91 21 26
www.ma-ferme.eu

Ouvert tous les jours et les jours fériés de 9h à 19h. Epicerie, jardin, primeur, cueillette, ferme pédagogique...

© MA FERME

Une visite à Ma Ferme est un vrai moment de plaisir, on y va pour les beaux fruits et légumes et les produits du terroir bien présentés dans l'espace dédié et aussi pour la pépinière et la jardinerie sous serre. 3 espaces en un et du frais, du local, du sain ! car comme le dit leur slogan *Du producteur au consommateur, il n'y a qu'un pas*. Les rayons primeurs suivent les saisons, et dès les beaux jours on peut venir cueillir soi-même ses légumes, cultivés sur la ferme en agriculture raisonnée. Si vous avez un jardin potager, il n'y a que l'embarras du choix, des herbes aromatiques, des plants de fruits et légumes et des semences. Côté pépinière, des citronniers, des oliviers, des palmiers...

FRUITS - LÉGUMES

LA JARDINIÈRE

13, rue d'Italie
✆ 04 42 27 84 79

Ouvert du lundi au samedi de 6h30 à 19h30 ; le dimanche de 9h à 12h30.

Comme aux halles, comme au marché, comme à la ferme... Vous trouvez, dans cette belle boutique colorée de la rue d'Italie, les fruits et légumes de saison joliment présentés sur les étals du magasin et sur ceux qui sont installés sur le trottoir. On apprécie l'ouverture matinale de l'enseigne qui permet de faire son marché à la fraîche ou/et avant le travail. On apprécie aussi l'accueil souriant et les prix qui restent raisonnables pour une qualité et une fraîcheur irréprochables. Une alternative au marché lorsque l'on est pressé. Les plus : vente directe par internet et livraison à domicile à partir de 20 euros d'achat. C'est certainement l'un des plus beaux étals d'Aix !

FROMAGERIE - CRÈMERIE

FROMAGERIE LEMARIÉ

30, rue d'Italie ✆ 04 88 41 58 27
www.fromagerie-lemarie.com

Ouvert mardi au vendredi 9h30-13h et 16h-19h30 ; samedi 9h-19h30. Réceptions, plateau sur commande et commande en ligne.

Benoît Lemarié sélectionne les meilleurs fromages fermiers. Avec plus de 150 références, vous pourrez composer un plateau des ambassadeurs de nos régions : salers, gaperon à l'ail et au poivre, comtés haut de gamme, bleu de Termignon, picodon de l'Ardèche et autres brillat-savarin, pélardon, morbier ou saint-nectaire. Également du beurre Bordier, des fromages blancs et de la crème fraîche. Pour vos fêtes ou vos réceptions, la maison réalise pour vous de superbes plateaux. On apprécie l'accueil sympathique de l'équipe autour de Benoît. Et si vous êtres pressé, vous pouvez commander en ligne vos plateaux ou fromages au détail et récupérez vos produits au magasin.

FROMAGERIE - CRÈMERIE

FROMAGERIE COSTE

1213, Hameau des Crottes CD 15
LE PUY-SAINTE-RÉPARADE
✆ 04 42 61 88 23

Ouvert du lundi au samedi de 14h30 à 19h.

En direct du producteur au consommateur, voici une bonne adresse pour les amateurs de fromages de brebis. Claude Coste et sa sœur Bernadette ont valorisé l'exploitation familiale à l'origine uniquement axée sur l'élevage d'agneaux. Leur cheptel compte quelque 150 brebis laitières. Dans la fromagerie attenante à la bergerie, Bernadette fabrique et affine ses fromages au quotidien : des frais à l'ail et aux fines herbes, des crémeux, des secs, des pavés cendrés, des briques, de la brousse et aussi une tomme affinée récompensée au salon de l'agriculture pour sa *bonne odeur de sous-bois, sa belle croûte et sa texture souple*. Également des yaourts onctueux et digestes.

NEW

FROMAGERIE - CRÈMERIE

FROMAGERIE BEDARRIDES

17, rue Bédarrides
✆ 06 24 88 94 29

Ouvert du lundi au samedi de 9h à 19h30 ; le dimanche de 9h à 13h.

Belle nouvelle adresse pour les amateurs de fromages. Stéphane, Thomas et Florian – la jeune équipe aux manettes de la fromagerie – sont des bons vivants, et qui dit bons vivants dit bonne humeur. Ce qui n'empêche pas le sérieux de leur expertise dans la sélection des fromages présentés dans les vitrines flambant neuves. Que du bon, que du beau, saint-nectaire en direct d'Auvergne, brie truffé, chabichou crémeux du Poitou, sublime camembert fermier, Grès de Provence, comté affiné 18 mois, tomme aux fleurs et aussi yaourts au lait de vache made in Normandie. Et qui dit bon fromage, dit bon vin, les 3 compères ont fait une petite sélection de flacons d'ici et d'ailleurs.

© LES HALLES 1889

© JENNIFER ETTORI

LES HALLES 1889

2690, Route des Milles - **EGUILLES**
https://www.leshalles1889.fr/
Ouvert du mardi au jeudi 7h30-19h30, vendredi, samedi 7h30-22h, dimanche 7h30-13h. Concerts et soirées du jeudi au samedi selon la saison.

Faire son marché comme jadis dans des halles couvertes, un plaisir qui nous est donné dans le pays d'Aix à Eguilles dans un cadre contemporain style industriel. Autour de l'allée centrale, les stands s'alignent avec de beaux produits, poissons, viandes, primeurs, fromages, traiteurs - italien et asiatique-, cave à vin, pâtisserie et la fabrique de calissons la Confiserie d'Entrecasteaux. On y fait son marché mais pas seulement, un salon de thé et 2 restaurants -La Cantina et le Comptoir d'Entrecasteaux- prolongent les étals. Un lieu multiple qui n'est pas dédié qu'aux plaisirs du palais, on s'y retrouve en fin de semaine en Afterwork autour d'animations musicales (DJ, groupes), tapas et pizza.

© JENNIFER ETTORI

© JENNIFER ETTORI

CUEILLETTE

LE JARDIN DE MANON

Place des Prêcheurs
www.lejardindemanon.com
Marché mardi, jeudi et samedi de 8h à 13h. Vendredi matin marché de Puyricard.

Depuis 2004, Manon cultive ses légumes et ses fruits en biodynamique à Eguilles et les vend sur les marchés d'Aix et de Puyricard toutes les semaines. Avec ses poules pondeuses, elle ajoute des serres et part en Sicile pour être en contact direct avec des producteurs d'agrumes bio. En 2017, non contente d'aller à la rencontre de ses clients par des conférences, elle développe un système de panier à composer soi-même, direct du producteur au consommateur. Dans son magasin, vous trouverez également une gamme d'épices bio pour agrémenter toutes vos recettes, un rayon épicerie fine de soupes et confitures et un rayon frais (fromage de chèvre du Vaucluse de son papa). Du beau et du bon !

PRODUITS GOURMANDS

BOUCHERIE CHARCUTERIE FASSETTA

Place de la Madeleine
Ouvert le mardi, le jeudi et le samedi de 7h à 14h. Sur le marché place des Prêcheurs.

Cette institution a fermé ses portes rue Espariat mais revient sur le marché de la place de la Madeleine, les mardis, jeudis et samedis pour le plus grand bonheur des Aixois ! Maître artisan de père en fils, Nicolas a repris le flambeau et officie dans son camion. On y retrouve les produits phares de cette boucherie-charcuterie : boeuf du centre Charolais, agneau de la région PACA, porc des Alpes... et des plats cuisinés à emporter préparés selon l'inspiration du chef. La qualité et le service sont au rendez-vous, comme l'indique la file d'attente. Une valeur sûre !

NEW

PÂTISSERIE

LES MACARONS DE NOLWENN

✆ 06 69 27 82 63
Marchés à Aix Place des Prêcheurs jeudi samedi matin, à Puyricard vendredi matin

Nolwenn avait une fabrique de macarons à l'île Maurice où elle vivait, des macarons aux saveurs locales : ananas, rhum coco, litchis, mangues. En arrivant en Provence en 2021, les ingrédients d'ici ont inspiré ses recettes : la lavande, les herbes de Provence, le mimosa, le calisson, la fleur d'oranger, pour des macarons aux saveurs subtiles. Sa créativité n'a pas de limite et nos papilles s'en délectent ! Elle fait des macarons au potimarron, cannelle et miel, d'autres à la patate douce, crème de coco et curry et des macarons au pastis emblématique de la région. Aussi une gamme de macarons en sucré-salé à la tapenade, aux tomates confites et chèvre… Que du bio, sans gluten et sans colorant.

MARCHÉS

POISSONNERIE LIZZY - TRAITEUR DE LA MER

Place des Prêcheurs
Mardi, jeudi et samedi matin. Traiteur à domicile, réceptions, cocktail

© VD

© POISSONNERIE LIZZY

Incontournable sur le marché de la place des Prêcheurs, on fait souvent la queue devant le bel étal de ce poissonnier-écailler qui livre les restaurants Sauvage et Gallifet, 2 belles tables aixoises. Daurade royale, sole, maigre selon les saisons, thon rouge en été, pêchés sur nos côtes méditerranéennes. Huîtres, oursins, Saint-Jacques, tourteaux, crevettes et gambas... Et aussi des plats cuisinés : paella, encornets farcis, ceviche, lotte à l'armoricaine, des plats faits maison par Boris et Adrien qui assurent un service traiteur à domicile pour vos réceptions.

MES PLAISIRS SUCRÉS

CONFISERIE - DRAGÉES

CONFISERIE BRÉMOND

16, rue d'Italie
✆ 04 42 38 01 70
Ouvert tous les jours de 10h à 19h sauf le samedi de 10h à 13h et 14h à 19h.

Ouverte depuis 1830, la confiserie Brémond est la première et la plus ancienne fabrique de calissons d'Aix, elle se situait à l'époque sur le Cours Mirabeau. Reprise depuis 2015 par Olivier Baussan, fondateur de l'Occitane en Provence. Le calisson Brémond se distingue par ses arômes et ses textures : melon confit, amandes broyées, orange confite, fondant/craquant du sucre glace, moelleux du fourrage... La maison fabrique d'autres douceurs : les nougats aux amandes et au miel de lavande et les fruits confits, les marrons glacés, chocolats, navettes, croquants, pralines, dragées, confitures et quelques produits salés, huiles et tapenades. Une mine pour de petits cadeaux bien de la région !

CONFISERIE - DRAGÉES

CONFISERIE D'ENTRECASTEAUX

2690, route des Milles
EGUILLES
✆ 04 13 91 24 00
www.calisson-aix.com
Ouvert du lundi au samedi de 9h à 20h ; le dimanche de 9h à 13h. Boutique, salon de thé, pâtisserie.

La Confiserie d'Entrecasteaux est l'une des plus anciennes fabriques de calissons d'Aix. Fondée en 1889, rachetée en 2013 par Irène et Serge Evans, la fabrique a déménagé de la rue d'Entrecasteaux à Aix pour s'implanter à Eguilles au sein des Halles 1889 dans un cadre dédié à la gastronomie. L'atelier de fabrication est visible depuis la boutique qui est un véritable écrin gourmand pour les calissons. La gamme s'étend à d'autres spécialités provençales, navettes, biscuits secs et aussi les pâtisseries sublimes de Frédéric Lang. A emporter ou à déguster sur place au salon de thé.

CONFISERIE - DRAGÉES

FABRIQUE ET MUSÉE DU CALISSON

5380, route d'Avignon (RD N7) ✆ 04 42 39 29 90
www.calisson.com
Ouvert du lundi au samedi 9h30-12h30 et 13h30-18h30, le dimanche 10h-17h30. Vente directe. Visite voir sur le site.

Les calissons de la Confiserie du Roy René sont parmi les meilleurs d'Aix. Fondée en 1920, elle réunit la Fabrique, le Musée du Calisson et la boutique. En vente directe, des petits calissons hauts en couleur et en saveur ainsi que toute une gamme de « tartinables », cuisinés au chaudron et associés à la célèbre crème au Calisson du Roy René ! Au printemps, des glaces artisanales. Profitez de ce shopping gourmand pour visiter gratuitement le musée et jeter un coup d'œil par les grandes baies qui donnent sur les ateliers où sont fabriquées ces exquises douceurs.

CONFISERIE - DRAGÉES

CONFISERIE LÉONARD PARLI

35, avenue Victor-Hugo ✆ 04 42 26 05 71
www.leonard-parli.com
Ouvert du lun au sam 9h30 à 19h. Et rue Gaston de Saporta, rue d'Italie, CC du Moulin au Tholonet, et aux Milles.

La maison Parli réputée pour ses calissons a pignon sur rue depuis 1874 ! Le secret de leur saveur et de leur fondant inégalé réside dans le savoir-faire artisanal bien entendu, mais aussi dans des ingrédients de première qualité. Léonard Parli est incontournable aussi pour ses fruits confits réalisés selon une recette ancestrale sans oublier les *confits*, une spécialité à base de fruits confits juste chauffés qui se déguste comme une confiture, un délice ! D'autres douceurs portent la signature de Parli : nougats blancs et noirs, biscotins, pralines, et le fameux Kirshbescué, un cake aux fruits confits trempés dans le Kirsch. Léonard Parli, c'est 4 adresses sur Aix et environs.

CONFISERIE - DRAGÉES

FRUIDORAIX

295, rue Agate - **EGUILLES**
✆ 04 42 52 51 80
www.fruidoraix.com
Ouvert du lundi au vendredi de 8h à 17h.

Depuis 4 générations cette enseigne, créé en 1880 par Épiphanie, l'arrière-arrière-grand-mère de Sylvie Parent (qui dirige actuellement l'enseigne) est au service de la gourmandise. Le calisson est le produit phare de la maison. Classique, il se décline en plusieurs parfums et s'enrobe de chocolat à Noël et à Pâques. Les nougats, autre spécialité, portent de jolis noms : Monsieur Nougat Caramel, Madame Victorine, Mademoiselle Vanille, Monsieur Dur... Fruidoraix, Aussi les navettes traditionnelles à la fleur d'oranger, et des navettes aux olives, au piment d'Espelette ou aux pépites de caramel. Les recettes ancestrales sont respectées mais on n'en saura pas plus, la fabrique ne se visite pas.

PÂTISSERIE

SHANTY BISCUITS

shantybiscuits.com
Commander en ligne ou par téléphone.

Shanty biscuits c'est une idée pleine d'humour qui a traversé l'esprit d'une Aixoise d'origine indienne : décliner à l'envi des petits messages sur des biscuits pur beurre. Depuis ses tout débuts dans son appartement d'abord puis dans ses locaux de fabrication à Vitrolles maintenant, Shanty produit de façon artisanale ses biscuits pur beurre, nature ou à différents parfums citron, chocolat, noisette… De la pâte jusqu'au colis expédié par ses soins, elle fait tout ! Donnez-lui votre message à imprimer, un logo, un dessin : nos coups de cœur : « maman est occupée, mon cœur », « cherche beau brun très riche » ou encore « je te déclare ma flemme »… et maintenant en mini format pour un apéro rigolo !

LA MAISON LÉONARD PARLI

RENCONTRE AVEC VALÉRIE GIGNOUX

Depuis 1874, la maison Parli fabrique des calissons pour notre plus grand bonheur.

Après avoir découvert cette spécialité locale traditionnelle, Léonard Parli, son fondateur suisse d'origine, a tiré parti de son savoir-faire de confiseur de fruits en créant la première grande fabrique de calissons d'Aix-en-Provence. Sa bâtisse originale, classée monument remarquable, abrite encore notre boutique historique avenue Victor Hugo. On raconte que cette douceur fut servie au repas de noces du roi René avec Jeanne de Laval. La nouvelle reine esquissa un sourire lorsqu'elle goûta cette confiserie, un courtisan demanda alors : « Que déguste notre reine avec tant de plaisir ? – Di calinsoun », lui répondit-on, soit des câlins en provençal. Le calisson venait de naître.

Avec votre mari Pierre Gignoux, vous avez repris le flambeau de cette maison.

Il y a 5 ans et vous avez voulu conserver et valoriser un savoir-faire précieux avec une recette inchangée depuis 150 ans : mélange de melon confit et d'écorce d'orange confite avec 42 % d'amandes entières, le tout broyé sous des rouleaux de granit et recouvert d'une glace royale. Déclinés aussi en cabosson enrobé de chocolat noir, ces calissons sont personnalisables pour des événements. Nouveauté, les Fé Parli : des minicalissons dont la pâte est agrémentée de fruits confits, de fleurs ou d'épices. Il a fallu trois ans pour élaborer cette recette.

C'est un projet familial…

Et un besoin de transmettre, en tant que passeurs, nous nous inscrivons dans une histoire pour ancrer Léonard Parli dans le territoire. Nos fils sont engagés dans l'aventure. Le plus jeune est Léopold, à la tête de notre nouvelle exploitation d'amandiers : 3 000 pieds en agriculture biologique plantés sur 12 ha entre Aix et Ventabren qui nous permettront de maîtriser l'apport en matière première. L'objectif est d'y développer une casserie pour redynamiser la culture de l'amande provençale et permettre aux producteurs locaux d'y transformer le fruit de leur récolte.

Léonard Parli, quatre boutiques : à Aix, 35 avenue Victor Hugo, 15 rue Gaston de Saporta, 21 rue d'Italie. La Nouvelle Grande Fabrique (visite guidée sur rendez-vous), 95 rue Famille Laurens, pôle d'activités, Aix, les Milles.

› CONFISERIE LÉONARD PARLI

35, avenue Victor-Hugo

✆ 04 42 26 05 71

www.leonard-parli.com

© PARLI

© PARLI

© PARLI

PÂTISSERIE

MONSIEUR CHOU

42-44, cours Sextius
✆ 06 23 49 49 18
www.monsieurchou.com
Ouvert du mardi au samedi 11h-18h. À emporter ou à déguster sur place. Autre adresse Place de l'Opéra à Marseille

© MR CHOU

Les choux de Mr Chou sont nos chouchous depuis 2015, lorsque Loïc Derbay a créé ce concept à Aix, et depuis peu à Marseille. Dans les vitrines, les choux sucrés et salés sont choyés, enchâssés dans leur collerette plissée. Les garnitures suivent les saisons. Oui à la fraise Mara des bois et chantilly à la menthe, la crème de yuzu et chantilly au basilic, la rose de Damas, la façon Tatin, la tropézienne, le Paris-Brest, et oui au guacamole-crevette, au caviar d'aubergines, au saumon fumé, au chèvre-poivron, ou au chou façon tajine. On déguste sur place au salon de thé, ou à midi vite fait avec un chou salé, une salade et un chou sucré. Loïc partage son savoir-faire lors d'un atelier mensuel.

PÂTISSERIE

HOME DÉLICE

55, rue Louis Armand
✆ 06 34 55 47 29
www.home-delice.fr

N'est pas Disciple d'Escoffier qui veut ! Avant même d'être intronisé au sein de cette confrérie prônant les valeurs et les traditions de la cuisine française Loïc Langry a toujours travaillé dans une démarche de qualité. Loïc est un pâtissier pas comme les autres, artisan du goût il travaille uniquement sur commande au service d'une clientèle exigeante, professionnels de la restauration et particuliers. Loïc pâtisse quotidiennement dans son labo, du dessert le plus simple aux mignardises en passant par le gâteau d'anniversaire et l'entremets. Pour vos cocktails, réunions de famille, événements, Home Délices vous propose du sur-mesure et vous livre le jour J.

PÂTISSERIE

LES MADELEINES DE CHRISTOPHE

4, rue Gaston-de-Saporta
✆ 06 33 78 90 22
Ouvert du mardi au vendredi de 10h à 19h ; le samedi de 9h30 à 19h. 3 € les 5 madeleines.

Après avoir fait carton plein sur le marché de la place des Prêcheurs, la madeleine de Christophe Monterin s'est pérennisée dans une petite boutique rue Gaston de Saporta, très prisée des gourmands. En marge de la madeleine traditionnelle, Christophe décline la petite pâtisserie tendre au citron, à l'orange, au rhum, à la vanille, à la praline... Fabriquée sur place, tous les jours, il est régulier de voir une file de clients attendant sagement leur tour devant le comptoir ouvert sur la ruelle. Les samedis, afin d'éviter l'attente passez commande par téléphone !

PÂTISSERIE

ATELIER DU MOCHI

10, rue Boulegon ✆ 06 17 20 35 43
www.atelierdumochi.com
Ouvert du mardi au samedi de 10h30 à 19h30. Livraison possible. Sur place ou emporter.

Douceur des textures, des couleurs et des saveurs, tout en rondeur, le mochi a des allures de macaron sans en être un. Cette pâtisserie traditionnelle japonaise qui accompagne la cérémonie du thé a son atelier-boutique en centre-ville d'Aix. Fabriqué à base de pâte de riz soyeuse, il est sans gluten et sans matière grasse. La gamme Daifuku se décline en différents parfums, noisette, fleur d'oranger ou thé matcha. Également des mochis glacés aux saveurs acidulées, citron yuzu, fleur de cerisier, mûre ou plus classiques, chocolat ou vanille. Mathilde et Joris vous reçoivent dans leur boutique avec l'atelier juste en dessous. Un dessert original et un voyage garanti en pays nippon !

PÂTISSERIE

BÉCHARD

12, cours Mirabeau
✆ 04 42 26 06 78
www.maisonbechard.fr
Ouvert du lundi au vendredi de 8h à 19h ; le samedi de 8h à 20h.

C'est l'une des plus anciennes pâtisseries de la ville : elle date de 1870. Une vitrine alléchante et de généreuses pâtisseries avec ce qu'il faut en sucre et beurre. Que vous veniez ici pour le melon confit, les calissons, les biscotins (noisettes entourées d'un biscuit au beurre), les olives de Provence (amandes entourées d'un chocolat feuilleté), une chocolatine ou une tarte, vous ne serez pas déçu. Les cannelés sont parfaits tout comme la pompe à l'huile au nombre des treize desserts de Noël. Mention spéciale pour la galette des rois. La frangipane de Béchard a ce petit truc en plus... la crème de noisette, semble-t-il. Dommage, les rois ce n'est qu'une fois dans l'année !

ARTISAN - PÂTISSIER - BISCUITIER - CHOCOLATIER

LES NAVETTES DE SYLVAIN

30, avenue Charles de Gaulle
13860 Peyrolles-en-Provence (France) ✆ 06 51 76 00 80
Sylvainb13010@gmail.com
Ouvert du mercredi au samedi de 8h à 13h et de 16h à 19h. dimanche de 8h à 13h

Candidat marseillais de l'émission le Meilleur pâtissier sur M6 en 2017, Sylvain Bourletsis a créé sa biscuiterie artisanale en 2019. Là il revisite à l'envi les douceurs provençales, navettes marseillaises, croquants aux amandes, colombier à Pentecôte, macarons… et aussi canistrelli, amaretti, montecao, madeleines, sablés, financiers. A Noël, sa pompe à huile et son gibassier sont les incontournables des 13 desserts. Sylvain travaille aussi le chocolat, des grands crus, on vient de loin pour ses tablettes personnalisées et ses cigales à croquer. Un gâteau d'anniversaire ou de fête, Sylvain fabrique à la demande. Vous trouverez aussi ses confitures maison et les fameux thés Mariage.

PAINS - GÂTEAUX - CHOCOLATS

LE MOULIN DES ARTISTES

36, Place des Tanneurs
✆ 09 81 79 95 59
Ouvert tous les jours de 7h30 à 20h et le dimanche de 8h à 14h.

Bienvenue à cette nouvelle et très belle boulangerie pâtisserie artisanale. Le pain et les croissants sont faits sur place, tous les matins dans le labo. Pains spéciaux comme le pain abricots-figues, la focaccia, des fougasses, du levain naturel. Très bel espace tout en transparence. On se lèche déjà les babines derrière la devanture où sont dressées les miches de pain sur des bottes de foin. A l'intérieur les poutres apparentes et l'espace laboratoire ouvert mêlent le rustique et la modernité. Quelques tables pour profiter de ce joli cadre et faire une pause gourmande. Et croquer dans ces délicieux croissants à la framboise ou encore goûter le palmier sucré et le noeud caramel.

PÂTISSERIE

PÂTISSERIE VICTOIRE

12, rue Principale
✆ 04 42 28 06 88
www.patisserievictoire.fr
Ouvert du mardi au vendredi de 8h30 à 12h30 et de 15h30 à 19h ; le samedi de 8h30 à 19h ; le dimanche de 8h30 à 13h.

© VICTOIRE

Talentueux et créatif, surdoué de la pâtisserie, Florian Grad, originaire d'Alsace, a fait son apprentissage auprès d'Emile Jung le chef étoilé du Crocodile à Strasbourg. Puis c'est dans le sud, notamment à la Villa Madie à Cassis, que Florian perfectionne sa technique. Victoire marque un nouveau départ en 2021, un travail à 4 mains avec Inès, sa compagne pâtissière qui apporte sa touche féminine aux créations, avec l'exigence en commun de la qualité des ingrédients et la quantité raisonnée des matières grasses et sucrées. Gâteaux signature et éphémères, grands classiques revisités, entremets saisonniers et viennoiseries font l'unanimité au-delà du village de Puyricard. Victoire porte bien son nom.

PÂTISSERIE

PÂTISSERIE MAISON WEIBEL

2, rue Chabrier ✆ 04 42 23 33 21
A l'angle de la place Richelme.
www.maisonweibel.fr
Ouvert tous les jours de 7h30 à 19h.

Une des meilleures pâtisseries d'Aix… et toujours dans la famille Weibel depuis 1954 ! Des calissons et des macarons, des petits gâteaux couture, des mignardises exquises, des entremets, des classiques, les vitrines de ce maître artisan chocolatier, glacier, pâtissier et confiseur sont les écrins de la gourmandise. Loin d'être un péché, c'est un plaisir que l'on peut s'offrir en s'attablant à l'intérieur ou en terrasse à l'heure du café ou du thé. Bien sûr, tout est à emporter mais l'enseigne, stratégiquement bien placée, permet en plus de « bader » ! Sur commande, on réalise vos gâteaux d'anniversaire ou la pièce montée du plus beau jour de votre vie. Impossible de ne pas s'y arrêter !

PRODUITS GOURMANDS

MAISON Z & W

14, Rue Nazareth
✆ 06 29 84 88 85
www.maisonzw.com
Ouvert du lundi au samedi de 10h à 19h.

Ophélia et Nicolas ont tout lâché pour lancer leur petite entreprise. Un temps sur le marché estival d'Aix, c'est dorénavant dans un petit local épuré que ces moins de 30 ans fabriquent leurs cookies. Des cookies à la new-yorkaise avec cette texture particulière qui en font des biscuits moelleux aux goûts noisette, macadamia (chocolat blanc et noix de macadamia), double choco, chocolat noir ou gianduja... On les voit à tour de rôle mettre la main à la pâte dans leur atelier-boutique qui ravive les papilles. Produits bio, sucre non raffiné et chocolat pâtissier Valrhona. Laissez-vous tenter par le sundae cookie (glace fleur de lait). Le dimanche, courez à leur boutique d'Avant Cap !

PÂTISSERIE

LES NAVETTES AIXOISES

3, rue Victor Leydet ✆ 09 82 69 52 47
les-navettes-aixoises.business.site
Ouvert du mardi au dimanche de 10h à 19h

© LES NAVETTES AIXOISES

Il y a les marseillaises emblématiques et il y a les aixoises… Les navettes que fabrique Laëtitia dans le labo attenant à la boutique sont différentes mais tout aussi bonnes que ces cousines, il faut dire que Laëtitia nous arrive de Marseille ! Farine, beurre, œufs, fleur d'oranger, les ingrédients sont les mêmes pour ce long biscuit tendre en forme de barque, symbole commémoratif de l'arrivée des Saintes Marie sur nos côtes provençales. Laëtitia y rajoute son tour de main de biscuitière, elle fait aussi des macarons, des croquants aux amandes, des canistrelli, un cake a l'huile d'olive. On peut goûter sur place avec un thé ou un café. Laëtitia travaille en famille avec son mari et Marie sa maman.

BOULANGERIE

AUX SAVEURS DES SAISONS

4, Rue Nazareth
✆ 04 42 28 52 32
Ouvert du mardi au samedi de 7h30 à 19h30 ; le dimanche de 8h30 à 17h.

Une nouvelle boulangerie pâtisserie en plein cœur d'Aix entre le cours Mirabeau et la place d'Albertas, une gageure aujourd'hui ? Lionel, chef pâtissier pendant 27 ans de restaurant gastronomique ouvre ici avec sa femme Martina une boutique de produits artisanaux ; des pains bio, des pâtisseries artisanales, du snacking de qualité, tout est fait à partir d'agriculture raisonnée et contrôlée c'est à dire le plus local possible et rémunérée à son juste prix. Une exigence d'éthique et de goût sans compter la chaleur de l'accueil et du service pour les commandes plus particulières. N'hésitez pas, tout sera toujours très bon et très original. On adore et on y court !

CHOCOLATIER

LA CHOCOLATERIE MATHIEU TABORCIA

4, Place Jean Jaurès - **LAMBESC**
✆ 09 87 16 52 62
Ouvert du mercredi au dimanche matin de 9h à 12h30 et de 14h30 à 19h.

Ici, c'est véritablement le paradis du chocolat. Les fèves de cacao arrivent à l'atelier à l'état brut, soigneusement sélectionnées en amont par Mathieu Taborcia. Pâtissier-chocolatier et Compagnon du Devoir, Mathieu maîtrise toute la chaîne, du tri à la torréfaction des fèves qui sont transformées en tablettes, bonbons, orangettes et gingembre confits, pâte à tartiner, des recettes qui vont à l'essentiel des saveurs. Grands crus, pures origines, les amateurs de chocolat n'ont que l'embarras du choix. C'est Noël et Pâques toute l'année pour qui ne peut pas s'en passer !

CHOCOLATIER

CHOCOLATERIE PUYRICARD

7, rue Rifle-Rafle ✆ 04 42 21 13 26
www.puyricard.fr
Ouvert du lundi au samedi de 9h à 19h. Visite des ateliers à la fabrique. Vente en ligne.

Cette belle enseigne gourmande est dirigée avec passion par la famille Roelandts depuis 1967. Les chocolats sont fabriqués dans les règles de l'art et de façon artisanale à Puyricard même. Les collections suivent les saisons et chaque année de nouvelles créations enrichissent la palette des saveurs. Si le chocolat est la marque de fabrique de Puyricard, la maison propose aussi des calissons et des confiseries, des glaces et sorbets. Vous trouverez toute la gamme des douceurs à la boutique aixoise ainsi qu'à Puyricard dans la boutique jouxtant les ateliers de fabrication et aux Commerces de la Bastide. Les ateliers se visitent et des ateliers *chocolat* y sont organisés pour grands et petits.

CHOCOLATIER

PHILIPPE SEGOND

67, cours Mirabeau
✆ 04 42 38 19 69
Ouvert tous les jours et les jours fériés de 9h à 19h30.

Meilleur Ouvrier de France, Maître chocolatier, Pâtissier Confiseur, Philippe Segond nous régale de ses créations et notamment les chocolats quelque soit la présentation, en petits gâteaux et mignardises, ganaches, pralinés, crèmes, entremets, bonbons, tablettes, truffes… Dans son labo, il transforme et assemble les grands crus de cacao, il en sublime les arômes intenses en les mariant avec du citron vert, du fruit de la passion, de la fleur de sel… A Noël, les écrins chocolatés rivalisent avec des bûches festives ; à Pâques, œufs et basse-cour font pétiller d'envie nos petits. Les vegans apprécieront son calisson sans œuf ni ingrédients d'origine végétale. On s'attable au salon de thé.

BOULANGERIE

LA FABRIQUE À PAIN

4, rue Pierre de Coubertin ✆ 04 42 23 90 47
Entre le stade Carcassonne et le cours Gambetta.
www.lafabriqueapain.com
Ouvert du lundi au vendredi de 10h à 20h ; le samedi de 9h à 20h.

Un bel espace qui s'ouvre sur de grands pétrins, des boulangers-vendeurs qu'on voit mettre la main à la pâte et dans la vitrine : de beaux pains bruns, des pains de farines variées, des pains complets et aux céréales, qui s'arrachent au fil de la journée... Un concept imaginé par deux compères Jeff et Thomas qui souhaitaient se concentrer sur l'art du boulanger. Thomas a d'ailleurs créé une école de boulangerie dans les Alpes-de-Haute-Provence. Le secret des bons pains réside dans le pétrissage et la qualité des farines (farines bio du moulin Pichard). Pas de pâtisseries ici mais des pompes à l'huile, une spécialité provençale, des brioches pour le goûter et des gâteaux des Rois en saison.

BOULANGERIE

GOÛT DE PAIN

42, rue Espariat ✆ 04 42 26 07 11
www.goutdepain.com
Ouvert du lundi au samedi de 6h à 20h30 ; le dimanche de 7h à 13h30.

Cette boulangerie est une institution pour les Aixois. Elle a toujours été là, et la clientèle y vient spécialement. Pétri, façonné et cuit par le boulanger, 100 % artisan, le pain est moelleux et croustillant à la fois, à toute heure de la journée. Les viennoiseries sont gourmandes, on peut d'ailleurs prendre son petit déjeuner sur place, deux tables sont installées en vitrine. On recommande aussi les pâtisseries. Parmi nos préférences, le gibassier et la pompe à l'huile d'olive, des spécialités provençales que l'on ne trouve généralement qu'à Noël sur la table des treize desserts. Pour une pause déjeuner sur place ou à emporter, des sandwichs et des salades du jour.

BOULANGERIE

CHEZ BISCOTTE ET BISCOTTE

10, rue Gaston de Saporta
✆ 04 42 96 93 51
Gluten-free friendly. Ouvert du lundi au samedi de 6h30 à 19h30.

Voici une adresse qui sent le bon pain pétri et cuit dans son fournil par un artisan boulanger. Ici le pain quotidien est une véritable gourmandise ! Pain de campagne, pain aux céréales, pain sans sel, pain sans gluten, pain de mie, viennoiseries régionales, pour midi ou pour un en-cas à toute heure de la journée avec des sandwichs, quiches, pizzas et même des salades de saison. Mais aussi quelques douceurs avec des pâtisseries, tartes aux fruits. Fort de son succès, la boulangerie a ouvert une deuxième enseigne, un peu plus haut, au numéro 5 de la rue Jacques de la Roque.

PAINS - GÂTEAUX - CHOCOLATS

BOULANGERIE BISCUITERIE DE ROGNES

6, route d'Aix
ROGNES
✆ 04 42 50 21 75
www.biscuits-de-provence.fr
Ouvert du mardi au dimanche 6h-13h et 15h30-20h, le dimanche réouverture à 16h.

© GWENAËLLE GAUDILLAT

Cette biscuiterie artisanale est une institution. Adeline Wendzinski, biscuitière dans l'âme, perpétue cet univers de fabrication traditionnelle de spécialités provençales : les croquants et navettes nature ou parfumés -citron, fleur d'oranger, lavande, anis-, les croissants aux pignons, quelques pâtisseries et d'autres biscuits et sablés dont les effluves lors de la fabrication au labo attenant, laissent présager les saveurs. A l'approche de Noël, vous trouverez le gibassier, une galette à l'huile d'olive à mettre sur la table des treize desserts, une tradition provençale.

BOULANGERIE

BOULANGERIE NOÉ

11, rue Chabrier
✆ 04 86 22 20 21
www.boulangerienoe.fr
Ouvert tous les jours de 7h30 à 19h45 et le dimanche de 8h à 13h30

Noé, c'est le plus jeune fils de cette famille franco néerlandaise qui depuis 25 ans veut développer une alimentation saine et durable : une belle boulangerie, bio et artisanale qui sent bon le pain et qui joue la carte de la transparence : 4 labels de certification bio ! On trouve toutes sortes de pain, la traditionnelle baguette mais aussi pain au levain, nature, petit épeautre, céréales... Les pâtisseries sont faites maison, belles et à croquer, mille-feuille, chocolat, tarte citron meringuée, éclair choco ou praliné. Également des salades et des bowls pour les encas de midi, tout est frais du jour. 3 autres boutiques rue d'Italie, à Venelles et au Tholonet.

BIO
.NOD

VENELLES
www.nod-bio.fr
Vente en ligne et dans les magasins.

Adopter les produits.nod, une gamme d'huiles santé riches en acides gras et essentiels, c'est entamer une véritable conversion nutritive et écologique. Parce qu'on peut manger sainement et de façon adaptée aux besoins essentiels de notre organisme, quel que soit notre âge, du bébé aux plus de 50 ans en passant par la femme qui allaite : du bio à 99 % avec un maximum de légumes produits localement, dans le respect de la planète et du travail de chacun. La gamme s'enrichit de sauces vinaigrette et gourmandes, comme un vrai ketchup au bon goût de tomates. On la trouve aussi maintenant en dehors des magasins spécialisés bio dans les grandes enseignes (Carrefour ou Auchan).

BIO
LES RUCHERS DE TREVARESSE

Rue Grande
SAINT-ESTÈVE-JANSON
✆ 06 78 29 89 76
ruchers-de-trevaresse.com
Sur rdv et boutique en ligne

Ugo Bondil est un apiculteur-éleveur passionné, ingénieur agronome de formation. Installé dans ce petit village de la Trévaresse, près d'Aix, Ugo essaime ses 400 ruches dans le sud de la France au gré des saisons. Il en résulte plusieurs variétés de miels, tous bio : miel de lavande, miel de garrigue, miel de châtaignier. La traçabilité est garantie par la localisation des ruches, les dates de production et les quantités produites. Ugo vend aussi des essaims si vous voulez vous mettre à l'apiculture et il partage sa passion des abeilles en donnant des conférences ici et là.

BIO
CEREPRIM/CEREPLANT

535, avenue du Club-Hippique ✆ 04 42 59 00 35
Parking gratuit pour la clientèle - www.cereprim-bio-aix.fr
Ouvert du lundi au samedi de 9h30 à 18h30. Samedi : fermeture à 18h.

Cette entreprise familiale (famille Audier) est une institution du pays d'Aix en matière de maraîchage biologique depuis 1970. Vous pourrez y acheter les légumes cueillis du matin et aussi des plants bio pour vos potagers. Cereprim sert de vitrine à divers producteurs bio et locaux... Magali organise des visites de ses serres à partir du printemps, visites commentées et suivies d'une dégustation de desserts sucrés confectionnés par Danièle sa maman et auteur de *Gourmandises sans gluten* et de *Recettes de nos campagnes*. Les amateurs trouveront à la vente ses confitures de melon, de pastèque et de figue. Aussi des ketchups, des coulis de tomate et des veloutés de courgettes maison.

BOULANGERIE
FARINOMAN FOU

5, rue Mignet
www.farinomanfou.fr
Ouvert du mardi au samedi de 7h à 19h30.

À côté de la place des Prêcheurs, cette boulangerie propose bien plus qu'une collection de pains... Farinoman - Benoît, dans la vraie vie - boulanger d'origine québécoise, fou de farines et de pains, met de la poésie, de l'humour et de l'amour dans ses miches et ses baguettes. Ici sont pétris et cuits à l'ancienne des pains estampillés bio. Ce boulanger a vraiment toutes les audaces, il mélange les épeautres, le petit et le grand, avec des baies de Goji, il marie l'Isère et l'Ardèche (noix et châtaigne), Quant au pain nommé *Chair d'Aphrodite et puissance d'Éros* il intègre gingembre confit, pomme, figue et poudre de perlimpinpin. Allez chercher votre pain tôt le matin pour avoir du choix.

BIO
MA TERRE

4, rue Pierre-de-Coubertin
✆ 04 42 26 83 65
www.materre.net
Ouvert du lundi au samedi de 9h à 20h ; le dimanche de 9h à 13h.

Cette petite structure engagée constitue une interface éthique et équitable entre les producteurs estampillés bio et les consommateurs soucieux de remplir leur panier de manière alternative. Vous voulez vous régaler de produits frais de saison et vous avez le souci de soutenir l'agriculture locale, rendez-vous directement à l'épicerie. En rayon, vous trouverez tous les légumes et fruits mais aussi du lait cru et des yaourts, de la crèmerie, des raviolis frais, du tofu des Alpes-de-Haute-Provence, des huiles essentielles et de l'herboristerie, et toutes sortes de produits pour faire vos cosmétiques bio. Et la porte à côté, il y a la Fabrique à pain, bio évidemment.

COMMERCE ÉQUITABLE
ARTISANS DU MONDE

7, rue Littera
✆ 04 88 41 77 01
Ouvert le mardi et le jeudi de 10h à 14h et le samedi de 10h à 18h.

Artisans du monde est un mouvement associatif d'économie solidaire, défendant depuis 1974 une vision engagée du commerce équitable. La boutique vend des produits d'artisanat d'Afrique, d'Asie, d'Amérique latine ainsi que des produits alimentaires et de l'épicerie bio. Les moyens d'action sont : la vente de produits équitables et solidaires, en achetant à un juste prix à une centaine de groupements de producteurs. Des campagnes d'opinions publiques et enfin l'éducation à la citoyenneté et à la solidarité internationale ont permis le développement de l'association aujourd'hui bien connue. Animations régulières chaque mois : samedi gourmand dégustation à la boutique.

ENTRETIEN AVEC SÉBASTIEN LOCTIN

.NOD MANGEONS DANS LE BON SENS

Sébastien Loctin, votre parcours jusqu'à .nod ?
Bien manger a toujours été pour moi important, j'ai grandi dans une famille de paysans, avec un grand-parent chef-pâtissier. Puis, je démarre ma carrière professionnelle dans un grand groupe alimentaire mais lorsque je deviens papa, c'est le déclic, je commence à réfléchir sur ce que nous mangeons et je découvre à quel point notre alimentation est devenue délétère pour notre santé, nos paysans et notre planète.

Vous voulez remettre les choses dans le bon sens, comme l'indique le jeu de mots .nod/bon. ?
En 50 ans la norme est devenue la chimie. Pourtant ce qui devrait être normal, c'est de manger sainement, sans pesticide, sans additif, et avec des matières premières cultivées le plus localement possible par nos paysans. Il est urgent de remettre notre alimentation à l'endroit. Tout comme il faut en finir avec la croyance que le gras est un problème. Au contraire, choisi avec soin, le gras c'est la vie. Mais choisir la meilleure huile pour sa santé est très complexe. Pour aider les gens à bien choisir, j'ai développé avec des experts la première gamme d'huiles adaptées aux besoins de chacun selon son âge. Nos besoins nutritionnels évoluant selon la période de la vie, nous avons défini 5 mélanges d'huiles bio, riches en vitamines et acides gras essentiels (Oméga-3 et DHA) : un pour future maman, un pour bébé, pour enfant, pour adulte et un qui prévient les effets de l'âge à partir de 50 ans !

Vous continuez à développer d'autres produits ?
Avec notre marque .nod, nous avons lancé une gamme de vinaigrettes ultra-addictives sans le moindre additif et des sauces au goût de folie sans chimie : Ketchup, barbecue, burger, mayonnaise… toutes nos sauces sont 100 % bio, avec un maximum de légumes locaux et 3 fois moins de sucre que la moyenne. Prenons l'exemple de notre délicieux ketchup, il est fabriqué à L'Isle-sur-la-Sorgue avec des tomates de Provence et de bons légumes naturellement sucrés pour remplacer le sucre blanc (betterave des hauts de France, carottes du sud-est, oignons du Centre). Notre incroyable sauce Barbecue quant à elle, ne contient pas de sucre ajouté ni le moindre additif. Son délicieux goût fumé vient de piments doux de Provence qui sont fumés 48h au bois de hêtre à L'Isle-sur-la-Sorgue. En choisissant ces piments bio, nous soutenons la filière du piment doux de Provence en voie de disparition. Se nourrir est un art de vivre et une philosophie, nous faisons de bons produits dans le respect de la planète, de votre santé et du travail de chacun et ça, c'est juste normal..

> **.NOD**
VENELLES
www.nod-bio.fr

© NOD

© NOD

© NOD

HUILE D'OLIVE

DOMAINE DE LA FANETTE

992/892, chemin Fanette - **LE PUY-SAINTE-RÉPARADE**
✆ 06 70 00 98 16
www.domainefanette.com
Ouvert du lundi au samedi. Dimanche en haute saison. Livraison possible.

© LA FANETTE

C'est chez Fanette, une figure du coin, que les Puechens venaient jadis prendre un verre sur la terrasse à l'ombre du marronnier. La famille Berge ont planté de beaux oliviers en 2006, 4 ha en agriculture biologique, dont ils tirent une huile d'olive en AOP Aix-en-Provence. La production fait la part belle au fruité vert, ardente en bouche, avec des arômes d'artichauts et d'herbe coupée à déguster sur un chèvre frais. L'huile Goût à l'ancienne longue en bouche et d'une incroyable richesse aromatique prend toute sa mesure sur un plat de poisson. Une production encore confidentielle, mais la vente directe au Domaine compte un grand nombre d'habitués. L'accueil est chaleureux.

HUILE D'OLIVE

MOULIN DE COUDOUX

impasse du moulin ou 9, chemin de la Croix - **COUDOUX**
✆ 04 42 52 05 04
www.moulinahuilecoudoux.com
Ouvert du mardi au samedi de 10h à 12h et de 14h à 18h. Visite au temps fort du pressage, en novembre et décembre.

La saison de l'huile d'olive se situe entre fin octobre-début novembre et fin décembre. Les producteurs d'olives, coopérateurs, qu'ils soient professionnels ou particuliers, amènent alors leur récolte afin de faire triturer leurs olives. Ce moulin, rénové et mis aux normes européennes en 2002, perpétue une spécificité : la fabrication à l'ancienne. Les olives sont broyées à la meule de pierre, le pressage de l'huile est effectué avec des scourtins et la récolte de l'huile se fait manuellement « à la feuille ». Le moulin propose à la vente trois huiles différentes dont une dégustation vous fera apprécier les subtilités. La visite du moulin est possible toute l'année.

HUILE D'OLIVE

DISTILLERIE SAINTE VICTOIRE

256, Route de la Libération - **VAUVENARGUES** ✆ 06 77 79 79 24
www.distilleriesaintevictoire.fr
Ouvert du lundi au samedi de 14h30 à 19h.

Les Mallesson sont agriculteurs à Vauvenargues, ils exploitent une vingtaine d'hectares au pied de Sainte-Victoire, des terres garrigueuses propices à la culture des plantes à parfum, aromatiques et médicinales : la lavande, le lavandin et la lavande aspic, le thym, le romarin, la sarriette, l'origan et l'immortelle. Les plantes sont distillées traditionnellement dans leur labo pour produire des huiles essentielles et des eaux florales ainsi que des savons. L'autre partie est séchée et transformée en herbes de Provence. Ils produisent également une huile d'olive fruitée verte. La distillerie ne se visite pas, mais on peut découvrir les champs de lavande en fleur en juillet, une promenade privilégiée de 1h30 dans le vallon du Delubre.

HUILE D'OLIVE

DOMAINE DE LA VAUTUBIÈRE

43 bis, les Collets - **COUDOUX** ✆ 06 87 04 75 12
www.domainedevautubiere.com/
Vente également au Citron Vert à Carry-le-Rouet, à l'office de tourisme d'Aix-en-Provence. Ouvert 7j/7 sur rendez-vous.

Chantal de Lander-Gaubens dirige de main de maître ce domaine familial, la sixième génération se profile dans une SCEA. Le verger, d'origine romaine, compte des oliviers millénaires. Elle travaille avec le moulin à huile de Coudoux qui propose une fabrication à l'ancienne. Pour ne pas altérer ses qualités, l'huile qui remonte à la surface du bac de décantation est recueillie à la « feuille ». Cet équipement produit quatre types d'huiles, toutes en fruité noir, à partir d'olives aglandau et salonenque. La sur-maturation et le savoir-faire du moulinier leur apportent des saveurs particulières. Récompensée à huit reprises au concours général agricole de Paris dont cinq fois en or !

EPICERIE

DE SILOS EN BOCAUX

161, Boulevard de la Sainte Barbe
PERTUIS
✆ 04 90 09 14 10
Ouvert du mardi au samedi de 9h à 13h et de 15h30 à 19h.

Voici une épicerie de vrac, zéro déchet et en circuits courts. Hugo a repris l'enseigne créée par Julie en 2020, il en a gardé le concept et a agrandi la surface. Tout est bio, des produits alimentaires de première nécessité (farine, riz, pâtes, lentilles, pois chiches, céréales, amandes, café...) jusqu'aux fromages et charcuteries du rayon frais. Des fruits secs, de l'huile d'olive, du vinaigre, des bonbons, des cosmétiques, savons et shampoings solides, des accessoires réutilisables, des produits d'entretien, des ustensiles pour la cuisine comme une astucieuse brosse à champignons. Tout est bien présenté. Pensez à amener vos flacons ou bocaux à remplir... Hugo peut cependant vous dépanner.

TOUT CE QUI
SE PASSE LÀ OÙ
VOUS
VOUS RÉVEILLEZ.
LE 6-9
du lundi au vendredi
Toute votre info locale
en temps réel.
france bleu
ICI, ON PARLE D'ICI.

ÇA BOUGE DRÔLEMENT AUTOUR DE VOUS.
CIRCUIT BLEU
9h - 12h du lundi au vendredi
Divertissements, saveurs, conseils et culture en 100% local.
france bleu
ICI, ON PARLE D'ICI

EPICERIE EN VRAC
BIO D'ICI

rue d'Italie
www.biodici.fr
Ouvert du mardi au samedi de 9h à 19h.

Enfin une alimentation - et maintenant 2 boutiques dans Aix- qui fait ce qu'elle dit : privilégier le zéro déchet et le local. Ici vous pourrez prendre uniquement la quantité qui vous convient dans vos contenants ou des contenants recyclables qui vous sont proposés. Vous trouverez bien toutes sortes de graines, farine, sucre, fruits secs également (certains viennent d'un peu plus loin peut-être) mais aussi des confitures et miel du terroir, différentes huiles ou encore des produits ménagers, vinaigre, bicarbonate de soude, et autres nettoyants, tout est à 95% issu de producteurs locaux et à 99% bio. La sobriété heureuse donc avec un accueil chaleureux, on aime !

BISCUITS
IPSAGO

ipsago.fr

Thibault et Renaud sont partis d'un constat alarmant : 15 millions de tonnes/an de déchets sont générées par le monde de l'industrie alimentaire ! Nos 2 jeunes aixois ont eu l'idée de recycler et de valoriser ces ressources inexploitées que sont les résidus agroalimentaires, les fruits et légumes invendus, également les drêches, résidus de céréales issus de la fabrication de la bière. Déshydratés et transformés en poudre de fruit et farine, ces résidus récupérés chez des agriculteurs et des brasseurs de la région qui travaillent en bio deviennent la matière première de délicieux biscuits sans colorants ni conservateurs, riches en fibres et en protéines et pauvres en sel et sucre.

PRODUITS GOURMANDS
LA FERME DE VIOLAINE

65, avenue du Jas de Violaine - **VENELLES**
✆ 04 42 54 70 03
Ouvert le mardi, le mercredi, le vendredi et le samedi de 10h à 13h et de 16h à 19h.

Vous trouverez dans ce point de vente les fruits, les légumes, les céréales, le miel, les farines, l'huile d'olive, les œufs, les jus de fruits bio et les vins du Domaine de Violaine, un domaine d'une trentaine d'hectares dont une partie est occupée ou cultivée en permaculture par des maraîchers, un oléiculteur, un apiculteur et un aviculteur. Une terre en partage avec le vignoble mené également en agriculture biologique ; les vins sont vinifiés au Domaine et sont issus de vendanges manuelles. Une parcelle abritée est plantée de roses centifolia -cultivées sans pesticides- qui servent à la fabrication de savons, de sels de bain et d'hydrolats, des cosmétiques bio.

THÉ
LA CABANE AUX HERBES

Chemin de la Lecque - **SAINT-CANNAT** ✆ 06 10 23 30 21
www.lacabaneauxherbes.com
Ouvert du lundi au vendredi de 9h à 16h30. Boutique en ligne.

Édouard Pardigon cultive 1 hectare de champ en agriculture biologique, des plantes médicinales et des fleurs comestibles, récoltées en pleine saison et séchées naturellement. Édouard les mélange pour composer ces tisanes. Par exemple la Flower Power -mélange de fleurs de calendula, de pensée sauvage et d'achillée mille feuille- soulage les maux féminins de la puberté à la ménopause. La Pitchoun c'est une infusion du soir pour les enfants, aux notes douces et citronnées, composée de verveine, camomille et de citronnelle. La No stress à base de verveine, d'agastache, de citronnelle, de sauge ananas idéale en période d'examen. Découvrez les autres sur son site internet et chez Carrément Bio à st Cannat.

MARCHÉS - HALLES
AU POIDS CHICHE

EGUILLES
✆ 06 26 66 33 28
Du mardi au samedi sur Puyricard, Eguilles, Gréasque, Velaux, AMAP Saint-Cannat, Ventabren, La Duranne.

Lauriane sillonne le pays d'Aix toute la semaine à bord de son camion-épicerie itinérante, comme autrefois l'épicier qui allait de village en village dans les campagnes. Comme dans le temps, on vient avec son panier, ses bocaux, son bidon ou ses bouteilles car tout est vendu en vrac sans emballage jetable. Farine, sucre, chocolat, épices, céréales, riz, biscuits, jus de fruits, condiments et tapenades, fruits secs, thés et tisanes, du local essentiellement sinon de l'Hexagone et du bio équitable. Aussi des produits de droguerie, lessive, savon à la coupe et un rayon cosmétiques 100 % naturels, démaquillant solide ou nettoyeurs d'oreilles en bambou. Et de la convivialité à faire son marché !

YUKA

Star des applications à avoir en poche au quotidien, Yuka est notre meilleur allié pour se repérer dans la jungle des produits qui nous sont proposés. Avec elle, on sait ce qu'on met dans nos assiettes et sur notre peau, répertoriant 1,5 million de produits alimentaires et 500 000 produits cosmétiques en les évaluant selon des critères bien précis (niveau de risque, présence d'additifs, etc.).

C'EST À BOIRE QU'IL NOUS FAUT

CAVISTE

LA CAVE DU COURS MIRABEAU

19, cours Mirabeau ✆ 04 42 58 55 08
www.lacaveducours.fr

Ouvert du mardi au jeudi 10h-13h30 et 15h30-19h30 ; le vendredi jusqu'à 20h ; le samedi 10h-20h. Privatisation possible.

Ne ratez pas cette magnifique cave qui se situe sur le Cours Mirabeau, au même endroit que le restaurant *Côté Cour*, dans l'hôtel particulier Arbaud-Jouques ; il faut descendre sur la droite à l'entresol pour apprécier la fraîcheur de cette cave voûtée, rénovée dans l'épure. Écrin historique pour des flacons d'ici et d'ailleurs : 500 références en vins, champagnes et spiritueux. Romain et Rebbeca Champetier de Ribes vous feront découvrir des petites merveilles, étiquettes confidentielles et aussi rhums et gins. Espace dégustation et découverte des vignerons.

CAVISTE

CAVE DU FELIBRIGE

8, rue des Cordeliers
✆ 04 42 96 90 62

Ouvert du mardi au samedi de 10h à 13h et de 15h à 19h30.

Vincent Stagetti et son fils Livio sélectionnent pour vous un très large choix de vins et d'alcools axés sur l'identité aux terroirs, privilégiant les vins biologiques, biodynamiques et nature.

Grand choix à tous les prix de vins de Provence mais aussi de Bourgogne et de Champagne de vignerons (des perles rares), de vins du Rhône, de Loire, du Languedoc-Roussillon... sans oublier l'Italie (les origines) et les autres pays. Au Félibrige, on peut faire expertiser sa cave, offrir des cadeaux d'affaires et organiser des repas dégustations chez soi ou au restaurant avec initiation à la dégustation. Une adresse incontournable où passion et compétences riment avec accueil chaleureux.

NEW

CAVISTE

LA KABANE À VINS

✆ 06 24 85 48 98
lakabaneavin.fr

Samedi et dimanche 8h-13h au Pont de Béraud à Aix-en-Provence. Samedi après-midi 14h-19h30 aux Halles 1889 à Éguilles.

Karl Gilles est un caviste atypique : pas de pas de porte mais une estafette Citroën transformée en wine truck pour faire l'éloge de nectars biodynamiques et naturels, de sympathiques quilles pour tous les budgets à partir de 6 €. Vins, champagnes, cidres, des flacons parfois confidentiels en direct de chez les vignerons. Le concept sympa lui a ramené la clientèle des quartiers où il stationne depuis 2021 : Pont de Béraud à Aix, au rond-point de Savoyards à Saint-Marc-Jaumegarde ou encore à Eguilles et à Luynes. Sommelier de formation, il a travaillé dans les années 1990 dans la restauration, et ensuite pour l'enseigne Nicolas à Düsseldorf, puis à Aix-en-Provence. Ses conseils sont avisés.

CAVISTE

MADEMOISELLE WINE

14, rue des Marseillais ✆ 09 51 25 17 20
mademoiselle-wine.com

Ouvert du mardi au vendredi de 10h à 13h30 et de 15h30 à 19h45 ; le samedi de 10h à 19h45.

La boutique, tout en longueur, n'est pas bien grande, mais bien suffisante pour en faire un écrin épicurien dédié au vin et au champagne avec plus de 500 références. Aurélia, alias Mademoiselle Wine, est une jeune femme pétillante comme les champagnes qu'elle adore et dont elle parle avec passion. Si vous êtes amateur de bulles, vous trouverez une cinquantaine d'étiquettes, des domaines confidentiels et des flacons rares pour ce vin de fête. Les portos sont une autre prédilection d'Aurélia. La sélection qu'elle vous propose est très pointue, avec quelques nectars vintage et de beaux millésimes. En outre, les vins sont soigneusement référencés avec des coups de cœur pour de petits vignerons.

DOMAINE

CHÂTEAU DE VAUCLAIRE

2398, RD 556, - **MEYRARGUES** ✆ 04 42 63 47 16
www.chateaudevauclaire.com

Basse saison : ouvert du lundi au samedi de 9h à 12h et de 14h à 18h. Haute saison : de 10h à 20h.Mariage et séminaires.

Sur la route des vins du pays d'Aix, au bord de la Durance, ce domaine de 120 hectares abrite un vignoble de 32 hectares. Baigné de soleil, purifié par le mistral, celui-ci s'épanouit sur un terroir aride et rocailleux, qui donne à cette appellation Coteaux d'Aix force et caractère. Cette agriculture raisonnée montre toute sa force dans l'assemblage authentique de cépages de qualité. Héritage familial depuis 1774, ce sont aujourd'hui Adeline et Charlotte, mère et fille qui poursuivent l'activité avec passion. Pourquoi ne pas en profiter pour faire une jolie balade dans les vignes ou une visite dégustation ? Vous serez accueillis avec chaleur. Vente en ligne également.

DOMAINE

CHÂTEAU DU SEUIL

4690, route du Seuil - **PUYRICARD** ✆ 04 42 92 15 99
www.chateauduseuil.fr

Ouvert tous les jours. Dégustation et vente au caveau. Activités œnotouristiques. Privatisation espace séminaires.

A 12 km au nord d'Aix-en-Provence, sur la route du Luberon, le Château du Seuil, construit entre les XIIIe et XVIIe siècles est une des belles réalisations architecturales de cette région. Belle façade encadrée de tours et face au jardin à la française, sur lequel trônent deux statues en pierre de Rognes représentant des lions. D'une surface d'environ 62 hectares et entièrement situé dans la zone d'AOP Coteaux d'Aix-en-Provence, le vignoble du Château du Seuil s'étale sur les flancs sud de la Trévaresse entre 350 et 450 m d'altitude. Les vins du domaine, certifiés bio, sont proposés à la dégustation et commentés si besoin tous les jours de la semaine dans le cadre élégant de la boutique.

DOMAINE
CHÂTEAU BARBEBELLE

RD543 - **ROGNES** ✆ 04 42 50 22 12 - A 2 km à droite du village de Rognes en direction d'Aix-en-Provence.
www.chateaubarbebelle.com
Ouvert lundi-samedi de 9h à 12h et de 14h à 18h. L'été 7j/7 de 9h30 à 12h30 et de 14h30 à 18h30. Hébergement.

Au château Barbebelle, l'un des plus anciens vignobles de la région, Madeleine et Valentin travaillent pour le meilleur : l'alliance de la modernité et du savoir-faire transmis depuis 4 générations ! Les 50 ha de vignes en appellation Coteaux d'Aix-en-Provence se situent à 400 m d'altitude sur un sol argilo-calcaire au cœur d'une nature très préservée de 300 ha. La production est 100 % maîtrisée, des vignes à la mise en bouteille et à la commercialisation, certifiée Haute Valeur Environnementale. En été, le parc accueille les concerts du festival Les Musicales dans les Vignes de Provence. Possibilité d'hébergement sur place, du studio jusqu'à la villa pour 10 personnes.

DOMAINE
CHÂTEAU DE BEAUPRÉ

3525, Route Nationale 7 - **SAINT-CANNAT**
✆ 04 42 57 33 59
www.beaupre.fr
Ouvert tous les jours de 9h à 12h et de 14h à 18h30.

A 12 km d'Aix, le domaine de Beaupré commence son histoire en 1739, avec la construction de la bastide actuelle. Beaupré entre dans la famille Double en 1854. Les Double, armateurs, possédaient une propriété à Marseille et une autre dans le Luberon. Beaupré servait de relais de chevaux entre les deux destinations. En 1892, le baron Émile Double plante les premières vignes de Beaupré pour fournir notamment les cafés de la capitale phocéenne. Les 42 ha de vignes sont aujourd'hui conduits en culture bio. En résultent quelques jolis flacons, des rouges structurés, des rosés fruités et des blancs délicats dans plusieurs gammes : Collection du Château, Château de Beaupré et la Griffe de Beaupré,

CAVISTE

NEW
CHAI RENÉ

19, rue Mignet
✆ 04 42 21 40 06
www.chai-rene.fr
Ouvert du mardi au vendredi de 10h à 13h30 et de 15h30 à 19h30 ; le samedi de 10h à 19h30.

© CHAI RENÉ

A l'angle de la rue Mignet et Constantin, une nouvelle cave à vin, ouverte par Coraline, jeune passionnée des vins. Chai René, non pas comme le roi René mais comme le grand Père de Coraline qui a encouragé sa petite fille depuis le début dans cette belle aventure : une jolie façon de lui rendre hommage et de relever la tradition.

L'endroit appelle à la tranquillité au détour de cette rue bien active, la décoration épurée, faite à partir de récup, comme de vieux tonneaux ou des caisses à vin, un côté jeune et assumé selon les critères actuels. Vous y trouverez la petite bouteille pour un dîner entre amis mais aussi de bons spiritueux en passant par les bières locales et d'ailleurs...

DOMAINE
CHÂTEAU DE CALAVON

12, avenue de Badonviller - **LAMBESC** ✆ 04 42 57 15 37
www.chateaudecalavon.com
100% BIO. Ouvert du lundi au samedi de 9h à 13h et de 14h à 18h toute l'année sauf jours fériés

Le vignoble, en agriculture bio, s'étend sur 105 ha de petites parcelles en terrasses, certaines sont de même configuration depuis trois siècles ! Propriété de la famille Audibert depuis cinq générations, c'est le plus ancien domaine viticole de Lambesc. Les vins sont depuis toujours réputés aromatiques, puissants et structurés, des vins rouges d'exception, des blancs d'une grande finesse et d'élégants rosés. Le caveau est installé dans un ancien relais de poste du XVIIe siècle au cœur du village. Les samedis matin des mois en *r*, dégustation de vins et coquillages devant le caveau, oursinades en février, également charcuterie et fromages, et en été animations et foodtruck. Convivial !

DOMAINE
CHÂTEAU GASSIER

PUYLOUBIER ✆ 04 42 66 38 74
www.chateau-gassier.fr
Ouvert du lundi au vendredi de 10h à 12h et de 14h à 17hOuvert jusqu'à 18h et le samedi en haute saison

Le baron Georges Gassier représente la cinquième génération vigneronne de la famille. Depuis 2010, le domaine est en viticulture biologique. Vendanges à l'aube pour garder un maximum de fraîcheur, installations modernes pour maintenir les raisins à l'abri de l'oxygène pendant le pressurage et conserver les arômes... Autant d'atouts pour des rosés particulièrement fruités et typiques (AOC Côtes de Provence et AOC Côtes de Provence Sainte-Victoire). Pour découvrir le domaine, un sentier vous mène sur 3 km au cœur du vignoble, jalonné de panneaux didactiques, avec un panier pique-nique concocté sur place. A la belle saison, cinéma en plein air, et concerts au programme.

DOMAINE

CHÂTEAU LA COSTE

2750, route de la Cride - **LE PUY-SAINTE-RÉPARADE**

✆ 04 42 61 89 98 - www.chateau-la-coste.com

Basse saison : tous les jours 9h-18h. Haute saison : tous les jours 9h30-20h. Visite guidée des chais : 12 €.

Situé à quelques kilomètres au nord d'Aix-en-Provence, ce vaste domaine bordé de chênes et d'amandiers représente un espace unique de près de 200 ha à la fois production viticole et musée d'art et d'architecture. Héritier d'une longue histoire, illustrée par la présence de sentiers pavés gallo-romains et autres vestiges d'un système d'irrigation ancien, le domaine viticole propose des vins bio certifiés Coteaux d'Aix-en-Provence et IGP des Portes de Méditerranée. Au Château la Coste, vous pouvez visiter les chais signés Jean Nouvel, découvrir des installations d'artiste lors d'une promenade entre bois, collines, vignes et oliviers ou encore vous attabler dans l'un des restaurants du domaine.

DOMAINE

CHÂTEAU SAINT HILAIRE

Route d'Aix - **COUDOUX**

✆ 04 42 52 10 68

www.chateau-saint-hilaire.fr

Ouvert du lundi au samedi de 9h à 12h30 et de 14h30 à 19h.

Le domaine se situe à Coudoux, à 15 minutes d'Aix-en-Provence. C'est au bas de cette chaîne de collines méditerranéennes que s'étend le vignoble du château Saint-Hilaire, sur ses 60 hectares caillouteux. Depuis deux générations dans la famille Lapierre, cette exploitation familiale en conversion bio, reconnue pour ses cuvées, s'est installée en 2016 dans son château. Aujourd'hui les équipements de dernière génération n'enlèvent rien à l'attachement aux traditions, marqué notamment par un chai de vieillissement de plus de 180 barriques. Dégustations, visites et animations œnotouristiques occupent une place importante dans la vie du château. Un calendrier à suivre tout au long de l'année…

DOMAINE

DOMAINE DES DIABLES

Chemin de la Colle - **PUYLOUBIER**

✆ 06 81 43 94 62

www.mip-provence.com

Ouvert du lundi au samedi de 10h à 12h et de 14h à 17h.

En 2006, Virginie Fabre et son compagnon Guillaume Philip reprennent le domaine, 16 ha de galets et d'argile rouge. Ils décrochent rapidement médailles, distinctions et coups de cœur pour ce terroir des Côtes de Provence. Le concept Made In Provence (MIP) décline un packaging original et de bon goût pour des vins qui le méritent bien. En 10 ans, leurs vins élaborés avec passion ont fait le tour du monde : Rose Bonbon, MIP et Hydropathe sont dégustés jusqu'aux USA et au Japon. Prix d'excellence du concours général agricole huit ans de suite - 2011 à 2018, c'est assurément une bonne halte pour les œnophiles ! N'hésitez pas à prolonger le séjour dans leur villa de charme.

DOMAINE

LE DOMAINE DES MASQUES

Chemin Maurely - **SAINT-ANTONIN-SUR-BAYON**

✆ 06 70 19 54 67

www.domainedesmasques.com

Ouvert du mardi au samedi de 10h à 18h.

Le domaine se déploie sur 250 hectares et abrite un vignoble de 25 hectares. Son histoire remonte aux Templiers, qui fondèrent sur ce plateau l'une des premières commanderies de l'ordre en Provence et entreprirent le drainage des terres pour en augmenter les surface cultivables. Ici poussent arbustes et plantes médicinales utilisés par des générations de guérisseurs, herboristes et sorcière – *masco* en provençal, d'où le nom du domaine. Celui-ci a été réhabilité à partir de 1992 par Carl et Sophie Mestdagh. Le vignoble est géré en agriculture biologique, et l'on retrouve aujourd'hui les vins des Masques chez quelques cavistes et sur quelques tables aixoises de prestige.

DOMAINE

DOMAINE LA BRILLANE

195, route de Couteron ✆ 04 42 54 21 44

www.labrillane.com

Ouvert le dimanche de 9h à 13h. Tous les jours sur rendez-vous et tous les matins durant les vacances scolaires.

Avec ses 12 ha de vignes, face à la montagne Sainte-Victoire, sur un terroir de sols de la Trévarèse à 400 mètres d'altitude, le domaine de la Brillane est un art de vivre et de vinifier en Provence. Walter Butler cultive l'engagement de faire des vins au plus proche de la nature en agriculture biologique. Classés en appellation coteaux d'Aix-en-Provence, rouges ou rosés, les vins de la Brillane sont une combinaison de sept cépages provençaux : cabernet sauvignon, grenache, syrah, mourvèdre, carignan, cinsault et counoise. Des vins reconnus pour leur fraîcheur et leur fruité : La Traversée et La Grande Etoile ont suffisamment de structure pour pouvoir être gardés pendant plusieurs années.

DOMAINE

DOMAINE LE LOUP BLEU

Piconin - **PUYLOUBIER**

✆ 07 72 55 91 31

www.le-loup-bleu.com

Ouvert tous les jours de 8h à 18h et dimanche sur rdv.

Marc et Sylvie Dubois, depuis 2012 sur le domaine, ont été rejoints il y a peu par leurs enfants, Caroline et Maixent. Leur petit domaine confidentiel de 9 hectares au pied de la Sainte-Victoire est cultivé en bio. Vous ne trouverez pas leur production en grande surface, mais chez quelques cavistes de la région, à l'office de tourisme d'Aix et bien entendu au caveau, où vous avez l'assurance d'un bon accueil et de passer un très bon moment de convivialité et de dégustation. Ils exportent leurs vins en Angleterre, au Danemark et jusqu'au Japon. On vous conseille Croix du Sud en appellation Sainte-Victoire en rosé et rouge, et Vol de nuit, un côtes-de-provence en blanc parfait pour l'apéritif.

© OLIVIA DE VILLENEUVE

© BONISSON

DOMAINE

CHÂTEAU BONISSON

177, Route des Mauvares
ROGNES
✆ 04 42 66 90 20
www.bonisson.com

Caveau et centre d'art ouvert au public du mardi au dimanche de 11h à 12h30 et de 13h30 à 19h.

C'est une belle bastide du XVIIIe siècle avec sa terrasse à l'italienne surplombant un domaine de 10 ha de vignes. Il produit un vin d'appellation d'origine Coteaux d'Aix-en-Provence. En 2017, la famille Le Dorze l'acquiert sur un coup de cœur et entreprend de le développer dans le respect de la tradition, selon ses valeurs de qualité et de partage. C'est Victoire qui gère le domaine, elle a fait le choix de l'agriculture biologique, utilisant le cheval pour le labour des rangs et réalisant les vendanges entièrement à la main. Mention particulière pour la cuvée B comme Bonisson et la Petite Causerie. Accueil chaleureux pour une visite et une dégustation aux heures d'ouverture ou sur rdv.

© BONISSON

© BONISSON

© BONISSON

ALCOOL

LA PASTISSERIE

2, rue Paul-Bert
✆ 04 42 23 02 29
www.la-pastisserie.fr
Ouvert du lundi au samedi de 10h à 19h. Boutique en ligne.

Il fallait au pastis un écrin avec pignon sur rue. Voilà qui est fait ! La Pastisserie ou cave à pastis concentre tous les arômes, une trentaine de références, uniquement des pastis de la région : Pernod Ricard, Janot, Bardouin, Girard, Manguin, Blachère, Aiguebelles. Les saveurs sont différentes selon les maisons, on vous proposera de déguster avant de faire votre choix. Le pastis se décline aussi dans des produits d'épicerie fine, condiments, charcuterie, tapenades et sardines des conserveries locales. Carafes, verres et chapeaux de paille estampillés Ricard complètent la gamme. A consommer avec modération, une petite dose suffit à colorer un grand verre d'eau pour se désaltérer.

MICRO-BRASSERIE

AQUAE MALTAE

Rue de l'Ancienne-Minoterie ✆ 06 78 13 52 13
www.aquaemaltae.com/fr
Ouvert du lundi au jeudi 10h à 19h. Vendredi et Samedi 10h-23h. Parking.

Une marque bio de bière artisanale 100% aixoise ! Voilà une équipe de jeunes amis motivés et passionnés de houblon, bien décidés à offrir à leur marque une place de choix parmi les bières de la région. Artisanale, bio et locale, cette brasserie met un point d'honneur à le rester. Des bières classiques blondes, brunes et ambrées (la Sainte-Victoire, une blanche aux notes fruitées et ensoleillées est un régal) et des créations IPA (la bière Paul Jack), au gingembre (Gincko) ou encore une bière noire très british (Nola Barley Wine). Tous les amateurs de bonnes bières y trouveront leur compte. Le plus Futé : le pack découverte, le top 7 des artistes brasseurs ! Sur place, à la terrasse en été.

BRASSERIE

LA BELLE MOUSSE

25, rue de Cuques - résidence Les Romarins ✆ 06 14 98 10 55
www.labellemousse.com
Dépositaire agréé Perfect Draft. Ouvert du lundi au vendredi de 17h30 à 20h ; le samedi de 9h à 19h30. Livraison.

Installé depuis 2006 à Aix-en-Provence, on y distille l'art de la mousse et de sa dégustation. Aux manettes, un passionné intarissable, Patrick Jullien érudit et généreux, vous dévoile les secrets de la belle mousse et vous propose une sélection de quelque 500 bières de dégustation, souvent rares, artisanales et d'origines mondiales : de la Belgique, au Japon en passant par l'Allemagne ou le Québec. La démarche prône le circuit-court, ou direct producteur. Futé : la maison reprend vos bouteilles en consigne. Vous repartirez avec des anecdotes étonnantes, comme la rencontre marquante avec le fameux Michael Jackson « beer hunter » de son état. N.B : animations et découverte accords mets/bière.

MICRO-BRASSERIE

BRASSERIE LA BAROUDE

770, Chemin de la Souque
✆ 06 95 53 84 02
www.brasserielabaroude.fr
Vente sur place ou en ligne. À la demande pour des événements.

Il a du style et du punch Valentin, tout comme ses bières artisanales brassées sur place, qui se déclinent sous l'étiquette *Mézingue*. Avec son beau packaging, c'est une invitation à la découverte des breuvages, 6 en tout dans la gamme. L'*American Pale Ale*, rafraîchissante et légèrement amère ; la *Saison* une bière de ferme céréalière et fruitée ; la *Belgium Strong Ale* douce et épicée ; la *German Pils* aux arômes de houblons allemands ; l'*Imperial Stout* tout en notes de caramel, café, chocolat et réglisse et des bières éphémères en fonction de la saison et de l'inspiration. Des bières typées qui s'accordent avec tous vos plats. Inviter La Baroude chez soi, c'est être sûr de faire plaisir !

BRASSERIE

BRASSERIE AIX PRESSION

D14C, Route de Beaulieu - **ROGNES** ✆ 06 31 63 51 95
www.arguindist.com
Ouvert du mardi au vendredi de 14h à 18h. Salon de dégustation de 14h à 19h et sur réservation. Privatisation événements

Steven Giroud était encore étudiant lorsqu'il a créé sa brasserie artisanale en 2015, Sylvie sa mère l'a rejoint dans son projet. Depuis Aixpression s'est imposée jusque sur les tables de restaurants réputés du pays aixois. Ses bières sont fines et élégantes, blanches, blondes, rousses ou brunes, aromatiques sans être sophistiquées, elles sont élaborées à partir de levures champenoises. Et depuis 2019, Steven s'est lancé dans la production de spiritueux sous l'étiquette Maison ArGuIn. Pas tout à fait un hasard : sa famille fait du vin depuis plusieurs générations, l'art de l'assemblage est une passion. Les amateurs apprécieront de s'attabler dans le salon de dégustation à la déco branchée contigu au labo. Convivialité garantie.

VINS - ALCOOL

LA MAMETTE

85, rue Topaze
EGUILLES
✆ 06 58 69 47 27
www.lamamette.com

La Mamette c'est ainsi que Victor appelait sa Grand-mère, dont il a voulu transmettre la spécialité de vin d'oranges. La Mamette c'est donc un apéritif, à base de vin nature, de bons agrumes bio (citron, orange, pomelos mais aussi yuzu, pain de bouddha, citron nectar...), quelques épices (cannelle, clou de girofle) et un peu d'alcool.
La production, lancée il y a peu en 2022 se fait en bio, à partir de vins rosés ou blancs de viticulteurs de Provence bio, auxquels sont ajoutés des agrumes entiers produits localement, et des épices, bien sûr. Une base originale pour des cocktails renouvelés, un spritz provençal ou un mazeste, à consommer glacés avec modération s'entend !

LA MAMETTE

L'APÉRITIF QUI RÉVOLUTIONNE VOS COCKTAILS

D'où vous est venue l'idée, Victor Nys ?

La Mamette c'est le petit nom de ma Grand-mère qui chaque année fabriquait un vin d'orange artisanal mais tellement gourmand que j'ai souhaité le développer pour ce moment convivial que l'on passe en famille ou entre amis. La recette c'est un vin bio, de bons agrumes bio (citron, orange, pomelo, yuzu, main de bouddha), quelques épices (cannelle, clou de girofle) et un peu d'alcool.

C'est le début d'une aventure...

Une aventure d'amitié avec Lucas Lambert avec qui j'ai lancé la production de la Mamette en 2022. Très investis dans la nécessaire transition écologique, nous nous fournissons en vins nature chez des viticulteurs de Provence qui produisent en bio, nous ajoutons les agrumes entiers produits localement, des épices, bien sûr, et faisons macérer pendant 30 jours. Pour notre apéritif à base de vin, nous nous sommes rapprochés d'amis œnologues qui nous conseillent. Nous travaillons également avec un mixologue, spécialiste en cocktails. Enfin, nous faisons nous-mêmes l'embouteillage, l'étiquetage et la livraison.

Notre philosophie n'est pas seulement de proposer nos produits mais d'accompagner aussi nos partenaires, qu'ils soient des cafés-hôtels-restaurants ou des cavistes, épiceries fines et biocoop. Nous montrons comment nos produits peuvent se décliner en apéritif, mais aussi en cocktails ou en digestif. Nous sommes présents sur des marchés, dans des events et nous animons des soirées privatives, car ce qu'on aime par-dessus tout, c'est de faire plaisir à nos clients.

Quels sont les premiers retours ?

Très positifs ! On a été surpris par les retours très enthousiastes sur nos apéritifs. Un goût nouveau, avec du pep's, un produit atypique mais addictif.

Des projets de développement ?

Pérenniser les recettes car, selon le vin, les agrumes, les saisons, il nous faut rechercher la continuité du goût. Nous allons aussi élargir la gamme avec la sortie très prochaine d'un nouvel apéritif très gourmand et de liqueurs. Et bien sûr développer la production. Nous allons investir dans une grande cuve métallique et un appareil de production plus moderne.

Enfin, sensibilisés à l'économie circulaire, nous donnons nos déchets d'agrumes à un producteur de biscuits apéritif pour en faire de la poudre d'agrumes et aussi nous souhaitons récupérer les bouteilles auprès de nos partenaires et en faire de beaux verres sérigraphiés pour déguster la Mamette.

› LA MAMETTE
85, rue Topaze - **EGUILLES**
✆ 06 58 69 47 27 www.lamamette.com

© LA MAMETTE

© LA MAMETTE

© LA MAMETTE

EPICERIE FINE

GRANDI SAPORI DI CASA

20, rue Paul Bert
✆ 07 87 17 28 68
www.grandisaporidicasa.com
Ouvert du lundi au samedi à 9h à 19h30.

Épicerie fine italienne et traiteur, ce petit local condense ce que l'Italie a de meilleur. Stéphane Cancemi, piémontais, est grossiste et fournisseur de plusieurs restaurants de la région. Toutes les semaines il rapporte d'Italie pâtes fraîches, pâtes sèches 100 % blé italien, produits locaux, huile d'olive des Pouilles. Côté charcuterie, bresaola, pancetta ; plus rare, le lard de Colonnata, pour les connaisseurs !, ou la joue de cochon, la *guanciale*, qui sert à préparer les pâtes carbonara ou *all'amatriciana*, Stéphane vous l'expliquera. Également traiteur, avec un filet mignon topinambour, un gratin de fenouil, ricotta et épinards, des *arancini* bolognaise et petits pois, du pesto...

PROCHE ET MOYEN-ORIENT

NOURIAN TRAITEUR

5, rue des Cordeliers
✆ 04 42 23 02 14
www.nourian-traiteur.fr
Ouvert du mardi au samedi de 9h30 à 19h.

Nourian, traiteur depuis 16 ans à Marseille, s'implante à Aix : de la véritable cuisine libanaise, grecque ou arménienne en plein centre-ville ! Vous y trouverez des plats faits maison, frais à emporter pour un dîner ou en livraison au bureau ou à domicile ; Nour c'est la grenade, le symbole de l'Arménie mais aussi toutes les saveurs de cette cuisine orientale : des mezze bien sûr chauds ou froids, l'incontournable taboulé libanais, le tarama, des beureks à la viande, des keuftés ou encore l'houmous et le caviar d'aubergine, sans oublier les desserts baklava ou cigare aux noix. Le service traiteur se met en quatre pour vos réceptions professionnelles ou familiales.

MAGHREB

LA CORBEILLE D'ORIENT

28, rue des Cordeliers
✆ 04 42 26 48 07
Ouvert le lundi de 15h à 19h ; du mardi au samedi de 9h à 19h.

Créée il y a plus de 20 ans, la Corbeille d'Orient est une boutique colorée, odorante, alléchante, avec ses sacs, ses paniers et ses corbeilles gorgés d'épices, de graines, de semoule… Mais aussi, la vente en vrac du riz, du quinoa, du curry, du cumin, des noix de cajou, des amandes, des pois chiches. On trouve aussi de l'huile d'olive crétoise, verte et fruitée, de qualité extra. Vous vous approvisionnez également en fêta fraîche, en citronnelle ou en café variété « Moka ». La maison, a même créé sa marque de thé : « Infinitytea » (72 variétés) d'un excellent rapport qualité-prix pour satisfaire sa clientèle. Quelle joie de voyager à travers la cuisine et les saveurs exotiques.

PROCHE ET MOYEN-ORIENT

NOY MARKET

Boulevard Victor-Coq
✆ 04 42 54 48 10
Ouvert du lundi au samedi de 9h45 à 20h.

À deux pas de la gare routière, voici une petite adresse pour mettre de l'exotisme dans vos plats et menus. Vous y trouverez des spécialités arméniennes, russes, grecques et orientales. Poissons séchés, fromages et charcuterie, épices, feuilles de vigne, boulgour, pains pita, légumes fermentés, excellent vin de Crète, vodkas, amandes au détail, grands pots de fêta et de yaourt grec, et même des objets artisanaux en bois peint de Russie. On apprécie d'une part que l'épicerie soit ouverte tous les jours, d'autre part sa fermeture tardive. Idéal pour une dînette improvisée à la dernière minute. Vous pouvez également profiter du service traiteur de la maison (sur commande).

MÉDITERRANÉE

AUX PÂTES FRAÎCHES

12, rue Laurent-Fauchier ✆ 04 42 26 23 74
www.aux-pates-fraiches.com
Ouvert du lundi au samedi de 9h à 19h et le dimanche de 10h à 14h. A emporter. Épicerie fine.

Relooking aux Pâtes Fraîches et bienvenue aux nouveaux jeunes propriétaires Charles et Pierre-Antoine qui ont repris cette fabrique artisanale. L'enseigne, vénérable institution aixoise, reste fidèle à ce qui a fait sa réputation depuis 1878. Les pâtes - spaghettis, raviolis, tortellinis, gnocchis, lasagnes - sont faites sur place dans le labo du magasin. Quand Pierre-Antoine est derrière le comptoir, Charles est à la machine à pâtes et vice-versa. Ils alimentent leur corner traiteur avec quelques plats cuisinés maison, des sauces et tapenades, des antipasti, du fromage. Des produits d'épicerie fine complètent la gamme : huile d'olive, condiments, pâtes sèches, vins et panettones en saison.

ETIQUETTABLE

Application de cuisine durable collaborative, Etiquettable regroupe toutes les informations nécessaires à une consommation responsable. On y trouve les fruits et légumes de saison, les espèces menacées de poissons, des adresses à la démarche durable et des astuces du quotidien comme celles de jardiner sans produits toxiques, recycler ses produits ménagers ou choisir sa gourde. D'utilité publique.

JE SORS JE ME CULTIVE

Si vous désirez prendre le temps et du plaisir en famille, entre amis(e)s ou collègues de travail, boire un café en terrasse dans un cœur de ville vivifié par ses marchés provençaux, sur les places rénovées Verdun ou Prêcheurs, sur le Cours Mirabeau, aux Allées Provençales, ou bien simplement vous promener dans un des quartiers alentour, les Milles ou Puyricard par exemple... Lisez les pages suivantes !
Si vous voulez vous changer les idées, passer un moment festif aux sons de musiques variées, en soirée ou jusqu'au bout de la nuit, vous concocter votre propre Pass culture en achetant un bon bouquin dans une des librairies réputées pour leur savoir-lire, ou encore savourer un bon verre (avec modération, merci !)... Vous êtes au bon chapitre !
Enfin, si vous êtes franchement motivé(e) pour développer vos talents, nous vous proposons dans cette rubrique tout ce qui pourrait vous en donner le déclic – associatif, musical, choral, etc. Bref, un panel d'activités à découvrir !
À Aix, on sort, on s'instruit, on s'amuse et on se cultive en alliant sérieux et sourire !

VOTRE GUIDE DEVIENT INTERACTIF

TAPEZ **PETITFUTE.APP** DANS LE NAVIGATEUR DE VOTRE SMARTPHONE.

PRENEZ UNE PHOTO DE LA PAGE DÈS QU'ELLE A CE PICTO !

COFFEE SHOP ET SALON DE THÉ

LA MAISON FRANÇAISE

2 et 3bis, rue Fernand Dol
✆ 04 42 12 69 09
www.lamaisonfrancaise.com
Ouvert du mardi au samedi de midi à 23h30.

© LA MAISON FRANÇAISE

Si vous souhaitez vous poser pour un thé dans un lieu confortable et raffiné, chic et confidentiel, filez à La Maison Française dans une rue tranquille du centre historique. Connue des gourmets aixois pour son restaurant, cette nouvelle adresse (anciennement boutique Agnès B) l'est moins pour son salon de thé. Canapés, fauteuils profonds, tables basses sont des invitations à la détente. La carte des thés Mariage Frères fera plaisir aux puristes du *five o'clock*, tout autant que les pâtisseries du jour ou mochis. D'autres douceurs vous sont proposées : calissons, biscuits, marrons glacés, cornes de gazelle... Prolongez le plaisir en passant à la boutique en face faire vos emplettes.

COFFEE SHOP ET SALON DE THÉ

LES GOÛTERS DE L'HÔTEL PIGONNET

5, avenue du Pigonnet
www.hotelpigonnet.com
Bar ouvert toute l'année de 11h à 23h. Wifi gratuit. Terrasse.

L'occasion de pousser la porte d'un 5-étoiles à l'heure du thé est un luxe qui reste encore accessible ! Au Pigonnet, tout au long de l'année, le bar est ouvert de 11h à 23h et servira évidemment thé, café, chocolat chaud ou autres rafraîchissements, accompagnés de quelques douceurs du chef pâtissier. Selon la saison, on peut s'installer au coin du feu dans l'un des petits salons de l'hôtel, intimes et feutrés, ou, aux beaux jours, dans les jardins sur l'une des terrasses ensoleillées, et en plein été sous l'allée de châtaigniers. Pour s'offrir une parenthèse gourmande !

COFFEE SHOP ET SALON DE THÉ

MANA

14, rue Courteissade ✆ 04 86 22 44 44
www.cafesmana.com
Ouvert lundi au vendredi 8h-18h ; samedi 9h-18h ; dimanche 9h-17h. Brunch 19,50 € (réservation conseillée)

Classé premier au championnat de France du café 2019, Mana a déménagé mais on y boit toujours d'excellents cafés. Au fil des saisons, Alex et Benjamin sélectionnent de grands crus qu'ils torréfient eux-mêmes. La fraîcheur du grain de café apporte une grande subtilité gustative. Dans un décor chaleureux, QG des étudiants, une carte gourmande de spécialités véganes et végétariennes mais aussi des thés et jus de fruit extraits à la minute sont proposés. Le dimanche, le brunch salé et sucré a du succès. Également traiteur et food-truck privatisable pour des événements. Vous retrouverez aussi ses sachets couleur jaune d'or dans toutes les bonnes adresses de la ville.

COFFEE SHOP ET SALON DE THÉ

PLAISIRS DES THÉS

29, rue d'Italie ✆ 04 42 53 01 91
www.plaisirsdesthes.fr
Ouvert le lundi de 14h à 19h et du mardi au samedi de 9h30 à 13h et de 15h à 19h.

Jolie devanture rouge, boutique zen, rouge et blanche, qui aligne les grosses boîtes métalliques conservant les effluves et la saveur de 200 variétés de thés en provenance d'Inde, du Japon, de Thaïlande, d'Afrique du Sud ou de Chine. On peut boire une tasse de thé (avec une pâtisserie japonaise) sur place en profitant d'une petite terrasse et même assister trois fois par an à la très rigoureuse cérémonie du thé orchestrée par un maître japonais. Guillaume, passionné par l'art du thé, enthousiaste et expert, vous conseille et vous initie aux subtilités et spécificités de ce breuvage bienfaisant. Et pour les accros, des nouveautés tous les mois... Jolie vaisselle idéale pour un cadeau.

COFFEE SHOP ET SALON DE THÉ

WEIBEL

2, rue Chabrier
✆ 04 42 23 33 21
www.maisonweibel.com
Ouvert tous les jours.

La Maison Weibel à l'angle de la rue Chabrier se partage entre pâtisserie et salon de thé, une institution aixoise depuis 1954. Une pause gourmande dans l'une des meilleures pâtisseries d'Aix, cela ne se refuse pas ! On connaît Weibel pour ses petits choux exquis, ses amandines, le gâteau à la brousse, ses mille-feuilles ou son Castel praliné, un grand classique de la maison... A l'heure du petit-déjeuner, à l´heure du thé ou du brunch dominical, s'il y a de la place, attablez-vous à l'intérieur ou sur la petite terrasse dans la rue piétonne animée le long des deux façades. À midi, petits plats, croque-monsieurs et salades, la réputation n'est plus à faire !

CAFÉ - THÉ - TISANE

BRÛLERIE RICHELME

1, place Richelme
✆ 04 42 23 55 27
www.cafe-the-richelme.com
Ouvert du mardi au samedi de 8h30 à 19h.

Un incontournable de cette place du centre-ville, parmi les plus agréables et les plus vivante d'Aix. Soigneusement décorée, la brûlerie séduit par son petit côté rétro. La maison est une référence et embaume la place Richelme de ses odeurs de café torréfié depuis bientôt 30 ans. Dégustez en terrasse – très agréable les jours de marché – les cafés du jour et faites provision de grands crus moulus ou en grains de tous les pays du café. On peut même oser les cafés aromatisés : amande, chocolat, orange. Les amateurs de thé trouveront également ici une belle collection de tous pays. Le plus : la possibilité d'acheter des capsules de café artisanales en capsules compatibles Nespresso.

COFFEE SHOP ET SALON DE THÉ

HÔTEL DE GALLIFET - ART CENTER

52, rue Cardinale ✆ 09 53 84 37 61
www.hoteldegallifet.com
Ouvert de juin à septembre. Ouvert le mardi et le mercredi de 12h à 18h30 ; du jeudi au samedi de 12h à 23h.

Profitez du privilège de pénétrer dans le jardin intérieur de cet hôtel particulier privé, l'été à l'ombre généreuse de ses arbres centenaires. On se pose à l'une des tables en extérieur pour une consommation, on s'y attable à midi et le soir pour goûter de belles recettes réalisées par le chef en résidence, laissez-vous surprendre. C'est une escale gourmande mais aussi culturelle. C'est ainsi que Nicolas Mazet l'a voulu, une maison d'Art et d'Histoire, accessible au public le plus large, avec des expositions d'art contemporain. Les soirées y sont délicieuses, laissez-vous aller.

COFFEE SHOP ET SALON DE THÉ

CHOCOLATHÉ - SALON DE THÉ PUYRICARD

420, Route du Puy Sainte-Réparade
✆ 04 42 50 74 76
Ouvert du lundi au samedi et certains dimanches.

Cadre contemporain bois et patines claires pour ce salon de thé chic et gourmand dans le prolongement de la boutique des chocolats Puyricard. On s'y pose l'après-midi pour déguster des spécialités chocolatées, brownies, muffins, cookies, fondants, et aussi des financiers, madeleines, tartes du jour et gaufres. Certains dimanches, c'est brunch sucré – pâtisserie, viennoiserie, salade de fruits – et comme le labo du chocolatier est ouvert sur le salon de thé, c'est convivial et ça embaume. L'occasion aussi de mettre les mains dans la pâte cacaotée lors d'un atelier « Tablette de chocolat » !

COFFEE SHOP ET SALON DE THÉ

MONSIEUR CHOU

42-44, cours Sextius
✆ 06 23 49 49 18
www.monsieurchou.com
Ouvert du mardi au samedi de 9h à 18h. À emporter ou à déguster sur place.

© MR CHOU

Si quelques gouttes se mettent à tomber ou qu'au contraire le soleil darde ses rayons trop ardemment, faites une pause chez Monsieur Chou pour prendre un thé – bio, blanc, vert ou noir –, une « lov' infusion », un chocolat avec chantilly ou une boisson fraîche. Et laissez-vous tenter par les choux du jour : chou calisson, vanille de la Réunion, lavande, chouquette… Loïc, *alias* Mr Chou, fait aussi des gâteaux choux aussi qui revisitent les classiques : paris-brest, tropézienne, religieuse et renouvellent vos occasions (mariage, cocktail…). Vous pouvez aussi rencontrer Mr Chou en participant à un atelier pour fabriquer et repartir avec vos propres choux. Mr Chou existe également à Marseille !

CAFÉ

LA TOUCHE CAFÉ

19, rue Mignet
Ouvert lundi, mercredi et vendredi de 8h à 18h ; mardi, jeudi et samedi de 7h à 18h. Ouvert le dimanche (11h30-17h).

Ambiance *ma cabane au Canada* dans cet antre du café torréfié : Koony, torréfacteur de son métier achète le café vert des hauts plateaux mexicains, péruviens ou indonésiens selon les arrivages, un café de spécialité (cueillette manuelle, les fruits sont séchés puis sélectionnés sans dépôt) et le torréfie pour vous le proposer en espresso, macchiatto, à la noisette ou autre capuccino. On y trouve aussi une sélection de 25 thés (du noir Lapsong Souchan du vert Genmaicha, au Jasmin etc...) et l'été en version glacée. Une petite carte de produits frais et faits maison (croissants gourmands, soupe légères smoothies de fruits frais). Tout est « comme à la maison », le service en plus !

ET SI ON PRENAIT UN VERRE ?

BAR - CAFÉ

BAR LE FORBIN

2, rue d'Italie

Ouvert 7j/7 de 7h30 à 22h. Le vendredi et samedi jusqu'à 23h30.

Sa belle terrasse se déploie à la fois sur la rue d'Italie et sur la place Forbin en haut du cours Mirabeau. L'animation est au rendez-vous. On peut y boire un verre entre amis mais aussi y casser la croûte avec au choix tartare de bœuf, burger d'Italie, lasagnes de bœuf maison, de copieuses salades repas. Le chef a changé depuis peu. Toute la journée, la pause gourmande avec tarte aux fruits, fromage blanc, café gourmand, assiette de fruits frais, crèmes glacées et sorbets. Récemment, un espace pizza avec un vrai four à pain, pour déguster sur le pouce ou à emporter... un petit bout d'Italie sur la rue du même nom, bref un emplacement idéal au cœur d'Aix-en-Provence !

BAR - CAFÉ

BRASSERIE LE FORUM

6, rue Peyresc ✆ 09 73 55 28 85

www.leforum-aix.fr

Ouvert du lundi au samedi de 8h à 1h.Plat 15€. Réservation conseillée.

Le Forum s'est installé en bordure du palais de Justice en 1965. Pérenne et depuis peu relookée, la brasserie est conviviale et branchée. Une clientèle d'habitués s'y retrouve le matin pour boire un petit café et feuilleter *La Provence*, on y revient à l'heure de l'apéro au comptoir ou en terrasse, il y a toujours une bonne ambiance. Pour accompagner le verre, planchettes de charcuterie et de fromages corses et aussi huîtres et coquillages de septembre à avril en fin de semaine – on les choisit sur l'étal de Thierry, l'écailler qui fait la route toutes les semaines depuis l'étang de Thau. Ou encore tartare de saumon maison. Bon choix de bières pression ou bouteille aussi.

BAR - CAFÉ

LA BRASSERIE DE LA MAIRIE

2, place de l'Hôtel-de-Ville

✆ 04 65 04 15 14

Ouvert tous les jours de 7h à 2h. Terrasse.

Le site de cette brasserie-restaurant-bar est unique : de votre fauteuil en terrasse, sur la place avec sa belle fontaine, au pied du Beffroi, le monument emblématique de la ville, vous êtes au centre de l'activité aixoise ! C'est le rendez-vous de tous ceux qui apprécient le mouvement de la ville : Entre les fleuristes et leurs fleurs de saison tout au long de l'année, les touristes de tout bord et les étudiants de sortie.

Rénovée en 2018, la Brasserie de la mairie offre des plats classiques parmentier, viande, lasagnes et une large carte de cocktails et alcools.

BAR - CAFÉ

LE BRIGAND

17, place Richelme - angle rue Fauchier

✆ 04 42 12 46 81

Ouvert tous les jours de 11h à 2h.

Situé à l'un des angles de la place Richelme et de la rue Fauchier, ce petit pub, à la décoration typique, est très prisé des étudiants et aussi de la jeunesse aixoise plus adepte de ce genre de lieu que des bars branchés. C'est souvent bondé. Mais dans ce cas vous pourrez heureusement prendre place sur sa terrasse déployée en paliers sur la place Richelme pour y savourer entre amis une bonne bière choisie parmi le large choix offert. Ce pub vous propose également ses soirées thématiques et, en permanence, une ambiance animée et décontractée appréciée des jeunes comme des moins jeunes. Happy hour de 17h à 20h30 tous les jours. Concerts et DJ très régulièrement. Soirées étudiantes le jeudi.

BAR - CAFÉ

BRASSERIE DES ARTS

31, rue Portalis

✆ 06 71 44 67 10

De 7h à 1h du matin sauf dimanche et lundi.

Pour boire un pot, à toute heure, en terrasse, sur la place ombragée ou à l'intérieur au comptoir, la Brasserie des Arts est un cadre sympa, voire festif ! Avec des concerts acoustiques, du blues, du jazz et du rock'n'roll en livemusic jeudi et samedi et un Dj le vendredi. Des tapas accompagnent l'apéro mais si la faim vous tenaille, le chef est en cuisine et prépare de bons petits plats (vous les retrouvez dans notre rubrique restaurants « je me régale »). L'ambiance est décontractée, la clientèle est de tous âges, c'est chaleureux, bon enfant dans l'esprit d'un bar de quartier. On n'est pas loin du centre-ville, il suffit de remonter la rue Portalis jusqu'en haut !

BAR - CAFÉ

CAFÉ DE PARIS

43, Cours Mirabeau

✆ 04 86 94 52 95

www.cafedeparisaix.com

Ouvert tous les jours de 7h à minuit. Brasserie et hôtel.

Difficile de passer devant sans voir le Café de Paris qui arbore haut sa couleur, du rouge vif en façade, des stores au mobilier. Évidemment, c'est l'une des *places to be* sur le cours aixois, pour voir et être vu. Pour le café du matin, pour boire un verre, avec des vins de copains, mais aussi de très beaux et chers flacons, *idem* en champagne, tout est permis jusqu'au jéroboam festif. Digestifs, whiskies, gins, vodkas, cocktails, la carte est bien étoffée. On rajoute à cela les *soft drinks*, des smoothies, des milkshakes, et aussi la carte brasserie pour se sustenter, des coquillages aux poissons en passant par des classiques bistro : magret de canard ou escalope de veau milanaise.

BAR - CAFÉ
CAFÉ DU PALAIS

2, rue Manuel
✆ 04 42 38 28 12
www.cafedupalais-aixenprovence.com
Ouvert tous les jours de 7h à 23h.

On y vient pour le petit noir du matin tout en lisant le journal ou devant un petit déjeuner plus copieux avec viennoiserie, pain et confiture. Plus tard dans la journée, quand les tables du restaurant se sont vidées, on s'y retrouve pour un thé, un cappuccino ou un chocolat viennois, un jus de fruit ou un soda. On y refait le monde en fin d'après-midi ou à l'heure de l'apéro, vin au verre, cocktail avec ou sans alcool et le soir on s'attable entre amis. La Brasserie-glacier du Palais s'est récemment refait une beauté, avec une couleur douce, vert feuille d'olivier, un parti pris de modernité classique. Ici on est dans le cœur rénové d'Aix, terrasse avec vue sur le palais de justice.

NEW
BISTROT - BRASSERIE
JAKE

12, rue des Bernardines
✆ 09 85 15 15 93
www.jake-family.com
Ouvert du lundi au samedi le midi et le samedi soir

C'est JAKE, alias Jennifer, qui a ouvert il y a juste un an ce café-cuisine-cave-épicerie. Un joli bar où l'on peut prendre et acheter du café de la maison Tisserie à Marseille mais aussi s'attabler pour boire un verre ou déguster une assiette à midi - soupe en hiver, pastrami, salade, tarte salée, tout est fait maison avec des produits locaux, de saison et le plus, souvent végan. Vous pouvez aussi commander un brunch tous les jours ou simplement passer faire le plein d'épicerie fine et choisie par Jennifer : moutarde Martin-Pouret, pickles Aline, une sélection de vinaigre de Le Petit Bio. Jennifer déborde d'énergie et de projets : depuis peu ouvert le samedi soir avec menu unique.

BAR - CAFÉ
LA ROTONDE

2A, Place Jeanne d'Arc
✆ 04 42 91 61 70
www.larotonde-aix.com
Ouvert tous les jours de 7h30 à 2h.

Dans cette belle brasserie, juste en face de la plus célèbre fontaine d'Aix-en-Provence, vous êtes directement plongé dans une ambiance aixoise raffinée. Ce qu'il faut venir chercher à la Rotonde c'est le chic et le côté « in ». Vous y trouverez une ambiance feutrée et distinguée. La terrasse en teck avec lauriers et bambous vous accueille toute l'année : elle est chauffée en hiver. A l'intérieur, la décoration aux couleurs chaudes et les suspensions design s'organisent autour d'un bar ovale. A 18h, place à une musique lounge. Le week-end, dès 19h, un DJ est aux platines : les habitués prennent un verre au bar pendant que d'autres convives dînent sous les lustres de la partie restaurant.

MUSIQUE - SPECTACLE
LA BELLE ÉPOQUE

29, cours Mirabeau ✆ 04 13 10 53 04
www.labelleepoqueaixenprovence.com
Ouvert toute l'année. Tous les jours de 7h à 2h. Terrasse. Restauration. Animations.

A Aix on l'appelle la « BE ». C'est une institution sur le cours Mirabeau pour prendre l'apéro en happy hours. La terrasse extérieure est agréable l'été, et elle est chauffée en hiver ! A l'intérieur, de grands lustres rococos et tout au fond, vous pourrez rejoindre, si vous le désirez, une salle plus intime avec des sièges confortables. Rien à voir avec la terrasse extérieure, où, dès la fin de journée, la musique s'invite et met de l'ambiance. Elle est plutôt « électro » et donc très branchée. Vous êtes sur la plus belle avenue d'Aix-en-Provence, juste en face de la fontaine d'eau chaude, alors on s'installe et on regarde passer les passants en profitant du moment...

BAR LOUNGE
LE BATACLAN BEFORE

2, rue d'Entrecasteaux
✆ 04 42 27 45 85
Ouvert du mardi au samedi soir.

Le rez-de-chaussée du restaurant Le Bataclan se transforme en fin de semaine en bar musical et bar à tapas. Ambiance festive, avec des groupes en *live*, dans ce qui fut l'ancienne huilerie d'Aix-en-Provence et ensuite une fabrique de calissons. Il en reste de beaux volumes, des voûtes et les anciens pressoirs mis en valeur par les éclairages. On s'installe soit du côté des petites alcôves, derrière de grands piliers en pierre, vestiges de l'huilerie, ou bien dans l'espace central où l'on s'attable de façon conviviale, façon « mange debout ». Dans les verres, du champagne, des cocktails et des vins d'ici et d'ailleurs et dans l'assiette des tapas toujours à partager.

MUSIQUE - SPECTACLE
FAUBOURG 46

46, cours sextius ✆ 04 42 61 50 13
www.faubourg46.fr
Ouvert tous les jours de 10h à 2h du matin ; samedi et dimanche de 8h30 jusqu'à 2h du matin.

Tout en haut du cours Sextius, c'est ambiance brasserie (croque-monsieur, salade, omelette au jambon truffé ou entrecôte simmental) mais aussi tapas et tout est frais et fait maison. On en profite pour prendre un café de la maison Noailles à Marseille mais aussi pour un apéro entre amis, où le barmaid propose une carte de cocktails de son invention. Le plus : les happy hours 7j/7, tous les cocktails classiques et sans alcool sont à tarif réduit. La soirée se termine tard dans la nuit pour les happy fews qui ont pu réserver. Possibilité de réserver aussi pour vos évènements privés, anniversaires ou mariages. Brunch à volonté samedi et dimanche. Un lieu branché à découvrir sans tarder...

ET SI ON PRENAIT UN VERRE ?

BAR À BIÈRE

LE BIÈRE PAUL JACK

2, rue Portalis
✆ 04 91 19 29 47
www.lebierepauljack.com
Ouvert du lundi au samedi de 18h à 22h.

La petite devanture du Bière Paul Jack donne envie de s'y aventurer. Tel un petit cabanon diffuseur de bonnes énergies le shop se fait remarquer dans la rue Portalis. Les murs orangés et les bières de toutes les couleurs alignées égayent la curiosité du visiteur assoiffé. Derrière le comptoir, Stéphane, seul à la barre. Ouvert depuis 2016, le Bière Paul Jack regorge de découvertes houblonnées. La traditionnelle bière Belge se laisse taquiner par la bière de Lettonie, star du moment, non loin de la voisine Marseillaise, bière de la Plaine. Plus de 250 bières artisanales et 2 bières pression ! Snacking et bonne musique à disposition pour agrémenter votre apéro.

BAR À TAPAS

LA PINÈDE

3bis, rue Frédéric Mistral
✆ 04 42 39 99 63
lapinede-aix.fr
Ouvert du mardi au samedi de 18h à 22h.

Arthur et Charlotte veulent faire partager leur amour du Sud : ils ont ouvert récemment à côté du cours Mirabeau un beau bistro avec un bar accueillant et généreux mettant à l'honneur les couleurs de la terre de Provence. Le soir, c'est apéro dans une ambiance cosy et sympa. Planche apéro, croque-monsieur ou plateau veggie. La carte des vins est fournie et on a le choix des cocktails, notamment ceux de la Mamette, une start-up aixoise que vous trouverez dans le guide, ou le jardin d'été (gin, cidre, fleur d'oranger et citron) ou melon martini (vodka et jus de melon), tout est frais et souvent fait maison. Terrasse couverte ou pas : une belle et fraiche découverte ! on y court !

BAR À VIN

LE BACCHUS

14, forum des Cardeurs ✆ 04 42 21 17 07
Ouvert tous les jours de 10h à 2h du matin. 45 références de vin au verre, de 4 € à 10 € environ.

Le Cardeur Bacchus, a été repris courant 2017 par une nouvelle équipe et est devenu « le Bacchus ». Cet établissement est désormais un incontournable de la place des Cardeurs. Perchés autour de tonneaux, vous disposerez d'une vue imprenable sur cette place et son camaïeu de couleurs d'été de mai à octobre.

Vous pourrez y déguster une assiette de saumon mariné avec des perles de yuzu, accompagnée d'une salade et de frites maison. A moins que vous ne préfériez vous installer au premier étage dans le bar à vin où l'on peut savourer entre amis un large choix de nectars de la région mais aussi du monde, accompagnés de tapas ou de planchas. Réservation fortement conseillée en saison.

BAR À VIN

LA BONNE QUILLE

16, avenue de la Bourgade - **LE PUY-SAINTE-RÉPARADE**
✆ 06 62 72 27 37
Ouvert du mercredi au dimanche de 10h à 21h. Terrasse. Restauration. Possibilité de privatisation 10 pers.

Dimitri Tikhonkikh est passé dans de belles maisons avant de s'installer dans la région, viticulteur à Sannes dans le Luberon, il a ouvert La Bonne Quille au Puy Ste Réparade, à quelques km d'Aix, avec Hency, Cave et bar à vin, le lieu convivial ne désemplit pas, il faut dire que les 2 compères sont bons vivants parmi les meilleurs. Ici pas de chichi, on s'installe en terrasse autour de tonneaux, on partage la grande table à l'intérieur, pour déguster un bon flacon bio et une assiette de cochonnaille ou d'abats cuisinés par Dimitri, des tapas maison, fleurs de courgettes en saison, carpaccio d'anguille. Super accueil, superbes vins avec les conseils d'Hency, bières, alcools, épicerie fine.

BAR À VIN

LE PETIT BARON

2, place des Fontêtes
✆ 04 42 51 10 84
Ouvert tous les jours de midi à 2h. Vin au verre. Tapas et plats entre 5 et 15 €. Terrasse.

Adresse branchée où l'on aime les bons vins et les mets façon tapas. Le cadre est moderne, personnel aux petits soins et dans l'assiette de beaux produits pour des recettes qui vont à l'essentiel. Les rillettes de sardine, le fuet catalan à l'opinel, l'os à moelle fleur de sel et roquette ou encore l'œuf fermier cocotte à la truffe sont des petits plats sur la carte en dehors des planchettes de charcuterie et de fromages, l'on accompagnent de flacons choisis. La carte des vins tourne en fonction des coups de cœur du moment. Futé : cuisine bistro tous les midis. On se bouscule le soir pour trouver une place autour d'un tonneau convivial sur la terrasse, il est donc préférable de réserver.

BAR À VIN

LE VIEUX TONNEAU

17, rue des chaudronniers
✆ 06 09 43 88 26
Ouvert du lundi au samedi de 18h à 2h. En été, ouvert également le dimanche. Tapas 7 à 15 €. Terrasse.

A deux pas du palais de justice, à l'abri dans une petite place, ce bar à vin branché est apprécié d'une clientèle nombreuse, jeunes actifs ou branchés et propose une ambiance vraiment conviviale. La terrasse est prisée aux beaux jours, le plaisir consistant à partager un bon verre en bonne compagnie accoudé à des tables hautes ou bistrot. Vous pouvez tester d'excellents vins et des vins de soif, une trentaine de références servies au verre, en grignotant de la charcuterie, des fromages affinés à point et une belle sélection de tapas. A midi cuisine du marché, en hiver, cela se passe dans la cave voûtée ou en terrasse extérieure chauffée. Evénements réguliers organisés.

THÉÂTRE
LA COMEDIE D'AIX

8, avenue de la Violette ✆ 04 42 61 17 26 - Bus 5, arrêt Violette. Diabline jusqu'à 19h30. Parking Pasteur. - www.16-19.fr

Billeterie en ligne (liens sur le site). Tarifs selon spectacles. Tarifs réduits et enfants.

Repris en mars 2020 par le groupe familial 16-19 (qui possède aussi la Comédie à Marseille et la Comédie du Sud à Plan de Campagne) et rouvert depuis mai 2021, le théâtre a fait peau neuve avec 269 places aux beaux sièges confortables. La programmation ambitieuse joue la carte de l'humour, on y court pour voir des comédies cultes (*L'Emmerdeur, Le Père Noël est une ordure, Le Dîner de cons…*), mais aussi en famille avec des spectacles pour enfants (*Jack et la maison hantée*) et même, ce qui est plus rare, des spectacles d'éveil pour les tout-petits. En ce moment à l'affiche, *C'est à moi*, des sons et des mimes pour sensibiliser les plus petits au partage, un beau défi pour aujourd'hui !

THÉÂTRE
THÉÂTRE ANTOINE VITEZ

29, avenue Robert-Schuman
✆ 04 42 59 94 37
www.theatre-vitez.com

Ouverture et réservation voir site.

Un petit théâtre ouvert à tous, à vocation contemporaine principalement ! Situé au cœur du campus Schuman d'Aix-Marseille, à proximité de la fac de lettres. C'est un espace de création, de diffusion, de recherche, d'application et de parole en dialogue permanent avec la jeune création. Un lieu d'expression qui met en relation amateurs, étudiants en théâtre, compagnies professionnelles et un large public. Le Théâtre Antoine Vitez accueille tout au long de l'année des productions diverses, professionnelles ou non. Des ateliers de théâtre se déroulent tout au long de l'année universitaire. Spectacles, temps de rencontres, artistes en résidence et ateliers théâtre amateur.

THÉÂTRE
LE PETIT DUC

35, rue Émile-Tavan ✆ 04 42 27 37 39
www.lepetitduc.net

Billetterie en ligne. Abonnement présentiel (réduction tarif spectacle) et streaming (45 € et 5 € tout spectacle).

L'ancien Théâtre et Chansons est devenu, en 2015, Le Petit Duc, un oiseau de nuit aux oreilles acérées, détecteur de talents... On entre désormais par la rue au nouveau numéro 35 dans ce théâtre associatif de 60 places, dédié essentiellement à la chanson française, au jazz et spectacles pour enfants. Différents ateliers sont proposés autour du chant (chant du monde, chant prénatal, atelier à l'attention d'enfants avec autisme). Le lieu accueille également des conférences et des cycles dont la programmation est à retrouver en ligne. Notons que les formules d'abonnement sont très avantageuses et peu onéreuses. Partez à la découverte de nouveaux talents, vous ne serez pas déçu.

THÉÂTRE
THÉÂTRE DU JEU DE PAUME

17-21, rue de l'Opéra ✆ 08 20 13 20 13
www.lestheatres.net

Renseignements et réservation du mardi au samedi de 11h à 18h par téléphone.

Construit à l'endroit de l'ancien Jeu de Paume royal du milieu du XVIIIe siècle, ce superbe petit théâtre à l'italienne d'une capacité de près de 500 places possède un charme fou. Il offre en prime, des fauteuils confortables, une décoration toute de rouge habillée, et une acoustique parfaite. Il travaille main dans la main avec le Théâtre du Gymnase de Marseille et le Grand Théâtre de Provence proposant chaque année un programme alterné d'un endroit à l'autre. Les formules d'abonnement jouent sur les différents lieux, incitant ainsi les spectateurs à se déplacer d'une ville à l'autre. L'été, il accueille également des représentations du festival d'Art lyrique. Faites votre choix !

THÉÂTRE
SALLE DU BOIS DE L'AUNE

1, place Victor-Schœlcher ✆ 04 88 71 74 80
www.agglo-paysdaix.fr

Entrée libre. Réservation indispensable : du lundi au vendredi de 10h à 13h et de 14h à 17h.

Cette salle se situe au Jas de Bouffan, à l'ouest d'Aix. Elle propose des spectacles gratuits avec comme objectif l'accès à la culture pour tous. Un lieu pluridisciplinaire où toutes les formes d'art sont représentées : théâtre, danse, musique, cirque, mais aussi un lieu participatif, un lieu d'échange. À l'issue des représentations, une rencontre est organisée entre les artistes et le public. Ponctuellement, les gradins laissent la place à une exposition ou un bal (une fois par an se déroule le bal du Bla, un moment festif bon enfant). Le plus : un parking gardé ouvert les jours de spectacle. La culture contemporaine et accessible à tous. Réservation indispensable.

THÉÂTRE
THÉÂTRE DU RUBAN VERT

4, traverse Notre-Dame
✆ 06 60 12 31 89
www.lerubanvert-theatre.com

En 2010, l'arrière-salle de la galerie Laurin s'est métamorphosée en un petit théâtre de 49 places. Isabelle Faillard Pancol, la directrice du lieu, parle d'un espace atypique qui accueille des spectacles de tous horizons : théâtre, chanson, musique, poésie, lecture. Une richesse basée sur l'éclectisme ! Un lieu vivant où Isabelle, comédienne et metteuse en scène, propose également des cours de théâtre et des stages pour les enfants pendant les vacances. Ponctuellement, le lieu se transforme même en boutique éphémère pour présenter le travail de créateurs. Un espace dynamique et sympathique à découvrir absolument et une programmation à suivre sur site ou facebook.

CONCERT

ARENA

1955, rue Nicolas Ledoux
www.arenaaix.com

Située à quelques km au Sud d'Aix, l'Arena d'Aix est bien reconnaissable en passant le long de l'autoroute : son design futuriste a été conçu par Auer-Weber et Christophe Gulizzi aux formes arrondies et en différentes strates comme pour évoquer la montagne Sainte Victoire toute proche. Salle multimodale pouvant accueillir quelque 6000 spectateurs et une salle sportive de 1000 places, sans compter les 991 places de parking, elle peut s'articuler en différentes positions permettant d'accueillir tour à tour des concerts, des évènements culturels ou des compétitions sportives - en particulier depuis 2017 le PAUC club de handball du Pays d'Aix. Programmation à suivre sur le site !

CONCERT

LE GRAND THÉÂTRE DE PROVENCE

380, avenue Max-Juvénal ✆ 08 20 13 20 13
www.lestheatres.net/

Billetterie ouverte du mardi au samedi de 13h à 18h et par tél. de 11h à 19h ou en ligne sécurisée sur le site Internet.

Véritable temple dédié à la musique classique, à l'art lyrique et à la danse, ce théâtre fait partie des nouvelles architectures incontournables de la ville. Modernité extérieure et salle à l'italienne, le GTP (Grand Théâtre de Provence) jouit d'un équipement dernier cri : acoustique de qualité, fosse d'orchestre de 105 musiciens et 1370 places dont 950 au parterre. Le Grand Théâtre a vu défiler depuis son ouverture des artistes de renom. En juillet, il accueille des opéras du Festival d'Art Lyrique. A Pâques, c'est le festival du même nom qui s'y installe.

THÉÂTRE

THÉÂTRE NO

Avenue Jean-Monnet - Parc Saint Mitre
✆ 04 88 71 81 81

Représentations ponctuelles se renseigner auprès de l'association théâtre No.

Aix-en-Provence abrite le seul véritable théâtre nô situé en dehors du Japon. Confié en 1992 à la ville par la famille Kano, dynastie réputée de cet art ancestral, il est situé depuis 2015 au Parc Saint-Mitre. Le honbutaï, structure de 6 m x 6 m, est en hinoki, un cèdre du Japon, avec son pin emblématique en arrière-scène. C'est sur cette scène publique en plein air que s'expriment les troupes de nô, art dramatique japonais total, chanté, dansé et souvent déclamé masqué, au son de quatre instruments : une flûte traversière en bambou et trois tambours. Chaque année, l'association Théâtre Nô-Maître Kano organise fin mai le Printemps du Japon, une manifestation en hommage à la culture nippone.

CONCERT

PASINO AIX-EN-PROVENCE

21, avenue de l'Europe ✆ 04 42 59 69 00 - Situé à 5 min du centre-ville d'Aix, après la gare routière. Parking gratuit.
www.casino-aix.partouche.com

Ouvert toute l'année.

Visible de loin avec sa grande pyramide bleue, le Pasino d'Aix-en-Provence, situé à l'entrée de la ville, est un établissement de jeux mais également une salle de spectacle, un lieu de restauration doté de plusieurs restaurants et d'un café-brasserie, mais aussi un espace où se déroulent quelques salons : bien-être, mariage... De nombreuses têtes d'affiche de la variété et de grands comiques se produisent ici, cette année par exemple Laurent Baffie ou Michel Jonasz. Certaines associations ont également pris l'habitude de donner leur spectacle de fin d'année sur cette scène. La palette est variée. On peut programmer une soirée complète dans ce bel endroit festif. Parking gratuit.

CONCERT

6MIC

160, rue Pascal Duverger
✆ 07 50 59 36 14
https://www.6mic-aix.fr

La plus grande SMAC (salle de musique actuelle) de France.

Deux salles de concert de 800 et 2000 places, quatre studios de répétition et un studio d'enregistrement, un patio de 250 m2 pour la période estivale et les concerts en extérieur. Inaugurée le 6 mars 2020 et implantée en plein cœur du nouveau Quartier de la Constance au Jas de Bouffan, cette nouvelle SMAC est la plus grande de France. L'architecture du bâtiment signée Rudy Ricciotti et Jean-Michel Battesti est un bloc de béton dur dont la forme rappelle la montagne Sainte Victoire. Rap, reggae, électro, chanson française, une programmation musicale éclectique. Résidences d'artistes, le 6MIC est un lieu de diffusion mais aussi de production artistique. Également bar et restauration.

DANSE

LE PAVILLON NOIR

530, avenue Wolfgang-Amadeus-Mozart ✆ 04 42 93 48 14
www.preljocaj.org

Billeterie ouverte du mardi au vendredi de 12h à 18h. Les samedis de spectacle de 15h à 18h et juste avant.

Un lieu dédié à la danse. Le ballet d'Angelin Preljocaj, qui a fêté ses trente ans de création en danse contemporaine en 2015, a investi en 2006 le beau Pavillon Noir d'Aix. Ce centre chorégraphique national est implanté dans le quartier culturel moderne implanté à l'orée des Allées Provençales. En 2015, Le Pavillon Noir a bénéficié d'une extension de ses locaux d'environ 300 mètres carrés. Cette belle structure signée Rudy Ricciotti abrite quatre salles de répétition et une salle de spectacle de 386 places. La programmation du Pavillon Noir inclut les créations de la compagnie résidente, mais aussi des créations d'autres chorégraphes, certains en résidence.

CONCERT
THÉÂTRE DE L'ARCHEVÊCHÉ

Place des Martyrs-de-la-Résistance
✆ 0820 922 923
www.festival-aix.com
Boutique ouverte de 10h à 19h pendant la durée du festival.

Un théâtre de plein air au cœur de l'Archevêché ! Avant de devenir la scène de référence du Festival International d'Art Lyrique, elle servait à accueillir les carrosses dans la cour de service de l'Archevêché. Son escalier d'honneur à double révolution, ses voûtes et ses ailes datant respectivement du Moyen Age et du XVIIe siècle en font un des joyaux du patrimoine aixois. Aujourd'hui, ce théâtre, rénové en 1998, est composé d'une scène de 7 mètres de profondeur, de décors mobiles et d'une machinerie à l'italienne. Depuis 60 ans, elle reçoit de prestigieux artistes lyriques du monde entier pour interpréter des œuvres de Mozart, Rossini, Stravinsky ou encore des créations modernes.

CAFÉ-THÉÂTRE
CAFE THÉÂTRE DE LA FONTAINE D'ARGENT

5, rue de la Fontaine-d'Argent ✆ 04 42 38 43 80
www.lafontainedargent.com
Ouvert du mardi au samedi. Billetterie en ligne. Prix d'entrée variant selon spectacle et horaires. Cours de théâtre.

La plus ancienne salle de café-théâtre de France, d'une capacité de 71 places, a réjoui des générations d'Aixois. Au programme : de l'humour, des one-man-show... Les plus jeunes ne sont pas oubliés avec des spectacles variés (marionnettes, magie, contes, théâtre) programmés mercredi, samedi et dimanche avec goûter. En venant se restaurer à 19h30, vos places de spectacle sont alors réservées aux premiers rangs : un plus. Cours de théâtre adulte le lundi soir et enfant le samedi matin et aux vacances scolaires : cette fontaine est d'argent, de rire et d'eau vive !

CAFÉ-THÉÂTRE
LE CAFE THÉÂTRE FLIBUSTIER

7, rue des Bretons ✆ 04 42 27 84 74
www.leflibustier.net
Spectacles du mardi au dimanche. Entrée entre 10 et 16 €. Cours et ateliers de théâtre.

De l'humour, du rire et de la bonne humeur, tels sont les mots d'ordre du Flibustier. Le directeur de ce bel équipage s'attèle à concocter une programmation humoristique, composée de jeunes talents ou d'artistes plus reconnus : des comédies mais aussi du one man ou woman show. Vous assistez au spectacle dans une superbe cave voûtée intimiste d'une cinquantaine de places. Le Flibustier propose également des spectacles pour enfants le dimanche et pendant les vacances scolaires ainsi que des cours de théâtre pour tous âges à partir de 2 ans et tous niveaux.

CINÉMA
LE CÉZANNE

1, rue Marcel-Guillaume ✆ 08 92 68 72 70
www.lescinemasaixois.com
Entrée adulte à partir de 10,90 €, tarif réduit étudiant et enfant. Séance du matin. Accès PMR.

De nombreux films en tout genre : comédies, films à grands spectacles, films d'animation en 3D... Le Cézanne s'adresse à tous les publics et uniquement en version française. Après avoir fêté ses 50 ans de bons et loyaux services en 2009, le cinéma demeure incontournable. Une salle de 1 200 places est utilisée notamment pour les avant-premières. Vous pouvez acheter vos places en prévente ou sur internet. Dans ce cas, vous faites la queue sur le côté du cinéma et entrez en premier. L'activité du cinéma se diversifie en proposant des séances HD live (retransmissions en direct), des concerts ou des ballets ainsi que des avant-premières. Vous apprécierez le confort pour profiter de votre film.

CINÉMA
LE MAZARIN

6, rue Laroque ✆ 04 42 26 61 51
www.lescinemasaixois.com
Ouvert tous les jours et les jours fériés. Entrée : 12,50 € (cinéma avec accès à mobilité réduite). Enfant : 7,50 €.

Le Mazarin n'est autre que le plus petit cinéma de la cité aixoise et c'est justement ce qui fait son charme ! Régulièrement dans l'ombre de son géant voisin le Cézanne, il est classé d'art et d'essai et s'approprie des films rares diffusés dans quelques salles en France. Le Mazarin, comme le Renoir, ravit un public exigeant qui aime les films d'auteur, les œuvres atypiques, des films qui sont finalement salués par la critique. Rétrospectives, documentaires, films inédits ou petites productions... Tous les films étrangers sont en version originale et sous-titrés en français, ce qui est très apprécié, notamment des étudiants étrangers et touristes de passage. Avis aux amateurs !

CINÉMA
LE RENOIR

24, cours Mirabeau
✆ 08 92 68 72 70
www.lescinemasaixois.com
Ouvert toute l'année. Entrée : 12,50 €. Tarif réduit : 9,50 € (scolaires et étudiants). Moins de 14 ans 7,50 €.

La programmation du Renoir est certainement la plus éclectique des trois cinémas de la cité aixoise. Films d'auteur, blockbusters en version originale, films français, le Renoir offre un panel d'œuvres variées pour le plus grand plaisir des cinéphiles. Depuis sa rénovation, le petit cinéma du cours Mirabeau a tout d'un grand : confortable et chaleureux, il déploie ses salles sur deux étages. Un petit coin bar vous permet de plus de vous asseoir pour siroter un verre avant ou après la séance. Vous l'aurez compris, il s'agit là d'une bonne adresse, on ne peut plus centrale qui plus est. Possibilité de se garer dans les différents parkings publics environnants.

LET'S DANCE !

BAR - CAFÉ

LE BRIGAND

17, place Richelme - angle rue Fauchier
✆ 04 42 12 46 81
Ouvert tous les jours de 11h à 2h.

Situé à l'un des angles de la place Richelme et de la rue Fauchier, ce petit pub, à la décoration typique, est très prisé des étudiants et aussi de la jeunesse aixoise plus adepte de ce genre de lieu que des bars branchés. C'est souvent bondé. Mais dans ce cas vous pourrez heureusement prendre place sur sa terrasse déployée en paliers sur la place Richelme pour y savourer entre amis une bonne bière choisie parmi le large choix offert. Ce pub vous propose également ses soirées thématiques et, en permanence, une ambiance animée et décontractée appréciée des jeunes comme des moins jeunes. Happy hour de 17h à 20h30 tous les jours. Concerts et DJ très régulièrement. Soirées étudiantes le jeudi.

BISTROT - BRASSERIE

LES TEMPLIERS

2690, chemin de Lignane - **PUYRICARD**
✆ 07 63 54 25 35
www.les-templiers.fr
Ouvert jeudi, vendredi et samedi de 20h à 2h.

Un resto-club qui organise des soirées animées toutes les fins de semaine. Tout d'abord restaurant où l'on peut se régaler d'une petite poêlée de seiches en persillade, d'une délicieuse mozza di Buffala en croute de noisette ou encore d'un carpaccio de bœuf au pesto verde mais aussi être sûr de trouver une ambiance festive et de pouvoir retrouver des amis... Les dîners-concerts sont toujours appréciés, mais aussi d'autres animations, soirées blanches, animation DJ plus dansante, que ce soit pour un apéritif ou à l'occasion d'une fête d'anniversaire ou autres, l'endroit est souvent recherché pour la bonne ambiance et les réservations sont toujours conseillées...

DISCOTHÈQUE

LA COCINA NEGRA

25, rue des Magnans
✆ 06 66 65 17 22
Ouvert du mardi au vendredi de 20h à 1h.

La Cocina Negra est tout simplement le nouveau lieu en vogue des soirées aixoises. Dans un cadre typé, entre bar clandestin des années 1930 à Chicago et Bodega espagnole, on sert des cocktails concoctés par de véritables mixologues en chemise blanche et bretelles noires. Musique feutrée et entrainante sous les alcôves de pierre en sous-sol, bois patiné, tables basses et lumières tamisées derrière de somptueux flacons de spiritueux.. il y a de la magie dans l'air.

Mais ce qui fait le secret de cet établissement ne le reste pas longtemps dans une ville jeune et avide de sorties : passez avant 22h surtout en weekend si vous espérez rentrer. Evènements à suivre sur facebook et instagram.

DISCOTHÈQUE

LE DIVA

10, avenue maréchal de Lattre de Tassigny ✆ 06 71 29 21 11
lediva.fr
Ouvert le vendredi et le samedi. Privatisable du dimanche au jeudi.

Voilà un resto-club qui se plie à toutes les demandes : le vendredi et le samedi, c'est restaurant pour tous à partir de 20h ; toujours le choix entre 3 entrées, 3 plats ou 3 desserts à base de produits frais, la carte change tous les mois. Dès 23h le restaurant se transforme en club et tout le monde danse au son de la musique. Bonne ambiance chaleureuse et festive assurée. Du dimanche au jeudi, c'est un espace privatisable qui met tout en œuvre pour vos évènements privés, que ce soit un anniversaire, un départ, un enterrement de vie de garçon ou de jeune fille, mais aussi une rencontre plus professionnelle pour un team building novateur. Vivement que la fête commence !

DISCOTHÈQUE

JOÏA CLUB

935, route de l'Enfant
✆ 06 22 12 42 55
Navette gratuite depuis la Rotonde.
Soirées en fin de semaine et sur RDV.

Venez vivre le retour d'une légende des nuits aixoises ! Au cœur de la zone industrielle des Milles, le club a été récemment refait à neuf, grands espaces, salle VIP, éclairages revus, décor moderne et confortable qui plaît à tous, jeunes et moins jeunes. L'atout du club est d'être en intérieur l'hiver et en extérieur l'été pour plus de plaisirs, sur fond de musique commerciale, urbaine et électro. Une adresse de choix pour faire la fête entre amis, pour petits et grands événements à célébrer. Tenue et comportement élégants de rigueur. A noter : une navette gratuite part de la Rotonde à Aix-en-Provence jusqu'à la Joïa. Super pratique pour les nuits arrosées.

DISCOTHÈQUE

LE MISTRAL

3, rue Frédéric-Mistral ✆ 06 15 73 42 20
www.mistralclub.fr
Ouvert du mardi au samedi de minuit à 6h et 7j / 7 pendant les vacances estudiantines.

Le Mistral, c'est l'incontournable boîte aixoise. Elle est située quartier Mazarin, derrière le cours Mirabeau. Connue des citadins depuis plusieurs générations, elle reste ultra fréquentée et poursuit sa carrière imperturbablement. En 2018, la boîte a été redécorée par le designer Gianni Fascianni. Au menu, de l'électro et les derniers sons du moment arrangés par les meilleurs DJ d'ici et d'ailleurs. Sachez qu'il s'agit de la boîte favorite de la jeunesse dorée aixoise, le grand jeu des moins de 18 ans consistant à se vieillir pour essayer de rentrer ! Vous l'aurez compris, l'adresse attire une clientèle nombreuse mais il faut, à défaut de l'être vraiment, avoir le look jeune !

ACTIVITÉ ARTISTIQUE

ATELIER INDIGO

40, rue de l'Opéra
✆ 04 42 93 07 91
www.atelierindigo.fr
Consulter le site. Engagement au trimestre ou à l'année.

Elles sont quatre artistes plasticiennes et se sont associées pour proposer des cours de peinture pour tous les âges et tous les styles. L'association existe depuis 1993. On choisit les cours au trimestre ou en stage pour perfectionner une technique dont le très complexe portrait avec modèle vivant. Les plus petits suivent un parcours dans leur univers onirique, les ados s'adonnent à l'observation et à la BD et les adultes créent un carnet de voyage. Dominique, Virginie, Mélanie et Krupskaia ont à cœur de vous mener vers votre style avec beaucoup de bienveillance. Le calendrier des événements et stages ponctuels est à consulter sur le site internet de la structure.

ACTIVITÉ ARTISTIQUE

LA BOITE A MUS'

210, chemin de Granet
✆ 04 42 59 01 94
Programme des cours sur le site.

Dans le quartier des Granettes, la Bastide Granet, héritée du grand peintre Granet, est un espace artistique depuis 1987. L'association Boîte à Mus' reprend ce lieu pour continuer à proposer du partage, de la création et des échanges au sein du quartier. Petits et grands pourront y suivre des cours de musique, du piano ou de l'éveil musical pour les plus petits mais aussi de danse, de théâtre ou d'arts plastiques. Également en lien avec un programme de musique comme le festival Mus'iterranée pour éveiller ou révéler des talents. Et tout le monde a un objectif concret à travers des événements récurrents comme des expositions, des spectacles et des concerts. Trac et joie au rendez-vous !

COURS DE DANSE

MOVE LE STUDIO

27 bis, rue du 11 Novembre
✆ 07 67 66 67 62
www.movelestudio.com

© MOVE LE STUDIO

Danse classique, expression corporelle, jazz, hip-hop, cabaret, yoga, Yin Stretching, Pilates. Bouger son corps, c'est faire du bien aussi à votre mental quelle que soit la discipline, c'est le credo de Charlotte, danseuse et coach qui a repris Aix Studio Ballet réputé depuis 30 ans ! Move Le Studio a évolué vers un concept où le bien-être est prioritaire et se conjugue avec la rigueur d'une école de danse. Le lieu dispose de 2 studios, des salles claires et spacieuses, emplies de bonnes ondes. Les cours sont ouverts à tous, à partir de 4 ans. Le petit + de Move le Studio, c'est la possibilité pour les élèves motivés d'intégrer le parcours d'excellence, admission sur audition, à partir de 10 ans.

COURS DE DANSE

LE BALLET PRELJOCAJ

530, avenue Mozart
✆ 04 42 93 48 14
www.preljocaj.org
Ouvert du lundi au vendredi 9h-12h et 14h-18h.

De renommée internationale, la troupe d'Angelin Preljocaj a d'ores et déjà créé près d'une cinquantaine de chorégraphies présentées dans le monde entier. Le centre accueille d'autres compagnies en résidence et propose un panel d'activités de formation et de sensibilisation à la danse contemporaine. Le centre est hébergé dans le Pavillon Noir, inauguré en 2006, 3000 m² dédiés à la danse dont l'architecture audacieuse est signée Rudy Rucciotti. Doté de quatre studios de répétition et d'une salle de spectacles de 378 places, ce pavillon laisse entrevoir par ces larges ouvertures vitrées les activités de danse qui s'y déroulent, répétitions, stages. Et berceau des chorégraphies de Preljocaj !

COURS DE DANSE

ÉCOLE DE DANSE GRENADE

10-14, allée Claude-Forbin ✆ 04 42 96 37 56
www.josette-baiz.com
Adhésion 30 €. Abonnement année de 200 € pour 45 min par semaine à 700 € en illimité. A l'unité 1h30 : 15 €.

La compagnie Grenade de Josette Baïz installée en 2014 à l'espace Forbin après des années à la Chapelle (MJC Bellegarde) a célébré ses 30 ans en 2022. C'est désormais d'un véritable centre chorégraphique dont Josette Baïz et son équipe disposent pour l'enseignement et la création chorégraphique, notamment en direction des enfants, la « spécialité » de Josette Baïz. Car avec Josette Baïz, il ne s'agit pas seulement d'apprendre, mais aussi d'intégrer les enfants et les jeunes dans un véritable processus de création. Grenade regroupe une douzaine de danseurs professionnels adultes. Cours pour adultes, cours pour enfants, entraînement professionnel. Cette expérience est unique en France.

COURS DE CUISINE

LA VILLA DES CHEFS

1225, chemin de la Blaque
✆ 06 64 84 60 48
www.lavilladeschefs.com
Tarifs selon la formule choisie. Réservation impérative.

Depuis 2008, la Villa des Chefs vous invite à de grands moments de gastronomie et de convivialité. Se succèdent aux fourneaux 45 chefs, certains étoilés, des maitres-restaurateurs, des enseignants d'écoles hôtelières, de grands sommeliers et de grands pâtissiers. Les chefs qui interviennent dans cette villa totalisent plus de 30 étoiles au guide Michelin. Selon le calendrier, les chefs Bryan Esposito, Vincent Poëtte, la cheffe pâtissière Graziella Augier (18 médailles d'or aux concours internationaux) vous accompagnent pour réaliser un menu très raffiné. Le must : le stage de 4 jours, avec un chef différent chaque jour. De quoi épater vos prochains convives !

COURS DE CUISINE

L'ATELIER DES CHEFS

14-16, rue Constantin
✆ 04 42 96 41 03
www.atelierdeschefs.fr
Ouvert du mardi au samedi de 10h à 19h.

L'Atelier des chefs, né à Paris en 2004, a essaimé en province. Installé à Aix depuis 2010 dans les locaux historiques de l'ancien restaurant Sicilia Nostra, le chef vous invite en cuisine et propose un large panel de formules. Au programme : cuisine asiatique, italienne, pâtisserie, repas de fête, mais aussi destination cocktail... Avec la formule express (30 minutes), par exemple, vous apprenez à cuisiner un plat à déguster sur place ou chez vous. Avec les formules plus approfondies, vous apprendrez non seulement à cuisiner, mais aussi à choisir les bons ingrédients et les bons ustensiles. Petit plus : l'espace boutique avec rayons art de la table, librairie et épicerie.

CIRQUE

CENTRE INTERNATIONAL DES ARTS EN MOUVEMENT

4181, route de Galice ✆ 09 83 60 34 51
http://artsenmouvement.fr
Ouvert à tous, adultes et enfants. Stages durant les vacances scolaires et le week-end.

En 2013, Philippe Delcroix, longtemps directeur technique du Festival d'Aix, et Chloé Béron, en charge de la direction artistique, fondent le CIAM. Son objectif ? Recréer du lien entre territoire et culture pour un mieux vivre-ensemble en faisant connaître et rayonner les arts du cirque. Les projets s'articulent autour de 4 directions : enseignement, innovation-recherche, accompagnement et spectacles. Des activités pédagogiques avec les scolaires bien sûr, mais aussi avec les détenus ou encore des team building d'entreprise et des artistes en résidence.

COURS DE MUSIQUE

CONSERVATOIRE DARIUS-MILHAUD

380, avenue Wolfgang Amadeus Mozart
✆ 04 88 71 84 20
www.aixenprovence.fr/Conservatoire
Ouvert du lundi au samedi de 8h à 20h.

Depuis 2017, le Conservatoire de musique, de danse et de théâtre Darius Milhaud est devenu Conservatoire à Rayonnement Régional. Depuis 2013, il est installé dans des locaux modernes et innovants conçus comme un origami par l'architecte japonais Kengo Kuma. Près de 7 000 m², 62 salles, 20 salles de pratique individuelles ou collectives pour tous les instruments ou presque. Son auditorium de 500 places accueille concerts et événements ponctuels. Le conservatoire participe au programme artistique de la ville, comme avec « Musique dans la rue » ou les nuits pianistiques.

HOBBIES

ATELIER DES POTIERS

560, avenue de la 1ère Division Française Libre
✆ 06 67 85 12 96
www.atelierdespotiers.fr
Stage de 3 journées 180 €.

Le grand-père de Christophe de Mons était céramiste, son père aussi, tous deux réputés pour leur savoir-faire dans la région. Christophe partage cette passion du travail de la terre aujourd'hui avec Élise son épouse au sein même de cet atelier familial. Leurs créations en petites séries sont en vente, mais ils consacrent de plus en plus de temps à transmettre leur passion et leur savoir-faire à un large public, jeune et moins jeune. Cours de poterie, estampage, modelage, tournage, émaillage, ils enseignent toutes les techniques, en stages de découverte ou de perfectionnement. Leur atelier est un espace de partage, d'échanges et de création qui vit tout au long de l'année.

JEUX ET JOUETS

LES CRODILES

30, chemin de la Badesse ✆ 04 42 61 38 80
www.les-crodiles.fr
Ouvert mercredi de 14h à 18h30 ; jeudi, vendredi et samedi de 10h à 12h30 et de 14h30 à 18h30.

Une jolie boutique pour enfants mais une vraie boutique inclusive pour tous les enfants, y compris ceux qui peuvent avoir des troubles DYS, TDHA, moteurs, visuels ou sensoriels. La volonté de montrer que ce qui est nécessaire aux enfants à besoins particuliers l'est aussi pour tous les autres. Sandra travaille avec des professionnels, ergothérapeutes, orthophonistes et psychomotriciens, et a sélectionné des articles ludiques et pédagogiques, des outils thérapeutiques pour l'apprentissage et la rééducation des enfants porteurs de troubles. Une boutique pour tous les parents, mais aussi les professionnels, les écoles et les services jeunesse. Accueil chaleureux et conseils avisés.

LOISIR CRÉATIF

ATELIER CARNETS DE VOYAGE

Quatrinaime ✆ 06 28 06 90 10
www.quatrinaime.blogspot.com
Ateliers le mercredi a-m (programme sur le site). Prestations à la carte. Balades en vélo électrique. English spoken.

Catherine vous emmène à la découverte des ruelles du vieil Aix, ou à travers les paysages cézanniens et vous apprend à observer les volutes d'une porte ou les courbes d'une fontaine. Le principe est simple, il suffit de vous munir d'un carnet à dessin, d'un feutre noir et de bonne volonté… Pas besoin d'être un as du crayon, la technique, transmise en quelques heures, consiste à jouer sur les tailles et les imbrications d'objets. Vous êtes un piètre dessinateur ? Aucun problème ! Vous serez étonnés du résultat ! Entre autres talents à découvrir sur son blog : la biodanza !

LOISIRS CRÉATIFS

LE CHAT QUI TRICOTE

28, rue Constantin ✆ 09 81 24 64 24
www.lechatquitricote-shop.com
Ouvert mardi au samedi de 10h30 à 18h30. Cours, ateliers. Soirée tricothé jeudi 18h30/22h sur réservation.

Le chat qui tricote c'est l'affaire de deux sœurs Camille et Mathilde qui ont le goût du partage. Le concept est celui d'une boutique-atelier salon-de-thé dédiée au tricotage. D'un côté l'espace de vente avec des pelotes et des écheveaux de laine, de la mercerie, des bobines de macramé, bref, tout pour la couture, la broderie ou le crochet et de l'autre le salon de thé-atelier dans l'esprit pâtissé maison. Les ateliers sont programmés, individuels ou collectifs, débutants ou intermédiaires, pour adultes ou enfants. Le jeudi, soirée *Tricothé* dans un esprit convivial où les petites mains s'affairent, où l'on papote, où l'on grignote. Un lieu intergénérationnel !

LOISIRS CRÉATIFS

LA PALETTE DE PERLES

203, avenue Paul-Julien - **LE THOLONET** ✆ 04 42 26 45 76
Ligne de bus n°3
www.lapalettedeperles.fr
Ouvert du mardi au samedi de 10h à 12h30 et de 15h à 19h.

Nathalie et Typhaine, mère et fille, sont les propriétaires de cette jolie boutique. Vous y trouvez des perles et des perles et encore des perles ! Des dorées, des mates et des brillantes, des noires et de toutes les couleurs, des petites, des grosses, des rondes, des carrées, à facettes, en métal, verre, céramique, résine, bois ou pierres naturelles… et tout ce qu'il faut pour réaliser vos bijoux branchés, bijoux de cheveux, de sac, bracelet, boucles d'oreilles… pour imaginer les accessoires les plus futiles, les plus extravagants et les plus classieux. De bons conseils pour réaliser vos bijoux. Également en vente les bijoux exposés et d'autres accessoires (sac, porte-clés…).

PEINTURE

ATELIER DE PEINTURE AIX CAETERA

VENELLES ✆ 06 86 08 53 49

Le dessin, la peinture à l'huile, les techniques mixtes et surtout l'aquarelle, les stages proposés par Pétra Wauters remportent un grand succès au-delà même de notre département, stages thématiques de 2 à 4 jours avec travail sur le motif en Provence de Sainte Victoire aux vignobles du Luberon et même à l'étranger en Italie ou au Maroc ou bien les stages d'initiation d'1/2 journée qui ont lieu à l'atelier, l'ambiance est conviviale. Pétra fournit le matériel. Vous approfondirez chez vous avec son ouvrage paru en 2021 *Ma méthode d'aquarelle - jusqu'au bout du pinceau.*

PEINTURE

ECOLE SUPERIEURE D'ART D'AIX-EN-PROVENCE FELIX CICCOLINI

57, rue Emile Tavan ✆ 04 65 40 05 00
Du lundi au vendredi selon programmation.

L'école supérieure d'art offre une formation reconnue aux étudiants qui se destinent à une carrière artistique. Pour autant, elle propose aussi différents cours aux amateurs éclairés et de tous âges : que vous cherchiez un cours de peinture ou de dessin pour votre enfant ou que vous vouliez vous-même prendre des cours de modèle vivant, d'art thérapie, de céramique, de sculpture ou même de photographie argentique, rendez-vous à l'école, vous y trouverez sûrement votre bonheur. Les cours ont lieu souvent en fin de journée ou le mercredi après-midi.

PHOTO

LA FONTAINE OBSCURE

24, avenue Henri-Poncet ✆ 04 42 27 82 41
www.fontaine-obscure.com
Ouvert le samedi de 10h à 12h. Du mardi au vendredi de 14h à 18h, (19h en haute saison).

Créée en 1979, La Fontaine Obscure rassemble des amateurs, des professionnels de la photographie ainsi que des curieux, des passionnés et des collectionneurs. Le premier mercredi du mois, les amateurs se retrouvent pour une lecture de portfolios, mais ils peuvent également participer à des cours et des stages. Lieu de rencontre, La Fontaine Obscure est aussi une galerie ouverte au grand public. Elle met tout en œuvre pour promouvoir cet art en organisant annuellement le festival Phot'Aix, un événement marquant de vie aixoise qui permet de déambuler d'un lieu à l'autre à travers la ville : cette année sur le thème « L'album de famille » en trois lieux d'exposition en septembre et octobre.

JE LIS

LIBRAIRIE

L'ANTRE DE CALLIOPÉE

74, rue des Cordeliers
✆ 04 42 29 77 50
Ouvert du mardi au samedi de 10h à 19h.

Dédiée à la littérature fantastique, à la science-fiction, à la pop-culture, cette nouvelle librairie indépendante fait l'unanimité auprès d'un vaste public, et pas seulement jeune. C'est devenu un lieu de rencontre et de partage convivial car Mathilde a eu la bonne idée de créer un grand espace salon de thé/coworking dans le prolongement de la librairie, avec des pâtisseries bio. Mathilde a toujours lu et particulièrement ce genre de littérature, l'imaginaire est son univers de prédilection. Si c'est le vôtre, poussez la porte, Mathilde a tout ou presque : 3 000 ouvrages référencés, c'est énorme, couvrent les murs de la librairie. Elle invite des auteurs et organise des ateliers.

LIBRAIRIE

LIBRAIRIE DE L'HÔTEL BOYER D'EGUILLES

6, rue Espariat ✆ 09 80 92 65 75
Ouvert du lundi au samedi 9h30- 19h, le dimanche de 10h30 à 18h30 et côté restaurant de 9h à 2h tous les jours.

A l'heure où les librairies indépendantes ont du mal à survivre, celle de l'Hôtel Boyer d'Eguilles vient renforcer l'offre aixoise en plein centre-ville. Située dans l'entresol de cet hôtel particulier du XVIIe siècle, la LHBE mêle activité de librairie généraliste et café-restaurant. On flâne avec plaisir - comme si l'on était dans une bibliothèque amie - au fil des différentes salles dédiées aux livres, environ 25 000 références. Côté restauration, on s'attable dans ce cadre superbe ou en terrasse pour un plat du jour, un thé l'après-midi ou un brunch dominical.

LIBRAIRIE

MON CHAT PITRE

13, Rue de Montigny
✆ 04 42 21 22 77
Ouvert du mardi au samedi de 10h à 19h.

Après les bars à chats, voici la première librairie généraliste en France où nos petits félins si gracieux ont pris pension : ronrons sur les étagères et câlins aux bouquins, on est sous le charme ! On doit le concept à Solène Chavanne, l'animatrice de Pense-bêtes sur LCI, et Jean-Philippe Doux (M6 et France 2), deux amoureux des chats dont le credo est de sensibiliser à l'adoption et de lutter contre les abandons. Les minettes et matous de la librairie adoptés sont parrainés par des personnalités : Bernard Werber, Andréa Ferréol, Philippe Geluck, Jarry, Faustine Bollaert ou Élodie Fontan. Également un coin thé ou café pour se poser, lire ou rêver en bonne compagnie.

LIBRAIRIE

LIBRAIRIE GOULARD

37, cours Mirabeau ✆ 04 42 27 66 47
www.librairiegoulard.com
Ouvert le lundi de 10h30 à 19h30 ; du mardi au samedi de 9h30 à 19h30.

Entre le cours Mirabeau et la rue Papassaudi, cette librairie s'étend tout en longueur, proposant des milliers de volumes, des conseils pointus de libraires spécialisés et même un espace où l'on peut s'assoir pour réfléchir à son prochain achat ou feuilleter un bouquin. Cette libraire indépendante résiste à toutes les modes en offrant un choix large parfois décalé, en osant les petits éditeurs, les auteurs méconnus et les coups de cœur franchement signalés. Titulaire du label LIR (Librairie indépendante de référence) attestant de la richesse de son assortiment, de la qualification du personnel et d'actions d'animations culturelles, elle invite aussi de grandes signatures ponctuellement...

LIBRAIRIE

LAGON NOIR

3, rue du Bon Pasteur ✆ 09 50 43 23 39
https://www.librairielagonnoir.com/
Ouvert le mercredi et jeudi de 11h à 19h et le vendredi et le samedi de 10h à 19h.

Pensée comme une « capsule temporelle » par ses trois fondateurs, cette librairie vous invite à prendre votre temps. Spécialisée dans le genre, elle propose 4 000 références qui se répartissent entre SF, fantasy, fantastique, écologie et cinéma. Fictions, bandes dessinées, essais et beaux livres s'y côtoient et s'adressent aussi bien aux enfants qu'aux adultes. Une sélection triée sur le volet où l'on pioche des classiques mais aussi des titres inédits et plus confidentiels choisis par les trois passionnés à la tête de cette librairie d'un autre genre : Charlotte, Guy et Jean-Michel. A propos, le nom de lagon noir fait référence au film culte *L'Étrange créature du lac noir* de Jack Arnold.

LIBRAIRIE

LIBRAIRIE MUSICALE AIXOISE

1, rue Mérindol
✆ 04 42 54 03 81
www.lmi-partitions.com
Ouvert du mardi au samedi de 10h à 12h30 et de 14h30 à 19h.

Cette boutique dédiée à la musique renferme de véritables trésors. Vous trouverez divers instruments et des accessoires pour musiciens : anches, coussins d'épaule, sourdines, lampes pour pupitre... Côté partitions, tous les courants musicaux sont représentés. Impeccablement alignées, de nombreuses éditions françaises et étrangères vous attendent. Le rayon consacré aux livres propose des ouvrages sur l'histoire de la musique ou les compositeurs célèbres. Ajoutons à ces articles des méthodes d'apprentissage, du papier à musique ainsi que d'étonnantes petites boîtes à musique.

LIBRAIRIE

RÊVE DE MANGA

6, rue des tanneurs
✆ 09 51 24 31 32
www.revedemanga.com
Ouvert du lundi au samedi de 11h à 20h.

Nouveau lieu pour cette petite librairie installée dans une rue piétonne à proximité de la plus grande salle de jeux en réseau d'Aix. A l'intérieur, des rayonnages où s'alignent des centaines de mangas souvent classés par série. Au total, pas moins de 10 000 articles liés au manga. Les incontournables comme Dragon Ball Z ou Nori Taka mais aussi des nouveautés. Viennent s'ajouter des figurines officielles, des posters, des mugs, des cartes à jouer (Pokémon, DragonBall Super, Weiss Schwarz...) ; Nicolas, le gérant, règne sur son domaine avec bonne humeur, toujours prêt à renseigner les passionnés. Une bonne occasion de partager et redécouvrir ce pan de la culture japonaise.

JEUNESSE

OH ! LES PAPILLES

25, rue des Cordeliers
✆ 04 42 93 12 76
www.ohlespapilles.com
Ouvert du mardi au samedi de 10h à 19h et le lundi de 15h à 19h. Goûters et ateliers.

Cette librairie diffuse des livres pour les enfants et les bébés, mais aussi quelques cd et dvd et un petit rayon papeterie. Oh ! les Papilles est appréciée des parents et des enfants pour ses ateliers d'activités manuelles et même pour l'organisation d'anniversaires. Les ateliers, ouverts aux enfants gourmands de lecture à partir de trois ans, se déroulent les mercredi et samedi. Les activités manuelles sont toujours suivis d'un copieux brunch le matin et d'un bon goûter l'après-midi. Tout est bio ! Un plan très futé pour les parents qui veulent souffler un peu et qui souhaitent offrir à leurs enfants des activités d'éveil intelligentes. Réservation indispensable.

LANGUE ÉTRANGÈRE

BOOK IN BAR

4, rue Joseph-Cabassol
✆ 04 42 26 60 07
www.bookinbar.com
Ouvert du lundi au samedi de 9h à 19h.

La librairie la plus « étrangère » de la ville, une ambiance anglo-saxonne unique, de petites tables éparpillées et la possibilité de prendre un thé ou de manger un gâteau. Sur les étagères, des livres en anglais bien sûr mais aussi d'autres venus d'Espagne, d'Italie, de Croatie, de Chine, de Russie, des pays arabes... la librairie se déploie sur deux étages. En rayon, des milliers d'ouvrages, des méthodes et des dictionnaires pour l'apprentissage de plus d'une vingtaine de langues, des éditions bilingues, des CD et des DVD. Des rencontres, des lectures, des conférences et des séances de dédicaces sont programmées tout au long de l'année. Ambiance cosmopolite et internationale assurée.

RÉGIONALISME

LE BLASON

2 et 11, rue Jacques-de-La-Roque ✆ 04 42 63 12 07
www.librairieleblason.com
Ouverte du mardi au samedi 10h-13h et 14h30-19h. Culture provençale et au-delà.

Dans cette librairie, on se sent comme à la maison avec ses rayonnages de bibliothèque remplis de livres du sol au plafond. On est séduit par l'accueil toujours chaleureux de Rita Fidone, la propriétaire ou les conseils précis de Stéphan, lui-même auteur, dans ce nouvel univers à deux pas de la cathédrale. La librairie est dédiée aux amoureux de la Provence, de l'histoire jusqu'à la langue provençale mais au-delà : des polars, comme Jean d'Aillon par exemple, ou des ouvrages historiques. Vous trouverez des basiques mais aussi des nouveautés. Dédicaces organisées tous les samedis matin de 10h à 13h. Au n°2, un rayon guides touristiques sur la Provence et un beau rayon carterie.

RELIGIEUX

LIBRAIRIE SILOË LE BAPTISTÈRE

13, rue Portalis
✆ 04 42 38 01 97
www.aix-siloe-baptistere.fr
Ouvert du mardi au samedi de 10h à 13h et de 14h à 18h30.

Cette enseigne du réseau de librairies religieuses Siloé est dédiée aux différentes religions, aux mystiques, aux ouvrages de sociologie, de philosophie, d'histoire des religions. Vous y trouverez tout aussi bien les écrits des premiers penseurs chrétiens, que des Bibles, mais aussi des livres de philosophes actuels sur les différentes religions et mouvements spirituels. Également des objets religieux et produits monastiques : icônes, chapelets, bougies, petits objets de culte, crucifix ou Vierges, médailles et croix de baptême, images de communion.

LIBRAIRIE

FNAC

160, rue Giuseppe-Verdi
✆ 08 25 02 00 20
www.fnac.com
Ouvert du lundi au samedi de 10 h à 19 h30.

Sur les Allées Provençales où les boutiques se côtoient, la FNAC, grande enseigne culturelle, a toute sa place. Comme il est de rigueur pour cette enseigne dont l'origine remonte à 1954, la FNAC Aix est une grande surface de plus de 2 000 m² sur deux étages où chaque rayon dispose de professionnels spécialisés aptes à vous renseigner avec précision. C'est donc ici que l'on se rend en confiance pour acheter un roman ou un ouvrage technique. Au rayon librairie, on apprécie le coin consacré aux ouvrages sur Aix et sa région, son patrimoine, ses spécialités locales, son histoire. On y trouve également des cartes IGN pour vos virées en randonnée notamment. Et votre CityBook bien sûr !

BD

LA BÉDÉRIE

37, rue des Cordeliers
✆ 09 81 77 75 45
www.la-bederie.com
Ouvert du mardi au samedi de 10h à 19h.

Un nouvel emplacement plus grand et d'autant plus achalandé pour cette librairie spécialisée en BD où l'on croise des enfants petits et grands ! Implantée dans le centre-ville, dans une rue piétonne et animée, cette Bédérie est l'antre de Grüt, la mascotte. Ici s'entassent les nombreuses bandes dessinées qu'il a collectées au cours de ses voyages autour du monde. Au rayon des albums franco-belges, des comics, des mangas, des Art Books, illustrations, goodies et posters... Vous avez affaire à des passionnés heureux de faire connaissance avec d'autres passionnés ou avec des novices qui ne demandent qu'à tomber dans la marmite ! Dédicaces d'album. Nouveau : un rayon jeux de rôle.

BD

LIBRAIRIE LA LICORNE

67, cours Mirabeau
✆ 09 75 48 00 23
www.bdlalicorneaix.canalblog.com
Ouvert du lundi au samedi de 10h à 19h.

Cette enseigne située tout en haut du cours Mirabeau vers la rue Tournefort est dédiée à la bande dessinée, aux comics (plus de 300 références !) et à l'univers des mangas. Outre une impressionnante déclinaison de BD et posters, vous y trouvez une armée de figurines et autres goodies. La boutique attire toutes les générations, des amateurs de mangas ou vieux fans de figurines de Tintin. Des séances de dédicaces sont régulièrement organisées. Se sont déjà attablés à La Licorne : Alex Alice, d'Etienne Davodeau, Lostfish, Gael de Meyere, Guillaume Bianco et bien d'autres à venir ! Très bon accueil et conseils avisés. Les amateurs apprécient le large rayon de BD d'occasion.

BD

OBJECTIF BULLES

19, rue des Tanneurs
✆ 04 42 93 00 56
Ouvert du mardi au samedi de 10h à 12h et de 14h à 19h.

Les bulles à petits prix ! Des affaires et des trouvailles à faire dans cette boutique tenue par un passionné pour des passionnés. Eric Roux vous propose non seulement les nouveautés, mais aussi un stock important de bandes dessinées, mangas et comics d'occasion. Les mordus de la BD franco-belge viennent régulièrement fouiller dans les bacs. Soldes, retours d'éditeurs, déstockages et autres fins de séries garantissent aux passionnés des petits prix. En cherchant, vous tomberez peut-être sur des Art Books et même des DVD d'occasion. Futé : ici, vous pouvez revendre vos propres albums ou les échanger. La plus ancienne adresse indépendante pour les amoureux du neuvième art.

BOUQUINISTE

RUE DES BOUQUINISTES OBSCURS

16, rue Matheron
✆ 04 42 57 18 72
Ouvert du lundi au samedi de 9h30 à 12h et de 13h à 19h. Ouvert du lundi au samedi de 9h à 19h.

Livres, CD, DVD, achat et vente... Antonin, le fils, a rebaptisé le lieu RDBO pour lui donner un coup de jeune. Dans cette belle boutique avec dans l'angle un magnifique puits en fonctionnement, des milliers de bouquins en tout genre sont intelligemment classés. La mode actuelle est aux polars, aux auteurs actuels et aux classiques qui ne bougent pas. Les jeunes ont un penchant certain pour les essais humanistes et tout ce qui a attrait à l'écologie, la philosophie, la réflexion et l'actualité. Ici, les générations se croisent. On s'attarde. On échange. Une adresse intéressante.

CULTURE - BIBLIOTHÈQUE

BIBLIOTHÈQUE MÉJANES - ALLUMETTES

8, Rue des Allumettes
✆ 04 42 91 98 88
www.citedulivre-aix.com
Ouvert du mardi au samedi de 10h à 19h.

Bibliothèque municipale située dans le centre-ville, la Bibliothèque Méjanes prend place depuis 1989 dans une ancienne manufacture d'allumettes. Devenue un point d'ancrage culturel majeur pour les habitants d'Aix-en-Provence, elle offre des collections multisupports et services complets à ses usagers. Labellisée Bibliothèque Numérique de Référence, elle propose une offre numérique intra et extra-muros, ainsi qu'une programmation culturelle riche et variée. Une bibliothèque qui séduit par son architecture moderne et sa palette de services en ligne par exemple.

CULTURE - BIBLIOTHÈQUE

CITÉ DU LIVRE

8-10, rue des Allumettes
✆ 04 42 91 98 88
www.citedulivre-aix.com
Ouvert du mardi au samedi de 10h à 19h.

Espace culturel majeur d'Aix-en-Provence et du pays d'Aix, la Cité du Livre occupe une ancienne manufacture d'allumettes réhabilitée. Elle abrite la bibliothèque municipale à laquelle s'ajoutent plusieurs entités : le centre Albert Camus, la vidéothèque d'art lyrique et de danse, un pôle universitaire (l'IUT Métiers du livre). C'est un lieu de culture interdisciplinaire et un pôle multimédia qui héberge des associations et des créateurs en résidence ainsi que l'Institut de l'Image et la Fondation Saint-John Perse. Viennent s'ajouter à ce panel des ateliers, des stages, les rendez-vous du Conte, des projections, des expositions, des concerts, etc. Un lieu vivant !

FG.
radioFG.com
FeelGood.

QUOTIDIEN

LA PROVENCE

22, rue de l'Opéra
✆ 04 42 38 74 40
www.laprovence.com
Quotidien régional.

Le quotidien préféré des Provençaux est né en 1997 de la fusion du *Méridional* et du *Provençal*. Il est aujourd'hui le leader de l'information dans la région avec un tirage quotidien estimé à plus de 150 000 exemplaires. L'actualité régionale au sens large y est traitée, avec des pages spécifiquement consacrées aux actualités locales. Actualités, faits divers, sport et culture, tout y est abordé et vous permet de vous tenir au courant au jour le jour. Les abonnés se voient proposer un service où leur journal est déposé dans leur boite avant... 7h du matin, histoire de coordonner journal et café à la maison pour démarrer la journée bien informé. Quotidien en ligne également.

TÉLÉVISION

FRANCE 3 PACA

2, allée Ray-Grassi
MARSEILLE
✆ 04 91 23 45 00
Replay sur paca.France3.fr

France 3 Provence-Alpes-Côte d'Azur, ce sont 10 implantations réparties sur la région et une direction régionale à Marseille. A travers ses éditions d'info, ses émissions ou ses documentaires, elle propose une offre de télévision au plus près de tous les publics. Parmi les rdv : du lundi au dimanche *le 12/13* et *le 19/20*, en semaine à 9h, une nouvelle émission *Vous êtes formidable* du lundi au vendredi, avec un héros chaque jour et des thématiques, lundi : Bien-être, mardi : Art de vivre, mercredi : Famille, jeudi : Maison, le samedi à 11h30 *Mediterraneo*, le dimanche à 12h55 *Chroniques méditerranéennes*. Et un agenda culture tous les vendredis dans les journaux de 12h et 19h.

RADIO

FRANCE BLEU PROVENCE - 103.6

560, avenue Mozart ✆ 04 42 99 13 13
www.francebleu.fr/provence
Sur le site Internet, des podcasts d'émissions à écouter ou télécharger pour écouter en différé.

France Bleu, un réseau unique de 44 radios généralistes de proximité qui fédère un public familial et populaire.

Dans les Bouches-du-Rhône et le Var, France Bleu Provence favorise la proximité géographique, sociale et affective, partenaire des grands événements : le mondial de pétanque, Marseille Cassis, Rallye Monte Carlo, Tour de la Provence. A chaque moment de la journée, elle accompagne ses 220 000 auditeurs dans leur vie quotidienne. Chaque jour, 10 heures de programmes locaux consacrés à la gastronomie, au divertissement, à la découverte des régions et de leur patrimoine, sans oublier le sport et l'humour ! Pour découvrir ou redécouvrir la Provence, le Var...

TÉLÉVISION

M PROVENCE

5, boulevard de la République
✆ 06 60 31 37 39
www.mprovence.com

M Provence, c'est une petite chaîne TV multicanal sur laquelle on peut compter depuis 2017 si l'on s'intéresse à l'actualité de notre région. Visible sur Internet *via* les réseaux sociaux et sur la chaîne Azur Provence Canal 30 de votre télé, elle diffuse en continu des reportages, interviews et magazines qui traitent d'économie, de culture, de sport, de santé, de tourisme, en mettant en avant les acteurs du territoire d'Aix-Marseille Métropole.

M Provence est constituée en société coopérative d'intérêt collectif (SCIC). À la présidence, le charismatique et enthousiaste Stéphane Salord, par ailleurs directeur de l'ESDAC à Aix. On « M » la Provence !

RADIO

RADIO ZINZINE

1, place Victor-Schoelcher
✆ 04 42 21 11 22
www.radiozinzineaix.org/

Radio associative aixoise créée en 1981 avec l'avènement des radios libres, Zinzine est une station sans pub et totalement investie dans la vie locale. Le ton est assurément libre, engagé et social. Mouvements associatifs, acteurs locaux et artistes se succèdent à l'antenne alors que la sélection musicale est plutôt orientée chanson française, jazz, rock, groove, reggae et musiques du monde. Une sorte de petite sœur de Radio Grenouille à Marseille. La journée est ponctuée d'émissions musicales et d'informations. Une véritable radio alternative soutenue par des artistes, des éditeurs, des bénévoles, de généreux donateurs, l'organisation de ventes et de rassemblements festifs.

WEB

WWW.AIXENPROVENCETOURISM.COM

www.aixenprovencetourism.com

C'est le site Internet le plus complet sur Aix. Normal puisqu'il s'agit de celui de l'office de tourisme ! Adresses gourmandes, rendez-vous culture, promotions et dossiers thématiques... En quelques clics, vous partez à la découverte des musées, des circuits, des actualités, vous trouvez les horaires d'ouverture, les tarifs, les bons contacts. Ce site officiel, aux couleurs de la Provence, est agréable à consulter et bien illustré. Pratique : une centrale de réservation en ligne : un bon outil pour préparer son voyage ou sa balade à Aix-en-Provence.

JE PRENDS SOIN DE MOI

Quand je prends soin de moi, je me sens bien, en harmonie avec moi-même et avec les autres qui, à leur tour, me le rendent (souvent) au centuple ! C'est humain et tellement motivant.

Dans cette rubrique, l'équipe du City Book a décliné le mot « soin » sous une kyrielle de formes positives. Vous voulez trouver des adresses vêtements pour vous ou bébé, qu'ils soient neufs, vintage, à réparer, à créer ou à déposer au pressing, en centre-ville ou dans sa périphérie, au Tholonet par exemple ? Et puis, vous « faire une beauté » des pieds à la tête bien coiffée ? En passant par la case mise en forme pour être au top de votre bien-être ? Dans la vie quotidienne ou alors pour le « plus beau jour » de votre vie, que vous devrez amoureusement préparer dans ses moindres détails du lieu magique au bijou unique ? Il vous laissera de merveilleux souvenirs mais avec, peut-être, un léger mal de tête, soigné dare-dare dans une des pharmacies, dont une est ouverte 7j/7 - 24h/24 (utile à 4h37 du matin !). Ce chapitre est fait pour *vous*, parce que prendre soin de soi est vital et bienveillant.

VOTRE GUIDE DEVIENT
INTERACTIF

TAPEZ **PETITFUTE.APP**
DANS LE NAVIGATEUR DE
VOTRE SMARTPHONE.

PRENEZ UNE PHOTO
DE LA PAGE DÈS
QU'ELLE A CE PICTO !

PRÊT-À-PORTER

AMARINE

4 Bis, rue Granet
✆ 04 42 21 26 58
Ouvert du mardi au samedi de 10h à 19h et le lundi de 14h à 19h

Dans une petite rue pavée très commerçante, Amarine est une institution Aixoise. Depuis bientôt 35 ans Gabrielle habille une clientèle de fidèles et a le chic pour dénicher des pièces élégantes classiques et dans l'air du temps. Simplicité, jolies coupes et belles matières. Hartford, Bella Jones, Majestic, Roberto Collina... Mères et filles y trouveront leur bonheur et se disputeront certaines pièces ! Avec à ses côtés Patricia et Andrée, elles forment un joli trio de dames qui trouve toujours la petite touche pour rendre une tenue originale, dans une ambiance décontractée. Le plus : des étoles en laine bouillie ou soie et du cachemire bien sûr. Un accueil et un service hors du commun !

PRÊT-À-PORTER

ANTOINE & LILI

10, rue Papassaudi ✆ 04 42 23 25 42
www.antoineetlili.com
Ouvert le mardi de 11h à 13h et de 14h à 19h et du mercredi au samedi de 10h à 13h et de 14h à 19h.

La toute première boutique de la griffe a ouvert en 1997, à Paris. Trois petites marches mènent à celle d'Aix-en-Provence, installée dans le centre-ville, rue Papassaudi. Ici sont exposées les collections acidulées d'Antoine & Lili. On aime cette mode colorée et très joyeuse, bohème chic, mi-éthnique et mi-créative. Les collections sont dessinées à Paris et les vêtements sont confectionnés pour la plupart en France. Une boutique où l'on prend le risque de coups de cœur et de coups de soleil... Les motifs et les formes originales, les roses indiens et les verts pomme donnent du peps à votre dressing. Voici une adresse idéale pour remonter le moral de vos tenues !

PRÊT-À-PORTER

GAGO

20-24, rue Fabrot
✆ 04 42 27 60 19
www.gago.fr
Ouvert du lundi au samedi de 10h à 19h.

C'est peu dire que la maison a ses fidèles : cette institution existe depuis 1966 ! Ici se développe une mode stylée et très originale, plus haute couture et créateurs que grandes enseignes. En rayon : Céline, Balenciaga, Comme des garçons, sans oublier les bijoux inspirés des années 20 de Susan Kalan, lunettes, chaussures et wallets pour accessoiriser toutes ces belles pièces. Du style, de belles coupes, de l'humour et des pièces pour toutes. Pour un total look des lunettes aux baskets, en passant par le sac de plage qui n'a pas à rougir de se promener en ville. Le plus de la maison : réussir à vous concocter un look chic, un brin artiste, mais facile à porter.

PRÊT-À-PORTER

LA GRANDE BOUTIQUE

7 bis, rue de la Glacière ✆ 04 42 26 30 72
www.lagrandeboutique.net
Ouvert le lundi de 14h à 19h ; du mardi au samedi de 10h à 13h et de 14h à 19h.

On l'appelle la GB, la boutique des aixoises branchées, un brin bohème voire classiques mais pas trop, soucieuses de se concocter un style perso. Dans ce loft de 300 m^2 de trois étages, des griffes haut de gamme à des prix accessibles. Sachez toutefois que l'on ne joue pas ici dans la même gamme de prix que certaines enseignes internationales. On retrouve de part et d'autre de l'escalier métallique des marques de créateurs de talent dont Jérôme Dreyfuss, Isabelle Marant et bien d'autres. Du blaser au blouson en passant par des robes simples ou des tenues de soirées, des tee-shirts griffés et une ribambelle d'accessoires. Un incontournable du shopping aixois au féminin.

PRÊT-À-PORTER

JANECIO

6, rue Nazareth
✆ 07 68 64 79 28
janecio.com
Ouvert du mardi au samedi de 10h à 19h.

Permettre à chacune d'être soi et de personnaliser son vêtement, en cocréation, voilà la volonté de cette jeune créatrice qui vient d'ouvrir une nouvelle boutique-atelier au centre-ville d'Aix. Un modèle vous plait ? C'est facile : vous choisissez le tissu, vous rallongez les manches ou transformez le dos, tout est possible pour vous permettre d'être unique et selon votre goût. Le mode de production est responsable puisque tout se fait à la commande, par des ateliers français et au prix le plus juste, respectant tous les acteurs du couturier au client et des matières au transport. Les modèles sont intemporels et féminins, vous l'aurez compris : c'est un vrai coup de cœur !

PRÊT-À-PORTER

KITCH

3, rue Chabrier
✆ 04 42 28 54 08
Ouvert le lundi de 14h30 à 19h ; du mardi au samedi de 10h à 19h.

Une belle boutique de prêt-à-porter femme et homme dans le registre créateurs d'ici et d'ailleurs. C'est original, décalé et avec quelques pièces qui sont tout à fait accessibles. La bonne adresse pour un total style jeune et hippie chic, voire simplement chic à très chic, à moins que vous ne recherchiez juste un accessoire qui rendra votre tenue irrésistible ! L'accueil est agréable, l'ambiance mode davantage décontractée que créateurs de luxe. Donc c'est du shopping classe mais plutôt décontracté que l'on vous propose à cette adresse... Parmi les griffes les plus représentées : Saucony, Preniata, Diega, Hana-san, Ottodame, Rundholz, Imperial, Please. Allez-y !

PRÊT-À-PORTER

SOULEIADO

5, rue Marius-Reinaud
✆ 04 42 38 19 00
www.souleiado.com
Ouvert du lundi au samedi de 10h à 19h.

C'est la référence du bon goût, de la qualité et de l'authenticité en matière de tissu provençal et de produits dérivés. La maison mère a été fondée à Tarascon en 1806. Mais l'impression des fameuses Indiennes, ces tissus que l'on nomme aujourd'hui provençaux, remonte au milieu du XVIIe siècle. Depuis longtemps déjà, Souleiado est le symbole d'un art de vivre, comme un clin d'œil à une certaine *dolce vita* provençale. Une jolie marque de prêt-à-porter en version chic et actuelle. Des collections pour homme, femme et enfant, chaussures et maroquinerie. Mais aussi du linge et des articles de décoration pour la maison. La collection de robes pour les petites filles est à tomber !

FEMME

BO LA SUITE

24, rue Granet
✆ 04 88 29 60 82
Ouvert le lundi de 14h à 19h ; du mardi au vendredi de 10h à 13h et de 14h30 à 19h ; le samedi de 10h à 19h.

L'espace est immaculé, la décoration épurée, le magistral lustre Ingo Maurer à l'entrée est une suspension de petits papiers porteurs de poèmes dans toutes les langues. Bo La Suite a de l'allure, véritable petit écrin à vêtements, bijoux, accessoires et déco. Sur le fond, un salon privé d'essayage tout à fait cosy. Le décor est planté. Surtout n'hésitez pas à pousser la porte, Bo La suite en impose : mais ce sont des petits prix, des petites marques et des nouveautés toutes les semaines. L'accueil de Nadia est chaleureux, ses conseils avisés. Ses créateurs habillent la jeune fille tout comme la femme d'un âge mûr en offrant des vêtements confortables et intemporels, noirs, blancs ou écrus !

FEMME

NOUN

7, rue Thiers
✆ 04 42 51 39 75
Ouvert du mardi au samedi de 10h à 13h et de 14h à 19h.

© NOUN

Annabelle ne sélectionne dans sa boutique que des marques de créateurs « designers » en exclusivité sur Aix : Hannoh, Margaret Howell, Épice Paris, Antipast, Khadi and Co, Jan Machenhauer... Du prêt-à-porter féminin haut de gamme, des coupes impeccables, de belles matières -lin, soie, laine et cachemire, les collections suivent les saisons, vous ne les verrez pas ailleurs, si ce n'est à Paris. Tout est bien vu, les petits tops, les vestes et manteaux, les jupes et pantalons, et les superbes étoles aux couleurs chatoyantes. Quelques accessoires, gants et ceintures, des petits sacs chics Ally Capellino. De belles pièces intemporelles... Passer devant la vitrine est déjà une invitation à rentrer.

FEMME

FRIENDS - WOOD

5 et 7, rue Méjanes
✆ 04 42 96 34 23
Ouvert du lundi au samedi de 10h à 19h.

Friends et Wood sont deux boutiques incontournables pour les modeuses aixoises qui n'ont pas envie de dépenser trop. Pantalons, jeans, tops, robes, jupes, vestes et manteaux, les collections collent parfaitement aux tendances avec des petites marques très sympas, du made in France et leur propre marque *Balance Ton Pull* dans des matières douces et de jolies couleurs, Des chaussures aussi pour finaliser votre tenue. Des sacs, grands fourre-tout en cuir ou pochettes pour sortir et des accessoires, ceintures, chapeaux, foulards, gants, lunettes de soleil... Wood est à quelques pas de Friends, avec les mêmes marques et d'autres. Quand on ne trouve pas chez l'une, on court vite chez l'autre !

FEMME

INDIES

16, rue Fabrot
✆ 04 42 51 01 26
www.indies.fr
Ouvert le lundi de 14h à 19h ; du mardi au samedi de 10h à 19h.

Cette griffe chic et féminine dispose d'une boutique élégante dans le centre piéton, bel écrin pour une mode raffinée. Les collections sont décalées juste ce qu'il faut pour vous concocter un look personnel. Des collections aux belles matières, confortables, faciles à entretenir mais aussi aux formes créatives et aux jolis détails, des coupes innovantes, alliant confort et fonctionnalité. Et si votre bourse est trop plate attendez les soldes ! Rappelons que Indies est l'une des deux marques du groupe Indies, maison qui a son siège social à Gardanne dans les Bouches du Rhône, racines qu'elle revendique et où se trouve encore l'atelier de conception des collections et le magasin outlet.

FEMME

SANDE

18, rue Papassaudi
✆ 04 88 41 26 43
Ouvert du mardi au samedi de 10h30 à 19h.

Mélissandre et Cassandra, deux sœurs modeuses, ont quitté Paris pour la Provence. Une petite boutique sur deux niveaux et par laquelle on accède par quelques marches. Depuis plusieurs années déjà, on se précipite dans ce conceptstore où le prêt-à-porter côtoie des bijoux fantaisie et des accessoires dans une ambiance de showroom. Elles sélectionnent des petites marques sympa en fonction des tendances, de la robe légère au tailleur pantalon en passant par le manteau passe-partout. Au sous-sol, voûtes, carrelage métro et néon *Les Filles du Calvaire* pour se la jouer à la parisienne et se retrouver entre copines à refaire son dressing. N'hésitez pas à passer régulièrement.

FEMME

YMA

21, rue Thiers
✆ 04 42 96 35 26
www.yma-shop.com
Ouvert du mardi au samedi de 10h à 19h.

Une belle surprise que cette boutique de créateurs, où l'on peut retrouver des pièces Essentiel Antwerp, un manteau en fausse fourrure réversible Munthe mais aussi des pulls cashmere Samsoe Samsoe, un beau rayon de bijoux, comme de jolis colliers Céline Daoust, ou des sacs By Malene Birger et de très belles chaussures : le jour où nous sommes passés, vu une magnifique paire de sandales dorées Michel Vivien en agneau plongé. L'univers est toujours mode, coloré, fluide bref à la portée de toutes ; venir dans cette boutique c'est repartir le sourire aux lèvres, et le soleil dans le cœur. L'accueil est chaleureux et attentionné, soucieux de vous guider avec soin dans votre recherche.

CRÉATEUR

MAISON DE COUTURE SANDRINE GODIN

32, rue Manuel ✆ 06 03 02 45 17
www.sandrinegodin.fr
Ouvert du mardi au samedi de 9h à 18h. Et sur rendez-vous.

Sandrine Godin reçoit dans son salon-showroom-atelier, au rdc d'une maison bourgeoise. Ses créations y sont présentées par thème, tenues de cocktail, de cérémonie, robes de mariées, jupons de mousseline, de taffetas, petits tops en dentelles de Calais, étoles, vestes et manteaux... Quelques accessoires, sacs, chapeaux, gants et bijoux fantaisie ainsi que le parfum Bel Amour créé par Sandrine, dont les notes orientales se déclinent en bougie d'ambiance. Si vous souhaitez une tenue sur mesure, il vous faudra noter sur votre agenda la date des essayages jusqu'aux finitions.

CRÉATEUR

L'OISEAU BLEU

19, rue Granet
✆ 04 42 63 08 21
www.loiseaubleu-aix.fr
Ouvert du mardi au samedi de 10h à 18h.

Un coup de cœur pour cette adresse qui sort vraiment des sentiers battus ! Magali a concrétisé, là, son rêve qui était d'ouvrir un espace qui serve à la fois d'écrin pour les créateurs et pour la décoration d'intérieur. Venir à la rencontre de l'Oiseau Bleu, c'est prendre le temps de faire une balade et de se poser dans une boutique atypique faite de pierres, de bois, de meubles chinés. Magali a sélectionné des marques que l'on ne trouve nulle part ailleurs, pièces uniques sacs, bijoux, objets, parfums de Grasse et cadeaux gourmands s'intègrent harmonieusement au lieu. On peut y chiner aussi des vêtements et chaussures de seconde main à prix sympa. Un bel endroit inspirant !

HOMME

LAFAURIE

9, rue Granet ✆ 04 42 63 13 36
www.lafaurieparis.com
Ouvert du mardi au vendredi de 10h à 13h et de 14h à 19h.
Le samedi de 10h à 19h.

Le chic et l'élégance masculine décontractée, voici ce qui caractérise la Maison Lafaurie. Créée en 1991 par Pierre Lafaurie à Paris, l'enseigne essaime ses belles boutiques dans quelques villes de province, Bordeaux, Rennes, Montpellier ou Toulouse. Celle d'Aix-en-Provence a sa clientèle fidèle d'hommes qui ont le goût des coupes actuelles, des belles matières (cachemire, flanelle, fil à fil, popeline), d'un brin de fantaisie et des vêtements confortables à porter. Si vous ne savez pas ce qui vous va, Chantal vous le dira avec une gentillesse efficace. Vêtements et accessoires se déclinent dans de jolies couleurs selon les tendances et les saisons. Les prix sont tout à fait raisonnables.

HOMME

VICTOR

place des 3 ormeaux
✆ 04 42 21 57 90
www.victor-aix-en-provence.com
Ouvert le lundi de 14h à 19h et du mardi au samedi de 10h à 19h.

Une belle boutique spacieuse et agréable où l'on aime aller pour le plaisir, que ce soit pour habiller l'homme, pour faire un cadeau ou simplement pour flâner... Vous trouverez tout l'univers de l'homme chic et moderne, des pantalons, chemises, vestes, pulls, polos, mais aussi de belles écharpes en lin ou en laine, légères et chatoyantes, des ceintures, de belles montres faciles à porter et même des lunettes de lecture et solaires au design original See concept. Parmi les marques proposées : Ugo Boss, Tramarossa, RRD, Save the duck, Eton. C'est mode et élégant, pensez-y même pour des tenues de mariage ou de fête. L'accueil est professionnel et attentif, à l'écoute de vos envies !

CHAPEAUX - GANTS - FOULARDS

CHAPELLERIE BÉRÉNICE

6, rue Aude
✆ 04 42 91 42 96
Ouvert du lundi au samedi de 10h à 19h.

La boutique est spécialisée en chapeaux et accessoires, dames et messieurs trouvent ici leur bonheur parmi l'immense choix de chapeaux, Borsalino, Stetson, Panizza...des casquettes aussi sans oublier le véritable béret basque de chez Laulhère. En accessoires, une belle sélection d'écharpes, de foulards Ungaro, Laroche, Kenzo et Christian Lacroix en exclusivité sur Aix, puis les gants de la Maison Poujade et les parapluies de chez Piganiol une vieille maison d'Aurillac, Un espace est dédié au mariage : serre-tête, étoles, pochettes, voilettes... Maisons françaises et italiennes se partagent le lieu. Prenez conseil auprès de Virginie qui a fait l'ouverture de la boutique il y a 6 ans.

CHAUSSURES

ARMENAK

Place des Trois-Ormeaux ✆ 04 42 21 26 37
www.armenak.fr
Ouvert du lundi au vendredi de 10h à 13h et de 14h à 19h. Le samedi de 9h30 à 19h30.

Sur la jolie place des Trois-Ormeaux, voilà un véritable chausseur, comme il n'en existe plus beaucoup. Ici, on vous guidera dans vos choix et l'on vous donnera même les dix règles d'or de la chaussure, selon Armenak bien sûr. En chaussures pour femmes, de belles marques parmi lesquelles Tod's, Hogan, Stuart Weitzman ou encore Salvator Ferragamo et Giuseppe Zanotti. Le fin du fin sera pour ces messieurs, avec une prédilection pour les marques classiques, intemporelles, Sebago Docksides, et dans un autre style Church's et Pierre Hardy. Des chaussures qui ont néanmoins un coût certain... mais quand c'est beau, on ne compte pas ! Sinon profitez des fins de séries à petits prix quand il y en a.

CHAPEAUX - GANTS - FOULARDS

MAISON MIRAFLORES

25, rue des Tanneurs
✆ 06 59 58 78 61
Ouvert du mardi au samedi de 11h à 13h et de 14h à 19h.

© ELWIN RATHELOT

Jeune marque de chapellerie fine spécialiste du véritable panama réalisés à la main par des artisans péruviens et équatoriens, la Maison Miraflores, c'est deux adresses à Aix. Les collections sont pensées et importées directement par Mélanie créatrice de la maison Miraflores. Les connaisseurs apprécieront les créations originales, l'authenticité des modèles et la qualité des matières. En toute saison, on aime l'intemporalité de ces couvre-chefs souples et légers, symboles d'élégance décontractée. Également des feutres en laine vierge pour l'hiver et des capelines estivales. On vous propose aussi un service sur mesure des fameux Montecristi, les panamas haut de gamme.

CHAUSSURES

MARCHE À SUIVRE - DÉCALÉ

5, place Chapeliers ✆ 04 42 26 86 88
www.decale.net
Ouvert le lundi de 14h à 19h ; du mardi au samedi de 10h à 13h et de 14h à 19h.

Une adresse incontournable pour les folles de belles chaussures où vous trouvez des griffes de luxe, dont Arturo Gorlini, Sartore, Anaki, Free lance, Carel... L'été, on craque pour les sandales et nu-pieds de Emanuela Caruso. Également des marques moins chères mais toujours chic pour mettre en valeur votre tenue. L'enseigne existe depuis près d'un quart de siècle et chausse les Aixoises en toute élégance qui connaissent... la marche à suivre ! Et puisque vous êtes en plein quartier shopping, dans les boutiques voisines, vous trouverez les tenues pour faire l'accord avec vos nouvelles chaussures. A moins que cela ne soit l'inverse ! Allez aussi à sa boutique soeur *Décalé* rue Thiers.

CONCEPT STORE

ATOMIC STORE

60, avenue de la Grande Bégude - **VENELLES**
✆ 04 42 26 24 65
www.atomicstorevenelles.com
Ouvert du mardi au samedi de 10h à 19h.

On trouve tout ou presque dans ce concept store pour adultes et enfants : du prêt à porter avec de jolies marques, des chaussures et des baskets tendance, de la maroquinerie, des accessoires, des bijoux fantaisie, de la déco, de la vaisselle, des gadgets, des jeux et jouets... Les collections suivent les saisons. L'été des maillots, des paréos, des petites robes légères, des lunettes de soleil, en septembre des trousses originales et des gourdes pour nos petits, des manteaux, des blousons, des écharpes et des bonnets tout doux dès les premiers frimas avant le dressing du printemps. Toutes les occasions sont bonnes pour y passer, un cadeau de naissance, une fête, Noël...

FRIPERIE

BLOW UP

26, rue Boulegon
✆ 04 42 58 36 62
Ouvert le lundi de 14h30 à 19h ; du mardi au vendredi de 10h30 à 13h et de 14h à 19h ; le samedi de 10h30 à 19h.

Branchée et décalée, cette friperie est le rendez-vous des jeunes, des moins jeunes et des amateurs de vintage. On est ici pour chiner la perle rare, la petite robe façon Courrèges, le pull rétro, ou le sweat-shirt de marque zappé il y a quelques années et que l'on va réactualiser avec bonheur. On se laisse tenter par une fourrure (à ce prix-là !), ou par l'accessoire qui va booster une tenue classique, foulard ou sac à main des années 1950. Quelques objets de déco vintage également, téléphones en Bakélite, Polaroïd, et des vinyles 33 tours. Blow Up ne fait pas dépôt-vente, ses fournisseurs sont exclusivement des professionnels. Y passer régulièrement, les arrivages sont fréquents.

MODE

REIKO

4, rue Papassaudi
✆ 04 42 54 30 88
Ouvert du mardi au samedi de 10h à 19h.

Une boutique au design épuré et très élégant accueille Reiko, la marque marseillaise désormais culte. A l'origine dédiée au bas de la femme, dans les pantalons jeans et chinos, la marque vient de se lancer pour habiller les hommes également. Dans cet espace de 120 m², vous trouverez un large choix de pantalons, chinos et chemises aux influences japonaises pour un rendu imbattable du délavage façon vintage. Du très classique au plus branché, des denims ou chinos déclinés sur plus de 10 coloris, vous trouverez à coup sûr votre bonheur. L'équipe féminine saura composer pour vous garantir une jolie garde-robe à un bon rapport qualité prix. On vous le conseille !

DÉPÔT-VENTE

LA FIBRE SOLIDAIRE

6, rue de la Mule Noire
✆ 04 42 27 44 73
Ouvert du lundi au samedi de 10h à 13h et de 15h à 18h30.

250 tonnes de linge récoltées, 35 postes agréés, en moyenne 70 personnes accueillies par an, la fibre solidaire est un chantier d'insertion qui permet d'aider des personnes à reprendre pied tout en valorisant le stock de vêtements. Collectés mais surtout triés et recyclés, les vêtements, chaussures, sacs et objets sont mis en valeur pour trouver une seconde vie. Vous pouvez apporter vos dons au centre de production de Venelles et de Marseille mais aussi trouver d'autres pépites (vu une très belle robe de marquise !) dans les 2 centres d'Aix, rue de la mule noire et à Encagnane ou encore à Gardanne, Vitrolles et Pertuis. Un petit geste pour la planète qui fait du bien !

MAROQUINERIE

LA FIBULE

62, rue Boulegon
✆ 04 42 50 59 74
www.boutiquelafibule.fr
Ouvert du mardi au samedi de 10h à 13h et de 14h à 18h

Julie a pris la suite de Dominique depuis mai 2021. Le principe : vous achetez une ceinture mais aussi un savoir-faire artisanal, gage de qualité et sur-mesure. Dans sa boutique atelier, vous choisissez le modèle, la taille, la couleur (une trentaine de coloris) et la boucle. Ses créations sont de très belle qualité, les peaux d'origine française, et au tannage végétal sont teintes à l'ancienne. Et les prix sont plus que raisonnables, comptez autour de 60 euros pour une ceinture. Vous pouvez lui demander une finition personnalisée ou lui apporter une boucle d'une ceinture que vous ne portez plus. Idée cadeau : des bracelets, porte-clés et sacoche de pétanque. A découvrir !

MODE

ONA

39, rue Mignet
✆ 09 88 03 91 91
Ouvert du mardi au samedi de 10h à 19h.

En créant cette petite boutique, Amandine a voulu suivre son éthique. Chez ONA, tous les articles sont d'origine non animale avec une sélection de vêtements et de chaussures en coton bio ou en matière recyclée. Les chaussures sont en cuir végétal, issu de l'ananas (pinatex), de la pomme (apple skin) ou encore de céréales ! Les bijoux sont fabriqués en Jalapao, l'or végétal brésilien. On y trouve les marques Minuit sur terre ou 1083 (des jeans français) qui commencent à être connues dans le milieu mais encore peu distribuées. Amandine a d'ailleurs souvent affaire à des clients qui se déplacent de Lyon ou Montpellier ! Une belle découverte qui prouve que l'on peut concilier mode et éthique.

MAROQUINERIE

LUXE FIFTH AVENUE

3, rue Maréchal Joffre
✆ 09 81 69 80 76
Ouvert du mardi au vendredi de 10h30 à 12h30 et de 14h à 18h ; le samedi de 10h à 18h.

En référence à l'une des avenues newyorkaises les plus réputées au monde, Élodie a ouvert sa boutique Luxe Fifth Avenue, une adresse confidentielle et luxueuse où vos désirs peuvent se concrétiser en réalité. Élodie évolue depuis quelques années dans l'univers du luxe, chineuse et passionnée elle a constitué une superbe collection de sacs haute couture -Hermès-Chanel- Vuitton, Balenciaga, Gucci, Céline, YSL-, des articles de maroquinerie vintage et de seconde main en parfait état. Également de belles pièces en prêt-à-porter griffé, tenues de cocktail, chaussures et accessoires. Des intemporels à offrir ou à s'offrir. Éternels autant qu'un diamant ! Très recherché !

LINGERIE

DOLLHOUSE

27, rue des Cordeliers
✆ 04 42 69 93 72
www.dollhouse.fr
Ouvert tous les jours 11h 19h

Dans ce magasin de charme, collections de lingerie et prêt-à-porter sexy pas seulement en direction d'amateurs et de libertins. On aime les dessous précieux, soutiens-gorge et culottes en dentelle de Calais, en résille ou en soie à porter sous une tenue douillette en hiver ou une robe du soir, les bas couture et porte-jarretelles pour un diner chic, on est féminine ou on ne l'est pas...Pour les couples joueurs, corsets, guêpières et harnais, bijoux de peau et accessoires sensuels, rien ne manque pour attiser le plaisir. Les jouets érotiques à partager ou pas, sont à l'arrière de la boutique, ni vu ni connu depuis la vitrine. Du choix, de la discrétion et des conseils avisés si besoin...

OPTIQUE

GRANDOPTICAL

53, cours Mirabeau
✆ 04 42 59 61 24
grandoptical.com/fr
Ouvert du lundi au samedi de 9h30 à 19h30.

Parmi les grosses enseignes, GrandOptical a nos faveurs, l'accueil est top et on prend le temps de s'occuper de vous, sans vous presser. GrandOptical propose, en dehors des produits de sa marque, un large choix de montures et solaires griffées Dior, Chanel, Burberry, Nina Ricci, Rykiel, Gucci, Guess ou Armani au meilleur prix. Quant aux porteurs de lentilles, ils sont chouchoutés. Finis les allers-retours pour récupérer lentilles et produits, ils vous sont livrés chez vous sans aucun frais supplémentaire. Le partenariat avec de nombreuses mutuelles vous dispense de l'avance des frais. Pour le service après-vente (ajustage, nettoyage, visserie…), il suffit de passer à la boutique.

OPTIQUE

ART & LUNETTES

3, rue Paul-Bert
✆ 04 42 38 63 24
Ouvert du mardi au samedi de 10h à 19h. Lundi sur rdv.

Chez Art et Lunettes, à part 2 ou 3 créateurs italiens, un designer anglais, un fournisseur japonais et un américain, les collections présentent des modèles uniques de créateurs français, en exclusivité sur Aix, tout est fabriqué en France. Des montures pour le quotidien, des montures pour le fun ou pour sortir. On adore les lunettes signées Vinilize réalisées à partir de vrai vinyle, celles faites main par Vincent Kaes, un créateur marseillais Vintage tendance, ou encore les montures personnalisables de Francis Klein pour lesquelles on peut choisir la couleur des branches et la déco sur la face, strass ou perles. Amandine vous reçoit comme chez elle pour un conseil personnalisé.

NEW

SPORTSWEAR - STREETWEAR

JOTT

Place François Villon
✆ 04 42 12 52 70
Ouvert du lundi au samedi de 10h à 19h30.

JOTT - pour Just Over the Top - est une marque marseillaise dont le produit d'appel est une doudoune légère comme une plume, en duvet d'oie. Elle se décline dans une quinzaine de couleurs, coupes cintrées ou droites, avec ou sans manches, avec ou sans capuche, de la taille bébé à la taille 4XL. Elle se range dans un sac pochon en nylon, vous la glissez dans votre sac à dos. Outre les doudounes, quelques vêtements et accessoires dans une gamme sportswear chic, tonique et jeune. Des shorts, des maillots de bain, des polos, des bonnets et des sacs de voyage. Et aussi des doudounes pour chien adorables ! Tout est sympa dans cette boutique, y compris l'accueil de Christelle et de sa jeune équipe.

OPTIQUE

MARIE ET MATHILDE OPTICIEN

6, rue Chabrier
✆ 04 42 63 12 01
www.opticien-aix-en-provence.fr
Ouvert du lundi au samedi de 10h à 19h.

Marie et Mathilde, les deux sœurs opticiennes, sont polyvalentes et vous accueillent dans leur boutique spacieuse avec un coin aménagé pour les petits. Beaucoup de choix et de belles collections : Chanel, Lindberg, Tom Ford, Persol, Gigi Studio ou Frédéric Beausoleil, une marque confidentielle et puis Naoned, en exclusivité à Aix, des couleurs et des formes – ce créateur nantais s'est fait remarquer avec ses montures réalisées à partir d'algues. Aussi des lunettes pour les enfants dans des marques sympa, Tartine et Chocolat, Eleven Paris et Façonnable.

BEAUTÉ PRIVÉE

Comme son nom l'indique, en téléchargeant cette application vous aurez accès à une sélection de ventes privées spécialisées dans les soins cosmétiques, mais aussi des offres à prix réduits pour des expériences bien-être en spas et instituts. On aime les offres green qui valorisent les marques engagées, les sélections « petits budgets » et les bons conseils sous format d'articles et de vidéos.

COSMÉTIQUES

BASTIDE

14, Rue Espariat ✆ 04 84 47 00 29

https://bastide.com/

Ouvert du lundi au jeudi de 10h à 19h et le vendredi samedi jusqu'à 19h.

Créée il y a 33 ans, la marque de cosmétiques haut de gamme Bastide se met en valeur dans cette jolie boutique aixoise. Après tout, c'est bien ici qu'elle a vu le jour. La marque se qualifie elle-même comme une maison de beauté et de bien-être. C'est bien de cela dont il est question avec des produits naturellement inspirés par la Provence, en version moderne bien évidemment, de mise avec l'air du temps. Ils sont confectionnés sans paraben, sans phthalates ou encore sans cruauté animale, ce qui garantit le meilleur pour votre peau ainsi qu'une garantie morale certaine. Parfums, bougies, savons, crèmes pour le corps, craquez pour des senteurs Lavande in love, Néroli lumières et bien d'autres.

COSMÉTIQUES

CLEVER BEAUTY

www.clever-beauty.com

Livraison possible, boutique en ligne et liste de leurs revendeurs sur le site.

Saviez-vous que 211 tonnes de vernis à ongles sont gaspillées par an en France et que chaque femme qui se maquille les yeux jette 200 tubes de mascara durant sa vie ? Un constat alarmant pour l'Aixoise Maeva Bentitallah qui a créé Clever Beauty, une marque de maquillage naturelle, anti-gaspillage, écoresponsable, écologique pour des vernis et des mascaras fabriqués ici. Les vernis à ongles - déclinés en 12 couleurs - sont dotés d'un bouchon anti-gaspillage en plastique recyclé et recyclable. Les mascaras sont présentés en flacons de verre recyclables et rechargeables grâce à la brosse réutilisable. On n'achète que les recharges, fini le plastique jetable ! Végan et *cruelty free non-toxic*.

COSMÉTIQUES

COMPAGNIE DE PROVENCE

63, rue des Cordeliers

✆ 04 42 27 37 41

www.compagniedeprovence.com

Ouvert du mardi au samedi - horaires à vérifier sur le site.

La Compagnie de Provence est créée en 1990 dans le quartier du Panier par deux Marseillais. En 1999, ils ont l'idée de réinterpréter le savon sous forme liquide : une fabrication au chaudron selon un savoir-faire ancestral à partir d'huiles végétales. La boutique d'Aix, au décor joliment épuré, vous propose le fameux cube présenté en savonnettes ou en barres, mais aussi des diffuseurs de parfum, des bougies, des crèmes pour les mains ou le corps et une ligne de bain. Vous découvrirez une vingtaine de senteurs différentes, toutes plus attirantes les unes que les autres. Les prix sont un peu élevés mais pour un cadeau, un produit bien-être et doux à regarder est toujours apprécié.

COSMÉTIQUES

LES ESSENTIELS

705, Avenue de l'Europe - **SAINT-CANNAT**

✆ 04 42 28 56 32

www.savonnerie-lesessentiels.com

Ouvert du lundi au vendredi de 9h à 18h. Et vente en ligne.

Les Essentiels c'est une trentaine de produits cosmétiques privilégiant les circuits courts, des produits formulés sans eau à partir de matières premières naturelles, riches en principes actifs et issues de l'agriculture biologique. Des baumes, des déodorants, des shampoings et des dentifrices solides, des savons, des huiles démaquillantes, des gommages exfoliants pour le corps, des sérums anti-âge, et une chantilly de karité pour le corps et les cheveux au parfum de coco. On adore ! Et aussi des soins spécifiques pour les hommes : un savon de rasage à l'ancienne que l'on applique au blaireau et le baume après-rasage au calendula et à l'huile d'avocat pour apaiser les rougeurs et les irritations.

COSMÉTIQUES

L'OCCITANE EN PROVENCE

21, rue Espariat ✆ 04 42 26 35 76

www.loccitane.com

Ouvert du lundi au samedi de 10h à 19h30 ; le dimanche de 10h30 à 18h.

A l'Occitane, les plantes méditerranéennes se mettent au service de la beauté. Huile d'olive, amande, verveine et lavande : les ingrédients ont l'accent du sud ! Tout commence en 1980 quand Olivier Baussan, fondateur de l'Occitane en Provence, découvre au Burkina Faso le beurre de Karité, produit phare et indémodable de la maison, notamment en crème de main très agréable. Coup de cœur pour le soin du visage Reset à l'huile essentielle d'immortelle qui apporte éclat et anti-âge, l'huile de douche à l'amande et au Karité riche en oméga. Futé : trousse de voyage en coton recyclé avec 5 mini produits, ou les jolis coffrets en séries limitées des cadeaux toujours appréciés.

COSMÉTIQUES

OH MY CREAM !

6, rue Papassaudi

✆ 04 42 23 01 52

www.ohmycream.com

Ouvert du mardi au samedi de 10h à 19h.

Le concept Oh my cream référence une trentaine de marques de cosmétiques qui ont été sélectionnées pour leur formulation experte. Ce sont là des marques pointues, des marques de niche Dermalogica, Christophe Robin, Sachajuan, Egyptian Magic, Kure Bazaar, REN Skincare et la marque créée du même nom *Oh my cream skincare*. Vous serez accompagné dans la recherche de soins sur mesure, évidemment avec au préalable un diagnostic de la peau. Les plus : les prestations cabine avec soins du visage, après diagnostique de peau. Le site internet est richissime en informations (tutos maquillage, conseils beauté...). Un accueil parfait tout en beauté dans une boutique lumineuse.

COSMÉTIQUES
RAMPAL LATOUR
8, rue Bédarrides
✆ 04 42 59 53 62
www.rampal-latour.fr
Ouvert du lundi au samedi 10h à 19h.

Cette belle boutique vend des produits de la plus vieille savonnerie de Provence, située à Salon. On peut d'ailleurs visiter l'usine historique et l'usine moderne gratuitement en saison. Tous les produits répondent à une charte nature. Pas de conservateur, pas de colorant, pas d'additif chimique, une nouvelle technique écologique utilisant 4 x moins d'eau et 7x moins d'énergie. La tradition est scrupuleusement respectée avec quatre ingrédients : eau, soude, huile (100 % végétale purifiée) et sel. Les produits finis contiennent 72 % d'huile. Une gamme bébé labellisée safelife excluant perturbateurs endocriniens et allergènes et toutes les gammes exposées pour le corps et la maison.

COSMÉTIQUES
ROSE ET MARIUS
3, rue Thiers
✆ 09 82 59 35 35
www.roseetmarius.com
Ouvert du mardi au samedi de 10h30 à 13h et de 14h à 19h.

Rose et Marius, ce sont toutes les émotions olfactives de la Provence réunies dans ce bel écrin de la boutique aixoise aménagée comme une bastide avec son jardin intérieur. La gamme bain et corps aux fragrances raffinées, élaborées à Grasse, est une douce parenthèse à s'offrir. Eaux de parfum sensuelles et voluptueuses, parfums solides, savons gravés, soins pour le corps. Les senteurs nous transportent à l'heure de la sieste en été sous le figuier ou près du jasmin en fin d'après midi. Quelques beaux objets de décoration complètent la gamme des produits estampillés Rose et Marius : bougies parfumées dans de précieuses timbales en porcelaine, parfums d'ambiance, carreaux de ciment, lampes...

COSMÉTIQUES
SAVONNERIE ARTHUR & VALENTINE
VENTABREN
✆ 06 76 95 23 76
www.arthuretvalentine.fr
Boutique en ligne.

Nathalie et Caroline, mères d'Arthur et Valentine, créent des savons pour les peaux délicates de nos petits. Elles les fabriquent selon la méthode de saponification à froid, un procédé qui permet de conserver tous les bienfaits des ingrédients pour la peau. L'huile d'olive, le beurre de karité hydratant, l'huile de coco très nourrissante, l'huile de ricin, du lait d'avoine ou du lait de chèvre pour certains savons et des huiles essentielles pour les fragrances : des ingrédients naturels et locaux, sauf l'huile de coco et le karité, qui sont bio. Longue vie à cette jeune marque !

COIFFURE
ROBERTO FANTI COIFFURE
40, avenue Joseph Villevieille
✆ 04 42 27 27 21
Ouvert du mardi au samedi de 8h à 18h30.

© FANTI

Ce salon a pignon sur rue depuis 25 ans. On vient chez Roberto pour son coup de ciseaux et aussi pour sa bonne humeur et la gentillesse qui caractérisent les Italiens. Roberto vous fait une jolie tête et vous rend le moral si vous l'aviez perdu. Il a le coup d'œil pour savoir quelle coiffure ou couleur va révéler le mieux votre personnalité. Faites-lui confiance à lui et à sa jeune équipe féminine, Cyrielle et Isabelle. Roberto utilise les produits *Végétalement Provence* (fabriqué à St Rémy de Provence) et *l'Oréal* pour prendre soin de vos cheveux. On attend avec impatience les shows coiffure qu'il organise chaque année, paillettes et DJ, tout Aix s'y presse !

COIFFURE
L'ATELIER DES FILLES BY MARIE
18, rue Fernand-Dol ✆ 04 42 53 46 35
www.atelierbymarie.fr
Ouvert mardi et mercredi de 9h30 à 12h et de 14h à 18h30. vendredi et samedi 9h30-18h30.

Le salon de Marie est chic et feutré. L'accueil est chaleureux avec du jazz en fond sonore. Profitez de cet instant comme une parenthèse de bien-être : vous êtes entre les mains expertes de Marie. Elle travaille avec les produits tout doux de la marque Davines, respectueuse de l'environnement : emballages bio-dégradables et pour chaque produit acheté, 1 € sert à la reforestation ; également ambassadrice des produits Nuskin. On y va entre copines pour un moment cosy et très girly. Évidemment les hommes sont aussi les bienvenus. Les ados adorent ce salon très tendance !

COIFFURE

SALON RENAISSANCE

35, rue Cardinale
✆ 04 42 24 10 94
www.salonrenaissance.fr
Ouvert du lundi au samedi de 9h30 à 18h30.

Voici une élégante adresse pour prendre soin de vos cheveux, située dans un hôtel particulier du XVIIIe siècle quartier Mazarin. Un écrin chic et raffiné en adéquation avec la philosophie du salon basée sur le bien-être. Avant toute chose, on vous installe pour un rituel Aveda (filiale d'Estée Lauder), massage du cuir chevelu et des épaules avec des huiles essentielles. Shampoings, produits de coloration, masques et soins capillaires de la marque à base de plantes, de résines et de graines végétales sont issus à 95 % de l'agriculture biologique. La gamme des produits est en vente pour prolonger chez vous les bienfaits des soins au Renaissance, un salon de coiffure qui porte bien son nom !

BEAUTÉ

DISTILLERIE SAINTE VICTOIRE

256, Route de la Libération - **VAUVENARGUES**
✆ 06 77 79 79 24
www.distilleriesaintevictoire.fr

Les Mallesson sont agriculteurs à Vauvenargues, ils exploitent une vingtaine d'hectares au pied de Sainte-Victoire, des terres « garrigueuses » propices à la culture des plantes à parfum, aromatiques et médicinales : la lavande, le lavandin et la lavande aspic, le thym, le romarin, la sarriette, l'origan et l'immortelle. Les plantes sont distillées traditionnellement dans leur labo pour produire des huiles essentielles et des eaux florales ainsi que des savons. L'autre partie est séchée et transformée en herbes de Provence. Ils produisent également une huile d'olive fruitée verte. La distillerie ne se visite pas, mais on peut découvrir les champs de lavande en fleur en juillet, une promenade privilégiée de 1h30 dans le vallon du Delubre.

PIERCING - TATOUAGE

BSA TATOO

68, rue des Cordeliers
✆ 04 42 63 37 26
http://bsa-tattoo.tumblr.com
Ouvert du mardi au samedi de 11h à 18h.

Une référence aixoise en matière de tattoo puisque l'enseigne existe depuis 1996 et constitue à ce jour un des salons dont la longévité est la plus importante. On fait ici tous les tatouages classiques, plus ou moins sophistiqués, plus ou moins raffinés, plus ou moins colorés, plus ou moins élégants, selon vos inspirations et envies. En dénominateur commun : le savoir-faire des intervenants, une excellente hygiène, des produits homologués et de bons conseils surtout, puisque le tatouage n'est pas à prendre à la légère. Allez sur Instagram pour voir le catalogue des réalisations. Différents artistes aux commandes : Thibaud, Kévin, Dorine, Le Baron ou Seth Darko !

SOINS DE BEAUTÉ

NATCHA

19, chemin de la Brunette ✆ 06 62 56 71 63
www.natchafacialist.com
Ouvert du lundi au vendredi de 10h à 18h. Sur rdv. À partir de 100€.

Nathalie Challuleau est facialiste holistique, acupunctrice, naturopathe, professeur de yoga et formée aux méthodes ancestrales de beauté selon l'énergétique traditionnelle chinoise, elle maîtrise les techniques de massage et notamment les soins anti-âge du visage. Nathalie utilise les *guasha* – quartz rose, rouleau de jade, améthyste ou obsidienne – pour stimuler en douceur les zones à traiter. Huiles bio végétales et ventouses complètent les techniques manuelles pour repulper rides et sillons. Chaque soin est unique et sur mesure. Nathalie se partage entre Aix et Paris, sa clientèle compte nombre de personnalités du cinéma et de la mode. Ce qui est bon pour le corps l'est aussi pour l'esprit.

SOINS DE BEAUTÉ

PLUME

41, Rue Granet
✆ 04 42 96 61 56
Ouvert du lundi au samedi de 10h à 19h.

C'est l'institut de quartier par excellence, une maison de beauté où vous êtes accueillie comme une amie. Soins du visage, du corps, des mains, des pieds et épilation, Camille, Kim et Aurélie sont des fées de la beauté, toutes les 3 à vos petits soins. Confiez-leur vos soucis de ligne, cellulite et relâchement des tissus, en quelques séances de Palper Rouler Manuel, de modelage, les zones à traiter vous en seront reconnaissantes ! C'est bon pour la silhouette et pour le moral ! Miroir, mon beau miroir... Pensez aussi au visage, à chaque changement de saison, retournez-y pour faire peau neuve. Elles utilisent les produits Physiodermie et Autour du Bain. Les tarifs sont très raisonnables.

PARFUMERIE

PARFUMERIE TRUPHEME

1, rue Clémenceau
✆ 04 42 26 62 69
www.trupheme.com
Ouvert du lundi au samedi de 9h à 19h15.

La famille Truphème, mise en lumière par ses parfumeries, est une très ancienne famille d'Aix-en-Provence. La première parfumerie fut ouverte en 1885 et reste une adresse élégante, indépendante et raffinée. Que vous cherchiez un nouveau parfum, une fragrance plus ancienne ou une gamme de maquillage adaptée à votre carnation et vos goûts, vous y trouverez votre bonheur. Toujours curieux de découvrir des parfums les plus innovants, votre Parfumerie Truphème vous fera profiter en avant-première les meilleurs produits haut de gamme et des marques en exclusivité. L'accueil y est aimable, professionnel et se fidélise par des infos sms régulières très attractives !

ARTISANAT

ZOE LEJEUNE JOAILLIERE

1285, chemin du moulin du fort
GARDANNE
✆ 06 47 85 12 96
Ouvert du lundi au vendredi de 10h à 18h.

Après de nombreuses années passées à créer pour les ateliers dits de la maison Vendôme, Zoé vient poser ses valises et ses envies de création dans le Midi. Son savoir-faire est surtout mis au service de vos envies : un bijou à confectionner pour un anniversaire ou un cadeau ? Elle vous accompagne dans une cocréation et réalise tous vos bijoux, en argent et en pierres précieuses ou semi-précieuses. Zoé peut aussi transformer la bague de votre grand-mère et la mettre à la taille du jour ou la transformer en un sautoir à la mode. Son atelier est au sein de la Tuilerie Bossy. Attentive et sereine, mais toujours créative et professionnelle, Zoé est un vrai bijou !

BIJOUTERIE

L'ANNEXE DES CARDEURS

1, rue Gaston de Saporta
✆ 04 42 23 02 31
Ouvert du mardi au samedi de 10h à 19h.

Bagues, bracelets, boules d'oreilles, sautoirs, lunettes et petite maroquinerie, la boutique a tout d'un écrin raffiné. Ni or, ni pierres très précieuses, mais de belles matières comme la corne, le cristal, l'argent, l'ambre, l'agate ou la turquoise pour des bijoux fantaisie, la plupart signés par des créateurs français. Les collections suivent les saisons ; pour les fêtes, scintillement des strass et paillettes, sacs fourrures ; dès les beaux jours, les couleurs s'emparent des parures, du turquoise à l'envi et des turquoises, du rose gypsy, des lunettes de soleil en veux-tu en voilà ; à l'automne, les teintes se radoucissent, les parures et les accessoires font leur rentrée raffinée.

CADEAUX

STEF & BEN

9, rue Laurent Fauchier
✆ 07 77 68 07 21
Ouvert du mardi au samedi de 10h à 19h. Autres boutiques 25b rue du Panier, Marseille / 6 bd S. Allendé, Zone Pradeaux, Gréasque.

© STEF & BEN

Artisans ciriers, Stef et Ben fabriquent leurs bougies à base d'huile de tournesol, de colza et d'huile de coco, sans paraffine et sans additif, à l'exception des parfums créés en Provence par un maître parfumeur. La cire obtenue est coulée à la main dans des timbales en verre avec mèches de coton ou mèches en bois. La durée de combustion d'une bougie de 200 gr est d'environ 50h. Le contenant est rechargeable, vous le ramenez à la boutique, on vous le remplit de cire végétale, vous choisissez la senteur parmi la quinzaine proposée. Et pour une bougie personnalisée, si avez une jolie timbale ou une poterie qui va bien dans votre déco, vous pouvez la leur amener ; comptez 2h avant de la récupérer.

BIJOUTERIE

BIJOUTERIE RAYNAL

11, rue Fabrot
✆ 04 42 66 80 51
www.raynal-joaillier.com
Ouvert du mardi au samedi de 10h à 12h30 et de 14h à 19h.

Elles sont toutes luxueuses les boutiques Raynal dans le triangle d'or commerçant du centre-ville d'Aix. Bijoutier, joaillier, horloger depuis plus d'une quarantaine d'années, cette enseigne est incontournable pour le choix des collections, propres créations ou plus grandes marques toutes représentées : Chopard, Dior, DoDo, Fred, Chaumet, Boucheron, Chanel, Poiray, Rolex, Tudor, Breitling, Oméga, Piaget... L'accueil est sur mesure bien sûr, quels que soient votre demande et le budget dont vous disposez.. Sur place, ils disposent d'un atelier de réparation bijoux et montres, ils ajustent et transforment également vos bijoux sur devis. Quatre boutiques à Aix.

CRÉATEUR

CECILE ET JEANNE

23, rue du Maréchal-Foch
✆ 09 51 12 24 28
www.cecilejeanne.com
Ouvert du mardi au samedi de 10h à 19h.

Cette marque de designer de bijoux a été fondée au début des années 1990 par Jeanne et son frère qui ont voulu rendre hommage à leur mère, Cécile, en associant son prénom à la marque. Depuis, la griffe à la colombe et au diamant s'est imposée sur le marché du bijou fantaisie haut de gamme. Une demi-douzaine de boutiques à Paris et les Aixoises ont de la chance, car Aix-en-Provence a aussi sa boutique ! Ici, Sophie vous fait partager sa passion pour cette griffe raffinée. Résines colorées, nacre et métal argenté ou doré, des bijoux semi-précieux, originaux, design et branchés. Cécile et Jeanne, c'est aussi une collection de maroquinerie chic. On adore les sacs rétro version moderne.

BIJOUX - HORLOGERIE

SOANDSO

6, rue Jaubert
✆ 04 42 54 74 16
www.soandso.fr
Ouvert du mardi au samedi de 10h à 13h30 et de 14h30 à 19h.

Dans cette rue un peu confidentielle, poussez la porte de Soandso pour découvrir les bijoux créés par Sophie Pignodel. L'histoire commence en 2007 lorsqu'elle dépose sa marque. Sa première boutique, elle l'ouvre à Saint Germain des Près en 2014 puis celle d'Aix en 2015, un atelier show-room élégant pour présenter ses créations, des collections d'inspiration ethnique dans lesquelles l'argent et l'or se mêlent en finesse et en élégance. Sophie travaille avec des artisans de la région pour réaliser la maquette d'un gabarit puis un moule pour le bijou. Ensuite tout est fabriqué et monté sur place, polissage ou sertissage. Quelques articles de maroquinerie, comme des sacs en lin et cuir.

BIJOUTERIE

CASANERA

20, place Verdun
✆ 04 42 96 52 77
www.casaneraaix.com
Ouvert du mardi au samedi de 10h à 19h.

Une marque bio 100 % *made in* maquis, créée par Marie Ceccaldi. La gamme Immortelle, du nom de la fleur sauvage reconnue pour son pouvoir anti-âge, se décline en crème, baume, masque, sérum, lait pour le corps et même des magnifiques perles de bain ou de beaux coffrets cadeaux. La boutique aixoise, derrière son élégante devanture noir mat, sélectionne également des bijoux de créateurs au style affirmé comme Gigi Loizeau, Aurélie Biderman, Perrine Taverniti, Mya Bay ou Charlet : des bagues, des pendentifs, des colliers, des créations intemporelles ou rock, un travail en or...il y en a pour tous les goûts. Un univers féminin à découvrir sans tarder : laissez vous séduire !

CRÉATEUR

MISS BACK

28 bis, rue Roux-Alpheran
✆ 04 42 38 34 60
Ouvert du mardi au samedi de 13h à 19h. Et sur rendez-vous.

Les créations d'Estelle Misbach oscillent entre fantaisie et joaillerie. Cette jeune créatrice diplômée d'Esmod Paris a un talent fou. Elle puise son inspiration tous azimuts ; d'un voyage au Maroc elle rapporte des fibules en argent, de l'ambre, des turquoises, elle va chiner des perles ou des pampilles de lustres baroques...Pierres semi-précieuses, plumes et sequins, passementeries et galons de soie, motifs crochetés, strass, cuir et galuchat sont d'autres matières qu'elle associe à l'argent massif ou à l'or pour des bijoux pièces uniques version jour/nuit. Estelle partage la galerie avec le sculpteur animalier Gilles de Kerversau dont les œuvres sont insolites, décalées, poétiques...

CRÉATEUR

SAUVAGE MÉDITERRANÉE

Sauvage Méditerranée est une marque associative aixoise qui relève le défi de la protection de l'environnement : son but créer et fabriquer des produits à base de déchets marins récoltés sur notre littoral, plastiques, filets de pêche... Du recyclage à 100% pour de jolies boucles d'oreille en perles de verre poli par la mer, des porte-clés et sacs à provision en filet de pêche ou des pochettes réalisées à partir des voiles abimées d'optimistes et de catamarans. Du recyclage à l'infini puisque vous pouvez ramener les bijoux qui ne vous plaisent plus, ils seront recyclés. Et puis vous pouvez payer sur l'e-boutique en bouchons en plastique que vous aurez ramassés au cours de vos balades.

FANTAISIE

AVENTURINE

32, rue Espariat
✆ 04 42 26 77 64
www.aventurineparis.com
Ouvert du lundi au samedi de 10h30 à 19h.

Sautoirs, bagues, manchettes, bracelets, boucles d'oreille vous font de l'œil dans la vitrine d'Aventurine, tout en couleurs vives et toniques. On craque pour ces bijoux fantaisie de créateurs qui revisitent le bijou : Samuel Coraux, La Mollla, Uno de 50, Sobral, Karine Sultan, Cœur de Lion... des bijoux au design très contemporain, ludiques et poétiques, faits main et en très petite série, qui font la part belle aux matières originales (corne, bakélite, caoutchouc, cuir, argent, verre de Murano, bois, cristal, polyester, pierres semi-précieuses et pierres dures...), aux motifs et formes graphiques, épurées mais jamais classiques. L'originalité et l'élégance à prix tout à fait raisonnable.

FANTAISIE

KOUMAL

1, rue Méjanes
Ouvert du lundi au samedi de 10h à 19h. Boutique en ligne.

Pour se faire plaisir à petits prix et suivre la mode en fonction des saisons, Koumal est une boutique de bijoux fantaisie qui rassemble toutes les générations féminines. Pas de pierres précieuses, mais des résines de couleur, des perles d'eau, des coquillages, des turquoises, des strass, des plumes, de l'acier inoxydable, quelques bijoux en argent ou plaqués or, tous garantis sans allergènes, sans plomb, sans cadmium, sans nickel. Pas de bijoux mastoc, mais fins et passe-partout. Boucles d'oreilles, bracelets, colliers, bagues sont présentés par thématique dans les vitrines. Quelques accessoires aussi, barrettes, sacs, pochettes. Koumal a deux autres adresses, à Lyon et à Bordeaux.

FANTAISIE

SAOYA

2, rue Aude ✆ 04 42 27 97 88

www.saoya.fr

Ouvert le lundi de 14h30 à 19h ; du mardi au samedi de 10h à 19h.

La créatrice des bijoux griffés Saoya, Andreline, s'est inspirée, au départ, de la nature. D'ailleurs, sa maison, Saoya en Provence est née... dans un bouton de rose séchée plongé dans de la résine. Depuis son éclosion en 1989, Saoya est devenu un grand bouquet plein de fantaisie, de romantisme, de délicatesse, de raffinement et de douceur : huit boutiques à ce jour, dont deux à Paris et une à Marseille. L'aventure du petit bouton de rose provençal immortalisé se poursuit avec chaque année de nouvelles collections charmantes qui ont évolué au fil des ans. La boutique aixoise, avec sa devanture de fer forgé, sa décoration mi-brique mi-bois et sa fontaine, en est le bel écrin.

GADGETS

LA TAVERNE DE PLATON « CABINET DE CURIOSITÉS »

27, rue des Tanneurs

✆ 06 33 05 88 21

latavernedeplaton.com

Ouvert du mardi au samedi de 10h30 à 19h. Boutique en ligne.

Comme le dit Philippe, maitre des lieux : la Taverne de Platon c'est mon joyeux bordel, un voyage, une porte sur le temps... Les amateurs d'objets insolites apprécieront cette boutique-cabinet de curiosités où les crânes et ossements côtoient les images et figurines pieuses, les chauves-souris empaillées, les squelettes d'animaux et les fossiles, les insectes, papillons, coléoptères, les chimères et les vanités, des instruments de médecine, des parchemins, des masques étranges... Également des reproductions d'affiches et de tableaux sur panneaux et bijoux en argent.

HORLOGER - MONTRE

MOSTRA-STORE.COM MONTRES DE COLLECTIONNEURS

3, Place Forbin ✆ 04 42 58 72 79 - https://www.mostra-store.com/

Ouvert du lundi au samedi 10h/19h. Service de conciergerie/ garde-montres ; service après-vente/expertise/ certification.

© MOSTRA STORE

L'horlogerie et les belles montres, c'est la passion depuis toujours de Thierry Serna, collectionneur, puis journaliste spécialisé et expert dans ce domaine. Il a quitté Paris pour s'installer en province et ouvrir une enseigne dédiée aux montres de seconde main, rares, *vintage* et modernes. Chaque montre a une histoire, Thierry vous la racontera. La boutique en haut du Cours Mirabeau est un superbe écrin à la hauteur des pièces présentées. Le choix, les nombreux services offerts et les conseils avisés sont les autres atouts pour satisfaire une clientèle exigeante.

HORLOGER - MONTRE

L'ATELIER DU PASSIONNEUR

7, rue Frédéric-Mistral

✆ 04 42 29 85 71

www.lepassionneur.com

Boutique en haut du cours Mirabeau, à l'hôtel du Poet.
Ouvert du lundi au samedi de 10h30 à 13h et de 14h30 à 19h.

Comme son nom l'indique, c'est l'atelier de la boutique de luxe Le Passionneur située dans l'hôtel du Poët en haut du cours Mirabeau et spécialisée dans les montres de collection. Les initiés disent « LP »... Ici officient deux maîtres-horlogers - l'un vient de chez Rolex, l'autre de chez Jaeger Lecoultre- et leurs assistants qui allient leurs compétences pour effectuer tous types de travaux et de réparations sur vos montres et vos horloges. Vous avez donc, ici, l'assurance d'un travail minutieux et parfait, même sur des modèles tout à fait vintage. Futé : leurs experts juridiques sont là aussi pour estimer vos biens, en cas d'héritage ou de vol par exemple.

HORLOGER - MONTRE

LE PASSIONNEUR

Hôtel du Poët ✆ 04 42 29 85 71

www.lepassionneur.com

Ouvert du mardi au samedi de 10h30 à 13h et de 14h30 à 19h.

Cet écrin raffiné est entièrement dédié à l'horlogerie d'occasion haut de gamme. Ici, les montres sont des œuvres d'art. La maison propose les plus beaux modèles des marques les plus prestigieuses : Breguet, Audemars Piguet, Rolex, Panerai, Patek Philippe, Trudor, Breitling, Oméga, Jaeger LeCoultre, Cartier, Longines... Mais aussi de superbes pièces de collection, montres rares vintage des années quarante, montres d'occasions plus modernes... C'est l'adresse des vrais amateurs et des collectionneurs. Autres services proposés : l'expertise de vos montres et leur rachat éventuel. Et aussi les réparations ou l'entretien de tous modèles dans l'Atelier du Passionneur situé 7 av Frédéric Mistral.

JE ME FAIS PLAISIR

JOAILLIER - DIAMANTAIRE

LES ALCHIMISTES DE LA JOAILLERIE

31, rue Espariat
✆ 04 42 27 66 10
www.lesalchimistes-joaillerie.com
Ouvert le lundi de 14h à 19h ; du mardi au samedi de 10h à 19h.

Les amateurs de diamants vont adorer cette adresse aixoise qui joue sur un double concept : celui du bijou et de l'art de vivre. Les diamants sont l'une des passions de Marion Vaillaut, diplômée de l'institut HRD d'Anvers et Artisan des métiers d'Art. Dans les vitrines, tout est sublime. Bagues, bracelets, pendentifs, boucles d'oreilles... du solitaire au bijou pavé de gemmes étincelants, les collections riment avec désir. Les tarifs ne sont pas exorbitants si l'on reste raisonnable quant à la taille de la pierre ! A l'étage, espace show-room chic et feutré.

JOAILLIER - DIAMANTAIRE

PELLEGRIN & FILS

17, place saint Honoré ✆ 04 42 44 20 90
www.pellegrin-et-fils.com
Ouvert du mardi au samedi de 10h à 13h et de 14h à 19h. Autre adresse à Marseille 19 rue Francis Davso

Une grande famille marseillaise de tradition horlogère et joaillère depuis 1840, la 5e génération incarnée par Arnaud Pellegrin continue à séduire une clientèle exigeante. Arnaud a ouvert 4 luxueuses boutiques à Aix et Marseille. Des sublimes créations signées par leur atelier de joaillerie aux bijoux de marques prestigieuses, les collections vous accompagnent pour les évènements de votre vie et à tous les prix. En horlogerie les marques Hermès, Baume et Mercier, Chanel, Longines et un atelier de réparation dédié. Pellegrin c'est aussi bien sûr un atelier de transformation et réparation de vos bijoux. Une référence à Aix et Marseille dans l'univers de la haute joaillerie.

JOAILLIER - DIAMANTAIRE

ATELIER SAUREL

25 bis, rue des Cordeliers
✆ 04 42 38 57 15
Ouvert du mardi au samedi de 9h30 à 12h30 et de 14h30 à 18h45.#ateliersaurel

Artisan joaillier créateur de bijoux, Marc Saurel réalise aussi bien la bague de fiançailles de vos rêves avec diamants ou pierres précieuses, le sautoir en perles fines ou de Tahiti aussi bien que des bijoux médaille gravée Sainte-Victoire ou le bracelet S d'une parfaite sobriété. Un large choix de médailles et gourmettes de baptême et d'alliances. Il transforme également ceux dont vous n'avez plus envie et remet au goût du jour vos anciens bijoux. Et vous pouvez lui apporter vos bijoux à réparer, soudures, mise à mesure, renfilage de perles, l'atelier est attenant à la boutique. En vitrine aussi les montres de luxe Michel Herbelin, notamment les montres connectées.

PARFUMERIE

DIPTYQUE

21, rue Fabrot
✆ 04 42 92 17 07
www.diptyqueparis.com
Ouvert du mardi au samedi de 10h à 19h.

En entrant dans la boutique Diptyque d'Aix, vous découvrez un espace chaleureux tout en longueur ; quelques bouts de chanvre et une banque centrale tapissée de tuiles font un écrin provençal à la collection de bougies blanches comme une invitation au voyage. Depuis les parfums iconiques, Cannelle, Thé ou Aubépine, jusqu'aux désormais classiques Figuier ou Tubéreuse, on ne sait plus à quel nez se vouer... alors pourquoi ne pas se laisser tenter par un coffret à composer soi-même : 3 à 6 bougies parmi vos senteurs favorites ou encore 5 eaux de toilette parmi 10 senteurs. Car Diptyque, c'est aussi des objets de décoration comme des photophores ou encore des produits de soin.

JOAILLIER - DIAMANTAIRE

BELLINI

22, rue Fabrot
✆ 04 42 26 88 88
www.bellini.fr
Ouvert du mardi au samedi de 10h à 12h30 et de 14h30 à 18h30.

Cette grande bijouterie aixoise est tout à la fois une joaillerie et une horlogerie. Vous y trouvez un large choix de marques luxueuses, mais aussi des créateurs plus confidentiels avec une belle représentation des griffes italiennes. On peut citer, parmi d'autres, tout d'abord Chopard et Bellini, les plus représentés, mais aussi Élise Dray, Frédérique Constant, Lydia Courteille, Hamilton, Parmigiani, Scatola Del Tempo... Des montres de marques tendances comme Longines ou Meistersinger à des pièces rares des maisons Oméga ou Glashütte Original. Du très cher à la fantaisie, une belle gamme et une sélection judicieuse. L'accueil est toujours feutré et les conseils avisés.

PETIT BAMBOU

Inspirez, expirez… soyez accompagnés. Petit Bambou invite à ralentir en proposant plus de 2 000 séances de méditation et cohérence cardiaque dispensées par des instructeurs tels que Christophe André, psychiatre qui a démocratisé la méditation de pleine conscience en France. Chaque séance est personnalisable (durée, voix, langue) et balaye des sujets comme le sommeil, la confiance ou la jeunesse.

PARFUMERIE

AROMA-ZONE

6, rue Espariat
✆ 04 13 35 50 00
Ouvert du lundi au samedi de 10h à 19h30

La nouvelle boutique d'Aroma-zone a investi le magnifique hôtel particulier Boyer d'Eguilles, entièrement rénové. Sur un espace de quelque 600 m², vous trouverez toutes les références pour vous initier en cosmétiques maison et parfaire vos connaissances en aromathérapie. Des ateliers pour créer vous-même vos soins visage, corps ou cheveux entièrement personnalisés, des conseils de formatrice ou des conférences, tout est fait pour partager les connaissances. Nouveau : le bar à vrac, huiles (amande douce, jojoba ou avocat bio) ou savons (savon liquide pure olive, savon d'Alep...), pour remplir vos propres contenants et limiter ainsi le nombre de flacons. Futé !

MASSAGE - RELAXATION

ESPACE BIEN-ÊTRE-MUM SABAI

35, rue Boulegon ✆ 06 71 36 19 04
www.aix-en-provence-massage.com
Ouvert du lundi au jeudi de 10h30 à 19h. Le vendredi et le samedi de 10h30 à 20h.

Pas besoin d'aller jusqu'en Thaïlande pour se faire masser, Saonok Punyanat est thaïlandaise, elle a appris l'art du massage dans son pays, à l'école Wat Po à Bangkok le temple du massage. Elle pratique son métier depuis une quinzaine d'années. Son petit institut du centre ville aixois est comme un cocon où une clientèle d'habitués passe régulièrement quand ils/elles en ont plein le dos ! Les bienfaits de la séance sont immédiats. Elle propose des massages doux ou thaïs traditionnels plus appuyés, aux huiles essentielles, avec des tampons herbeux parfumés.

HAMMAM

HAMMAM DES PRÊCHEURS

10, rue Félicien-David ✆ 04 42 24 11 11
www.hammamdesprecheurs.fr
Ouvert du lundi au samedi de 10h à 20h. Possibilité de privatisation.

Éteignez votre téléphone, enlevez votre montre et laissez-vous aller. Ici, les soins sont traditionnels, des massages énergisants et/ou relaxants, mais aussi des rituels personnalisés : savonnage, massage du cuir chevelu aux fleurs de rhassoul, massage aux pierres chaudes, bronzage naturel au henné, soin du visage relaxant. Tout est possible en duo, pour un moment à deux. Ce hammam n'a rien de sophistiqué, l'ambiance est chaleureuse et les effluves du thé à la menthe vous transportent à Fès ou à Marrakech. Au coin boutique, des produits traditionnels et des accessoires : savon noir, rhassoul, huile d'argan, eau de fleur d'oranger, gants de gommage et draps de bain.

COACHING

PROFESSIONNAL TRAINER COACHING

25, rue Fernand-Dol
✆ 06 12 16 89 97
Sur rdv.

© VD

Coach sportif, Patrice Lazarre démocratise la préparation physique de haut niveau et prend en charge ses clients individuellement ou en groupe de 4. Au programme : cardio-training, boxe, stretching, boxe-thérapie... Patrice travaille aussi en concertation avec le CREPS d'Aix, en haltéro physique et préparation physique. Enfin il peut soulager vos bobos, les hernies discales par exemple, grâce à des entraînements spécifiques. Un vrai coach « médico-sportif ». Que vous souhaitiez bouger, vous ressourcer ou optimiser vos capacités, c'est la bonne adresse !

FORME

KEEP COOL ROTONDE

4, avenue des Belges ✆ 04 42 59 28 70
www.keepcool.fr
Ouvert du lundi au vendredi de 9h30 à 23h. Samedi et dimanche de 10h à 14h et de 17h à 22h.

La forme sans la frime ! C'est le slogan de l'enseigne. Vous allez vous entraîner quand vous voulez de 6h à 23h 7j/7 ! Fini le stress pour être à l'heure à votre cours. Bien sûr, il s'agit de cours virtuels mais flexibilité et petit prix. Keep cool c'est la liberté, mais néanmoins le sérieux. Avant toute chose, vous prenez rendez-vous avec le coach qui établit votre bilan forme pour déterminer quel entrainement sera adapté à votre condition physique et vous avez une séance d'essai gratuite avant tout engagement. Au programme : cardio-training, renforcement musculaire, cours de gym, sauna. Ambiance sympa, locaux agréables et propres. Plus d'excuses pour ne pas vous entretenir !

JE PRENDS SOIN DE MOI

JE VAIS ÊTRE AU TOP

SPA

SPA NUXE NEGRECOSTE

33, cours Mirabeau
✆ 04 42 24 52 92
Ouvert du lundi au samedi de 10h à 20h ; le dimanche de 10h à 18h.

Au sein de l'hôtel de luxe 4 étoiles NegreCoste, situé en plein cœur du cours Mirabeau, l'espace spa vous offre un moment de calme et de sérénité. Hammam, sauna, douche sensorielle, bain à remous à débordement, LPG dernière génération, 5 cabines de soins dont 2 duos, tout est fait pour que vous passiez un moment de qualité. L'ambiance est feutrée, les couleurs chaleureuses rappelant la pierre de Bibémus. Ce sont bien 300 m² dédiés à la relaxation avec une très large de gamme de massage, gommage et autres soins du corps. De l'accueil jusqu'au soin, nous avons pu goûter le professionnalisme irréprochable : quoi d'autre ? Un moment pour soi ou entre amis, on y court !

SOINS DE BEAUTÉ

MA MAISON ZEN

6, rue Frédéric-Mistral
VENTABREN
✆ 06 41 81 12 78
www.mamaisonzen.com
sur rdv.

Absolument relaxant, dans une eau à la température du corps, le Watsu variante du Shiatsu se pratique en piscine. Laissez-vous guider par Carole qui vous soutient le corps à l'horizontal, la tête hors de l'eau, des flotteurs au chevilles, vous ondulez tout en bercements, tout en douceur, le corps s'abandonne et l'esprit aussi ; une sensation unique de bien-être total, pour soulager les douleurs musculaires, pour s'apaiser tout simplement, une parenthèse de bien-être rien que pour soi.

SPA

SR MAZARINE

27, rue Mazarine ✆ 04 42 50 27 27
www.srmazarine.fr
Ouvert du lundi au samedi de 10h à 19h. Soins sur rendez-vous.

Tout à la fois boutique de cosmétiques haut de gamme, institut de soins et spa, SR Mazarine offre dans une rue tranquille un très bel espace de 400 m² avec hammam, sauna, piscine chauffée et fontaine à glace pour des prestations de grande qualité (massage bien-être, soins, épilations...). En boutique vous trouvez des produits cosmétiques essentiellement bio, des parfums Bynedo ou Liquides imaginaires. Les soins sont adaptés à votre besoin analysé avec sérieux pour trouver la solution pertinente. En cabine, vous avez toutes les prestations d'un institut, le luxe en plus, des épilations aux soins anti-âge en passant par les soins spécifiques pré ou postopératoires et pré ou post-nataux.

MASSAGE - RELAXATION

UN TEMPS POUR NAÎTRE

453, Avenue Jean-Paul Coste - **VENELLES**
✆ 06 62 71 02 50
www.untempspournaitre.fr
Sur rendez-vous à domicile ou au cabinet.

Séverine propose un accompagnement de la future maman tout au long de la grossesse et même après. Comment ? En associant et en alignant la tête, le cœur et le corps au travers d'entretiens personnalisés et de massages. Massage prénatal harmonisant, maternant et énergisant pour préparer le corps à la naissance et le massage postnatal pour ramener toute l'énergie dispersée au centre du corps et le massage bébé pour aider à la création des liens. Séverine vous accueille dans son espace bien-être au sein d'un pôle médical et paramédical aixois, mais peut aussi se déplacer à domicile. Charmante et sereine, elle saura vous écouter et vous accompagner dans ce moment précieux.

THERMALISME

THERMES SEXTIUS

55, avenue des Thermes
✆ 04 42 23 81 82
www.thermes-sextius.com
Sur rendez-vous.

Les Thermes Sextius sont le temple du bien-être et de la remise en forme. L'eau provient de la Sainte-Victoire, chaude et minéralisée, riche en calcium, magnésium, lithium et autres oligo-éléments. Au Spa, cours d'Aquagym, d'Aquabike ou d'Aqua Stretch Ball. Idéal pour redessiner la silhouette. Des forfaits bien-être en hydro et balnéothérapie, des massages, des cures détox ou minceur, des offres du moment (gommage à la fleur de sel de Camargue), tout est fait pour passer un bon moment, de façon régulière ou exceptionnelle. Possibilité de restauration. Et si vous voulez séjourner sur place, l'hôtel Aquabella offre de belles prestations. Un séjour 100 % bien-être évidemment !

COSMETHICS

Une application qui invite à décrypter les produits de sa salle de bain pour consommer plus durable pour la planète et pour notre santé. On scanne son produit, Cosmethics fait le reste : analyser les ingrédients, fournir le détail de leur composition, transmettre les alertes scientifiques sur les produits nocifs et enfin proposer des alternatives sur mesure en fonction de nos listes de souhaits.

CLINIQUE PRIVÉE

HÔPITAL PRIVÉ DE PROVENCE

235, allée Nicolas de Stael ✆ 04 42 33 17 70
www.hopital-prive-de-provence.com
Urgences 24h/24 : 04 42 33 17 01. Standard : 04 42 33 17 70.

Maintenant installée sur les hauteurs de Luynes, l'hôpital privé de Provence, est un beau bâtiment sur 6 niveaux, où travaillent 210 médecins et plus de 500 collaborateurs alliant soin et technologie de pointe. Il est particulièrement réputée pour sa chirurgie digestive, mais également pour ses services d'orthopédie, d'urologie et de chirurgie cardio-vasculaire. Outre un service d'urgences de 600 m², ouvert 24h/24 et 7j/7, l'hôpital possède aussi un service de réanimation, un scanner et un IRM ainsi qu'un service complet de consultations dans de nombreuses spécialités.

HÔPITAL

CENTRE HOSPITALIER DU PAYS D'AIX

Avenue des Tamaris ✆ 04 42 33 50 00
www.ch-aix.fr
Ouvert toute l'année, 24h/24. Prise de rdv par téléphone ou via le site internet doctolib.

L'origine de ce centre hospitalier remonte à… 1518, date de la fondation du premier hôpital pour indigents au nord de la ville. C'est aujourd'hui un centre ultramoderne avec des plateaux médicaux à la pointe de la technologie, tous les services et toutes les spécialisations réunis dans des locaux lumineux et accueillants. Le site Internet du centre hospitalier vous propose un annuaire qui permet de localiser chaque unité et un plan d'accès détaillé. Il continue de s'agrandir et se moderniser avec un parking attenant pratique en souterrain. L'accueil est soigné.

CLINIQUE

CLINIQUE AXIUM

21, rue Alfred Capus
✆ 04 42 95 72 72
www.cliniqueaxium.fr

La clinique Axium affiliée au groupe privé Almaviva santé est un pôle d'hospitalisation privé situé au centre ville d'Aix. Outre les opérations classiques programmables (chirurgie, endoscopie, radiologie, cardiologie, mammographie), la clinique est réputée pour être un centre chirurgical d'ophtalmologie et particulièrement un centre de la main du pays d'Aix donc spécialisé dans les opérations chirurgicales de la main, le centre d'urgence SOS mains étant ouvert 24h/24 et 7j/7. De plus, la clinique Axium héberge aussi le ResO 13, réseau Obésité des Bouches-du-Rhône avec un ensemble de médecins, endocrinologues, diététiciens mais aussi thérapeutes accompagnant, et psychologues.

MATERNITÉ

MATERNITÉ DE L'ÉTOILE

3530, route Puyricard
PUYRICARD
✆ 04 42 17 07 17
www.maternite-etoile.com

Fondée en 1975 par les Petites Sœurs des maternités catholiques, l'Étoile est une maternité très réputée. À taille humaine, au calme verdoyant mais à la pointe de la technologie, elle possède un service de chirurgie, une unité de diabétologie et de maladies métaboliques, un accueil pour grossesses pathologiques et un service de néonatologie, sans oublier consultations en urgence, mesure de la densité osseuse, dépistage du cancer du sein et même sevrage tabagique pour femmes enceintes. Mention spéciale pour l'accueil et la prise en charge, très loin de l'image d'une usine à accoucher. L'Étoile s'est engagée dans la démarche IHAB *Initiative Hôpital Ami des Bébés.*

PHARMACIE

PHARMACIE DES PRÊCHEURS

2 rue Peyresc
✆ 04 42 38 18 60
Ouvert tous les jours et les jours fériés de 8h à 22h.

La Pharmacie des Prêcheurs a été reprise en 2016 par de nouveaux gérants qui avec leur équipe d'une dizaine d'employés, tous très compétents et souriants malgré nos bobos et le monde qui attend, ont innové. En effet, leur pharmacie est ouverte de 8h à 22h,7j/7. Cette amplitude horaires unique, y compris le dimanche, permet d'aller en urgence chercher un remède tôt le matin jusqu'à tard le soir. A cette capacité, s'ajoutent des rayons attractifs, souvent des promos sur des gammes connues en parapharmacie ou cosmétique, et des conseils avisés. Un service test covid continue à fonctionner. La pharmacie se situe sur le secteur des places Verdun - Prêcheurs, rénovées entre 2016 et 2019.

PHARMACIE

PHARMACIE DU COURS MIRABEAU

17 bis, cours Mirabeau
✆ 04 42 93 63 60
Ouvert du lundi au samedi de 8h30 à 19h30.

Située au milieu du cours Mirabeau, la Pharmacie du Cours offre une surface de vente de 450 m² où l'on trouve la pharmacie bien sûr mais aussi les rayons parapharmacie, cosmétique, bébé/maternité et un espace bio dédié à la naturopathie, à la diététique et à la micronutrition. Naturopathes et diététiciennes sont à votre service que ce soit pour un rééquilibrage alimentaire, un problème de jambes lourdes ou encore des carences en vitamines. Offres promotionnelles, prix attractifs et animations régulières. Accueil possible en anglais, espagnol, portugais et chinois.

LAVERIE - PRESSING

CLEAN PLUS

37, cours Gambetta
✆ 04 42 21 44 23
Ouvert du lundi au samedi de 8h à 19h.

Ce pressing se situe cours Gambetta, non loin de la rue d'Italie. On peut passer devant le magasin en voiture et même s'arrêter deux minutes pour déposer ses articles. L'autre adresse est pratique aussi, tout près de la gare routière et du parking Méjanes. Clean Plus n'utilise plus de perchloréthylène. Un bon point pour l'écologie. Cette affaire de famille pérenne depuis une vingtaine d'années fait également blanchisserie, elle ne sous-traite que le cuir et les tapis. Clean Plus offre un service de repassage avec des tarifs intéressants. Un bon plan pour ceux qui auraient une aversion chronique pour le repassage. Accueil très chaleureux et toujours efficace !

LAVERIE - PRESSING

ECOLAV'CAFE

3, place Narvik ✆ 06 58 13 60 53
Derrière les Allées Provençales et la Poste.
www.ecolav-cafe.com
OUvert tous les jours de 7h à 21h.

Ecolav'café est non seulement situé à deux pas de la Rotonde, mais en outre il est clean, design, confortable, écolo et efficace. Fini de regarder tourner son linge sale en soupirant dans une atmosphère démoralisante. Dans cette laverie nouvelle génération, tout est neuf et propre, l'ambiance est accueillante. Quant aux machines à laver, elles sont efficaces, bio et intelligentes, dosant la quantité d'eau nécessaire. En une demi-heure environ le tour est joué. Pratique : service Wash-bag (dépôt du linge et retour 24 à 48h après), service de repassage, service de retouche, wifi gratuit, prise USB, ainsi qu'un distributeur de boissons. Prenez vos tablettes, vous ne verrez pas le temps passer.

LAVERIE - PRESSING

NATURALIS PRESSING

8, avenue Saint-Jérôme
✆ 09 81 87 89 67
www.naturalis-pressing.com
Ouvert du lundi au samedi de 9h à 13h et de 14h30 à 18h30.

Le concept Naturalis : un service de haute qualité, une démarche écoresponsable, une traçabilité informatisée de vos vêtements avec des produits biodégradables et une gestion raisonnée de l'eau. Un soin optimale pour votre garde-robe, dans le plus grand respect de la nature et de votre linge. Les services sont multiples. Naturalis traite tout type de tissus, nettoie tapis et peau, se propose de repasser votre linge propre et effectue également les retouches. Naturalis traite puis peut livrer vos articles en véhicule 100 % électrique dans la ville d'Aix-en-Provence et son pôle d'activités. On aime la démarche tout comme une fidèle clientèle qui plébiscite le lieu.

LAVERIE - PRESSING

PRESSING DES PRECHEURS

36, place des Prêcheurs
✆ 04 42 21 36 19
Ouvert du mardi au samedi de 8h à 12h et de 14h à 19h.

Cela fait des lustres que Madame Perrin officie dans son pressing sur la place des Prêcheurs, imperturbable malgré les aléas, elle reste fidèle au poste. Spécialisée dans le traitement de vêtements délicats, vous pourrez lui confier les plus belles pièces de votre garde-robe : ensembles de couturiers, foulards et chemisiers de soie ou encore robes de baptême et de mariage. Vous donnerez en toute confiance même vos pièces de cuir, qui seront sous-traitées à des professionnels. Tapis, nappes, rideaux, couvertures et couettes pourront également faire l'objet d'une petite remise en forme dès l'arrivée du printemps. Pour le tout-venant, rien à dire puisque la qualité est déjà au rendez-vous.

LAVERIE - PRESSING

LAVERIE BOULEGON

60, rue Boulegon
www.stmlaverie.fr
Ouvert tous les jours de 7h30 à 21h.

Aix-en-Provence est une ville étudiante et offre donc les services qu'ils en attendent : le lavomatique bien connu des jeunes qui y apportent leur linge tout en écoutant le dernier podcast mais aussi de ceux qui pour de multiples raisons en ont ce besoin. Fini la mauvaise réputation, l'endroit est désormais propre et accueillant, souvent wifi gratuit à l'appui, incontournable aujourd'hui. Pour les machines à vérifier la contenance, celle de la rue Boulegon offre des machines de grandes contenances (1 machine de 18kg), pratique pour laver les couettes et autres rideaux. Ecoresponsables et économiques en énergie et en eau, les nouveaux sont toujours à la pointe.

BIJOUX - HORLOGERIE

LE GARDE -TEMPS

1285, chemin du Moulin-du-Fort - **GARDANNE**
✆ 04 42 58 31 38
www.gibernon.fr
Ouvert tous les jours du lundi au vendredi sur rendez-vous.

Thierry Gibernon est un homme d'excellence. Il fut longtemps cuisinier dans de grands restaurants avant de tomber en amour pour l'horlogerie. Il s'est longtemps consacré à la réparation de montres de luxe et anciennes avant d'ouvrir son propre atelier à Gardanne. Il venait d'obtenir le concours de Meilleur Ouvrier de France. Ce maître artisan restaure et répare montres et horloges, des plus récentes aux plus anciennes : vous pouvez lui confiez sans crainte l'horloge de grand-mère ! Depuis quelques années, il a créé sa montre, l'ante tempus « qui ne donne pas l'heure ; elle donne le temps », avec un mouvement totalement trigonométrique. Les adeptes de l'exception trouveront leur maître.

CORDONNIER

AIX MULTI-SERVICES

3, rue Emeric-David
✆ 04 42 38 08 70
Ouvert du mardi au samedi de 8h30 à 12h30 et de 14h à 19h.

Un problème de clés ? Mille et un services se charge de les refaire. De la cordonnerie en passant par les clés-minute et la gravure, tout est fait pour satisfaire vos demandes. On apprécie tout particulièrement le professionnalisme et l'efficacité de cette adresse en matière de fabrication de tampons et autres gravures de boite aux lettres. Ici on peut également reproduire une clé de voiture ainsi qu'une télécommande de garage : un service multiple ! Et surtout votre demande sera prise en compte et effectuée dans les plus brefs délais et avec une rare gentillesse. Cette échoppe compte parmi les plus vieilles de la ville. Vous pourrez vous y rendre les yeux fermés.

QUINCAILLERIE - DROGUERIE

SAVONS ET CHIFFONS

10, rue Courteissade
✆ 04 42 97 60 81
Ouvert du mardi au samedi de 10h à 19h.

© VD

Retour aux valeurs d'antan avec cette petite nouvelle droguerie en centre-ville qui prône l'écologique et le durable avec des produits d'hygiène, des produits ménagers (aussi en vrac) et des ustensiles pour la cuisine, la salle de bains, de la vaisselle pour la table. Des jolis balais à la tapette en osier pour entretenir vos tapis, des torchons au filet à provisions, de la brosse à légumes au presse-purée, de la pierre ponce au nécessaire à cirage, du plumeau en plumes d'autruche au broc d'eau en métal noir, du peigne en bois au shampoing solide, la gamme est large et variée avec un fil conducteur : le fabriqué en France, c'est le credo de Marine, la jolie droguiste.

CORDONNIER

ARTISAN CORDONNIER JULIEN FERRANDEZ

8, rue de la Couronne
✆ 04 42 27 52 30
Ouvert du mardi au samedi de 9h à 19h.

Julien est installé là depuis 2005. Il excelle dans son métier et vous fait de belles semelles avec couture. Des mains en or ! Et évidemment il est dépositaire exclusif des cirages de la marque Saphir médaille d'or, des cirages de qualité, des crèmes nourrissantes et crèmes pour cuir toujours dans le haut de gamme. Quelques beaux coffrets cireurs avec le nécessaire à cirage - une idée cadeau. Des ceintures et des chaussettes de la marque La chaussette française et Berthe aux grands pieds. Service reproduction de clés, télécommandes, badges de parking...

COUTURIER - RETOUCHE

CHEWÖ COUTURE

19, rue Courteissade
✆ 04 42 27 27 62
Ouvert le lundi de 14h à 19h ; du mardi au vendredi de 10h à 13h et de 14h à 19h ; le samedi de 10h à 19h.

Ici vous pouvez apporter vos vêtements à retoucher en toute confiance, Adame Moustadira a ouvert sa boutique depuis 2014 : « Chewö » veut dire Dandy en swahili. Le jeune créateur, originaire des Comores, a été remarqué dans l'univers de la mode pour son style original et a déjà reçu divers trophées. Il a créé sa marque et propose un vestiaire élégant travaillé dans des matières nobles : cachemire, soie, laine douce. Les modèles sont déclinés pour l'homme et la femme. La boutique abrite également un atelier de confection en espace ouvert, où vous pourrez aussi commander votre costume sur mesure ou votre tailleur pour femme, le *nec plus ultra* de l'habillement.

JE PRENDS SOIN DE MES AFFAIRES

ENTRETIEN - RÉPARATION

AU BONHEUR DES DAMES

23, avenue Mouliero - **VENELLES**
✆ 04 42 28 98 72
www.aubonheurdesdames.biz
Mercerie spécialisée dans les machines à coudre et à broder. Ouvert du mardi au samedi de 10h à 13h et de 14h à 17h.

L'art du fil sous toutes ses formes. La boutique d'Aix a fermé mais la clientèle a suivi à Venelles, fidèle de génération en génération depuis plus de 50 ans. L'enseigne créée par Jacqueline Gadea en 1971, a été reprise par son fils Jean, secondé par son fils Julien et sa femme Anne. Une vraie saga familiale... Ici, vous pouvez acheter une machine à coudre et à broder, surjeteuses et recouvreuses. Les conseils sont avisés et on assure le service après-vente. De plus, les amatrices de couture et de broderie trouveront tout le nécessaire : aiguilles, fils et bobines, galons, rubans ciseaux... et patrons, le tout *made in* France. Également des tissus pour patchwork.

ENTRETIEN - RÉPARATION

MERCERIE FIBULON

2, rue Courteissade
✆ 04 42 38 95 63
Ouvert du mardi au samedi de 10h à 12h30 et de 14h à 19h.

Pour trouver le bouton manquant ou customiser une veste, vous êtes à la bonne adresse. Cette mercerie hors du temps est une véritable caverne d'Ali Baba, ouverte il y a soixante ans et reprise il y a six ans par Catherine, qui saura vous guider et bien vous conseiller. On y trouve de tout sans exception mais le plus étonnant c'est cette collection de boutons du plus commun au plus rare, voire de collection qui peut atteindre plusieurs centaines d'euros. Parmi ces quelques milliers de boutons, vous trouverez du neuf et de l'ancien, mais aussi des fils Gutterman, aiguilles Prym, ou du nécessaire à coudre Bohin, une manufacture normande, de la laine Lang et des créations de tricot pour bébé.

ENTRETIEN - RÉPARATION

L'ARTISAN DU CUIR

11, Place Richelme
✆ 04 88 41 73 24
www.artisanducuir.fr
Ouvert du mardi au samedi de 9h à 12h30 et de 13h30 à 18h30.

Que ce soit pour des retouches, des réparations ou des transformations sur des vêtements en cuir, des fourrures, de la maroquinerie ou des chaussures à reteinter ou customiser, cet artisan et son épouse ont un savoir-faire qui a fait ses preuves depuis une vingtaine d'années à Aix. Ils ont déménagé leur boutique-atelier sur cette place stratégique, tout à côté d'une cordonnerie. Vous pouvez leur apporter des articles de marque dont le cuir aura perdu son éclat avec le temps et l'usage, ils vous le rendront rénové, comme neuf ou bien relooké dans une couleur tendance ; *idem* pour un blouson avec un accroc. Ils restaurent aussi du petit mobilier en cuir ou similicuir. Adresse précieuse.

CORDONNIER

LE CHAT BOTTE

13, place Richelme
✆ 04 42 52 22 95
Ouvert du mardi au samedi de 9h à 12h30 et de 13h30 à 19h.

Cette petite boutique de l'hyper-centre, sur la place Richelme, réalise des travaux de cordonnerie pour rénover vos sacs et vos chaussures, dont le fameux service talon (indispensable lors de la perte d'un talon hélas possible sur les pavés aixois). Il vous propose de plus des produits d'entretien pour vos chaussures. Également un choix de cadenas, sans compter la possibilité de dupliquer vos clefs, des accessoires des gravures de tampons, de plaques ou de médailles pour chien, des cartes de visite, piles, etc. Somme toute l'antre d'un homme-orchestre Henri Kammer tout à fait précieux ! Toujours avec le sourire malgré l'affluence citadine. Une adresse réputée.

ENTRETIEN - RÉPARATION

L'ATELIER DU PASSIONNEUR

7, rue Frédéric-Mistral
✆ 04 42 29 85 71
www.lepassionneur.com
Ouvert du mardi au samedi de 10h30 à 13h et de 14h30 à 18h30.

Comme son nom l'indique, c'est l'atelier d'un passionné Jean... Les initiés disent « LP »... Ici officient deux maîtres-horlogers - l'un vient de chez Rolex, l'autre de chez Jaeger Lecoultre - et leurs assistants qui allient leurs compétences pour effectuer tous types de travaux et de réparations sur vos montres de marque et vos horloges. Vous avez ici l'assurance d'un travail minutieux et parfait, sur des modèles anciens et vintage. Futé : leurs experts juridiques sont là aussi pour estimer vos biens, en cas d'héritage ou revente. Le Passionneur c'est aussi la boutique de belles montres d'occasion située dans l'hôtel particulier du Poët, en haut du cours Mirabeau.

CORDONNIER

CORDONNERIE DES TANNEURS

50, rue Aumône-Vieille ✆ 04 42 26 50 03
Ouvert du lundi au samedi de 9h à 12h et de 14h à 19h15.

Depuis 1952 dans la même rue, la famille Guhérian, artisan du cuir de père en fils, se transmet un savoir-faire précieux, pour qui prend soin des souliers. Multiples travaux traditionnels, de la cordonnerie au ressemelage cuir cousu main impeccable, mais pas seulement. Pose de fermetures à glissière, teinture, accros…, vos chaussures, blousons et sacs sont chouchoutés et remis à neuf. Vous pouvez également acheter vos lacets, des cirages dans de jolies teintes, des gommes à daim ou des embouchoirs. Outre les tampons et autres travaux de gravure, un petit plus pour les têtes en l'air qui égarent à peu près tout ce qu'elles touchent, Christian fait un double de leurs clés en un rien de temps !

ROBE DE MARIÉE

JULIETTE SE MARIE

18, rue Victor Leydet
✆ 04 42 64 03 60
www.juliettesemarie.com
Ouvert du mardi au samedi de 10h à 18h.

L'idée de ce Wedding Concept Store s'impose pour proposer aux futures mariées une expérience unique dans un budget maitrisé : les robes sont neuves, toutes issues de collections de grands couturiers français des années précédentes. Conseils à l'écoute de vos envies, choix du modèle, retouches faites dans son atelier aixois, tout est fait pour rendre ce moment unique. Le magnifique showroom qui peut être privatisé pour une « gold wedding experience » regorge de robes de mariée de créateurs renommés, mais aussi de robes de cérémonie, cocktail ou soirée de sa propre ligne ! Sans oublier les accessoires, car Juliette se marie habille mariée, famille et amies, de la tête aux pieds.

ROBE DE MARIÉE

MAISON DE COUTURE SANDRINE GODIN

32, rue Manuel
✆ 06 03 02 45 17
www.sandrinegodin.fr
Ouvert du mardi au samedi de 9h à 18h. Et sur rendez-vous.

Besoin d'une robe de mariée, d'une tenue de cocktail ou de cérémonie et rien de ce que vous avez vu jusqu'à présent ne vous contente ? Prenez rendez-vous avec Sandrine Godin. Elle vous reçoit dans son salon-showroom-atelier, au rdc d'une maison bourgeoise. Ses créations, des pièces uniques, sont réalisées sur mesure dans son atelier avec le soin du détail. Nous avons craqué pour sa Lizbeth, un tour de cou en fourrure synthétique et taffetas de soie brodée, unique ! Nouveau : le parfum Mon bel amour qu'elle a créé pour l'occasion et décliné en bougie, thé ou chocolat.

TAILLEUR - SUR MESURE

MARGOT AFANASSIEVA-ARTISAN TAILLEUR

32, Manuel
✆ 04 84 49 63 24
Ouvert du lundi au vendredi 9h30-17h30 sur rendez-vous

Margot est un jeune tailleur formé à Marseille par Jacques La Garrec. En s'installant rue Manuel, elle crée l'atelier tailleur de la maison de couture aixoise dont Sandrine Godin fait l'atelier flou. Seule femme tailleur de la région, Margot confectionne sur mesure, dans les règles de l'art, toutes les pièces col manches (costumes, manteau...). Tout ou presque est fait à la main, des mesures jusqu'à l'entoilage et la couture, en s'ajustant aux désirs du client. Les tissus sont de belle facture, anglaise pour la laine et lyonnaise pour les doublures de soie.

TRAITEURS SPÉCIALISÉS

MONSIEUR CHOU

42-44, cours Sextius
✆ 06 23 49 49 18
www.monsieurchou.com

Rien n'est impossible pour Mr Chou qui réalisera votre pièce montée comme nul autre. Vos désirs sont des ordres ! Loïc Derbay et son équipe sont capables de produire jusqu'à 5 000 choux pour votre réception. Les pièces montées d'environ 300 choux sont montées sur place sur des supports métalliques spécialement conçus pour l'occasion et conçus pour faciliter le service. Sous forme de cône traditionnel ou wedding chou, arbre à choux ou bien présentés en corbeille ou coffret nougatine, les choux peuvent être montés aussi en forme d'avion, de bateau, de phare, de cœur... La palette des saveurs est variée -chocolat, forêt noire, calisson, rose, chantilly, lavande, mangue, mojito...

ANIMATION

OLIVIER DUMONTEIL PHOTOGRAPHE

✆ 06 33 64 85 43

Reporter indépendant, Olivier a travaillé pour *Paris Match* et a photographié les personnalités et les stars : BB, Nougaro, Lagerfeld, Piccoli, Chirac..., fixant sur pellicule l'actualité des années 1990. Natif de Marseille, il est revenu dans le Sud. Désormais, non content de continuer à exposer dans la région, il immortalise tous les moments de votre vie : mariage, naissances..., mais pas uniquement, il collabore avec le milieu médical avec la photo comme thérapie... Humour, empathie, générosité, c'est ce qui caractérise Olivier qui met son talent à votre service.

ANIMATION

TGN EVENT'S

48, boulevard Aristide Briand
✆ 06 66 62 65 34
www.tgnevents.com
Sur RV

Une véritable agence événementielle forte de plus de 15 ans d'expérience dans la région. Pour Frédéric, Quentin et Luc, le son et lumières c'est leur passion et ils sauront se mettre à votre écoute et à votre service : avec vous, depuis la création de l'évènement jusqu'à l'installation de tout le matériel et bien sûr l'animation, ils apporteront tout leur talent et celui de leurs partenaires artistes, DJs, musiciens pour que ce jour exceptionnel vous ressemble, tant il est vrai que l'ambiance doit être adaptée au lieu et aux personnes invitées. Vous pouvez leur faire confiance, quels que soient votre lieu et votre groupe, il sera respecté et vous ressemblera bien.

CHAUSSURES

POM D'API

3, rue Espariat ✆ 04 42 28 48 53
www.pomdapi.fr
Ouvert du mardi au vendredi de 11h à 19h et le samedi de 10h à 19h.

Pomme de reinette et pomme d'api, l'enseigne a quelque chose de cette vieille comptine... qui a inspiré le nom de l'enseigne créé en 1973 par les héritiers de Jean-Baptiste Rautureau, artisan-bottier réputé déjà en 1870. Pom d'Api est la référence dans l'univers de la chaussure pour enfants, celle qui va l'accompagner depuis ses premiers mois, avec la collection layette, jusqu'à ses premiers pas (tailles 18-19) et le conduire jusqu'à l'adolescence en un rien de temps (jusqu'au 40). Sandales, baskets, souliers montants. Du confort, des couleurs, des lacets ou des scratchs... Des collections à croquer ! Une qualité irréprochable : vous ne regretterez pas votre achat.

DÉPÔT-VENTE

BAMBINO

390, avenue des Siffleuses
✆ 06 27 71 65 24
Ouvert du lundi au samedi à partir de 10h et jusqu ´à 18h.

Bambino c'est un dépôt-vente bien connu des mamans aixoises ! Dans cette caverne d'Ali-baba soigneusement rangée, vous trouverez une large sélection de vêtements pour les nourrissons et les enfants jusqu'à 16 ans dans de bonnes marques et en bon état : Bonpoint, Baby Dior, IKKS... Et les chaussures pour faire la paire. Bambino propose également un rayon aux futures mamans. Futé, le rayon puériculture pour trouver poussette 4x4, siège auto, lit à barreaux... chaque article est vérifié en matière de normes de sécurité. Vous pouvez, bien entendu participer au dépôt vente avec les vêtements qui ne vont plus à vos enfants. Le bon geste recyclage ! A la même adresse *Vie de dressing* homme/femme !

ENFANT - JUNIOR

ATIK BOUTIK DÉPÔT VENTE

12, rue Victor Leydet
✆ 06 20 45 42 67
ouvert du mardi au samedi de 10h à 19h.

Valérie vous accueille avec un grand sourire dans sa boutique récemment transférée rue Leydet où vous trouverez toutes sortes de trésors de seconde main pour enfant de 0 à 10 ans : des vêtements pour filles et garçons, de la layette pour bébé, des pyjamas, des turbulettes, des chaussures, des accessoires et même des jouets (comme des puzzles en bois ou encore l'indémodable téléphone Fischer-Price). Que de belles marques : Jacadi, Catimini, IKKS, Petit Bateau. Des articles propres et en excellent état à des prix tout doux. Les collections tournent avec les saisons ; une philosophie de vie anti-gaspi qu'on partage en apportant les vêtements des petits qui ont grandi !

ENFANT - JUNIOR

PETIT BATEAU

8, place des Chapeliers
✆ 04 42 26 66 42
Ouvert du lundi au samedi de 10h à 19h.

Petit Bateau est la marque douillette et confortable de nos enfants et aussi de notre enfance. La boutique aixoise aligne gigoteuse, bavoir, body, « dort-bien » et turbulette, combi court, bonnet de naissance et nid d'ange pour transporter bébé, mais aussi des rayons casiers avec pyjamas, sous-vêtements garçons et filles, sweats, gilets, et les tee-shirts en coton 100 % de la marque qui restent une référence pour de nombreuses générations. Des basiques, comme le fameux ciré jaune ou bleu marine dont on ne se lasse pas, toujours indémodables, voire inusables. Même les mamans ont le leur en taille 16 ans ! Futé : point dépôt pour déposer d'anciens vêtements et leur donner une seconde vie.

PUÉRICULTURE

LOUVE BY GALBO

14, rue d'Italie
Ouvert le lundi de 14h à 19h ; du mardi au samedi de 10h à 19h.

Louve by Galbo, c'est l'histoire de Galbo alias Juliette, créatrice de mode pour femmes qui, devenue louve, c'est-à-dire maman, a voulu étendre sa palette d'artiste à tous les petits loups. Vous trouvez dans sa boutique des articles qu'elle fabrique mais encore une sélection de marques de puériculture comme de jolis poussettes pour les poupons Minikane, la petite valise de maternité Nobodinoz, en tissu écologique dans des couleurs douces et délicates. des tétines rigolotes aussi. Trouvé aussi une peluche cigogne de la marque Flow, produisant des sons de cascade ou de battement de cœur, seuls capables d'apaiser et d'endormir les plus petits. Une jolie boutique pour le bonheur des enfants !

PUÉRICULTURE

LOVELY MUM

12, rue Victor-Leydet ✆ 09 67 43 30 69
www.lovelymum.fr
Ouvert le lundi de 12h à 18h ; du mardi au vendredi de 10h à 18h ; le samedi de 10h à 18h30.

La sympathique boutique de Perrine est l'une des rares de ce genre à Aix-en-Provence. Elle s'adresse aux futures mamans et à leurs chérubins. Les vêtements proposés sont réalisés par de jeunes créateurs aixois. Éthique ou bio. Grand choix de robes, pantalons, shorts, jupes, hauts, lingerie et un petit corner pour les bambins où tout est de créateurs : bavoirs, doudous, et autres vêtements ; par exemple le coussin d'allaitement de la marque les Babilleuses en coton oekotek : bien des choses qu'on ne trouve pas ailleurs ! Toujours à l'écoute de toutes ces jeunes femmes qui voient leur corps se transformer, Perrine a en effet à cœur de les chouchouter. Un petit coin d'occasions.

JE M'AMUSE JE FAIS DU SPORT

Et si on allait faire du sport, se défouler, se prouver qu'on peut le faire même si la semaine ou la journée a mal commencé côté boulot ou côté cœur ? Oui, allons-y, fonçons ! Dépassons-nous, musclons-nous, ne reculons pas devant le semi-échec de l'année dernière, et repartons du bon pied, bon œil (et surtout bonne posture). Il existe d'ailleurs chaque année, tout début septembre, le *Salon des Sports* permettant de rencontrer tranquillement les membres de clubs, de voir des démonstrations sportives, et de cogiter sur nos propres capacités à choisir entre boxe ou badminton... Les pages suivantes vous offrent donc la chance de voir où transpirer tout en vous éclatant, ce qui n'est pas toujours gagné selon l'ambiance, et d'opter pour spéléo, escalade, rando ou tennis. Aix-en-Provence est une ville dynamique en termes sportifs tant du côté des associations, des clubs que de certains grands événements qui passent par là, comme c'est le cas de la prochaine édition de l'IRONMAN 70.3 Pays d'Aix en mai 2023, ou encore le tournoi de tennis, l'Open du Pays d'Aix. Et ce (presque) toujours sous le soleil !

VOTRE GUIDE DEVIENT
INTERACTIF

TAPEZ PETITFUTE.APP DANS LE NAVIGATEUR DE VOTRE SMARTPHONE.

PRENEZ UNE PHOTO DE LA PAGE DÈS QU'ELLE A CE PICTO !

COURSE À PIED

LES BACCHANTES

www.lesbacchantes.org

Novembre

Une petite dernière dans les courses à pied (1re édition à Aix en 2018), la course les Bacchantes collecte des fonds pour lutter contre les cancers masculins, particulièrement le cancer de la prostate. Une partie est donc remise à l'association française d'urologie. Les coureurs, qu'ils soient masculins ou féminins doivent porter une moustache (naturelle, collée ou dessinée) et s'élancent pour une course de 8 km dans le centre historique et jusqu'au parc de la Torse. Vous pouvez aussi en faire un challenge entreprise, en mobilisant une équipe de collaborateurs. Un prix spécial HPP (Hôpital privé de Provence) pour la plus grande collecte de fonds et challenge temps pour le meilleur temps.

CYCLISME / CYCLOTOURISME

FÊTE DU VÉLO

15 mai 2023 de 10h à 17h.

Une 2e édition pour la grande fête du vélo coorganisée par la mairie et l'association ADAVA : différents stands tout le long du cours Mirabeau avec des conseils ou informations de professionnels, des diagnostics gratuits, des ventes de vélos recyclés ; en outre différentes démonstrations sportives de Jump ou BMX FLAT auront lieu tout au long de la journée. Vous pourrez également participer à des parcours plus ou moins sportifs, et découvrir par exemple le Parc Naturel Urbain entre le Parc Jourdan et le Roc-Fleury soit environ 5 km accompagnés de guides touristiques. À moins que vous ne préfériez l'un des 4 autres parcours de 7,5 à 9,6 km ou un parcours spécial étudiants de 12 km.

COURSE À PIED

DUATHLON DE PERTUIS

avenue de Verdun

PERTUIS

Novembre.

Le duathlon S de Pertuis comporte 1 épreuve de course à pied de 5 km, 1 boucle à vélo de 22 km et pour finir 1 boucle de 2,5 km à pied. La première partie de course est composée de 2 boucles de 2,5 km comportant 19 m de dénivelé positif par tour, le parcours vélo sera réalisé entre Pertuis, La Tour d'Aigues et La Bastidonne, 2 boucles sur un dénivelé total d'environ 350 m et la dernière partie reprendra la même boucle de course à pied qu'au début. Les participants s'entrainent pour la plupart au club sportif Les Centaures, club convivial mais qui aime la compétition et ne rechigne pas à représenter le club à d'autres compétitions, triathlon ou marathon ou swimrun !

SPORT

AIX EN FOULÉES

10, avenue des Déportés-de-la-Résistance-Aixoise

✆ 09 53 18 55 39

www.aixenfoulees.com

8 octobre 2023. Départs/arrivées : Avenue des Belges.

Déjà 12 éditions d'Aix en Foulées, voici l'occasion de partager une belle balade sportive au cœur de la cité du Roy René. Aix en Foulées c'est tout d'abord un parcours de 5 km ouvert à tous à partir de 14 ans, également aux athlètes handisports. Vient ensuite le parcours de 10 km également ouvert à tous et enfin le challenge entreprise avec une équipe de 4 personnes pour un challenge sportif et solidaire. Les circuits partent et arrivent avenue des Belges uniquement dans le centre-ville historique avec la descente du cours Mirabeau. Place à la convivialité, à l'entraide, en solo ou entre amis ! Les Pitchouns, ont eux aussi leur mini foulées, sur des boucles de 400, 800,1 200 et 1600 mètres.

COURSE À PIED

IRONMAN 70.3 PAYS D'AIX

www.ironman.com

Mai 2023.

L'Ironman du pays d'Aix est l'unique compétition française sur la distance labellisée IRONMAN qualificative pour le championnat du monde et elle attire 2500 concurrents ! La compétition aixoise se pratique sur la distance de 1,9 kilomètre de natation au lac du Plantain situé à Peyrolles, elle se poursuit par 90 kilomètres de vélo à travers le pays aixois et par 21,1 kilomètres de semi-marathon pour se terminer dans les ruelles de la ville. En 2022, Aix a accueilli également pour la première fois l'Iron man : 3,8 km de natation, à Peyrolles, 180 km de vélo toujours à travers le Pays d'Aix et arrivée à Aix et 42,1 km de courses à pied (6 boucles dans les rues d'Aix).

TENNIS

OPEN DU PAYS D'AIX

1195, chemin des Cruyes

✆ 04 42 92 10 41

En mai.

L'Open du Pays d'Aix est un tournoi international de tennis du circuit professionnel féminin et masculin. Et bien qu'encore jeune, la 10e édition en 2023, ce tournoi est l'un des plus grands challengers ATP et vient enrichir la liste des événements sportifs du pays d'Aix, en s'imposant auprès du public aixois, des acteurs du tennis de la région et de la fédération. Un central avec une capacité de 2 500 places, 3 courts annexes terre battue, 1 500 places de tribune gratuites, 80 loges VIP de 6 places, durant l'événement près de 10 000 visiteurs passent au Country Club. L'ambiance est conviviale, le cadre très agréable, il y a un bon restaurant sur place, une belle réussite !

ACTIVITÉ ARTISTIQUE

GYROTONIC® AIX-EN-PROVENCE

4, traverse notre Dame ✆ 07 67 66 67 62
www.gyrotonicaixenprovence.com
Ouvert du lundi au vendredi 8h/20h ; samedi 8h/19h. Cours à la carte, abonnement, cours semi-privés et particuliers.

Pour allonger et renforcer les muscles, pour acquérir de l'équilibre et de la flexibilité, pour corriger la posture, soulager le dos et libérer les tensions.cervicales, la méthode Gyrotonic a fait ses preuves auprès d'un large public de 10 à 95 ans. C'est le danseur Juliu Hovarth qui a mis au point cette méthode dans les années 80 à New York après une grave blessure. Une gymnastique douce inspirée de la danse, du yoga, du taï-chi, de la natation, le corps travaille en mouvements circulaires et ondulatoires au sol ou sur machine. C'est le seul studio officiel à Aix-en-Provence.

AVIRON

CERCLE NAUTIQUE DU PAYS D'AIX

Route de la Durance - **PEYROLLES-EN-PROVENCE**
✆ 07 82 30 30 79 - www.cnpa-peyrolles-aviron.fr
Permanence le samedi 10h-12h. Droit d'entrée nouveaux adhérents : 80 €. Cotisation : 185 €/an. Stages : 120 €.

Ce club d'aviron créé en 2011 s'est installé au bord du lac de Peyrolles, une belle surface aquatique de 1 km de long, pour accueillir la plupart des compétitions. Doté de Skiffs et autres Yolette, il satisfait un public varié, du débutant au compétiteur. Le club organise fin mai la régate du Pays d'Aix, une rencontre régionale des clubs d'aviron. Les étudiants d'Aix et Marseille peuvent choisir l'aviron en option universitaire. Une belle opportunité pour s'initier à ce sport qui fait travailler tous les muscles du corps. Nouveauté : affiliation à la fédération de kayak !

BOWLING

BOWLING DU BRAS D'OR

23, boulevard Albert-Charrier ✆ 04 42 27 69 92
www.bowlingdubrasdor.com
Ouvert tous les jours et les jours fériés de 14h à 1h. Vendredi et samedi fermeture à 2h.

A deux pas de l'avenue des Belges en centre-ville, ce bowling vous propose 10 pistes informatisées et homologuées, mais aussi une vaste salle équipée d'une douzaine de pools anglais, de trois billards américains. Également un espace jeux vidéo décoré sur le thème Marvel bien connu. On peut privatiser pour des anniversaires et soirées à thème. Si vous n'avez pas dîné, une formule globale comprend la partie, une pizza cuite au feu de bois et une boisson. Quand il pleut, ou qu'il fait froid, c'est l'endroit où l'on s'amuse. Si ça vous tente, il vaut mieux réserver sur le site Internet (avec un délai de 48h minimum). Accueil tous publics et petits prix le lundi.

COURS DE DANSE

GROUPE ET COMPAGNIE GRENADE-JOSETTE BAÏZ

10-14, allée Claude Forbin
✆ 04 42 96 37 56
www.josette-baïz.com
Du lundi au vendredi de 9h à 18h.

Grenade, c'est d'abord l'initiative et l'énergie d'une femme, Josette Baïz, invitée en résidence dans les quartiers et qui voulut créer un groupe de jeunes danseurs issus des quartiers de Marseille et d'Aix. Le défi du métissage, le partage d'expérience de danses différentes, du classique au hip-hop en passant par les danses ethniques, et l'envie de former des jeunes et créer des chorégraphies uniques et originales. Depuis 30 ans maintenant, le groupe se compose d'une école de professionnels et de cours pour amateurs, avec toujours la volonté de grandir ensemble.

CYCLISME / CYCLOTOURISME

AIXPRIT VÉLO

3, Boulevard Aristide Briand ✆ 04 42 21 24 05
www.aixpritvelo.com
Ouvert lundi, mardi, jeudi, vendredi et samedi de 9h à 12h et de 14h à 18h.

Cette boutique tenue par le sympathique Arnaud propose location, vente ou réparation. Vélos de ville, VTT, VTC, vélos de course et même tandems. Auxquels s'ajoutent les vélos électriques (avec possibilité d'obtention d'une prime d'Etat d'aide à l'achat !) haut de gamme. Egalement des vélos spéciaux, comme le vélo pliable.Grande gamme d'accessoires : selles, protège-selles, feux de signalement, paniers de transport. Tout y est ! Un service de location de vélos en ligne est proposé, *via* le site Internet : une sacrée bonne idée quand on vient de loin. Pour les plus sportifs, de beaux VTT sont à votre disposition en journée ou en demi-journée. Evénements et sorties organisées.

CYCLISME / CYCLOTOURISME

CYCLES AJP

460, chemin de la Pioline
✆ 04 42 38 09 29
www.cycles-ajp-aix.fr
Ouvert le lundi de 14h à 19h ; du mardi au samedi de 10h à 19h.

Changement d'adresse pour cette enseigne qui était à l'étroit dans la boutique de l'avenue du Club Hippique. Du vélo utilitaire au vélo de loisir, le choix est conséquent, du neuf et de l'occasion dans de nombreuses marques et à tous les prix : Cannondale, Focus, Cube, Pinarello, GT, Kalkhoff, Yeti, Mavic, Fox, Dt Swiss, Shimano. Accessoires et pièces détachées, selles, pneus, freins et un grand choix aussi dans les accessoires de sécurité et de protection, casques pour petits et grands, coudières, genouillères, combinaisons dorsales, gants chauffants pour l'hiver. Le service après-vente est assuré sur place, entretien, réglage et préparation de votre vélo. L'équipe est jeune et dynamique.

CYCLISME / CYCLOTOURISME

VÉLO ATTITUDES

46, chemin de la Petite Bastide - **VENELLES**
✆ 04 42 54 19 04
www.veloattitudes.fr
Ouvert du mardi au samedi de 10h à 12h30 et de 14h à 19h.

Vous trouverez ici, à Venelles, les plus belles marques de vélo avec Lapierre et Giant en VTT, route, VAE, vélo enfant et VTC. Equipementier réputé en vélo avec une autre adresse à Aix-en-Provence (Giant Store), cette enseigne propose toutes les gammes à la vente, mais également des vélos d'occasion de toutes marques et de la location. On fait le tour du magasin pour jeter un coup d'œil au petit rayon d'articles de sportswear bien sélectionnés. Pratique, un atelier d'entretien et de réparation sur place (sur RV). Le magasin qu'il vous faut pour vous lancer dans la pratique du vélo dans la région. Service de location également. Et maintenant Giant Store rue Marcellin Berthelot à Aix !

NEW VÉLO

EN SELLE MARCEL

48, avenue Armand Lunel, ✆ 04 42 60 31 58
Ouvert du lundi au samedi de 10h à 19h. Atelier de réparation. Livraison possible.

Chic et écolo c'est l'ADN d'En Selle Marcel, fondé en 2017 à Paris, un concept store dédié au vélo de ville. Une quinzaine d'enseignes ont ouvert depuis. Celle d'Aix en juillet dernier en plein centre à 2 pas des Allées Provençales propose un choix important de 2-roues haut de gamme, classiques, électriques, pliants, VTT, des accessoires et du textile. Des speed bikes Moustache conçus en France aux vélos pliants Brompton fabriqués en Angleterre, des sneakers Veja et polos Faguo aux sacs à dos Patagonia, ce sont des marques et des produits engagés dans une démarche écoresponsable. L'équipe est compétente et sympathique. Atelier de réparation sur place et possibilité de location d'un VAE électrique.

ÉQUITATION

CLUB HIPPIQUE LES PINCHINATS

1811, route des Pinchinats
✆ 04 42 23 26 97
www.club-hippique-pinchinats.fr
Ouvert du mardi au dimanche de 9h à 18h.

Le Club Hippique des Pinchinats abrite trois carrières, un manège couvert et un terrain de cross. Partenaire de la ville d'Aix-en-Provence, il offre des prestations pour tous, du débutant au confirmé, de l'enfant (cours baby poney) à l'adulte, du loisir à la compétition (obstacles, dressage, cross). La cavalerie est composée principalement de poneys, mais aussi de chevaux. Ambiance conviviale : Pool house pour s'abriter, se restaurer ou se détendre, cheminée en hiver. Possibilité d'organiser un anniversaire le dimanche après-midi avec animation poneys.

VTT

CYCLO SPORT DU PAYS D'AIX

4, rue des Alizés
✆ 06 23 75 65 49
www.cspa.fr/

Fondé en 1972, le CSPA est le plus important club cyclotouriste de la région. Près de 200 licenciés arpentent les routes provençales sous les couleurs du club. Affilié à la FFCT, et accessibles dès 12 ans. Initiation le lundi avec randonnée de 20 à 30 km. Le mercredi et le samedi les distances sont plus longues. Le vendredi, place au VTT et le dimanche c'est l'aventure avec des sorties par niveau, de quoi découvrir les routes et sentiers insoupçonnés ! Dans une ambiance bon enfant, le club organise aussi chaque année des virées durant une semaine en France ou à l'étranger.

NEW VÉLO

CYCLABLE AIX-EN-PROVENCE

13, rue Fernad Dol ✆ 04 42 67 50 90 - aix-en-provence.cyclable.com
Ouvert du mardi au samedi de 9h30 à 13h et de 14h30 à 19h. Vente et réparation

Vélos électriques, vélos pliants, vélos de randonnée, vélos cargo (biporteur), vélos enfant, que du beau et du qualitatif chez Cyclable, une enseigne qui a pignon sur rue déjà dans de nombreuses villes en France ainsi qu'en Suisse et au Luxembourg, 65 magasins de vélos en tout. Après celle de Marseille, l'enseigne aixoise fait le bonheur des amateurs et des connaisseurs avec des marques réputées - Brompton, Kalkhoff, Moustache, O2Feel... - et un rayon accessoires (outillage, casque, antivol, chambre à air, gants, etc.). La boutique showroom se situe au centre-ville, un atout pour les citadins adeptes des deux-roues qui trouveront ici le conseil et un atelier de réparation express.

PISCINE

CENTRE AQUATIQUE SAINTE -VICTOIRE

Chemin Collet-de-Redon
VENELLES
✆ 04 88 72 93 10
agglo-paysdaix.fr

Le centre aquatique a ouvert en juillet 2016 sur le plateau de Venelles. Cette piscine ultramoderne a une vue exceptionnelle sur la montagne éponyme, trois bassins, dont deux intérieurs. Le premier, de 220 m², est dédié à la détente avec contre-courant et espace balnéo. Le deuxième, d'une longueur de 33 m, comporte un fond amovible qui le métamorphose, si besoin, en un bassin de compétition de 25 m. L'été, la piscine extérieure de 50 m chauffée permet de profiter pleinement de l'environnement verdoyant. Aquabike, l'aquagym, et autres cours pour adultes et enfants.

PLAN D'EAU

PLAN D'EAU DE PEYROLLES

Plan d'eau des Plantains - **PEYROLLES-EN-PROVENCE**
✆ 04 42 57 89 82
Baignade surveillée tous les jours en juillet et août. Parking payant.

Avec beaucoup de fierté, les habitants le surnomment le lac de Peyrolles, mais soyons honnête, c'est un plan d'eau. Les anciennes carrières ont été transformées en base nautique en 1997 pour le plus grand plaisir du public qui vient en nombre profiter de l'eau calme et pure, quand la chaleur se fait sentir. Un espace naturel de 85 ha avec de grandes étendues gazonnées, des tables pour pique-niquer, des plages pour lézarder, mais aussi des buvettes pour se rafraîchir : tout est étudié pour passer un bon moment en famille. N'oublions pas les douches, le terrain de beach volley... et le terrain de pétanque, Provence oblige ! Vous trouverez également un club d'aviron et un téléski nautique.

SKATE

AIX IN ROLLER

Boulevard Docteur-Schweitzer
✆ 07 78 82 00 81
www.aixinroller.fr

La pratique du roller vous intéresse, mais vous partez de zéro et vous n'osez pas vous lancer tout seul ? Aix in Roller propose des cours pour les débutants ou pour ceux qui désirent peaufiner leurs techniques de glisse. Adresse, réflexe, souplesse et équilibre sont requis. Encadré par un moniteur diplômé, vous commencerez par l'école de patinage puis participerez aux entraînements en compagnie de sportifs de votre niveau. Une fois ces techniques intégrées, vous pourrez peut-être rejoindre l'une des 4 équipes de roller hockey du club à moins que vous ne préfériez la section course (patinage de vitesse) et participez, qui sait, aux 24h du Mans ? Sportivité et bonne ambiance assurée !

RANDONNÉE À CHEVAL - EN ÂNE

CLOS SAINTE-VICTOIRE

Quartier des Suis - **SAINT-ANTONIN-SUR-BAYON**
✆ 06 27 28 06 39 - www.clossaintevictoire.com
Activités enfant 570 €/an ; adulte 624 €/an. Carte d'adhésion 95 €. Ouvert du mardi au dimanche de 9h à 19h.

Dans le cadre somptueux de la montagne Sainte-Victoire, à 5 km de la Maison de la Sainte-Victoire, dédiée à l'environnement et à l'histoire du site, ce centre équestre propose des activités débutants ou confirmés sur un espace protégé de 50 ha. L'enseignement de qualité est basé sur une pratique de l'équitation éthologique, c'est-à-dire selon un mode de communication harmonieux avec le cheval. De la promenade, de l'activité travail à pied ou du sol à la selle, le club forme aussi les enfants avec passage des galops 1 à 7. Les entreprises peuvent y expérimenter une méthode de management et de lutte contre le stress au travail. Stages proposés pendant les vacances scolaires. Paddock.

SPORTS AÉRIENS

HÉLICO ÉVASION

1070, rue du Lieutenant-Parayre
✆ 04 88 91 94 56
www.helico-evasion.fr
Baptême et vol découverte à partir de 260 €.

Envie de prendre un peu de hauteur, ou simplement curieux de découvrir l'aviation mais d'une autre manière ? Hélico Évasion vous propose différentes formules : école de pilotage, pour un brevet de pilote hélicoptère ULM, baptême de l'air ou vol de découverte et même possibilité de photos et vidéos aériennes. Agréée auprès de la DGAC (Direction Générale de l'Aviation Civile) et affiliée à la Fédération Française d'ULM, Hélico Évasion est un partenaire reconnu et professionnel. Vous pourrez ainsi découvrir vus du ciel les environs et paysages provençaux bien connus de Sainte Victoire jusqu'aux gorges du Verdon, ou des Baux de Provence jusqu'aux Alpilles... On décolle des Milles.

RANDONNÉE PÉDESTRE

PARCOURS SPORTIFS 100% AIXOIS

Vous n'avez pas le temps ou le goût du sport en salle ? La ville d'Aix propose par l'intermédiaire de l'application ENDONORA de mettre à disposition des Aixois différents parcours sportifs dans la ville. Rendez-vous par exemple au pied de la statue de Cézanne avec 3 parcours de 3,7 km, 7 km et 10 km. L'originalité consiste aussi dans le fait que le long du parcours vous trouverez des ateliers de mobilité et de renforcement musculaire à partir de mobilier urbain ; un parcours sportif assurément, pour tous à faire seul, en famille ou entre amis, avec ou sans challenge !

SPORTS COLLECTIFS

LES ARGONAUTES

33, avenue des Infirmeries
✆ 04 42 26 89 55
www.argonautes-aix.com
Inscriptions en ligne sur le site www.argonautes-aix.com.

Dès 6 ans, on peut découvrir ce sport américain, en jouant avec les Micronautes. Puis on intègre l'équipe des Minimes (11 à 13 ans), puis des Cadets (14 à 15 ans), Juniors (16 à 18 ans) jusqu'à la prestigieuse équipe Sénior Elite (plus de 19 ans). Véritable jeu de stratégie, le football américain est un sport collectif qui nécessite la participation de 45 joueurs. Tous ne jouent pas en même temps, ils sont répartis sur le terrain suivant deux phases de jeu bien distinctes : l'attaque et la défense. Depuis 1985, le club aixois a une réputation de *winners*. Toutes les sections sont ouvertes aux filles. Mixte jusqu'à la section cadet, puis section féminine à part entière.

SPORTS COLLECTIFS

DECATHLON VILLAGE

La Petite-Bastide - **BOUC-BEL-AIR**
✆ 04 42 94 03 15
Ouvert du lundi au samedi de 8h à 21h et le dimanche de 9h à 19h. Entrée gratuite.

Situé à une quinzaine de kilomètres d'Aix-en-Provence en direction de Marseille, ce complexe multisport, devenu Décathlon village, propose de nombreuses activités, mais aussi de l'équipement sportif. Terrains de football, centre équestre, beach-volley, parcours de running, aires pour apprendre à faire du vélo, du roller et de la trottinette, practice de golf accessible à tous, parcours dans les arbres, glisse urbaine, arts martiaux, mur d'escalade... La base de loisirs est ouverte tous les jours. Stages de vacances. Privatisation du Nicki surf pour 30 min ou 1h30. Cours de Pilates et de yoga. Un véritable lieu de vie pour partager la passion du sport en famille ou entre amis !

GOLF

AIX GOLF

255, route de Valcros ✆ 04 42 59 91 90
www.aixgolf.com
Ouvert toute l'année. Tous les jours ouverture de 8h à 20h. Restauration du lundi au samedi midi.

A 5 minutes du centre-ville, ce complexe golfique est managé par la famille Taille depuis 1996. Destiné à tous, du néophyte au joueur confirmé, Aix Golf comporte cinq pôles : un pôle pédagogique animé par les frères Taille (membres de PGA France) qui propose de nombreuses formules de stages, des cours individuels et une école de golf pour les juniors. Un pôle d'entrainement comprenant un practice et une zone de putting et de petits jeux. Également un parcours de golf six trous (homologué FFG). Un club house restaurant où l'on peut se détendre et partager un local d'accueil avec boutique. Aix Golf c'est 60 % de jeunes à l'école de golf et plus de 350 golfeurs formés chaque année.

TENNIS

COUNTRY CLUB AIXOIS

1195, chemin des Cruyes
✆ 04 42 92 10 41
www.countryclubaixois.com
Boutique, cordage, piscine l'été. Restauration.

En bordure du plateau de Puyricard, le Country-Club Aixois est un endroit privilégié pour pratiquer le tennis. Créé en 1962, il accueille nombre de compétitions prestigieuses et des joueurs de renom. En 2014 a eu lieu la 1re édition de l'Open du Pays d'Aix sous la direction d'Arnaud Clément. Fort de ses 850 licenciés et ses 18 courts, le Country Club organise de nombreux tournois. L'école de tennis propose cours et stages, sur de nombreux courts : en terre battue, en dur ou couverts. Vous trouverez un service de cordage rapide, une boutique, mais aussi un club-house sympathique et le restaurant Les Terrasses du Country. Le tout dans un environnement calme et très verdoyant.

PARACHUTISME

PARACHUTE CLUB D'AIX

✆ 06 14 08 35 98
www.paraclubaix.com
Permanence le vendredi de 18h30 à 20h. Zones de saut : aérodrome des Milles ou Domaine du Grand-Saint-Jean (Puyricard).

Affilié à la FFP (Fédération Française de Parachutisme), c'est le seul centre-école de parachutisme sur Aix-en-Provence / Marseille. Formations, sauts de découverte en tandem ou de loisirs, pratique de disciplines de compétition comme la voltige ou le vol relatif : à vous de choisir ! Dans tous les cas, après un briefing de 20 minutes et une demi-heure de vol à bord d'un Cessna 206 vous monterez à 4 000 mètres d'altitude pour tout simplement sauter en toute sécurité. Après une chute de 40 secondes, vous atteindrez une vitesse maximale de 200 km/h. Une expérience inoubliable, sensations garranties ! Il faut entre 8 et 12 sauts pour obtenir son sésame à l'issue de la formation.

FÉDÉRATION SPORTIVE

SAVATE AIX BOXE FRANÇAISE

✆ 06 81 31 40 23
Lundi, mercredi, vendredi au stade Carcassonne, mardi et jeudi au gymnase Daudet.

Créé en 1991, depuis plus de 30 ans, le clubaixbf accueille un large public d'hommes autant que de femmes, débutants comme confirmés et souhaitant pratiquer la savate boxe française dans une ambiance conviviale. Sport éducatif et efficace, la savate boxe française vous permettra d'entretenir votre condition physique mais aussi de vous apprendre la maitrise de soi. Les enseignants de haute qualité sont là pour vous, que vous soyez amateurs ou que vous souhaitiez vous-mêmes vous destiner à enseigner voire à vous entrainer pour de plus grandes compétitions.

WAKESURF

TNX CABLE PARK

Plan d'eau de Peyrolles - **PEYROLLES-EN-PROVENCE**
✆ 06 75 26 67 95
www.tnx-cablepark.com
Juin à sept : 10h-20h. Avril, mai, oct : consulter le site. À partir de 22 €/h. Carte saison téléski nautique : 669 €.

Premier téléski nautique des Bouches-du-Rhône, le spot est situé sur le lac de Peyrolles et compte 5 poulies soit plus de 700 m de parcours. Il y en a pour tous les goûts : kneeboard et ski nautique pour les débutants, puis wakeboard, wakeskate ou surf tracté pour les plus aguerris. Des moniteurs diplômés vous guident pas à pas en toute sécurité. Les riders confirmés trouveront ici tout l'équipement nécessaire pour une séance réussie. On peut aussi acheter du matériel à la boutique. Quant aux moins téméraires, ils pourront siroter une boisson sur la terrasse face au ponton : le spectacle est assuré... Pour s'initier à la glisse sur l'eau sans risque ! Pensez à réserver.

ESCAPE GAME

MYSTERY GAMES

20, rue Victor-Leydet ✆ 04 86 31 95 50
www.mystery-games.fr

Ouvert tous les jours de 10h à 22h45 et le lundi de 9h à 22h45. Jeux en français et en anglais.

Vivez l'expérience du Room Escape Game dans lequel l'acteur, c'est vous ! Votre mission : résoudre des énigmes pour sortir d'une pièce en moins de 60 min. Des thèmes d'actualité : Contamination, votre équipe de scientifique à la découverte du virus, Springfields Family, dans le décor d'une famille américaine, ou Prisoners, portés disparus, vous devez trouver la sortie. De quoi stimuler votre sens de l'observation et votre esprit d'équipe. En famille ou entre amis, en équipe de 3 à 5 personnes (à partir de 10 ans). Sur demande, des sessions adaptées pour les séminaires ou les formations d'entreprises. Nouveauté : escape outdoor pour déjouer une opération criminelle dans les rues d'Aix.

ESCAPE GAME

THE STATION (JCA)

Ancienne Gare - RD56B - **PEYNIER** ✆ 04 42 63 16 99
www.thestationescape.fr

Ouvert tous les jours de 10h à 22h. De 2 à 6 joueurs. A partir de 23 €/pers pur une équipe de 6.

Un escape game unique puisqu'il est situé dans l'ancienne gare à Peynier. Vous avez le choix entre 3 missions : *Le Cartel colombien, Mission URSS* et *Voleurs de voitures*. Chacune possède un niveau de difficulté différent et au moment de la réservation vous pouvez indiquer si vous êtes accompagné d'enfants à partir de 10 ou 12 ans. Pour les plus aguerris qui souhaitent du challenge, la mission *Cartel colombien* n'a que 24% de taux de réussite... Il est possible également de louer des scénarios et de les expérimenter durant 3 heures à domicile. Une idée originale pour un team building mémorable ou activité en famille avec des grands qui encouragent les plus jeunes !

JEUX ET JOUETS

ART'N MAGIC

21, rue des Tanneurs ✆ 09 51 74 75 40
www.artn-magic.net

Ouvert du lundi au vendredi de 10h30 à 12h30 et de 14h à 19h ; le samedi de 10h à 19h ; le dimanche de 14h à 18h.

On aime cette boutique qui propose des idées de cadeaux extraordinaires et insolites. La liste est longue : jeux traditionnels, échecs, go... Cartes à jouer et à collectionner, jeux de rôles, figurines wargames, produits dérivés cinéma, comics, puzzles, maquettes ciblées Star wars, objets fantastiques et fériques, bijoux fantaisie, répliques d'armes blanches... Sans oublier les bons vieux jeux de société et de plateau qui, dixit Olivier, le patron, reviennent au goût du jour. Quant au jeu de rôle, qui eut ici de belles heures, il perdure mais n'a plus la première place. Ajoutons, enfin, du matériel pour pratiquer le airsoft. L'accueil est chaleureux et le conseil judicieux.

JEUX ET JOUETS

LES CRODILES

30, chemin de la Badesse ✆ 04 42 61 38 80
www.les-crodiles.fr

Ouvert mercredi de 14h à 18h30 ; jeudi, vendredi et samedi de 10h à 12h30 et de 14h30 à 18h30.

Une jolie boutique pour enfants mais une vraie boutique inclusive pour tous les enfants, y compris ceux qui peuvent avoir des troubles DYS, TDHA, moteurs, visuels ou sensoriels. La volonté de montrer que ce qui est nécessaire aux enfants à besoins particuliers l'est aussi pour tous les autres. Sandra travaille avec des professionnels, ergothérapeutes, orthophonistes et psychomotriciens, et a sélectionné des articles ludiques et pédagogiques, des outils thérapeutiques pour l'apprentissage et la rééducation des enfants porteurs de troubles. Une boutique pour tous les parents, mais aussi les professionnels, les écoles et les services jeunesse. Accueil chaleureux et conseils avisés.

JEUX ET JOUETS

ÉMILIE ET COMPAGNIE

43, rue Granet ✆ 04 42 92 69 63
www.emilieetcompagnie.com

Ouvert du mardi au samedi de 10h à 19h. Liste de naissance ou d'anniversaire.

Voici un concept store entièrement dédié aux tout petits, déployé sur deux étages et 150 mètres carrés et lumineux avec sa longue vitrine sur la rue. Vous y trouvez aussi bien du mobilier pour la décoration de la chambre de bébé que des cadeaux de naissance, du linge de lit, des jouets en bois et une ribambelle d'articles au design original. On peut citer les griffes tendance, costaudes et le plus souvent équitables : Œuf Be Good NYC, Baby's Only, Linna Morata, Petit Pan, Eva et Oli, Pakhuis Oost, Rice, Kidsonroof, Miho Unexpected Things, Little Company, Lillifee, OMY Design&Play, Kenana, Les Pétroleuses et beaucoup d'autres ! Quant à Émilie, c'est la petite des patrons.

LASER GAME

LASER GAME EN PROVENCE

845, route de calas - **LES PENNES-MIRABEAU** ✆ 07 68 38 62 87
www.lasergameprovence.com

Ouvert le lundi, le mardi, le jeudi et le vendredi à partir de 17h ; le week-end à partir de 14h.

Envie d'une nouvelle activité pour les grands ados ou adultes ? Courez au premier laser game d'Aix : un jeu de tir au pistolet pour marquer un maximum de points ; différentes thématiques, de la fête foraine abandonnée au parcours dans une maison hantée, l'émotion est garantie, et le stress à son comble. Beaucoup d'autres activités comme le roller dance, des jeux vidéo et simulateurs ou le karting pour les plus jeunes. Possibilités de fêter l'anniversaire de votre cher bambin avec des activités illimitées pendant 4 heures ! Salle de séminaire, enterrement de vie de jeune fille ou garçon : tout est fait pour le jeu, se détendre et se découvrir autrement.

JE CRÉE MON ESPACE DE VIE

L'espace de vie, c'est notre repère seul(e) ou à plusieurs, c'est un cocon à notre image, où on aime se ressourcer dans les excellents comme dans les moins bons moments... C'est dire combien son agencement est important, qu'il soit à créer, si vous avez un projet immobilier, à changer, réparer, entretenir *via* des boutiques de décoration et autres services que vous trouvez sur Aix et ses environs. Lorsque votre home est celui dont vous rêviez, il faudra peut-être pendre la crémaillère, inviter vos amis, puis y mettre une touche de douceur et de vie à quatre pattes. Les animaux sont les meilleurs amis de l'homme, c'est connu et c'est vrai ! Plusieurs structures se trouvent d'ailleurs sur le territoire pour en choisir un, ou pour acheter les accessoires et produits qui leur sont nécessaires (y compris pour vous équiper ou offrir un cadeau si vous ou votre meilleur(e) ami(e) possédez un équidé). Enfin, n'oublions pas nos artisans, dont la ferronnerie d'art, très présente dans les bastides provençales, et qui sont indispensables pour rendre votre espace de vie authentique et raffiné.

ARTISANAT

ATELIER BUFFILE

2 bis, traverse de l'Aigle-d'Or
✆ 04 42 27 23 51
www.buffile-ceramiste.com
Sur rendez-vous.

La matière, c'est l'argile trouvée au pied de la Sainte-Victoire ; le savoir-faire, c'est l'héritage familial de Jean et Léonie Buffile, un couple de céramistes avant-gardistes et passionnés qui ont créé leur atelier à Aix en 1945. Depuis 1984, Vincent, puis maintenant Romain son fils perpétuent la tradition au sein du même atelier. Ils produisent des pièces uniques : vaisselle ou objets décoratifs. La palette des couleurs est variée, tons pastel ou acidulés auxquels s'ajoutent des motifs en émaux ; du noir et du blanc aussi avec des motifs à la Picasso. De l'art de la table à l'objet d'art, voire monumental, vous trouverez à l'atelier de quoi nourrir toutes vos envies.

ARTISANAT

ATELIER DES POTIERS

560, avenue de la 1ère Division Française Libre
✆ 06 67 85 12 96
www.atelierdespotiers.fr
Ouvert du mardi au vendredi et sur rdv

Christophe de Mons est aujourd'hui un céramiste accompli. Héritier d'un savoir-faire familial, son grand-père et son père étaient des potiers renommés sur la région d'Aix pour leurs services de tables décorés de motifs XVII-XVIIIe siècles. Depuis qu'il a repris l'atelier, Christophe a mis de côté les moules anciens pour ne travailler aujourd'hui que des formes contemporaines, épurées dans des petites séries. Coupelles, bols, assiettes, luminaires, objets sur commande... ses créations vont à l'essentiel, tout comme celles de son épouse Élise avec laquelle il partage l'atelier. Ils l'ont ouvert au public qui souhaite s'initier ou se perfectionner dans la poterie.

ARTISANAT

ATELIER SIMONE

✆ 06 09 84 95 87
www.atelier-simone.com
Ouvert uniquement sur rendez vous.

Artisan d'art, Lætitia Costechareyre a la passion du bleu. Son métier d'indigotière la comble depuis ce virage professionnel qu'elle a franchi en quittant une enseigne de prêt-à-porter pour installer son atelier dans une petite rue aixoise. Elle y travaille l'indigo, plante originaire d'Inde et cultivée en Provence, et teinte des tissus, des vêtements, des nappes, des tabliers, torchons, des tentures. Uniquement des matières naturelles, lin, chanvre, coton, soie. Apportez-lui vos draps anciens, des nappes et torchons en fil, des robes en coton ou un t-shirt blanc plus tout à fait blanc à la suite de plusieurs lavages, elle leur donne une seconde vie...en bleu !

ARTISANAT

MAISON ET SENTEURS

20, rue Thiers
✆ 07 62 93 19 89
www.maison-senteurs.fr
Ouvert du mardi au samedi de 10h à 19h.

Entrez dans l'atelier de Fahmi qui fabrique des bougies parfumées artisanales naturelles à la cire végétale et aux purs parfums de Grasse. Le temps de faire une course, Fahmi recharge vos verres à bougie et propose lui-même des verres colorés, des verrerie de luxe, du verre soufflé mais ne met jamais de colorant dans la cire pour ne pas la rendre toxique. Exposition de différentes collections pour de magnifiques idées cadeau. Les plus : les sucres de parfum, des bougies avec des mèches en bois qui crépitent, des sprays d'ambiance et des bijoux parfumés uniques. Mais aussi des objets de décoration comme des lampes ou des bateaux pour faire voyager un peu plus...

ARTISANAT

SANTONS FOUQUE

65, cours Gambetta ✆ 04 42 26 33 38
www.santons-fouque.fr
Visite libre. De 9h à 12h et de 14h à 18h, sauf dimanches et jours fériés. En décembre, ouverture 7j/7 de 10h à 19h.

Les santons Fouque sont souvent imités, mais jamais égalés : leur emblématique Coup de mistral ©, créé par le grand-père Paul Fouque en 1952 représente un berger, cape au vent, qui fait face au mistral. Rares sont les maisons qui continuent à fabriquer à la main des santons en argile de Provence ! Aujourd'hui, Mireille Fouque a exporté près de 1 800 modèles, du petit santon peint aux grandes figurines, dans le monde entier : ses crèches ont incarné Noël à New York, à Los Angeles, au Japon, au Vatican. Mireille a confié à son fils Emmanuel les rênes de la maison créée en 1934 par Jean-Baptiste Fouque. Visitez la boutique, vous y verrez la crèche provençale dans la salle d'exposition.

ARTISANAT

SANTONS RICHARD

955, chemin Bouenhoure-le-Haut ✆ 04 42 20 10 15
www.santons-richard.com
Ouvert du lundi au vendredi 9h à 12h et de 13h45 à 18h30 ; le samedi sur rendez-vous. Commande en ligne.

Cette entreprise familiale fondée en 1968 par Édouard et Yvette Richard est dirigée par leur fils et son épouse. Toutes les productions de ce santonnier qui devint à la mort de son père, alors qu'il était âgé de 16 ans, le plus jeune santonnier de France, sont réalisées dans son atelier aixois. Dans la boutique qui jouxte l'atelier, vous découvrez les collections de santons et les décors de crèche (fours, moulins, maisonnettes, fontaines...).A découvrir la collection des grands santons (30 cm) habillés ou les décors mis en scène comme la transhumance ou la partie de pétanques. Aussi des santons à peindre. Les santons Richard sont sur le marché aux santons de Noël à la Rotonde.

RENCONTRE AVEC MIREILLE FOUQUE

LES SANTONS FOUQUE ENTREPRISE DU PATRIMOINE VIVANT

Veuf avec 2 enfants, le grand-père agriculteur de Mireille ne peut plus travailler la terre alors il décide « de la mettre sur la table » et de faire des santons. On est en 1934, et le jour de la Sainte Barbe, le 4 décembre, Jean-Baptiste Fouque les propose sur le marché d'Aix, la Maison Fouque est née.

Racontez-nous l'histoire du santon emblématique le Coup de Mistral créé par votre père Paul Fouque en 1952 ?

L'inspiration lui est venue en traversant la Plaine de la Crau un jour de fort mistral, obligé de descendre de son vélo. Il aperçut un berger courbant le dos sous le vent : la silhouette lui inspira ce fameux santon ; restait à le réaliser ce qui n'était pas aisé bien que mon père fut le premier à créer des santons en mouvement, il modelait depuis l'âge de 13 ans et maitrisait toutes les techniques. Ce santon emblématique de la maison qui révèle « toute l'âme et le climat de la Provence » est décliné aujourd'hui dans toutes les tailles.

A sa suite en 1984, vous reprenez les rênes de la maison ?

Je continue à créer et modeler des modèles symboliques, comme le calissonnier pour la fête et la bénédiction des calissons. Pour l'an 2000, j'ai créé un couple : la contadine à la gerbe de blé et Jean-Henri Fabre, l'entomologiste, qui représentent pour moi l'espérance de pouvoir toujours bien se nourrir et se soigner.

Au-delà de la maison Fouque, dirigé aujourd'hui par mon fils Emmanuel, j'ai surtout voulu faire connaitre la Provence et exporter les traditions provençales partout en France et dans le monde entier. Avec mon mari Michel Guillot, nous avons réalisé des crèches à Tokyo, au Rockfeller Center à New-York, à San Francisco, à Los Angeles et bien sûr au Vatican à Rome pour le jubilé de l'an 2000.

Quels santons conseillez-vous pour faire une première crèche ?

La nativité bien sûr -Marie, Joseph, l'enfant Jésus, l'âne et le bœuf et les rois mages-, mais aussi les bergers et leurs moutons. Puis, ajouter les personnages de la pastorale -le meunier, le ravi, le boumian… Vous y rajouterez à chaque étape de votre vie, des santons de mariés, d'enfants, une maison. Chaque crèche est différente car elle représente l'histoire et les espoirs de celui qui la fait, d'hier à demain.

> SANTONS FOUQUE
65, cours Gambetta
✆ 04 42 26 33 38 - www.santons-fouque.fr

© SOPHIE SPITERI

© SOPHIE SPITERI

© CORINNE BRISBOIS

ARTISANAT

TUILERIE BOSSY - MÉTIERS D'ART

1285, Chemin du Moulin-du-Fort
GARDANNE
✆ 04 42 50 25 22
www.tuileriebossy.com
Ouvert du lundi au samedi, et sur rendez-vous. Stages proposés.

© L.MELONE

Cette tuilerie historique s'est transformée depuis 2006 en centre de métiers d'art : elle regroupe maintenant plus de vingt artisans, des céramistes aux ferronnier, tapissier, maroquinier, bijoutier, designeur sur tissu, horloger, peintre ou encore fleuriste. Tous mettront leur savoir-faire au service de vos projets dans les règles de l'art. Lors des journées du patrimoine ou des métiers d'art, vous pouvez aussi les entendre parler avec passion de leur métier. Bientôt : ouverture d'un centre de formation professionnelle et des expositions à venir.

DÉCORATION

AM.PM

6, rue Méjanes
✆ 09 69 36 29 24
www.laredoute.fr
Ouvert du lundi au vendredi de 10h30 à 19h. Samedi de 10h à 19h30.

La boutique de décoration haut de gamme de La Redoute a ouvert une nouvelle boutique dans une rue commerçante, en plein centre-ville ! Le rez-de chaussée est consacré à l'univers « jour », salon et salle à manger. Et tout un étage pour l'espace nuit avec son large choix de linge de lit en lin ou voile de coton. Du canapé cosy en velours aux beaux rideaux en lin lavé, l'esprit chic et nomade des collections attire toujours autant un large public. On peut aussi y trouver une idée cadeau parmi les objets ethniques de l'art de la table. On a plaisir à flâner dans cette belle boutique, parmi de jolies matières et de couleurs, à des prix raisonnables. Une belle adresse.

DÉCORATION

CARAVANE AIX-EN-PROVENCE

19, rue Paul-Bert
✆ 04 42 21 57 01
Ouvert du mardi au samedi de 10h à 13h30 et de 14h30 à 19h.

La nouvelle boutique Caravane s'est installée dans les volumes et hauteurs sous plafonds de l'ancien show-room IV Home, aujourd'hui uniquement dédié à la marque qui présente ainsi ses canapés, coussins, rideaux, et arts de la table. Des matières nobles, du lin, du velours du coton, des couleurs chaudes, des produits et motifs etnik, du linge de maison, tout est élégant et raffiné, un concentré d'art de vivre. Caravane propose de vous accompagner dans votre projet de décoration et prend le temps de trouver avec vous ce qui plait et de l'ajuster à tous vos besoins. Intemporel : Vous trouverez là bien de quoi inspirer vos envies de changer tout votre intérieur.

DÉCORATION

CONTRASTE

Passage Agard ✆ 04 42 54 21 77
www.contraste-aix.com
Ouvert du mardi au samedi de 10h30 à 13h et de 14h30 à 19h. Livraison possible.

Cette enseigne, située Passage Agard, distribue notamment les grands éditeurs italiens de mobilier et de luminaires contemporains. Ceux-ci sont présentés en toute élégance dans une boutique lumineuse et épurée, un brin seventies. Des marques prestigieuses et de grands designers sont ainsi rassemblés au cœur d'Aix. Artemide, Baccarat, Flos... pour les luminaires, mais aussi Desalto, Sovet Italia et bien d'autres pour les meubles. Parmi les designers : Philippe Stark, Achille Castiglioni, Jean Nouvel, Marcel Wanders, Marc Sadler, Karim Rachid, Carlotta de Bevilacqua... Que du très haut de gamme et des prix en conséquence. Mais l'assurance de la qualité et un service attentif.

DÉCORATION

COULEUR CADRE

58, rue des Cordeliers
✆ 04 42 26 88 96
Ouvert le lundi de 13h à 19h ; le mardi et le mercredi de 9h30 à 13h et de 14h à 19h ; du jeudi au samedi de 9h30 à 19h.

L'un des rares artisans à Aix-en-Provence à proposer des cadres standard et sur mesure pour toutes sortes de tableaux, affiches et toiles ou miroirs. Marité est là depuis 2007 et Liliane depuis peu, toutes les deux sauront vous conseiller dans vos choix. Car il est difficile de se fixer dans le choix d'un cadre tant il y a de tailles, de formats, de matières, de couleurs et à tous les budgets. A cela il faut rajouter tout un rayon consacré aux reproductions : reproductions d'œuvres célèbres, de graphistes, affiches de cinéma, publicitaires, déco murale. On peut acheter son cadre tout fait ou venir avec son œuvre à encadrer. Aussi une belle sélection de cartes postales et affiches.

DÉCORATION

AU FIL DES MATIÈRES

27, rue Mignet
✆ 09 83 33 19 53
www.aufildesmatieres.fr
Ouvert du mardi au samedi de 10h à 13h et de 14h30 à 19h.

Au fil des matières, c'est d'abord une jolie boutique au cœur d'Aix, chaleureuse et attrayante, où vous rentrez facilement attiré par un beau canapé ou un tissu tendu. Mais Anouk et Bruno sauront aussi vous conseiller si vous cherchez à refaire un fauteuil ou une paire de rideaux. Le plus : leur matériauthèque en tissus, revêtements de sol ou muraux. Le travail soigné est fait au sein de leur atelier, sur la route de Galice, que ce soit des rideaux, voilages, coussins, têtes de lit, paravents ou des panneaux japonais. Ils proposent un service d'accompagnement sur mesure à l'écoute de votre besoin et de vos envies, et toujours en lien avec les dernières tendances.

DÉCORATION

INSITU17

17, rue Portalis
✆ 09 53 84 86 43
www.insitu17.fr
Ouvert du mardi au samedi de 10h à 12h et de 14h à 19h.

Insitu17 se situe en plein centre historique derrière la place du Palais de Justice. Murs en pierres apparentes, vastes volumes et décor hyper moderne : ce superbe showroom mérite le détour ! Ici vous trouverez des meubles contemporains de designers italiens que vous ne verrez nulle par ailleurs, des luminaires et des objets d'art, des pièces uniques. Chaque pièce présentée est choisie avec soin par Frédérique Coëlho Da Silva. Décoratrice d'intérieur elle vous conseille dans vos projets d'aménagement. Insitu17 c'est également un lieu d'expositions, des œuvres d'artistes peintres, sculpteurs ou photographes contemporains s'y succèdent tout au long de l'année.

DÉCORATION

INSPIRATIONS D'INTÉRIEURS - LA BOUTIQUE SHOWROOM

106, Place du 4 septembre - **PERTUIS** ✆ 04 90 79 00 03
www.inspirations-interieurs.com
Ouvert du lundi au samedi de 9h à 18h. Livraison possible (boutique en ligne).

C'est l'une des boutiques de décoration les plus en vue du Pays d'Aix, bien située sur l'une des places du centre-ville de Pertuis, on ne peut pas la manquer ! La vitrine en véranda pourrait faire la une des magazines de déco sans rien envier aux célèbres enseignes. Maryline a le goût sûr : architecte d'intérieur, elle met en scène les objets en faisant une sélection pointue parmi les marques réputées de l'univers de la décoration : du guéridon au petit miroir coiffeuse en passant par le canapé, la bibliothèque ou le meuble TV, tout vous tente !

DÉCORATION

NEW

LA FÉE NOMADE

5, rue du Maréchal Joffre
✆ 04 42 63 22 75
Ouvert du mardi au samedi de 10h30 à 19h

© LA FÉE NOMADE

Du mobilier, des tapis, du linge de maison, des papiers peints, des objets déco, de la vaisselle, de jolies marques haut de gamme sélectionnées par Fabienne, parisienne et depuis peu aixoise. Son concept store sur 2 niveaux et à 2 pas de la rue d'Italie est inspirant, dans l'esprit « *home sweet home* », un univers dans lequel on se sent chez soi. Il y a même un coin dressing avec du prêt-à-porter français -*Opullence, Lein Boho, cmado*-. L'ambiance est chic et épurée, un brin vintage. On a repéré les luminaires design de chez *Elements Lighting* et *Design Philosophy*, les tables modulables et les chaises rétro et colorées *Les Gambettes*, et les coussins *Gabrielle Paris* pour un intérieur gai et lumineux.

DÉCORATION

MELVILLE DESIGN

19, rue Paul-Bert
✆ 04 42 58 04 61
www.melville-design.com
Ouvert du mardi au samedi de 10h à 13h et de 14h à 19h.

Superbe showroom. Un écrin graphique et dans l'épure pour des luminaires, des objets et du mobilier design et haut de gamme. Franck Mouly qui a créé cette enseigne va à l'essentiel dans le choix des pièces qu'il présente dans sa galerie, sobriété des lignes, des pièces uniques, voire iconiques, signées de célèbres créateurs qui ont fait l'histoire du design de 1950 à nos jours, sans oublier la nouvelle génération et de jeunes maisons d'édition talentueuses et innovantes. Quelque 80 marques en référence qui oscillent entre le vintage et le minimalisme contemporain, et puis aussi pour les petits budgets si l'on veut se faire plaisir, des accessoires et objets de déco en vente sur l'e-shop.

DÉCORATION

NOUVEL ARRONDISSEMENT

6, rue Matheron
✆ 04 88 41 73 87
www.nouvel-arrondissement.com
Ouvert le lundi de 14h à 18h ; les mardi, jeudi et samedi de 10h à 18h et les mercredi et vendredi de 13h à 19h.

Stella aime la déco, les créateurs et l'heure du thé...Elle a quitté Paris, son 11e arrondissement et son métier de juriste pour créer son « nouvel arrondissement » à Aix, un lieu toujours à l'affût de tendance déco pour partager ses aspirations et ses coups de cœur. Dans ce concept store, Stella présente de la vaisselle chinée, des bijoux, de la maroquinerie, des cosmétiques, de la papeterie, des petits objets déco tous conçus par des créateurs français, que vous trouverez ici en exclusivité sur Aix. Un lieu plaisant où vous trouverez le petit cadeau à la mode, qui fera plaisir à coup sûr ! Nouveau : son e-shop en ligne quand on n'a pas le temps de courir en ville.

DÉCORATION

ROSE ET MARIUS

3, rue Thiers
✆ 09 82 59 35 35
www.roseetmarius.com
Ouvert du mardi au samedi de 10h30 à 13h et de 14h à 19h.

Bougies précieuses, parfums d'ambiance, vases en éditions limitées, timbales en porcelaine, lampes avec abat-jour en porcelaine, carreaux de ciment, papiers peints, Rose et Marius, ce sont des objets raffinés et des senteurs d'exception qui incarnent l'art de vivre en Provence. Les parfums sont de Grasse, les porcelaines de Limoges, les savons de haute Provence, les bougies d'un maître cirier de la région. Futé écolo : les bougies sont rechargeables et interchangeables à volonté. Ateliers olfactifs à faire entre copines ou avec les enfants : vous créez votre parfum comme un véritable nez ! Et « bar à fleurs séchées », vous composez votre bouquet, Rose et Marius le parfument.

DÉCORATION

SIGNATURE

3-5, rue Matheron
✆ 06 18 86 44 05
www.signatureaixenprovence.fr
Ouvert du mardi au samedi de 10h à 13h et de 14h30 à 19h.

Déco, objets, luminaires, miroirs, poterie, vaisselle, tentures, coussins, vannerie, petit mobilier, meubles sur mesure, pièces uniques et originales signées par des designers et créateurs, locaux mais pas que, sélectionnés par Nathalie : elle aime vous faire partager sa passion pour la déco, c'est tout naturellement qu'elle a ouvert cette jolie boutique claire et tendance dans le centre d'Aix, pas loin de la place des Prêcheurs. Des créateurs de Saint-Rémy-de-Provence pour certaines lampes, un Marseillais pour le mobilier vintage et sur mesure. Si vous devez relooker votre intérieur ou votre extérieur, vous trouverez ici la pièce qui manquait, et les conseils s'il vous en fallait.

DÉCORATION

KARTELL AIX EN PROVENCE

12 et 14, Rue Granet ✆ 04 42 39 70 64
Ouvert du mardi au samedi de 10h à 19h. Livraison possible.

Entrer dans l'univers contemporain et désormais classique de Kartell, c'est une expérience lumineuse qui ne vous décevra pas. Avec la fameuse *Bourgie* maintenant en multicolore, la *Cindy* tout en rondeur ou la *Tati*, des lampes de tables, des suspensions ou des appliques, les luminaires sont toujours à l'honneur pour donner à votre intérieur une ambiance baroque et colorée qui nous va bien ! Mais Kartell c'est aussi des chaises, des tables, des fauteuils et des canapés, des modèles anciens relookés pour l'intérieur et aussi en outdoor. L'équipe jeune et dynamique se tient à votre service pour vous conseiller dans sa boutique aixoise au centre de la vieille ville.

NEW

DÉCORATION

MADAME MONSIEUR HOME

7, rue du 4 Septembre ✆ 09 82 41 04 42
Ouvert du mardi au samedi de 10h à 19h

Si vous êtes fan de déco, cette boutique est faite pour vous. Luminaires, vases, vaisselle, art de la table, miroirs, coussins, petit mobilier, objets tendance, et plus encore... Si vous avez une demande particulière pour une tête de lit, un papier peint, un bout de canapé ou une table basse, Madame Monsieur Home a ce qu'il vous faut dans les catalogues de leurs fournisseurs. La boutique n'est pas bien grande, agencée comme un showroom, elle suffit à vous inspirer l'idée d'un intérieur raffiné. À tous les prix, vous pouvez vous faire plaisir et aussi trouver le petit cadeau de dernière minute et toujours de bon goût -bougies, pelle à tarte, boules de Noël ou petits lapins de Pâques.

NEW

DÉCORATION

SØSTRENE GRENE

8, Cours Mirabeau
✆ 04 42 96 10 15
Ouvert du lundi au samedi de 10h à 19h30

La marque danoise vient de s'installer au rez-de-chaussée de l'hôtel de Valcon, un hôtel particulier du 18e siècle sur le Cours Mirabeau, un superbe écrin de 200 m^2 où les objets de décoration côtoient les arts de la table, les ustensiles de cuisine, les articles de loisirs créatifs, les jouets pour enfants, les produits alimentaires. Chaque showroom est animé par un esprit personnel : ici ce sont deux sœurs Clara et Anna qui vous accompagnent dans vos projets de bricolage créatifs et vous proposent leurs dernières trouvailles. Un lieu où joindre l'utile à l'agréable, se détendre au son de musiques douces tout en chinant des cadeaux ou des objets pour votre intérieur.

DÉCORATION

TERRA NOMADE

50, Rue des Cordeliers
✆ 09 82 59 08 33
www.terra-nomade.com
Ouvert du mardi au samedi de 10h à 19h.

Petit ameublement et objets de décoration aux influences asiatiques. Petit mobilier, lumière, art de la table et textile. Manon et Florian chinent à Bali des pièces de pure décoration comme ces boules de Noël en plumes d'oiseau. C'est un vrai dépaysement, et de belles déclinaisons de matières comme le rotin, le jonc de mer, ou le bambou. On peut trouver des petits objets insolites comme un balai vietnamien. C'est agréable de déambuler dans cette boutique traversante, à la recherche d'une idée cadeau ou d'un petit objet pour soi, comme ce joli coussin moelleux. On y trouve aussi du mobilier et de la vaisselle thaïlandaise, dans de belles matières. Ils ont toujours leur site en ligne.

MEUBLES

ISILIVING

724, avenue du Club Hippique
✆ 04 88 80 12 33
www.isiliving.com
Ouvert du mardi au samedi de 10h à 13h et de 14h30 à 18h30.

Ino Living a quitté le centre-ville pour s'installer en périphérie immédiate dans cette petite zone commerciale et devient Isiliving. L'enseigne bien connue des Aixois propose de belles marques de mobilier contemporain et design, Vitra, Alias, DSW, B&B Italia, Tribu, Flos entre autres. L'espace d'exposition suffit à présenter son catalogue et les tendances saisonnières en canapés, fauteuils, tables, luminaires, et maintenant cuisines de la marque Arclinea. Uniquement du haut de gamme ! Passionnée de décoration et de mobilier, Jacqueline Taioglou qui est à l'origine d'Ino Living, saura vous conseiller dans tous vos projets d'aménagement intérieur et extérieur.

MEUBLES

OCCADECO

580, rue Claude Nicolas Ledoux
✆ 04 42 39 46 46
www.occadeco.com
Ouvert du lundi au vendredi de 10h à 13h30 et de 14h30 à 18h30. Samedi de 10h à 18h. Livraison possible.

© OCCADECO

Une vraie caverne d'Ali Baba où il faut passer régulièrement si l'on aime chiner. On y trouve de tout en brocante et antiquité. L'espace est bien agencé pour présenter les milliers d'articles en dépôt vente. A l'entrée, se trouvent les objets précieux ou fragiles, bijoux, horlogerie, argenterie, cristallerie, accessoires luxe griffés en vitrine. Ensuite on déambule au gré des allées, entre des bahuts, des bibliothèques en enfilades, du mobilier contemporain et vintage, tables, chaises, salon entier, commodes, armoires de tous styles, rien ne manque pour vous meubler s'il le fallait. Des tapis, des miroirs, des tableaux, des luminaires et de l'art de la table. Et tous les prix.

NEW

ARTS

ANIM'ART CITY

31, boulevard Aristide-Briand
✆ 06 29 86 41 17
Ouvert du lundi au samedi de 10h à 18h.

La plasticienne aixoise Hélène Lelimouzin a ouvert il y a peu ce centre de création, d'art et de design dans cette ancienne animalerie du boulevard Aristide Briand. Elle a eu un véritable coup de cœur pour ce grand espace de 140 m² qu'elle a ouvert pour retrouver l'ossature métallique du plafond et peint les murs d'aluminium en référence à la factory d'Andy Wharhol. Espace collaboratif avec des artistes en résidence, des stylistes, et bientôt un bureau showroom de Melville pour aider à aménager des espaces, tout en gardant l'histoire du lieu, comme la baignoire pour toilettage des animaux. Un espace atypique assurément lieu de création et de rencontres aixoises !

ARTS

ESPACE KM

28 bis, rue Roux-Alpheran
✆ 04 42 38 34 60
www.dekerversau.com
Ouvert du mardi au samedi de 13h à 19h. Et sur rendez-vous.

C'est derrière un porche discret que se niche cette belle galerie dont les initiales sont celles des deux artistes Gilles de Kerversau et Estelle Missbach. Lui est sculpteur animalier, artiste de notoriété internationale, et elle créatrice de bijoux. Le lieu a beaucoup de cachet, on chemine tout d'abord par un couloir percé de niches dans lesquelles Gilles de Kerversau a placé quelques figurines animalières personnifiées. Chaque sculpture, ici des bronzes de petit format, mérite qu'on s'y arrête, ce couloir suscite la réflexion. L'espace s'ouvre ensuite sur l'univers coloré et précieux des collections Miss Back, des bijoux pièces uniques à porter de jour comme de nuit.

ÉBÉNISTE

PALYSSANDRY

✆ 06 58 79 79 91

Devis sur demande.

Dans la famille Leray, ils sont tous artistes, musiciens, doués pour la pâtisserie (la mère et la fille) et Sylvain le père est artisan ébéniste agenceur. Il imagine et réalise des meubles en bois et notamment en palissandre, un bois exotique très dense. De la bibliothèque à la console design, du parquet à l'habillage mural, du dressing à l'objet utilitaire, coffre de rangement, boîtes à verres, à cigares, à bijoux… jusqu'au pupitre de musique astucieux, amovible, marqueté, la table de percussion, la boîte pour loger son instrument de musique… Du sur-mesure. Également doué pour la restauration de mobilier, vous pouvez lui faire confiance. Sylvain a la solution à toutes vos demandes.

ESCALIER

ESPACE BOIS

18, rue de la reille - **VENELLES** ✆ 04 42 54 27 89

www.espace-bois.com

Horaires d'ouverture variant selon les jours. Passer un coup de fil avant de s'y rendre.

Pas de doute possible, ici on travaille le bois. On a à faire à un vrai menuisier, expérimenté et passionné ! Cette entreprise située au nord d'Aix-en-Provence est spécialisée dans la fabrication d'escaliers en bois :, tournant, en colimaçon, droit, à pas décalés, avec des arêtes vives, des barreaux tournés, avec contremarches, garde-corps, rampe, en bois, en verre, métallique... Toutes les configurations sont possibles et ce dans différentes essences : chêne, hêtre, pin ou mélèze. Vous pouvez aussi faire aménager un placard, créer une bibliothèque ou refaire vos volets. N'hésitez pas à joindre Aldric Mallard, qui se mettra à votre écoute, avec devis estimatif rapide ou étude 3D approfondie.

ENCADREUR - RESTAURATEUR DE TABLEAUX

ATELIER POLYCHROME

8, rue Portalis ✆ 06 14 89 02 24

https://www.atelierpolychrome.fr/

Ouvert du mardi au vendredi de 10h à 13h et de 14h30 à 18h30 et le samedi matin de 10h à 13h.

Cécile Gallienne a la passion de son métier. Son atelier n'est pas bien grand mais existe depuis quelques années déjà. On peut être sûr qu'ici le travail est bien fait : encadrements sur mesure pour tableaux et miroirs, patines, dorure à la feuille d'or. Il y a du choix dans les baguettes d'encadrement, bois ou métal, baguettes de style, baroques, classiques, dorées, argentées, colorées… Cécile saura vous conseiller pour valoriser l'œuvre que vous souhaitez encadrer en fonction de l'endroit où elle sera accrochée, boite américaine, entre deux-verres... Parallèlement, elle développe son activité de galeriste avec quelques œuvres d'artistes de la région exposées aux cimaises de son atelier.

GADGETS

CURIOSITY BY SYLVIABISS

www.sylviabiss.com

Exposition salon Sm'art, salon d'art contemporain à Aix-en-Provence, du 4 au 8 mai 2023.

On entre dans l'univers artistique et fascinant de Sylviabiss comme dans un cabinet de curiosités. Chineuse, collectionneuse d'objets insolites, rares et précieux, Sylvia recycle et customise ses trésors en œuvres d'art, des pièces uniques et étonnantes, attrape-rêves, talisman, miroir sorcière, sautoir maison. Elle explore toutes les techniques, collage, peinture, et associe divers matériaux, épingles, punaises, insectes et papillons, plumes et coquillages, pour créer des objets de curiosités étranges et surréalistes, masques, trophées et bestiaire poétique. Ses collections *épines métalliques, insectes et papillons, grigris et skull Iroquois* sont visibles sur son site et son Instagram.

ENCADREUR - RESTAURATEUR DE TABLEAUX

LA FEUILLE D'OR

13, rue Matheron

✆ 06 76 06 65 74

Ouvert du mardi au samedi de 10h à 12h et de 15h à 19h.

Généralement si l'on jette un coup d'œil à travers la vitrine, on aperçoit Anne Ponsin concentrée sur son œuvre. Diplômée de l'École du Louvre, elle est spécialiste de la restauration (rénovation et reconstitution) de cadres et de glaces en bois dorés. Le travail est minutieux et remarquablement réalisé. C'est une orfèvre de la dorure à la feuille, or, argent ou cuivre. Sa minuscule boutique atelier fait office aussi de galerie pour *ses coups de cœur* comme elle les appelle, les miroirs, tableaux et autres objets exposés sont à vendre. Et aussi un grand choix de cadres anciens et de copies. Plutôt bien placée en prix. C'est une adresse précieuse sur Aix-en-Provence.

LINGE DE MAISON

LINVOSGES

18/20, rue Laurent-Fauchier

✆ 04 42 29 86 53

Ouvert le lundi de 14h à 19h ; du mardi au samedi de 10h à 19h.

L'amour du beau linge depuis 1923, rien que ça. Cette belle boutique à l'ambiance moderne et colorée offre un très beau choix de linge pour toute la maison. Les matières sont choisies et de très belle qualité. Linge de lit, de toilette, de table, de plage, de déco, de nuit pour la femme et l'homme. Les enfants ne sont pas en reste : burnous, grenouillères, peignoirs, pyjamas pour filles et garçons, housses de couette. Du haut de gamme à des prix souvent raisonnables, jamais excessifs. Sachez profiter des réductions du moment. L'accueil de l'équipe est tout sourire et très avenant. Une maison qui perdure et qui ne dément pas son excellente renommée. On y revient toujours !

LITERIE

BLEU NUIT

19, boulevard de la République ✆ 04 42 26 72 08
www.bleunuit-literie-decoration.fr
Ouvert le lundi de 14h à 19h ; du mardi au samedi de 9h à 12h et de 14h à 19h.

250 m² au centre d'Aix dédiés à vos nuits que l'on espère ici plus belles que vos jours ! Litologue à Aix, spécialiste des matelas et de la literie implanté en centre-ville depuis 1986, Bleu Nuit vous propose une gamme impressionnante de matelas, sommiers, lits de toute sortes, mais également canapés, fauteuils, meubles, luminaires de la marque Blanc d'Ivoire... et votre salon des marques Homespirit, Sits ou Alterego. Petit plus non négligeable, l'équipe de livraison de literie Bleu Nuit installe gratuitement ses produits et vous débarrasse de votre ancienne literie et de vos anciens canapés pour en faire bénéficier des personnes en difficulté. Vous pourrez dormir sur vos deux oreilles !

PHOTOGRAPHE

YELLOW KORNER

25, rue Papassaudi
✆ 04 42 27 53 69
www.yellowkorner.com/fr-fr/home
Ouvert le lundi de 14h à 19h ; du mardi au samedi de 10h à 19h.

Démocratiser la photographie d'art et la rendre accessible à tous, telle est l'ambition de Yellow Korner. Lieu d'échange entre le public et les artistes, la galerie expose et commercialise les photographies d'art de plus de 300 artistes, proposées en éditions limitées et accompagnées d'un certificat d'authenticité. Yellow Korner encourage les talents d'hier, d'aujourd'hui et de demain à travers un réseau de quelque 100 galeries à travers le monde. Ici, huit thèmes sont illustrés de l'urbain à la photo animalière en passant par la photo de voyage, de célébrités et de mode, en différents formats. Un lieu magique pour tous les goûts, tous les intérieurs et toutes les bourses.

NEW

PHOTOGRAPHE

IRIS GALERIE

57, rue Espariat
✆ 04 13 91 08 81
Ouvert du lundi au vendredi de 11h à 19h ; le samedi de 10h30 à 19h.

Les yeux sont le miroir de l'âme dit-on... Révélez-en la beauté et transformez votre iris en œuvre d'art grâce à un procédé né il y a 10 ans en Allemagne, alliant macrophotographie et impression de haute qualité. On vous installe comme chez l'ophtalmo devant l'appareil de prise de vue qui capte en quelques secondes toutes les nuances de votre iris. Le résultat révèle d'incroyables paysages. Vous choisissez ensuite le format du tirage et l'encadrement. La prise de vue de votre iris ainsi que son optimisation ne prennent que quelques minutes. A faire seul, en duo ou en famille, jusqu'à cinq iris sur le même tirage. Une photographie d'art unique et originale à s'offrir ou à offrir.

PHOTOGRAPHE

EYEMAZY

25, rue Bédarrides
www.eyemazy.com
Ouvert tous les jours de 10h30 à 19h.

© EYEMAZY AIX-EN-PROVENCE

© EYEMAZY AIX-EN-PROVENCE

Eyemazy, c'est une expérience unique ! On connaît tous la couleur de nos yeux, mais les a-t-on réellement déjà observés dans les moindres détails ? Ici, c'est ce que l'on vous propose : en quelques secondes, l'équipe prend un cliché de votre iris, le plus détaillé possible et au plus près de la réalité. Ensuite, la photo de votre iris est placée sur un fond noir et vous pouvez alors personnaliser votre œuvre après son optimisation. De nombreux choix de supports d'impression sont proposés : des plus simples aux véritables tableaux premium. En couple, entre amis ? Venez faire un tableau avec vos deux iris ! Et pour les familles, on peut même aller jusqu'à cinq !

CRÉATEUR

N2

1, rue Jaubert
✆ 09 83 69 90 39
www.ndeux.fr/
Ouvert du mardi au samedi de 10h30 à 13h et de 14h30 à 18h.

N2 vous apporte la solution avec des meubles sur mesure en fonction des contraintes de l'espace à meubler : un intérieur tout petit, où vous ne pouvez pas caser un nouveau meuble, alors qu'un bureau vous serait pourtant utile ; au contraire un appartement spacieux avec des hauteurs sous plafond hors normes et vous souhaitez la bibliothèque qui remplira l'espace avec tous vos livres et objets. Pin, chêne, alliance du bois et du métal, leurs créations sont design. De l'atelier de fabrication en Auvergne à celui d'Aix pour le montage, et installation chez le client. L'enseigne a travaillé pour la Boutique Le Tanneur, l'Hôtel de France ou la Savonnerie Marseillaise. De belles références.

CADEAUX

STEF & BEN

9, rue Laurent Fauchier ✆ 07 77 68 07 21
Ouvert du mardi au samedi de 10h à 19h. Autres boutiques 25b rue du Panier, Marseille / 6 bd S. Allendé, Zone Pradeaux, Gréasque.

Artisans ciriers, Stef et Ben fabriquent leurs bougies à base d'huile de tournesol, de colza et d'huile de coco, sans paraffine et sans additif, à l'exception des parfums créés en Provence par un maître parfumeur. La cire obtenue est coulée à la main dans des timbales en verre avec mèches de coton ou mèches en bois. La durée de combustion d'une bougie de 200 gr est d'environ 50h. Le contenant est rechargeable, vous le ramenez à la boutique, on vous le remplit de cire végétale, vous choisissez la senteur parmi la quinzaine proposée. Et pour une bougie personnalisée, si avez une jolie timbale ou une poterie qui va bien dans votre déco, vous pouvez la leur amener ; comptez 2h avant de la récupérer.

ANTIQUAIRE

DIDASCALIES

18, rue Fernand-Dol
✆ 06 60 81 49 10
Ouvert du mardi au samedi de 11h à 13h et de 15h30 à 19h. Et lundi sur rendez-vous.

François Amirault Courivaut de la Villatte tient une boutique de meubles et objets d'art haut de gamme où vous pouvez vous adonner à votre passion de la chine. C'est lui qui a contribué à l'aménagement de l'hôtel de Caumont, notamment pour le lit de la chambre de Pauline. Epoques de prédilection ? Les XVIIe et XVIIIe siècles, avec quelques intrusions dans le XIXe. Chaque objet est présenté avec soin et au juste prix. Professionnalisme et gentillesse sont les deux piliers de cette adresse connue des amateurs de patrimoine. Un espace est réservé aux tableaux et aux arts graphiques. On retrouve Didascalies sur les grands salons d'antiquité de la région. Également sur proantic et anticstore.

RIDEAUX - VOILAGES - TISSUS - TENTURES

AIX MOUSSE ET TISSUS

58, avenue Maréchal-de-Lattre-de-Tassigny
✆ 04 42 23 03 75
Ouvert du lundi au samedi de 8h30 à 12h30 et de 13h30 à 19. Parking gratuit.

Des centaines de rouleaux de tissus vendus au mètre, de l'uni, des imprimés, des motifs, des lainages, du coton, du velours, de la mousseline, de la soie, du simili cuir, de la fourrure synthétique, des toiles cirées, si vous êtes couturière, bricoleurs ou bricoleuses, vous êtes ici dans une caverne d'Ali Baba de la mercerie-bonneterie. Vous y trouverez aussi le ruban ou le gros grain qui vous manque sans oublier les boutons, les fermetures Éclair ou les œillets pour vos rideaux. Si vous souhaitez relooker vos fauteuils et canapés, il y a du choix dans les toiles d'ameublement intérieur/extérieur et pour vos coussins, matelas et bains de soleil, on vous découpe la mousse sur mesure.

RIDEAUX - VOILAGES - TISSUS - TENTURES

ATELIER DU DÉCORATEUR

39, rue Granet ✆ 04 42 96 08 38
www.atelierdudecorateur.com
Ouvert du lundi au vendredi de 9h à 12h et de 14h à 19h ; le samedi de 10h à 12h et de 14h30 à 19h.

Une institution aixoise si l'on souhaite refaire la déco de son intérieur. Maggy Cambreroque, octogénaire alerte et toujours pleine d'humour avec son accent de Carcassonne a démarré dans les années 50 avec un atelier chez elle. Plus tard, elle prend une petite boutique et en 1995 elle installe cette belle affaire réputée au-delà de notre région. Aujourd'hui, son fils Pascal et leurs fidèles employés confectionnent rideaux, dessus et tours de lit, coussins, avec un savoir-faire notamment pour le tissu tendu sur les murs et les drapées. Très grand choix de tissus aussi. La signature de l'Atelier du Décorateur se retrouve dans des réalisations de prestige, châteaux et hôtels particuliers.

DÉPÔT-VENTE

MAISON REGAIN

670, route de Berre - **EGUILLES** ✆ 09 82 20 82 76
maison-regain.business.site
Ouvert du mardi au samedi de 10h à 19h ; le dimanche de 10h à 12h30.

Maison Regain c'est le showroom charmant, comme un écrin, dans lequel Virginie présente ses trouvailles, objets, mobilier, arts de la table, luminaires, vêtements et accessoires, bijoux fantaisie, de la seconde main soigneusement sélectionnée, de l'upcycling, des créateurs. On déambule dans la maison au gré des univers mis en scène avec beaucoup de goût par Virginie, Son credo c'est donner une seconde vie à toutes ces choses qu'elle a chinées pas loin et pour nous. De l'objet insolite à la sublime paire de chaussures griffée peu portée, vous trouverez chez Maison Regain la pépite que vous recherchiez ou que vous n'attendiez pas, car on marche au coup de cœur quand on rentre ici.

MULTIMÉDIA - IMAGE - SON

APPLE STORE

2, place du Général-de-Gaulle
✆ 04 42 26 62 54
Ouvert du lundi au vendredi de 10h à 19h30, le samedi de 10h à 20h et le dimanche de 11h à 18h.

Impossible de rater cet Apple Store, face à la Rotonde, en lieu et place de l'ancien office de tourisme. Cet espace de vente dédié au matériel high-tech à la pomme s'est installé dans un large vaisseau vitré sur l'espace piéton qui laisse passer la lumière et la vue sur la place de la Rotonde. Il accueille dans un univers net et design, propre à la griffe fondée par Steve Jobs, toute la gamme et, bien entendu, les derniers modèles des iPad, iPhone et autres iMac. Un incontournable pour tous les connectés ! Services de vente et d'après-vente, large choix d'accessoires, mini-ateliers de formation (iMovie, Apple Watch, partager vos photos sur Mac, etc.). On apprécie l'ouverture dominicale.

TRAVAUX

BRICORAMA

2, place Barthélémy-Niollon ✆ 04 42 26 11 04
www.bricorama.fr
Ouvert du lundi au vendredi de 9h à 12h30 et de 14h à 19h ; le samedi de 9h à 19h.

Un magasin de bricolage au centre-ville, voilà qui est devenu rarissime ! Ici, on trouve tout pour le bricolage chez soi : vis, clous et crochets, prises et fils électriques, pots de peinture, colles et enduits. Mais aussi des rayons consacrés à l'encadrement, la décoration, l'outillage, la droguerie et même l'alimentation animale. N'oublions pas le rayon jardin. Il existe également en saison, un coin dédié au salon de jardin avec tables et chaises, transats et pots divers. Un rayon bain, douche et électricité. Tout pour équiper une maison. À noter : le service de découpe de bois et la possibilité, le matin, d'arrêter son véhicule à l'arrière du magasin pour l'enlèvement des grosses pièces.

TÉLÉPHONIE

JAG CASE

5, rue Clemenceau
✆ 04 42 20 00 37
www.jagcase.com
Ouvert du lundi au samedi de 10h à 19h.

© JAG CASE

Pour protéger son Iphone de la casse, la coque est un accessoire indispensable qui suit la mode : du consommable et donc les tarifs doivent être abordables. C'est pour ça qu'on vient chez Jag Case ; l'enseigne propose un large choix de coques fabriquées en France pour iPhone du 7 au 14 pro max et pour Ipad. Il y en a pour tous les looks. Classiques pour les téléphones pro, chic ou bling-bling pailletés, unis, à motifs ou messages. En boutique également des accessoires pour la téléphonie mobile : batteries externes et à induction, films et vitres de protection pour écran, enceintes nomades, chaînes pour porter en bandoulière. On vous accueille avec le sourire et la bonne humeur. Et prix mini.

ENCADREUR - RESTAURATEUR DE TABLEAUX

CRÉATIVE GRAFIC

1, Avenue Pasteur
✆ 04 42 21 24 52
Ouvert du lundi au samedi de 9h à 12h30 et de 14h à 19h

Cette enseigne familiale est une institution à Aix depuis une trentaine d'années. Sur 250 m² de surface, vous trouverez tout le matériel et les fournitures pour les beaux-arts et les loisirs créatifs et manuels, pour la peinture (huile, acrylique, toiles, chevalets, vernis, pinceaux, palette et nuancier), pour le dessin (crayon, pastel, fusain...), etc. Ils sont également spécialistes en travaux d'encadrement et vous accompagnent si vous voulez le faire vous-même (découpe de verre, cadre et passe-partout). Du choix aussi dans les cimaises astucieuses pour accrocher vos tableaux sans faire de trous dans les murs. On apprécie les conseils avisés de l'équipe sympathique.

IMAGE - SON

LA MAISON DE LA HI-FI

4, rue Matheron ✆ 04 42 26 25 37
www.lamaisondelahifi.fr
Ouvert le lundi de 14h à 19h et du mardi au samedi de 10h30 à 13h et de 14h à 19h.

L'ancienne boutique Bose est devenue Maison de la hi-fi. Du haut de gamme, de Bose à Sonos, Denon, Marantz. Le meilleur du son avec des équipements haut de gamme et chers mais inégalables. Le maitre des lieux, Bertrand Defossey et toute son équipe de spécialistes vous accompagneront dans vos projets d'aménagement Hi-Fi, Home cinéma et intégration audio-visuelle globale ; ils vous feront écouter la différence entre le son en MP3 et la musique dématérialisée, sans compression, redécouvrir le plaisir de manipuler un vinyle, bref ils relèveront le défi d'adapter à vos besoins et vos envies le meilleure de la technologie ! Ecoutes comparatives dans leur studio chaleureux et accueillant.

MAISON

EMMAÜS AIX

1, rue Gibelin
✆ 04 42 22 04 79

Ouvert du mardi au vendredi de 13h30 à 17h30 ; le samedi de 8h à 12h et de 13h30 à 17h30.

Adresse utile à plus d'un titre en centre-ville : pour tous ceux qui veulent se débarrasser de meubles, de vêtements, de livres ou d'objets. Deux possibilités : vous déposez directement vos objets à Cabriès ou bien vous pouvez vous renseigner à la boutique, les compagnons se déplacent sur rendez-vous pour emporter les objets encombrants. Attention : les objets devront être en bon état. Adresse utile également si vous souhaitez faire de bonnes affaires à des prix très intéressants, vous y dénicherez la pièce, mobilier, objet ou luminaire pour relooker votre intérieur. Utile enfin pour soutenir cette association humanitaire et les personnes en difficulté auxquelles elle vient en aide.

MAISON

OCCADECO

580, rue Claude Nicolas Ledoux ✆ 04 42 39 46 46
www.occadeco.com

Ouvert du lundi au samedi de 9h30 à 13h et de 14h30 à 18h30. Dépôt de 10h à 13h- 14h30 à 17h30 sauf samedi après-midi.

Ce dépôt-vente est une mine d'or, les petits objets de toutes époques et la vaisselle y côtoient des meubles anciens, de la brocante et du vintage. Tables, chaises, fauteuils, canapés, armoires, commodes, miroirs, tapis, le choix est important. Également des bijoux et de l'argenterie sous vitrine. Un espace est dédié aux disques vinyles, tableaux, gravures et livres anciens. Vous pouvez aussi vendre ici des meubles ou objets dont vous n'avez plus l'usage, mais on ne prend que ce qui est en bon état ! Le transport peut être assuré par leurs soins. Une adresse où il faut venir souvent pour trouver la bonne affaire car elle ne reste jamais bien longtemps en rayon.

AMÉNAGEMENT EXTÉRIEUR

EVE CAR PLUG

✆ 01 86 70 06 90
www.evecarplug.com

Cette jeune start up installée en région parisienne et recommandée par Tesla, a des antennes partout en France. Spécialisée dans la vente et l'installation de borne de recharge pour véhicule électrique ou hybride, EVE vous propose des solutions sur mesure adaptées à vos besoins et à votre budget, et vous accompagne dans votre projet de A à Z (démarches administratives, collecte des aides Advenir, maintenance). Les bornes de recharge garanties jusqu'à 5 ans vous permettent de suivre votre consommation énergétique et de la gérer si besoin dans un souci économique et aussi écologique, une démarche concernante pour EVE qui s'engage à planter 5 arbres pour chaque borne installée. On dit Bravo !

QUINCAILLERIE - DROGUERIE

QUINCAILLERIE AIXOISE

55, rue Ampère ✆ 04 42 24 56 00
www.quincaillerie-aixoise.com

Ouvert du lundi au vendredi de 7h30 à 18h45. Découpe bois, reproduction de clés. Service livraison.

Créée en 1947, rue Granet, dans le centre historique d'Aix-en-Provence, la Quincaillerie Aixoise s'est déplacée, en 1980, dans le pôle d'activités d'Aix-les-Milles. Depuis, cette enseigne dynamique a donné naissance à quatre autres magasins dans le Sud-Est. La Quincaillerie Aixoise, c'est 9 000 m² de vente en libre-service, près de 28 000 références dans les domaines de la plomberie, l'outillage, l'électricité, la peinture, et aussi la quincaillerie du bâtiment, le chauffage, la fumisterie, la serrurerie, sans oublier le rayon droguerie ! Qualité, service avisé de techniciens des métiers du bâtiment et de l'industrie, voilà ce que viennent chercher ici professionnels et particuliers.

QUINCAILLERIE - DROGUERIE

QUINCAILLERIE CENTRALE

21, rue Montclar
✆ 04 42 23 33 18

Ouvert du mardi au samedi de 8h30 à 12h30 et de 14h à 19h.

Depuis 1959, cette maison fournit les Aixois en casseroles et en couteaux. Que du beau matériel ! Le sympathique patron et ses fils poursuivent l'aventure en proposant de multiples articles, casseroles en fonte ou en cuivre, couteaux « qui coupent », ficelle à tout faire, produits d'entretien pour les meubles, droguerie, tringles à rideaux, serrures, ferrures et autres objets de laiton et de fer forgé... Mais aussi des poubelles, des paillassons, des caddies pour les courses, des toiles cirées au mètre et des machines à café de la marque Jura. Une vraie boutique à l'ancienne où le service, le conseil et le sourire vont de soi. Le plus : un service affûtage pour les couteaux.

MA CUISINE : CONCEPTION 3D

Tout est dans le titre !
Cette application vous invite à prendre part activement à la modélisation de votre future cuisine grâce à une infinité de possibilités de configurations en termes de couleurs, textures et mobiliers. Vous n'êtes plus simple spectateur auprès de votre cuisiniste, mais co-créateur du projet en pouvant clairement expliquer vos envies grâce à ce logiciel poussé de simulation 3D.

ARTISANAT

DORIS HAPPEL

1285, Chemin du Moulin du Fort - **GARDANNE**
✆ 06 16 43 11 23
www.dorishappel.com
Ouvert tous les jours de 10h à 18h et sur RDV.

Doris Happel travaille la porcelaine depuis plus de 25 ans et la choisit en venant s'installer en Provence dans les années 2000. Matériau noble et élégant, qu'elle travaille pour sa transparence, blanche d'abord, avec des monochromes de couleur noirs, rouges ou bleus qui s'insèrent comme un tableau pour transformer les objets du quotidien, afin de déployer leur essentialité. Inspiré fortement par le wabi sabi, son travail original d'artiste plasticienne s'affirme dans l'évocation d'une perméabilité, respiration entre l'intériorité et l'extériorité, mais aussi comme renoncement à la complétude. Une artiste exigeante, dont l'univers foisonnant et intrigant est à découvrir et redécouvrir.

ARTS DE LA TABLE

LA BOUTIQUE MORCRETTE

rue Guillaume du Vair
✆ 04 42 64 08 04
laboutiquemorcrette.fr
Ouvert du lundi au vendredi de 9h à 12h et de 14h à 18h.

Morcrette, c'est une véritable caverne d'Ali Baba des Arts de la Table, une institution pour les professionnels de la restauration depuis plus de 50 ans. Sur 2 000 m² de surface, vous n'aurez que l'embarras du choix : batterie de cuisine, ustensiles de cuisson (de la casserole aux pianos Lacanche...), matériel de pâtisserie (moules en silicone, moule à kougelhopf, à cannelés...), billots de découpe, robots et mixeurs, coutellerie, couverts, vaisselle blanche, verrerie. La gamme s'étend aux univers du vin et des spiritueux (carafes, porte-bouteilles, tire-bouchon...), du café et du thé (moulins, cafetières, théières, filtres, bouilloires...). Conseils avisés et excellent rapport qualité-prix.

ARTS DE LA TABLE

CAROLINE AUGIER CERAMIQUE

1285, Chemin du Moulin du Fort, - **GARDANNE**
✆ 06 60 06 17 79
carolineaugier.com
Ouvert du lundi au vendredi de 10h à 19h.

Caroline est une céramiste joyeuse et entreprenante venue de l'art de la mode. Pas de vaisselle à son goût ? Qu'à cela ne tienne, elle se lance dans la céramique pour créer des objets du quotidien authentiques et uniques où l'empreinte de la main caresse et creuse la forme. Teintes douces, couleur de la terre, du ciel ou de la nature ; bols, assiettes, saladiers, les collections sont plurielles, pour des univers décoratifs variés. Caroline propose aussi des bougies parfumées dont elle crée les contenants et des aquarelles qu'elle peint à ses heures perdues, une belle énergie !

ARTS DE LA TABLE

CULINARION

64 bis, rue des Cordeliers
✆ 04 42 26 88 94
www.culinarion.com
Ouvert le lundi de 14h à 19h ; du mardi au samedi de 10h à 19h.

Culinarion, le spécialiste des ustensiles de cuisine, est établi à Aix-en-Provence. Dans cette petite caverne d'Ali Baba *for kitchen*, vous trouverez tout ou presque pour mitonner de bons petits plats et les présenter sur la table avec élégance : une essoreuse à salade rétractable, une bouilloire électrique design, un tire-bouchon rigolo, des assiettes grande taille et grande classe... Vous trouverez aussi la Formule 1 de la poubelle de cuisine, belle et fonctionnelle. Un peu cher d'accord, mais vraiment de bonne qualité et de bon goût. L'idée futée : comme toujours... attendre les soldes et les promotions. L'accueil et l'après-service sont également au top.

ARTS DE LA TABLE

LAGUIOLE AIX

21, rue Bédarrides
✆ 04 42 27 22 47
www.laguiole-aix.com
Ouvert du mardi au samedi de 10h à 13h et de 14h à 19h.

C'est la Rolls des couteaux. Impeccable pour bien couper la viande ! Fabriqués dans le bourg du même nom situé sur le plateau de l'Aubrac – ou en Chine mais c'est usurpé et ce n'est pas la même qualité on s'en doute ! –, les couteaux estampillés Laguiole, avec l'abeille donc, sont la fierté de la corporation des couteliers français. Toute la gamme de couteaux pour tous les usages, couteaux de cuisine, à pain, à fromage ou à beurre, couteau pliant ou avec tire-bouchon, sabre à champagne... Manches en bois ou en corne, de couleur ou translucides : que du prestige et des conseils judicieux pour faire le bon choix. Pas besoin d'aller en Aubrac pour trouver son Laguiole ! Service affutage.

DÉGUISEMENT

FÊTER ET RECEVOIR

30, rue Frédéric-Joliot ✆ 04 42 69 90 30
www.feter-recevoir.com
Ouvert du lundi au samedi de 10h à 19h. Ouvert les dimanches de décembre.

Cette enseigne dédiée à la fête est installée en pleine zone d'activités dans un vaste entrepôt. Vous y trouvez de l'espace et du choix. Deux univers se font face. D'un côté, la décoration de la table : bougies, nappes en papier de tous coloris, serviettes assorties, mais aussi sable décoratif, centres de table, etc. De l'autre côté, place à la fête avec des déguisements et des accessoires à l'humour potache. Il existe même des lentilles de couleur à effets spéciaux : de lézard, de vampire pour un regard fantastique le temps d'une soirée. En nouveauté le candy bar ou bar à bonbons. Et si vous ne souhaitez pas vous déplacer, les produits sont en vente sur le site Internet.

ANIMALERIE

AIX AQUARIUM

20, route de Galice ✆ 04 42 29 79 72
www.aixaquarium.com
Ouvert du lundi au vendredi de 9h30 à 12h15 et de 14h30 à 19h. Le samedi de 9h30 à 19h ; boutique en ligne.

Proximité de la mer oblige, l'enseigne est spécialisée dans les poissons d'eau de mer. Mais il y a également des poissons d'eau douce. Du poisson rouge au spécimen rare originaire d'Amazonie, la gamme est impressionnante, d'autant que l'adresse enregistre 5 arrivages par semaine provenant du monde entier. En rayon, vous avez tout ce qu'il faut pour la santé de vos poissons et la beauté de votre aquarium, des coquillages, nénuphars et anémones, bocal ou aquarium géant illuminé ou connecté, ainsi que des pièces détachées, pompes, écumeur, tuyauterie, osmoseur, ozonisateur... Venez prendre des conseils et des idées pour régénérer ou inventer votre univers aquatique.

ANIMALERIE

MADAME PROMÈNE SON CHIEN

23, rue Papassaudi ✆ 07 86 47 06 39
madame-promene-son-chien.fr
Ouvert le lundi de 14h30 à 18h30 ; du mardi au samedi de 10h à 18h30.

La boutique est un véritable écrin-dressing pour nos toutous aimés et aimants avec un choix important d'accessoires de qualité pour tous les budgets. Colliers de chien sobres et élégants, précieux façon haute-joaillerie avec strass, émeraudes Swarovski, laisses en cuir souple couleurs variées, harnais fantaisie, mini sacs de transport, paniers et coussins. De quoi les couvrir quand il fait froid, manteaux chics, unis ou à motifs, polaires, impers pour la pluie et casquettes pour le look. Prendre soin de nos compagnons à 4 pattes passe aussi par leur hygiène corporelle, shampoings, brosses. Et des jouets, et aussi des gamelles rigolotes ou raffinées en porcelaine fine. Ils le valent bien !

GARDE - PENSION

CHATTERIE DE LA MUSCATELLE

1860, Chemin de la Muscatelle - **CHÂTEAUNEUF-LE-ROUGE**
✆ 07 49 14 86 68
www.chatterie-muscatelle.fr
Tous les jours de 9h à 12h et de 14h à 18h sur rendez-vous.

Voici une pension animale 3 étoiles installée dans la pinède. Pour plus de confort, les chats sont hébergés par groupe de 8 maximum, dans des chalets chauffés ou ventilés selon la saison. Ils peuvent aussi être logés individuellement. Les chats disposent de coussins, de fauteuils, de griffoirs et d'étagères - arbres à chat pour grimper à leur guise. Le cadre en soi est déjà parfait mais l'équipe en place fera tout pour faire en sorte que votre fidèle compagnon se sente comme chez lui dans un cadre attentionné. Une bonne option pour partir en vacances l'esprit tranquille.

GARDE - PENSION

LE MAS DES 4 PATTES

985, chemin de la Présidente
✆ 06 36 45 31 27
www.lemasdes4pattes.com
Tous les jours sur RV

Anne-Sophie Hespel a ouvert sur les hauteurs d'Aix cet hôtel pour chat en 2011. Vous avez prévu un voyage ou un déplacement, mais vous ne pouvez pas emmener votre chat, soyez sûrs que le mas des 4 pattes l'accueillera dans les meilleures conditions : en pleine campagne aixoise, sur 200 m^2, les jardins clôturés et équipés jouxtent les espaces aménagés avec de multiples accessoires, arbres à chat, coussins, griffoirs, cabanes, balles et autres jeux. De plus, c'est aussi un élevage professionnel de chat de race Maine Coon et Maine Coon polydactyle et vous en trouverez à l'adoption de toutes les couleurs du black silver au *bleue cream and white*. Un gage de sérieux et de professionnalisme.

SERVIÇES À LA PERSONNE

BINÔME CANIN

1010 A, Chemin de Berre - **SAINT-CANNAT** ✆ 06 98 12 87 24
binome-canin.business.site
Ouvert du lundi au vendredi de 8h30 à 19h ; le samedi de 9h à 19h.

Bénévole à la SPA, Julie adore les animaux (et ils le lui rendent bien !), elle s'est spécialisée dans le dressage et l'éducation du chien. Pour tout ce qui touche aux troubles du comportement - phobies, destruction, fugue, mal-propreté, anxiété de séparation - Julie fait des miracles, en témoignent les avis de sa clientèle. Son approche est douce et ludique dans le respect de l'animal et de ses besoins. Elle vous donnera les clés pour mieux comprendre votre compagnon à 4 pattes : le binôme chien/humain est primordial, les bons comportements en résultent. Julie vous propose également le gardiennage de vos animaux domestiques à votre domicile : visites, garde de jour et de nuit, promenades.

PRATIQUE

AIX SPORT CANIN

1876, Chemin des Cruyés
✆ 07 49 58 71 46
www.aix-sport-canin.com/
Ouvert le samedi à partir de 14h.

Le club existe depuis 1977, il est affilié à la SCMCA. (Société Canine Midi Côte d'Azur), c'est un club dédié à l'éducation du chien... et de son maître ! Plus on en demande à son chien, plus il est heureux ! Le plus important c'est de créer de la complicité entre les deux et de sentir que vous êtes totalement impliqué. L'idéal c'est de venir à l'école du chiot dès les 3 mois et demi de votre animal, ensuite les résultats dépendent de l'assiduité aux entraînements et d'adopter la même discipline à la maison. Avec quelque 80 adhérents et 12 moniteurs diplômés, c'est un club dynamique et sérieux où les résultats sont probants. Les entraînements se déroulent à Célony sur un terrain aménagé.

FLEURISTE

LA MAIN FLEURIE

Tuilerie Bossy - 1287, chemin du Moulin du Fort
13120 Gardanne - www.lamainfleurie.com
Ouvert du lundi au vendredi de 10h à 16h. 1er et 3e week-end du mois.

Anne-Claire Pollet est une fleuriste pas comme les autres, elle s'est spécialisée dans les fleurs séchées et stabilisées. Elle sublime les graminées, l'avoine, le blé, les immortelles, la limonium dont les teintes du bleu au violet égayent les bouquets ; elle y rajoute de l'eucalyptus odorant, des hortensias... Ses compositions florales sont poétiques et pérennes. Si l'art floral vous tente, Anne Claire vous propose des ateliers, elle vous expliquera comment stabiliser les fleurs ou les faire sécher afin qu'elles ne fanent jamais. Vous pourrez y réaliser vos bouquets à partir de ses fleurs séchées ou bien vous apportez les vôtres glanées au fil des saisons, pour composer un herbier décoratif.

FLEURISTE

CHEZ LAURENT

55 bis, rue Mignet ✆ 09 83 96 09 53
www.chez-laurent-naturellement.com
Ouvert du lundi au samedi de 9h30 à 19h30. Le dimanche de 10h à 13h.

A quelques pas de la place Bellegarde, à l'angle de la rue du Puits Neuf et de la rue Mignet, un fleuriste pas comme les autres. Il suffit de rentrer dans l'antre de Laurent pour partir à la rencontre d'un passionné. Dans sa petite boutique place est faite aux fleurs champêtres, aux plantes grasses diverses et variées. Des bouquets chics et modernes. Pour accueillir ses plantes, de jolis et originaux cache-pots sont proposés. On fait aussi appel à cette homme/artiste non seulement pour les grands et petits événements de la vie mais aussi pour fleurir les boutiques et les terrasses du centre-ville. Tout un art que Laurent maîtrise à la perfection. Un fleuriste naturellement...

JARDINERIE

JARDINERIE RIERA ET PÉPINIÈRE

Rue des Piboules - **VENELLES**
✆ 04 42 54 70 15
www.jardinerie-riera.net
Ouvert du lundi au samedi de 8h à 12h30 et de 14h à 18h ; le samedi de 9h à 19h ; le dimanche de 9h à 12h30.

© JARDINERIE RIERA

Du jardinier du dimanche au maraîcher en passant par le paysagiste, chacun trouve son bonheur chez Riera. Une affaire de famille reprise par deux cousins, Clément pour la jardinerie à Venelles, où vous trouverez un grand choix en plantes vivaces et rustiques, plantes à massifs ou exotiques, agrumes et fleurs toute l'année. Également des produits phytosanitaires bio, des poteries et un rayon animalerie bien achalandé. Et puis, Alexandre pour la pépinière à Aix, spécialisée dans la vente d'arbres de grande taille, platanes, chêne, oliviers, palmiers sur une surface de 2,5ha.

FLEURISTE

AU NOM DE LA ROSE

39 bis, rue d'Italie
✆ 04 42 38 57 14
Ouvert du mardi au jeudi de 9h à 13h30 et de 15h à 20h ; vendredi et samedi de 9h à 20h ; dimanche de 10h à 13h.

Quelques pétales de rose sur le trottoir de la rue d'Italie signale cette boutique de fleurs, enseigne fondée en 1991 à Paris qui compte plusieurs boutiques en province. La spécialité de la maison, comme son nom l'indique, c'est les roses. En pot, en bouquet, mais aussi en bougie ou en petit récipient, la rose a son langage précieux et délicat, et les différentes couleurs célèbrent tous les sentiments : la passion et l'amour bien sûr pour le rouge, la tendresse pour le rose, l'amitié et la joie pour le jaune, la pureté pour le blanc ou encore le mystère pour la couleur lilas. En prime, une rose soliflore offerte ! Un univers tout à fait charmant et l'assurance de (se) faire plaisir.

FLEURISTE

PURE NATURE

16ter, rue d'Italie
✆ 04 42 93 32 48
Ouvert du lundi au samedi de 9h à 19h30 ; le dimanche de 9h à 13h.

Une devanture noire, sobre et élégante, des fleurs plutôt blanches en contraste dessinent l'ambiance de ce fleuriste très classe qui propose des bouquets et des compositions originales, de belle qualité et de belle longévité. Ce véritable artisan propose toutes sortes de bouquets à composer ou à offrir ou des plantes en pot pour l'appartement. Grand choix et conseils précieux pour ceux qui n'ont pas la main toujours verte. La gentillesse et le service n'empêchent pas d'offrir un large choix pour toutes les envies, de la jacinthe en petit pot jusqu'au magnifique bouquet de roses. Egalement un petit corner de bougies parfumées et cache-pots. Les étourdis apprécient l'ouverture tardive.

AMÉNAGEMENT EXTÉRIEUR

LES MATÉRIAUX D'ANTAN

5580, route d'Avignon ✆ 04 42 92 62 12
www.materiauxdantan.fr
Ouvert du lundi au vendredi de 7h30 à 12h30 et de 14h à 18 ; le samedi de 9h à 12h30 et de 14h à 18h.

Fontaines, bassins, portails, pilastres, balustrades, encadrements de fenêtres, œils de bœuf, cheminées, tomettes, carreaux de ciment, tuiles, robinets, vases style Anduze, statues... Matériaux d'antan vous propose un choix énorme d'éléments d'architecture et de ferronnerie anciens et de réédition. L'entreprise a une quarantaine d'années d'expérience. Si vous voulez donner du cachet à votre maison, votre jardin ou votre parc, vous trouverez certainement votre bonheur sur le parc d'un hectare, et dans tous les cas les conseils d'une équipe de passionnés de vieilles pierres. Une boutique en ligne vous permet d'effectuer votre repérage. L'équipe se déplace gracieusement pour vos devis.

ARTISANAT

BASSET ZINC

3580, route d'Avignon
✆ 04 42 21 22 81
www.groupe-basset.com
Ouvert sur rendez-vous.

Cette maison sérieuse et réputée existe depuis 1970. On vous accueille et propose un large éventail de réalisations sur mesure dans tous les domaines : menuiseries métalliques, grilles de défense pour vos fenêtres et vos portes, rampes, abris de voitures, portes de garage, volets roulants, portails automatiques, moustiquaires et vérandas. Le plus : Basset peut réparer ou reproduire vos objets anciens. Ils répondent également à vos besoins en zinguerie et posent vos toitures. L'entreprise propose aussi des prestations de domotique (portail automatique, par exemple) et de protection (grilles de défense, alarmes...). L'espace d'exposition s'ouvre à des créateurs et designers.

ARCHITECTE

INSPIRATIONS D'INTÉRIEURS - L'AGENCE

153, Rue Sainte Claire - **PERTUIS**
✆ 04 84 88 98 87
www.inspirationsinterieurs.com
Ouvert du mardi au samedi de 9h30 à 12h30 et de 14h30 à 19h

Maryline Montion et Laurent Bernus ont l'expertise et toutes les compétences requises pour réaliser vos désirs, que vous ayez un projet de construction ou souhaitiez simplement repenser la décoration de votre salon ou aménager une nouvelle cuisine. Ils ont créé leur atelier d'architecture et maîtrise d'œuvre en 2007 à Pertuis en Pays d'Aix et rayonnent sur la région comme en témoignent les nombreux chantiers menés depuis avec succès. Un tandem inspiré et entouré d'artisans qualifiés, quel que soit votre projet. Boutique-show room pour parfaire votre aménagement.

ARTISANAT

BRICORAMA

2, place Barthélémy-Niollon
✆ 04 42 26 11 04
www.bricorama.fr
Ouvert du lundi au vendredi de 9h à 12h30 et de 14h à 19h ; le samedi de 9h à 19h.

Un magasin de bricolage au centre-ville, voilà qui est très pratique. On y croise surtout une clientèle de proximité. Ici, on trouve tout pour le bricolage chez soi : vis, clous et crochets, prises et fils électriques, pots de peinture, colles et enduits, outillage, droguerie, alimentation animale et un rayon jardin. Mais aussi des rayons consacrés à l'encadrement, la décoration avec du petit mobilier, des luminaires, du textile et en saison, du mobilier de jardin. À noter : le service de découpe de bois (fonctionne le lundi, mercredi, samedi) et la possibilité, le matin, d'arrêter son véhicule à l'arrière du magasin pour l'enlèvement des grosses pièces.

ARCHITECTE

QUESTIONS D'INTERIEUR

203, avenue Paul Jullien
✆ 04 42 64 45 68
www.questions-dinterieur.com
Ouvert le lundi de 9h à 18h et du mardi au samedi de 10h à 19h.

Nouvelle jeunesse à l'ancestrale maison Aix Tapis, fondée en 1969, le showroom du Tholonet de plus de 400 m² propose 3 espaces : la mise en espace des produits dans des ambiances renouvelées régulièrement en tenant compte de l'actualité de la mode et des tendances nouvelles ; du canapé au luminaire en passant par le parquet jusqu'aux cuisines Veneta cucine ; le second propose des produits plus spécifiques avec tissuthèque, matériauthèque et placards sur mesure, enfin dans la troisième partie un bureau d'étude vous recevra pour vous aider à concevoir vos projets. Ils ont également une boutique en ligne dans laquelle papiers peints, tissus, tapis sont à vendre.

ARTISANAT

DÉCAPAIX

125, avenue des Logissons - **VENELLES** ✆ 04 42 54 02 54
decapaix.com
Ouvert du lundi au vendredi de 7h30 à 12h et de 13h30 à 18h, le samedi de 9h à 12h.

Vous restaurez votre maison, vous relookez votre mobilier : Décapaix est l'adresse qu'il vous faut ! Sa belle réputation depuis une quinzaine d'années vous garantit un savoir-faire sur mesure pour répondre à tous vos besoins de décapage, dégraissage et traitement de surface quel que soit le support : volets, persiennes, portes, meubles, radiateurs, portails, grilles... Décapaix assure également les prestations de finition et de restauration : remise en peinture, vernissage, reprise des plaquages, ponçage, reprise de dégâts, patine à l'ancienne... N'hésitez pas à leur apporter meubles anciens et contemporains, ce sont des professionnels dans le domaine de la restauration de précision.

MATERIAUX D'ANTAN

PATRIMOINE, PASSION, EXPERTISE

Avec 12.000 m² de parc d'exposition, 44 années d'expérience, 13 collaborateurs et 3 générations de dirigeants, Matériaux d'Antan s'inscrit dans les entreprises ancrées dans leur territoire et qui ont une histoire à raconter … Patrimoine, passion, expertise.

Rémi Brondino, quelle est la marque de fabrique de Matériaux d'Antan ?

Comme le dit Marcel Pagnol, nous « cultivons l'authentique », que ce soit en proposant des matériaux et éléments d'architecture anciens ou en les rééditant avec des méthodes traditionnelles. Nous proposons uniquement des produits fabriqués avec les quatre matières nobles : pierre, fer, bois et terre cuite. Chez nous, vous trouverez des dallages, des carreaux, des portes, des escaliers, des cheminées, des portails, des kiosques, des fontaines et sculptures, des tuiles, des luminaires, mais aussi des puits, marches d'escalier, chasses roues, linteaux ou encore des bacs et auges.

Votre équipe se compose de différents métiers …

Tailleurs, poseurs, préparateurs, acheteurs, vendeurs, logisticiens … Nous avons besoin de compétences élargies pour servir nos clients. Nous achetons quotidiennement un nombre important de produits, notamment à des particuliers : tuiles, carreaux, dalles de pierre, briques, tables, chaises. Nous avons un atelier de taille de pierre pour créer ou restaurer des fontaines, cheminées, bancs. Nous rééditons des portails traditionnels en fer forgé et des portes de style sur mesure dans nos ateliers de ferronnerie et d'ébénisterie. Plus nous rangeons et organisons notre parc d'exposition et notre magasin, plus nos clients sont heureux de trouver leurs perles rares ou de s'inspirer pour leurs maisons. Et bien sûr nous organisons les livraisons en France et en Europe.

Qui sont vos clients ?

Nous vendons aussi bien aux particuliers qu'aux professionnels. Notre gamme est large et nous pouvons vendre à l'unité ou à des milliers d'exemplaires comme les tuiles anciennes par exemple. Ce qui me plaît, c'est de voir un un jeune couple qui vient chercher quelques carreaux, reviendra plus tard pour sa terrasse, puis son portail, puis les margelles de piscine … Les maçons et couvreurs viennent quotidiennement au magasin, ainsi que les architectes et les décorateurs, pour des projets d'aménagement ou des projets grands formats. Nous sommes spécialisés dans la fontainerie et nous avons un service de "clinique des fontaines" pour leur restauration dans les villages de Provence. Nous participons aux chantiers de restauration des grandes demeures, domaines viticoles, hôtels et restaurants en Provence (Rocher Mistral, La Gaude, Château Lacoste …). Nous fournissons également des décors pour les productions cinématographiques et télévisuelles (Benedetta, Serpent Queen, séries, publicités …). Une clientèle de passionnés … comme nous !

› LES MATÉRIAUX D'ANTAN

5580, route d'Avignon - 13540 **AIX-EN-PROVENCE**
✆ 04 42 92 62 12 - www.materiauxdantan.fr
www.facebook.com/materiauxdantan
www.instagram.com/materiauxdantan

© VD

© VD

© VD

ARTISANAT

FAIRE LE MUR

1285, Chemin du Moulin du Fort
GARDANNE
✆ 06 08 26 31 06

Vous cherchez un artisan pour réaliser un enduit extérieur, une peinture dans la maison dans les règles de l'art.. Goulven Delisle fabrique lui-même ses peintures et matières. Peintre en décor du patrimoine, il maîtrise toutes les techniques, les couleurs et n'utilise que des matériaux écoresponsables -la chaux, l'ocre, la caséine, l'argile, le chanvre, le lin, les colles, les gommes-. Il prend ses matériaux quand il le peut sur le lieu même du chantier, la terre minérale de préférence argileuse pour réaliser ses enduits. Et surtout il fabrique que ce dont il a besoin, pas de gaspillage, ni de fond de pot. Jusqu'aux pigments qui sont naturels. Du circuit court à 100% et du zéro déchet.

CHEMINÉE - POÊLE

LGB

316, Chemin de la Maisonnette
SAINT-CANNAT
✆ 07 60 45 54 36
Ouvert du mardi au samedi de 9h à 12h et de 13h30 à 18h30.

Pour développer une énergie écoresponsable et plus durable, LGB (Les Granulés de Bois) veulent apporter leur pierre à l'édifice : ils proposent des poêles à bois ou à granulés de bois, fabriqués en Italie et visibles dans leur beau showroom de Saint-Cannat. Ainsi vous bénéficiez des toutes dernières technologies, en contribuant à préserver l'environnement tout en faisant de belles économies. Le service vous accompagne depuis le choix de votre poêle jusqu'à la mise en service que vous habitiez Aix-en-Provence ou tout le pays d'Aix. Et bien sûr un service après-vente de qualité. Le confort à moindre coût, ce qui est une denrée assez rare et bien précieuse aujourd'hui !

CARRELAGE - CÉRAMIQUE

CAROCIM

1515, route du Puy-Sainte-Réparade
✆ 04 42 92 20 39
www.carocim.com
Ouvert du mardi au vendredi de 14h à 18h.

Toujours très en vogue, les carreaux de ciment font la une des magazines de déco pour les sols, pour habiller les murs d'une salle de bains ou un plan de cuisine. A Aix, Carocim fabrique de façon artisanale de superbes carreaux mosaïques à décor incrusté depuis 1986. Le carreau est teint dans la masse, ce qui lui assure une résistance à l'usure et une jolie patine. Les collections proposent des reproductions de carreaux anciens mais aussi des motifs originaux qui font la signature de Carocim dans le monde entier. Sous l'impulsion des nouveaux propriétaires, le lieu est en renouvellement avec prochainement un nouveau show-room, un lieu d'échange et de vie artistique cela va sans dire.

CUISINE - SALLE DE BAIN - SANITAIRES

L'ATELIER SAINT-PAUL

15-17, cours Sextius
✆ 04 42 26 53 70
www.atelier-saintpaul.fr
Ouvert du lundi au vendredi de 9h à 18h30.

Cuisine ou dressing haut de gamme et sur-mesure... Depuis 1970, l'Atelier de Saint-Paul conçoit, fabrique et installe ses produits à travers ses magasins exclusifs installés dans le sud de la France. L'unité de fabrication est dans l'Hérault. Le showroom d'Aix vous donnera un bon aperçu de leur savoir-faire. Créations uniques, souci de perfection, le style Saint-Paul est un concept global d'esthétique, de créativité, de tradition et d'écoresponsabilité. Vos cuisines ou encore vos dressing-rooms, trouvent ici l'excellence. De la conception à l'installation, du design au plus classique les techniciens de l'enseigne vous accompagnent du projet à l'installation. Prix en rapport.

CHEMINÉE - POÊLE

GAUTHEY CHEMINÉES

835, avenue du Club Hippique, ✆ 09 67 17 73 66
www.cheminees-gauthey.fr
Showroom ouvert du lundi au vendredi de 9h à 13h30 et de 14h30 à 18h30.

Cheminées d'époque en marbre, pierre ou bois, cheminées à foyer ouvert de style ancien, de style contemporain et design, avec ou sans récupérateur de chaleur, cheminées à foyer fermé, cheminées et poêles à bois, à gaz ou à éthanol, l'entreprise Gauthey a acquis un savoir-faire d'artisan atrier depuis trois générations. Le showroom présente une centaine de cheminées, anciennes et des rééditions de style. Spécialisé aussi dans la restauration des cheminées anciennes, Gauthey vous conseille tant sur le plan de la conception technique, du fonctionnement qu'en matière de décoration intérieure en vous proposant une large palette de matériaux. Du sur-mesure dans les règles de l'art.

CUISINISTE

ARTEK

1720, route d'Avignon ✆ 04 42 23 99 85
www.artek-cuisines.com
Ouvert du mardi au vendredi de 9h30 à 12h et de 14h à 18h. Et le samedi de 10h à 12h30 et de 14h à 18h. Sur rendez-vous.

Cette maison prône la qualité et le style résolument contemporain. Artek intervient pour réaliser votre salle de bains et votre cuisine, mais aussi votre dressing sur mesure en différents matériaux. Et pour votre mobilier, Artek travaille avec deux grands artisans créateurs, l'un italien (Sedit), l'autre allemand (Häcker). Distributeur de la marque Leicht, Artek vous accompagne de l'étude à la conception 3D de votre cuisine. Bien entendu, de nombreux autres artisans haut de gamme collaborent avec cette maison de confiance. Le plus : si le design est une priorité, il ne se fait au détriment ni du confort ni du côté pratique. L'enseigne est également implantée à Marseille.

CUISINISTE

LOGIS MODÈLE

1, boulevard Victor-Coq ✆ 04 42 27 34 45
www.logis-modele.com
Ouvert du mardi au vendredi de 9h à 12h et de 14h à 19h, le samedi de 9h à 12h et de 14h à 18h.

La famille Beccia installe des cuisines dans la région aixoise depuis 1979 sous l'enseigne Logis Modèle. Leurs marques en cuisine (Poggenpohl et Haecker) sont des références en la matière et l'assurance d'un design élégant et d'une qualité irréprochable. En électroménager, Logis Modèle travaille avec Miele et Liebherr, gage eux aussi d'excellence. L'équipe qui vous conseille est composée d'architectes d'intérieur qui vous donneront les astuces pour intégrer au mieux votre cuisine dans l'espace que vous lui avez octroyé et selon vos critères. Une gamme de dressings, de meubles, de chambres d'enfant avec aménagement et finitions personnalisables est proposée.

ÉBÉNISTE

PALYSSANDRY

✆ 06 58 79 79 91
Devis sur demande.

Dans la famille Leray, ils sont tous artistes, musiciens, doués pour la pâtisserie (la mère et la fille) et Sylvain le père est artisan ébéniste agenceur. Il imagine et réalise des meubles en bois et notamment en palissandre, un bois exotique très dense. De la bibliothèque à la console design, du parquet à l'habillage mural, du dressing à l'objet utilitaire, coffre de rangement, boîtes à verres, à cigares, à bijoux... jusqu'au pupitre de musique astucieux, amovible, marqueté, la table de percussion, la boîte pour loger son instrument de musique... Du sur-mesure. Également doué pour la restauration de mobilier, vous pouvez lui faire confiance. Sylvain a la solution à toutes vos demandes.

DÉCORATION

KEI-STONE MOBILIER & DÉCORATION

5830-5870, route d'Avignon - **PUYRICARD** ✆ 04 42 92 06 62
www.aix.kei-stone.fr
Ouvert du lundi au vendredi de 8h à 12h et de 13h30 à 18h, Le samedi de 9h à 12h et de 13h30 à 18h.

La boutique Kei-Stone est spécialisée dans la vente de carrelages, pour l'intérieur ou l'extérieur, sols en pierre, travertin ou parquets, et carrelages salle de bain. Vous trouverez aussi sur le lieu un show-room de mobilier contemporain, mobilier d'extérieur, luminaires et même un espace jardin. Agnès et Véronique, décoratrices d'intérieur sauront être à l'écoute de votre projet pour vous aider à le concrétiser, pour aménager une salle de bain et recréer un espace jardin. Entre luxe et cosy, les collections exposées sont dans les tendances déco.

PAPIER PEINT - PEINTURE

C'DÉCO

✆ 06 45 24 15 10
www.cdeco.fr
Devis gratuit sur demande.

Pour vos peintures extérieures et intérieures, que ce soit des peintures décoratives ou des revêtements muraux, David Clark est l'artisan qu'il vous faut. Sérieux, respectant les délais et très bien placé en tarifs, il met son savoir-faire et son expérience au service de votre projet. Ses conseils sont avisés et si vous n'avez pas d'idées quant à la couleur à choisir pour les murs de votre salon, vous pouvez lui faire confiance. Il a l'œil pour trouver la bonne teinte qui mettra en valeur votre mobilier, qui donnera de la profondeur à une pièce trop petite. Il intervient sur le pays d'Aix et dans un large rayon jusque dans le Luberon... vous trouverez sur son site des idées tout en couleur !

ÉBÉNISTE

MICHEL FONVIEILLE

12, rue Emeric David
Tous les jours, sur rendez-vous.

Depuis plus de 40 ans dans son atelier de la cour intérieure l'hôtel de Carcès, Michel Fonvieille rénove, sculpte, crée ou restaure. Passionné depuis le plus jeune âge, il a commencé apprenti ébéniste 14 ans, il continue aujourd'hui à chercher, reformant les corbeaux d'un balcon en staff, créant des escaliers en taille de pierre ; Il faut aller visiter son atelier, qui raconte toutes ses créations, telles des magnifiques stylos en bois, en olivier, ébène, loupe de cerisier, ou encore des anneaux, des ronds de serviette et même des pendules pour les sourciers ! Les plus chanceux verront d'autres trésors comme son parc à tortues ou ses caves, remplies de mortaiseuse, presse à marqueterie...

PAPIER PEINT - PEINTURE

QUESTIONS DÉCO

125, avenue des Logissons - **VENELLES** ✆ 04 42 54 02 54
www.questionsdeco.com
Ouvert du lundi au vendredi de 7h30 à 12h et de 13h30 à 18h ; le samedi de 9h à 12h.

Cet espace de 1 000 m² est entièrement dédié à la peinture et à la décoration intérieure et extérieure pour les professionnels et les particuliers. Vous y trouverez des idées, des conseils et les matériaux nécessaires à la réalisation de vos projets de décoration et de rénovation du sol au plafond. Une multitude de teintes, de couleurs sur mesure, de la chaux, des pigments, des cires, patines, vernis, lasures, du papier peint haut de gamme, ou à peindre, des revêtements de sol, des éléments décoratifs de finition ainsi que de l'outillage. Pour celles et ceux qui n'ont pas encore la fibre du bricolage, Questions Déco organise des ateliers de formation. Également à Gardanne.

PISCINE

OASIS PISCINES ET SPAS

746, avenue Europe - **SAINT-CANNAT** ✆ 04 42 57 24 41
oasis-piscines.fr

Ouvert lundi de 14h30 à 18h30 et du mardi au samedi de 9h30 à 12h et de 14h30 à 18h30.

La marque Oasis Piscines et spas s'installe en Provence avec ce beau magasin situé à la porte d'Aix. Vous avez un projet de piscine ou de spa ? Vous voulez simplement rénover, sécuriser ou entretenir un existant, vous trouverez aussi tous les conseils avisés et bien sûr les produits dernier cri, les robots les plus performants. A la mode maintenant aussi le sauna, en cabine traditionnelle en bois et en cabine infrarouge. Le choix est varié et vous trouverez sûrement votre bonheur. Et pourquoi pas se lancer dans un projet de hammam ? Là aussi, on pourra vous conseiller. Force du réseau et de l'expérience sont les deux atouts de cette enseigne qui veut s'adresser à tous.

REVÊTEMENT SOS - MURS

MERCADIER - TEINTES ET MATIÈRES

9 bis, rue Frédéric-Mistral ✆ 04 42 26 31 69
www.mercadier.fr

Ouvert du mardi au samedi 9h à 13h et 14h30 à 19h. Autre adresse 120 rue Émilien Gautier Les Milles - ZAC de l'Enfant.

L'enseigne aixoise Mercadier propose teintes et matières de très belle qualité pour raviver votre intérieur dans les tendances contemporaines et selon vos goûts. Vous avez ici le must en matière de béton : ciré pour sol, décoratif pour murs et douche, coulé, taloché. Mais aussi peintures, enduits métallisés, papiers peints, pure argile à teinter et appliquer. En plus de leur marque *Little Greene*, ils sont revendeurs Farrow&Ball. Très beau showroom à Aix les Milles entièrement dédié à la couleur et à la déco pour booster votre envie de tout changer chez vous.

RIDEAUX - VOILAGES - TISSUS - TENTURES

AUX RÊVES D'INTERIEUR

27, avenue Aristide-Briand
✆ 04 42 23 08 80

Ouvert du mardi au vendredi de 9h à 12h30 et de 14h à 18h30 ; le samedi de 9h à 12h30.

Laurent Rotger, tapissier-décorateur, compagnon du devoir, aime la perfection comme son prédécesseur Bruno Lehebel. La maison intervient dans la rigueur artisanale et le bon goût, depuis 1981, pour rénover vos sièges, fauteuils, banquettes ou canapés... Dans le style de l'époque ou avec des audaces magnifiques ! Laurent Rotger réalise sur mesure vos voilages, rideaux ou double-rideaux. Des tentures murales aux plafonds tendus en passant par les têtes de lit sur mesure, vous avez l'assurance de belles harmonies, le tout dans un choix de tissus haut de gamme. La maison est connue pour la rénovation et la décoration d'hôtels, et même de yachts. Travail soigné et accueil sympathique.

SALLE DE BAIN - SANITAIRES

BALITRAND - PROVENCE SANITAIRE

Zone commerciale de la Pioline ✆ 04 42 97 74 74
www.balitrand.fr

Ouvert du mardi au vendredi de 8h30 à 12h et de 13h30 à 18h, le samedi de 9h à 12h et 14h à 18h.

Provence Sanitaire et Balitrand se partage l'espace d'exposition donc vous trouverez de l'outillage, la serrurerie, la plomberie et l'électricité… Mais avec Côté bain et son showroom très tendance, les salles de bains jouent encore les stars avec des défilés de robinets rutilants, des baignoires profondes et des douches à l'italienne dernier cri. On aime particulièrement les rayons faïence ou céramique. Enfin, les conseillers Balitrand se sont entourés d'un réseau de professionnels sérieux qui vous aideront à obtenir un travail parfait. Votre salle de bains le vaut bien !

TAPISSIER

DEBORAH DECO

6, rue du Grand Logis
VENELLES
✆ 06 62 87 88 47
www.deborahdeco.fr

Ouvert le lundi, le mardi et du jeudi au samedi de 10h à 17h30

Tapissière, décoratrice, Déborah vous reçoit dans le concept store qu'elle a ouvert en 2020 dans une petite rue du centre de Venelles. D'un côté son atelier où elle s'occupe de retapisser vos fauteuils et canapés, votre mobilier de jardin, vos chaises longues. De l'autre sa boutique de déco avec des objets, de la vaisselle, des luminaires et du mobilier chiné, des pièces vintage pour la plupart, comme ces 2 canapés intemporels conçus par Niels Gammelgaard pour Ikea en 1980 ou une commode des années 60. Passez-y régulièrement si vous souhaitez dénicher la perle rare.

COLOR'FY

La thérapie par le coloriage n'est plus à prouver. En plus d'être bon pour sa santé mentale, le coloriage by Color'fy est bon pour la planète : plus besoin de papier ni de crayons, tout se fait au clavier. La version payante offre un grand choix d'outils, de couleurs, de motifs (mandalas, œuvres célèbres) et de personnalisations pour se détendre davantage et développer sa créativité en famille.

ARCHITECTE

A4 ARCHITECTURE

1, impasse de la Pinède - **LES PENNES-MIRABEAU**
✆ 04 91 46 49 07
www.a4archi.com/
Sur rendez-vous.

Créée en 1997 par 4 architectes, à Eguilles, A4 est aujourd'hui une SCOP installée dans une belle maison de maître des Pennes-Mirabeau. Pascale Birotteau, Didier Dalbéra, Laurent Grolleau, Sophie Lescure et les autres s'attachent à bâtir des maisons en prenant en compte l'ensemble des exigences indispensables à des constructions durables et réactives. Une visite sur leur site Internet vous permet de visualiser leurs réalisations. De très belles demeures en accord avec l'environnement et vos désirs, soucieuses de la durabilité. Ayez le réflexe de demander le meilleur, contactez l'agence pour des informations, un devis ou rendez-vous sur place en semaine uniquement.

DÉMÉNAGEMENT

PEYSSON DÉMÉNAGEMENTS

3, Avenue des Belges
✆ 04 42 24 36 31
Agences Aix, Pertuis, Marseille, Arles.

Particuliers ou professionnels, vous pouvez faire confiance à cette entreprise familiale créée en 1877 et affiliée au groupe Les Gentlemen du Déménagement. Ils vous accompagnent efficacement de la prise de rendez-vous pour établir un devis au déballage de vos cartons à votre nouvelle adresse dans l'Hexagone ou à l'étranger. Plusieurs formules vous sont proposées en fonction de votre budget. En période estivale, les tarifs grimpent ostensiblement et les plannings se remplissent à vitesse grand V, soyez futé en vous y prenant à l'avance ! Si vous êtes en instance d'installation, votre mobilier peut être stocké en containers dans leur garde-meuble sécurisé. Contactez-les de notre part !

IMMOBILIER

AGENCE DE LA COMTESSE

3, avenue des Belges
✆ 04 42 26 52 87
www.agencecomtesse.com
Ouvert du lundi au vendredi de 9h à 12h et de 14h à 18h30.

A cette adresse, on s'occupe de vente mais aussi de location de maisons ou d'appartements. L'Agence de la Comtesse, également implantée à Marseille et à Aubagne, s'occupe de tous types de transactions immobilières. Vous avez accès ici à une belle sélection d'appartements, de maisons, de villas mais aussi des propriétés de luxe situées à Aix-en-Provence et au cœur du Pays d'Aix. L'agence s'occupe également de la gestion et de l'administration immobilières et assure des charges de syndic de copropriété avec sérieux. Le plus : l'Agence de la Comtesse est une structure familiale qui veut être proche et réactive, à l'écoute de votre projet, ce qui est une garantie de service.

IMMOBILIER

AJYL IMMO

Relais de la Trévaresse - **ROGNES** ✆ 04 42 27 80 83
www.immobilier-rognes.com
Ouvert du lundi au samedi 9h-18h30 et sur rdv. Autre adresse : 4, avenue Gaston Roux, 13350 Charleval - 04 42 20 45 40.

Expert en immobilier sur France Bleu Provence, Alexandre Jacques a remporté l'édition aixoise de *Chasseurs d'Apparts* sur M6. Sélectionné par Stéphane Plazza parmi de nombreux candidats pour sa bonne humeur, son sens de l'humour et ses compétences, Alexandre est agent immobilier à Rognes et Charleval. Les biens qu'il propose sont situés essentiellement dans ce secteur très prisé aux environs d'Aix en limite du Vaucluse. Le plus : un service personnalisé, d'expertise et de conseil. C'est une petite agence, à taille humaine où l'on prend le temps de vous accorder du temps, avec l'objectif cependant de ne pas en perdre pour vendre votre bien ou trouver la maison de vos rêves.

IMMOBILIER

FABRE IMMOBILIER PRESTIGE

« La Yolande »
✆ 06 11 43 31 31
www.fabreimmo.com/
Ouvert du lundi au samedi et sur rdv.

Vous souhaitez vendre votre maison ou vous projetez de vous installer en Provence entre Aix et Saint-Tropez et jusqu'au Luberon et vous n'avez pas encore trouvé la maison de vos rêves ? Elle est certainement dans les biens de prestige de cette agence installée à Aix depuis une quinzaine d'années. Marc Fabre connaît parfaitement le secteur, il saura cerner et cibler vos attentes si vous êtes acheteur. De la même manière, faites confiance à son expertise si vous êtes vendeur. Ses conseils avisés, un marketing efficace et un excellent relationnel sont des atouts précieux.

11 PETS

11 pets est une plateforme de soins pour animaux pensée pour les propriétaires d'animaux de compagnie, les toiletteurs professionnels et les refuges animaliers. L'objectif est de constituer un carnet de santé virtuel complet regroupant l'historique médical des compagnons à poils de notre foyer, mais aussi des soins réguliers à leur apporter (calendrier de vaccinations, toilettage, déparasitage).

JE BOUGE

Pour beaucoup d'entre vous, qui venez en séjour ou résidez à Aix-en-Provence, vous pratiquez chaque jour vos déplacements à pied, en voiture, à vélo, en bus, même en « diabline » ou *via* l'Aix'Press (Bus à Haut Niveau de Service) qui relie sur 7 kilomètres de ligne, les quartiers ouest et le parking Krytpon, situé au sud-est de la ville. Pour tous ces moyens de transport, vous aurez besoin, à un moment donné, de commerces que le City Book a recensés ici, y compris la première étape pour les futurs automobilistes... le passage inévitable dans une auto-école. Mais pour ceux qui n'en veulent pas ou en sont à leur 26e essai pour réussir le permis, il vous reste le scooter ou le vélo électrique ou pas. À Aix, le matin, dans les petits embouteillages des boulevards extérieurs à sens unique, c'est parfois bien pratique. Par contre, la bicyclette ne suffisant pas pour partir à l'étranger (à moins de prévoir un tour du monde en selle et sac à dos), nous vous proposons également quelques adresses d'agences de voyages locales. Bon déplacement et bon voyage !

AVION

AÉROPORT INTERNATIONAL MARSEILLE-PROVENCE

Aéroport - **MARIGNANE** ✆ 08 20 81 14 14
www.marseille.aeroport.fr
Navettes bus Aix - Aéroport toutes les 20 minutes via la gare TGV. 10 € en aller simple.

À une vingtaine de minutes d'Aix, très bien desservi par une navette depuis la gare routière, l'aéroport Marseille-Provence est une porte ouverte sur le monde. Une centaine de liaisons assurées et des compagnies internationales comme Air France, Air Transat, Lufthansa ou encore British Airways. Le terminal 2, lui, est consacré aux vols low-cost avec des liaisons en plein essor avec les compagnies EasyJet, Ryanair ou Volotea. De plus en plus, l'accent est mis sur le confort et les boutiques (y compris au terminal 2). Plusieurs parkings. Restaurants.

BUS - CARS

LA MÉTROPOLE MOBILITÉ

✆ 04 91 99 99 00
Pass intégral, 73 € par mois, valable du 1er au dernier jour du mois. Ticket 1,20 € ; Abonnement en gare ou au guichet.

Depuis février 2018, Aix-Marseille-Provence rassemble l'ensemble de son réseau de mobilité sous une bannière commune, la Métropole Mobilité : un seul et même abonnement, le Pass Métropole, vous permettra de circuler à votre guise sur tout le réseau urbain marseillais, aixois, d'emprunter les bus de La Ciotat, ceux de Gardanne, de la Côte Bleue ou encore les bus de l'étang de Berre. Ajoutons à cela la possibilité d'utiliser les trains régionaux, les bus régionaux Cartreize, les navettes d'aéroport et même les navettes maritimes ou le ferryboat. Une nouvelle identité visuelle, de couleur ocre, et un support unique *lacarte*, pour un trajet simple ou rechargeable pour des abonnements.

BUS - CARS

AIX-EN-BUS

300, avenue Giuseppe-Verdi ✆ 09 70 80 90 13
www.aixenbus.fr
Ticket trajet unique : 1,20 € (voyage illimité pendant 1h15). 2 trajets 2,20 €. Abonnement mensuel de 27 €.

Le réseau Aix-en-Bus fait partie intégrante désormais de Métropole mobilité, chargée de gérer l'ensemble des transports publics sur Aix-Marseille-Provence. Pour Aix, ce sont plus de 20 lignes de bus qui permettent de circuler en ville ou dans tout le pays d'Aix au départ de la gare routière ou des parking relais, comme le krypton. Les tickets s'achètent à l'unité ou par carnet de dix. Voir l'application lepilote.com. Quant à la gratuité, elle est proposée aux usagers des parc relais situés en périphérie, afin d'encourager les automobilistes à ne pas pénétrer en centre-ville. Pour encourager les automobilistes à ne pas pénétrer en centre-ville, un bon réflexe pour lutter contre la pollution.

COVOITURAGE / AUTOSTOP

ACA (AUTOMOBILE CLUB COVOITURAGE D'AIX)

7, boulevard Jean-Jaurès
✆ 04 42 23 33 73
Ouvert du lundi au jeudi de 8h30 à 12h et de 13h à 17h ; le vendredi de 8h30 à 16h.

L'Automobile Club d'Aix a mis en place depuis une dizaine d'années un service gratuit de covoiturage. Désormais en partenariat avec l'application ridygo, une plateforme de covoiturage : il vous suffit de la télécharger, de renseigner votre identité avec pièces justificatives et vous accédez à un service performant. C'est simple, flexible et solidaire : ridy ? go ! Futé : 50 km offerts pour toute nouvelle inscription. L'accès aux parkings-relais d'Aix et aux bus urbains est également gratuit. L'ACA propose en outre des stages de récupération de points.

BUS - CARS

LA DIABLINE

103, avenue Joseph-Villevielle ✆ 04 42 38 07 36
www.la-diabline.fr
Circule du lundi au samedi de 8h30 à 19h30. Passage toutes les 10 min. Ticket à l'unité : 1,30 € (valable une heure).

Si Aix se distingue en tant que ville « électromobile », c'est notamment grâce au système des Diablines. Ces voiturettes totalement électriques du réseau des transports en commun de la ville fonctionnent depuis bientôt 20 ans. Les petites Diablines vous transportent sans bruit ni pollution d'un point à un autre du centre-ville, sur quatre circuits. Microbus de sept places, ce sont les seuls véhicules autorisés en zone piétonne. Il n'y a pas d'arrêt sur les trois itinéraires proposés, il suffit de faire signe au conducteur pour monter à bord. Les Diablines se succèdent toutes les dix minutes et leur utilisation est en constante augmentation. Écolo et rigolo, c'est futé !

GARE ROUTIÈRE

GARE ROUTIÈRE

Avenue de l'Europe
✆ 08 09 40 04 15
Billetterie ouverte 7j/7. Horaires consultables sur le site www.lepilote.com.

La gare routière d'Aix-en-Provence offre vingt quais et une architecture signée Jean-Marie Duthilleul qui avait déjà signé la gare TGV d'Aix. Une réussite ! Accessible à tous, proche du centre-ville et de l'autoroute. Les départs et les arrivées se font vers les villes ou villages des environs. La ligne la plus importante est, bien sûr, celle qui relie Aix à Marseille : un bus toutes les 5 min aux heures de pointe ! Le réseau Cartreize (Car 13), du Conseil départemental dessert aussi Aubagne, La Ciotat, Vitrolles, Martigues, Arles et Salon-de-Provence. On y trouve également le bus desservant la gare TGV et l'aéroport de Marignane (toutes les 20 minutes environ). Pratique et peu cher !

GARE ROUTIÈRE

GARE TGV MÉDITERRANÉE-AIX

RD9 ✆ 3635
www.garesetconnexions.sncf
Ouvert du lundi au vendredi de 5h10 à 0h30 ; le week-end et les jours fériés de 5h30 à 0h30.

Gare lumineuse, belle, facile d'accès à 13 km du centre-ville d'Aix-en-Provence et à 11 km de l'aéroport de Marseille-Provence. Prévoyez un trajet d'une vingtaine de minutes au mieux depuis le centre d'Aix, selon la circulation. Le stationnement dans les parcs est cher, aussi de nombreux conducteurs se garent de façon anarchique. Reste la solution la plus simple et économique, celle d'emprunter la navette qui relie la gare TGV à la gare routière d'Aix. Une fois dans le train, vous rejoindrez la capitale en 3h environ. Un lien privilégié et rapide vers Paris.

PARKING

PARC-RELAIS

✆ 09 70 80 90 13
Ouvert de 6h30 à 21h (4h30 pour Plan D'Aillane).

Situés en périphérie de la ville, les différents parcs relais, six en tout, sont gardiennés et parfois couverts. Que ce soit au Nord (parc les hauts de Brunet), au Sud (parc Malacrida ou Krypton) ou encore sur la route pour Aix-TGV (Plan d'Aillane), et offrant plus de 2 000 places supplémentaires, ils permettent de laisser sa voiture sans souci de parking et sans pollution inutile pour une somme modique. L'accès en ville se fait ensuite par des navettes gratuites d'Aix-en-Bus. Abonnement mensuel et annuel et tarif spécial étudiant : une alternative économique et écologique pour se déplacer dans Aix et profiter pleinement du centre-ville piétonnier sans craindre une amende.

LOCATION

ORCA LES REMORQUES

5, chemin de Granet
✆ 06 50 79 30 44
www.orca-remorques.com

De la simple remorque pour aller à la déchèterie ou la remorque bagagère et porte vélos au monte-charge avec technicien en passant par le transport de bateaux au convoi grande longueur, Orca répond à toutes les demandes 7/7 jours via leur site internet et sur l'ensemble de la région PACA. Un service à la carte avec kilométrage illimité, les tarifs sont dégressifs en fonction de la durée de location. Orca vous conseille sur le choix de la remorque à louer et intègre si besoin bâches, sangles et sandows. Si votre voiture n'est pas équipé, Orca met à votre disposition un véhicule avec attelage. Cette jeune entreprise est digne de confiance, l'équipe est professionnelle, réactive et à l'écoute.

PARKING

PARKINGS

Grande capacité d'accueil 9100 places.

Depuis 2007, avec l'ouverture du grand parking de la Rotonde, situé sous les Allées Provençales, c'est désormais plus de 9 000 places de stationnement qui sont à disposition dans les différents parkings. Généralement situés sur le tour de ville, comme le parking Pasteur, Bellegarde, Carnot ou Mignet, ils sont incontournables pour pouvoir pérégriner en toute tranquillité et profiter de toute la zone piétonne. Pensez au parking Signoret, moins connu, celui des Cardeurs situé sous la place des Cardeurs est souvent pris d'assaut. Autre facilité intéressante, pour vos courses rapides, les deux premiers quarts d'heure sont parfois gratuits, mais le temps passe vite à lécher les vitrines aixoises !

LOCATION

SIXT LOCATION DE VÉHICULE

16, boulevard de la République
✆ 04 42 24 31 84
Ouvert du lundi au samedi de 8h à 12h et de 14h à 18h ; dimanche de 8h à 13h. Réservation en ligne. Livraison possible.

Pour louer une voiture dans les meilleures conditions, nous vous recommandons Sixt. Cette enseigne présente partout en France et en Europe cumule les atouts : qualité de service, véhicule irréprochable et dans toutes les gammes de confort, accueil souriant et disponibilité dans les agences, où le personnel est aux petits soins. Très bien placée en tarif, et notamment sur de la location de moyenne et longue durée, l'agence travaille en partenariat avec de nombreux hôtels sur la région. Mise à disposition de véhicule et réservation en ligne rapide et efficace.

TAXI - VTC

ASSOCIATION TAXIS RADIO AIXOIS

Avenue de l'Europe
✆ 04 42 27 71 11
www.taxisradioaixois.fr
24h/24 et 7j/7.

Les taxis radio aixois sont à votre service depuis 1973. Disposant d'une flotte de 53 véhicules (jusqu'à 8 personnes transportées), ils peuvent effectuer toutes distances, assurer vos transferts vers la gare d'Aix-en-Provence TGV ou vers l'aéroport Marseille-Provence. Les Taxis aixois proposent aussi des circuits touristiques de plusieurs heures : circuit Cézanne, les villages du Lubéron...Egalement des services adaptés aux entreprises : réception et transport des VIP, tarifs spéciaux, paiements différés en fin de mois. Possibilité de réserver par mail de 7h à 21h.

TOUR OPÉRATOR
DESTINATIONS LATINES

114, Allée des Peintres
BOUC-BEL-AIR
✆ 06 10 30 72 96
www.destinationslatines.com

Après ses premières expéditions dans les Andes où il arpente les hauts sommets de la cordillère Blanche, David se retrouve naturellement embarqué dans le monde du tourisme. En 2006, il crée Destinations Latines, une agence de voyage à part entière, spécialisée dans la découverte des sites prestigieux de l'Amérique latine à travers des expériences de vie authentiques. Si les incontournables sont à l'honneur, Destinations Latines cherchera toujours à vous faire emprunter les chemins de traverse. Avec son équipe de guides locaux francophones, vous découvrirez la Patagonie, les salars boliviens ou encore le Pérou authentique, comme David l'a découvert il y a 30 ans. Rare !

TOUR OPÉRATOR
EURIDICE OPÉRA

5, rue du 4 Septembre
✆ 04 42 91 33 91
www.euridice-opera.fr
Ouvert du lundi au vendredi de 9h à 12h et de 14h à 19h.

Ce tour-opérateur orchestre des voyages lyriques, individuels et haut de gamme. Une spécialisation rare ! Euridice Opéra vous emmène vers les scènes les plus célèbres et les festivals lyriques les plus réputés. Depuis sa création en 1997, Euridice organise des séjours culturels sans aucune... fausse note qui s'adressent tant aux mélomanes qu'aux néophytes, aux particuliers qu'aux entreprises. Voyage lyrique ou week-end opéra, en France, à Hambourg, Séville, New York, Vienne ou Zurich, vous avez l'assurance de prestations de qualité. Il ne vous reste qu'à choisir entre les Arènes de Vérone, le Royal Opera House de Londres ou encore le théâtre Mariinski de Saint-Pétersbourg...

TOUR OPÉRATOR
JANCARTHIER VOYAGES

7, cours Sextius
✆ 04 42 93 48 48
voyages-jancarthier.fr
Ouvert du lundi au vendredi de 9h à 18h et le samedi de 9h à 12h.

Jancarthier est un réseau de 25 agences en France. Depuis près de 60 ans, sa spécificité est d'être plus particulièrement dédiée aux voyages à la carte même si de nombreux circuits - farniente ou liberté sont également proposés ainsi que des croisières aux quatre coins du monde. Jancarthier offre également une gamme complète de voyages accessibles ou plus luxueux avec hébergements, en pension complète ou non. Du voyage de noces au tourisme écoresponsable jusqu'au voyage culturel ou sportif, la gamme est très complète. L'agence propose aussi la vente de billets de bus flixbus ainsi que la recherche de vols au meilleur prix. Service à l'écoute de vos envies et professionnel.

TOUR OPÉRATOR
VIVEZ LES ÎLES

6, rue Espariat ✆ 04 86 11 10 08
www.vivezlesiles.fr/
Ouvert le lundi, mardi, mercredi et vendredi de 9h30 à 18h, le jeudi de 9h30 à 18h30 et le samedi de 10h à 17h.

Voilà une agence qui a les arguments pour vous proposer évasion et voyages de rêves ! Spécialisée dans les séjours sur les îles tropicales, on vous proposera de vous envoler pour le bout du monde, vers les Maldives, la Polynésie, les Antilles, le Sri Lanka, les Bahamas ou Madagascar mais aussi le Mexique, Dubaï ou Oman Vous pouvez faire confiance à cette équipe de spécialistes, bien décidés à vous faire voyager en toute sérénité. Eux-mêmes passionnés par ces destinations exotiques, ils trouveront la meilleure formule pour vos évasions romantiques, sportives ou familiales. Les tarifs varient selon les destinations mais on s'efforcera à trouver du sur mesure selon vos finances.

TOUR OPÉRATOR
VOYAGE PRIVÉ.COM

684, avenue du Club Hippique
www.voyage-prive.com

Voyageprivé.com leader du voyage en ligne, fondé par Denis Philipon, a son siège depuis 2006 à Aix-en-Provence. Le principe : c'est simple comme un click, il suffit de choisir un séjour ou un voyage négocié au meilleur prix et présenté exclusivement sur une durée limitée. Laissez-vous aller à rêver, laissez-vous guider - plage ou montagne, grand trek ou city break, tout est possible selon les opportunités et les multiples thématiques (inoubliables en amoureux, chez les pirates, bons plans) et les portes de l'aventure s'ouvrent à vous ! Le groupe fait le buzz via le campus nouvellement installé dans la ZAC de la Constance, nouveau quartier hyper-connecté d'Aix.

MOOVIT

Vous privilégiez la mobilité douce ? Moovit vous accompagne dans vos déplacements en métro, en train et en bus en délivrant aux voyageurs une information en temps réel des arrêts les plus proches (cars et bus longues distances inclus) et des horaires en fonction des destinations. Des parcours facilités et des fonctionnalités adaptées à notre époque, comme celle de géolocaliser les trottinettes.

Marre de passer des heures sur internet pour trouver des bons plans ?
mypetitfute
M'A FAIT GAGNER UN TEMPS FOU AVEC SES RECOMMANDATIONS D'ITINÉRAIRES ET SES BONS PLANS TESTÉS PAR DES RÉDACTEURS LOCAUX
VOTRE GUIDE NUMÉRIQUE SUR MESURE EN MOINS DE 5 MINUTES POUR 2,99 €
mypetitfute.fr
© VIKTOR GL - ISTOCKPHOTO.COM

www.petitfute.com
1er site d'information touristique
GUIDES DE VOYAGE
ADRESSES ET AVIS
EXPÉRIENCES
IDÉES DE SÉJOURS
JEUX CONCOURS
BONS PLANS
PLUS D'INSPIRATION SUR
petit futé

JE PENSE FUTÉ

À vous qui habitez Aix depuis longtemps ou depuis très peu, ou qui venez quelques jours en vacances ensoleillées, voici la définition de *Futé* : « *Qui joint la malice ou la ruse à la finesse d'esprit* » (*source* : *Larousse*). Elle est simple, concrète, intemporelle, elle vous est destinée par l'équipe de City Book, au nom historique sensiblement identique, comme on le sait !

En effet, cette dernière rubrique se veut au plus près de vos problématiques personnelles et professionnelles, et tente de balayer un maximum de coordonnées utiles, comme par exemple la sous-préfecture, le commissariat, le service des impôts, l'atelier du patrimoine, la cour d'appel et, pour les démarches administratives, la mairie. Vous y trouverez de nombreuses indications sur la vie quotidienne, sur des pistes en matière d'éducation, formation et emploi, tout un volet de solidarité - entraide, d'accueil sur Aix et ses environs, quelquefois impératif dans notre vie que l'on soit touriste, étudiant(e) ou déjà entré(e) dans le monde du travail. Bonne recherche toujours futée bien sûr !

VOTRE GUIDE DEVIENT INTERACTIF

TAPEZ PETITFUTE.APP DANS LE NAVIGATEUR DE VOTRE SMARTPHONE.

PRENEZ UNE PHOTO DE LA PAGE DÈS QU'ELLE A CE PICTO !

ENSEIGNEMENT

DALIDA INSTITUTE

1, Allée du Dr Henri Bianchi
✆ 07 78 33 49 08

Chanter, composer, enregistrer... Si la musique c'est votre univers, si vous souhaitez le développer, vous perfectionner, Dalida Institute est la première école en France dédiée au métier de chanteur. L'école de la voix autrement dit accompagne débutants, amateurs et professionnels. Roberto Ciurleo producteur de comédies musicales, Damien Silvert, coach vocal, et Bruno Berberes directeur de casting The Voice, se sont entourés de professionnels du chant, auteurs, interprètes, compositeurs pour former les artistes en herbe sur un cursus d'un an ou pour préparer les candidats à une audition. Passage obligé par du solfège, le travail en studio, l'histoire de la musique et l'expression scénique.

ORGANISME DE FORMATION

QUESACOACH

31, Parc Club du Golf
✆ 06 60 20 49 18
www.quesacoach.com

Quesacoach propose des formations et un accompagnement à distance via des séances de coaching en visio, avec un pro en activité dans les domaines de la décoration intérieure, du home staging, de l'immobilier, au métier de fleuriste mais aussi pour perfectionner votre anglais, pour vous accompagner dans la création de votre site web, vous initier à Photoshop, à Indesign... Quesacoach vous propose aussi un bilan de compétences dans le cadre d'une reconversion professionnelle ou tout simplement pour vous donner les clefs pour appréhender au mieux la vie active et concrétiser votre projet professionnel si par exemple vous souhaitez créer votre micro-entreprise.

ORGANISME DE FORMATION

CFA DU PAYS D'AIX

200, rue Maurice Estrangin
✆ 04 42 29 61 11

Sous la maîtrise institutionnelle du Pays d'Aix et de la métropole, ce centre de formation accueille des apprentis de 16 à 25 ans qui ont signé un contrat d'apprentissage, mais aussi les adultes de plus de 26 ans. Le CFA propose plusieurs disciplines pour l'obtention d'un CAP ou d'un BP : métiers de bouche, de l'automobile, les métiers dits « de service » (coiffure, esthétique, fleuriste, vente, etc.). Le CFA prépare également aux baccalauréats professionnels dédiés à la vente et à la mécanique. Des portes ouvertes et des animations sont régulièrement organisées. À noter : même des voyages d'études à l'étranger. Le CFA d'Aix fête ses quarante ans cette année.

RECHERCHE D'EMPLOI

PÔLE EMPLOI AIX - GALICE

38 bis, route de Galice ✆ 3949
www.pole-emploi.fr
Ouvert du lundi au vendredi de 8h30 à 12h30. Et sur rendez-vous de 13h30 à 16h15, sauf vendredi.

Depuis 2016, Pôle Emploi a regroupé sur un seul site, deux anciennes adresses aixoises de cet établissement public à caractère administratif. Cette nouvelle agence a été créée sur un site réaménagé après démolition d'un bâtiment vétuste d'habitations HLM, et dont l'emplacement est bien visible des axes de circulation. Ses services sont à disposition des demandeurs d'emploi ou recruteurs. Des référents Pôle Emploi sont là pour vous accompagner dans vos démarches tant du côté des candidats ou que des futurs employeurs. L'agence d'Aix Galice a une zone de compétences sur plusieurs communes dont Lambesc ou Eguilles. Il y a un autre Pôle Emploi à Aix (celui du Club-Hippique ou Vallée de l'Arc).

ORGANISME DE FORMATION

GRETA-CFA PROVENCE

60, boulevard Carnot ✆ 04 42 21 52 77
www.gretanet.com
Ouvert le lundi, le mardi, le jeudi et le vendredi de 9h à 12h et de 14h30 à 17h ; le mercredi de 9h à 12h.

Implanté dans des établissements scolaires, le réseau GRETA-CFA répond au besoin de professionnalisation des salariés, demandeurs d'emploi et jeunes en insertion professionnelle. Le GRETA-CFA Provence situé au lycée Vauvenargues d'Aix propose un large éventail de formations diplômantes ou qualifiantes via des modules comme la bureautique, mais aussi des BTS et des baccalauréats professionnels en contrat en alternance. Par ailleurs, le Greta possède un espace langues au lycée Cézanne (plusieurs niveaux d'anglais) et un espace bureautique au Jas-de-Bouffan (2 avenue Saint-John-Perse). Accompagnement sur mesure, formation en alternance, et un taux de réussite de 87% toutes filières confondues.

SERVICES AUX ENTREPRISES

THECAMP

550, rue Denis-Papin
✆ 04 13 91 20 00
thecamp.fr

Une architecture futuriste pour un concept de showroom à ciel ouvert dédié à l'innovation et aux nouvelles technologies. Maker-lab, fablab, capsules d'expertises, installations sportives, espaces de méditation, théâtre de verdure, résidence hôtelière, se partagent le campus pour offrir aux entrepreneurs, aux jeunes créatifs et artistes les structures adéquates à la réalisation de leurs projets. Au-delà d'être un stimulateur et un accélérateur de talents, Thecamp a l'ambition d'être le vecteur pour comprendre notre monde en mutation et de donner « les moyens d'inventer le futur dans lequel nous voulons vivre et développer les nouveaux modèles socio-économiques d'avenir ».

ENSEIGNEMENT
AIX-MARSEILLE UNIVERSITÉ

29, avenue Maurice-Schuman ✆ 04 13 55 34 85
www.univ-amu.fr
L'AMU est la 1re université euro-méditerranéenne à avoir intégré en 2015 le top 100 des universités les plus innovantes.

L'université d'Aix-en-Provence et ses différentes sections font désormais partie intégrante de l'entité centralisée, appelée AMU (Aix-Marseille Université). Gérée par quelque 8 000 personnes, elle y accueille 80 000 étudiants, dont 10 000 étudiants internationaux, et se répartit en 5 grands campus sur 58 sites, dont celui d'Aix-en-Provence. Le campus aixois garde ses prérogatives d'enseignement que sont : les arts, les lettres et les sciences humaines, mais aussi le droit, l'écogestion, les sciences, les sciences-politiques et le management public sur plusieurs sites (du centre ville au quartier des facultés). Le site Internet de l'université est très complet (www.univ-amu.fr).

ENSEIGNEMENT
CNAM (CONSERVATOIRE NATIONAL DES ARTS ET METIERS)

2, cours des Arts-et-Métiers
✆ 04 42 38 00 65
www.cnam-paca.fr
Ouvert du lundi au vendredi de 8h30 à 12h et de 13h à 18h.

Le Conservatoire National des Arts et Métiers est réputé en France et ancré à Aix. Il délivre des cours à la fois via Internet et en cours du soir. Ils sont proposés à tous les salariés, demandeurs d'emploi, créateurs d'entreprise souhaitant compléter leur formation et acquérir un diplôme reconnu. Les cours s'organisent autour de 4 pôles d'enseignement : sciences du travail et de la société, économie et gestion, sciences et techniques industrielles, et sciences et technologies de l'information et de la communication. Le CNAM permet également la validation des acquis (VAE).

ENSEIGNEMENT
ECOLE SUPERIEURE D'ART D'AIX-EN-PROVENCE

Rue Emile-Tavan
✆ 04 65 40 05 00
www.ecole-art-aix.fr
Accueil de 8h30 à 12h et de 14h à 17h.

L'Ecole supérieure d'art d'Aix-en-Provence (ESAAIX) est un établissement public d'enseignement supérieur artistique qui forme des artistes, créateurs, professionnels de haut niveau, pour les mener au cœur de la réalité artistique contemporaine et des métiers de la création. Sur concours d'entrée ouvert aux titulaires du baccalauréat, ou par dérogation exceptionnelle, aux candidats non bacheliers justifiant d'une expérience et d'un parcours professionnel. Ateliers ouverts à tous les publics, aux personnes désireuses de développer ou de perfectionner une pratique artistique.

ENSEIGNEMENT
IBS OF PROVENCE

500, route de Bouc-Bel-Air ✆ 04 42 24 03 40
www.ibsofprovence.com
Inscriptions toute l'année en fonction des places disponibles dans les classes et en internat.

Entre Aix et Marseille, l'International Bilingual School of Provence existe depuis 1984 et prépare à toutes les qualifications, françaises, anglaises et américaines – Brevet, Baccalauréat, Cambridge, SAT, AP et Baccalauréat International. Le programme est bilingue jusqu'en quatrième et en troisième. Des stages de révisions scolaires et d'anglais intensif sont aussi programmés lors des vacances scolaires, ouverts à tous ! Dans un cadre idéal, sur 6 000 m² se répartissent salles de cours, de conférence, bibliothèque, amphithéâtre, cafétéria, espace de détente et complexe sportif, piscine et tennis. IBS prépare les futurs citoyens du monde avec 100 % de réussite au brevet et au baccalauréat

ENSEIGNEMENT
INSTITUT D'ÉTUDES POLITIQUES (IEP)

25, rue Gaston-de-Saporta
✆ 04 42 17 01 60
Ouvert du lundi au vendredi de 8h à 18h.

Créé en 1956, l'Institut d'Études Politiques d'Aix est une institution réputée. En plus du prestigieux diplôme de « Sciences Po », l'IEP propose des masters communication et journalisme politique à l'international, politique européenne appliquée, carrières publiques, affaires internationales, management des organisations sportives, ingénierie politique et action publique. Une pluridisciplinarité qui suit l'actualité de la France. Préparation aux concours administratifs de catégorie A (ENA, ENP) et formations continues via le cursus Sciences Po.

NEW
ENSEIGNEMENT
PREP'ART

17, rue lieutaud
✆ 04 42 38 85 42
www.prepart.fr
Admission sur entretien. Cursus scolaire ou en cours du soir

Qui n'a pas rêvé d'entrer dans l'école d'art de son choix ? Prép'art c'est la prépa privée qui propose un enseignement artistique et culturel propre à permettre à tous d'intégrer l'une des écoles publiques d'art (arts déco, Ensba, Ensci, écoles d'architecture, Emca, les gobelins...). Après Paris et Toulouse, Prép'art s'installe à Aix : Pédagogie inventive, effectif réduit, accompagnement personnalisé, tout est fait pour développer les talents des élèves et leur permettre d'élaborer leur projet artistique personnel. Le suivi des élèves et le tutorat sont encadrés par des enseignants eux-mêmes artistes toujours en lien avec les arts contemporains. Un gage de réussite !

ENSEIGNEMENT

UNIVERSITÉ DU TEMPS LIBRE

5, avenue Robert-Schumann
✆ 04 86 91 42 60
Accueil de 9h à 12h et de 14h à 17h. Inscription possible tout au long de l'année.

L'UTL d'Aix-en-Provence a été créée en 1974, et fut parmi les premières Universités du Temps Libre en France. Aujourd'hui l'Université du temps libre d'Aix/Marseille propose plus de 50 activités hebdomadaires, des séminaires, des stages et différentes conférences. Au programme : séminaire de photographie, de géopolitique ou de cinéma ; conférence cycle croyance et religion, cycle Napoléon, cycle histoire de l'art, les cours sont donnés par des spécialistes et enseignants reconnus.. Inscription à l'année ou simplement à la conférence. Excellent rapport qualité/prix.

ETUDIANTS

CROUS D'AIX-EN-PROVENCE

31, avenue Jules-Ferry
✆ 04 42 900 800
www.crous-aix-marseille.fr
Ouvert lundi 8h45-12h et mercredi 13h30-16h30.

Dans une ville étudiante aussi importante qu'Aix, le CROUS joue une carte majeure. Il y a d'ailleurs son siège académique ! Son but est de favoriser et d'améliorer les conditions de vie et de travail des étudiants. Si vous ou un de vos proches l'êtes, sachez que le CROUS agit notamment pour une restauration et un hébergement ouverts à tous. Une dizaine de restaurants et cafétérias (3,25 € le menu) et une dizaine de cités et résidences universitaires sont sur Aix. L'aide du CROUS peut aussi porter sur un accompagnement concret via l'obtention de bourses. Ses services sont détaillés sur le site... Tout y est décrypté pour préparer votre vie estudiantine dans de bonnes conditions.

LANGUES PARLÉES

AMERICAN CENTER

48, avenue Robert Schuman
✆ 04 88 92 71 95
www.americancenter.fr
Accueil du lundi au vendredi de 9h à 12h30 et de 14h à 19h.

The American Center propose des cours de langues et des activités destinés au public français et international. Une équipe de professionnels assure un suivi pédagogique personnalisé sur place. Le centre propose des cours collectifs de différents niveaux, des stages intensifs pendant les vacances scolaires, des cours particuliers et des formations d'entreprise dans le cadre du DIF (Droit Individuel à la Formation). Les cours sont entièrement en anglais, donnés très souvent par des Américains. Le centre fait également office de centre d'examen pour le TOEIC, LINGUASKILL, BRIGHT et LILATE. Test de niveau en ligne pour déterminer si des cours de préparation au TOEIC vous seront nécessaires.

LANGUES PARLÉES

LES PETITS BILINGUES

5, rue des Allumettes
✆ 04 42 52 12 93
Dossier d'inscription en ligne.

Apprendre l'anglais de 1 à 99 ans ! La méthode pédagogique des Petits Bilingues (réseau de 50 écoles en France) passe d'abord par l'apprentissage de l'oralité, car l'anglais est la langue de l'échange dans le monde, sur les plans professionnel et culturel. A Aix, c'est Sarah Mac Millin qui gère le centre. D'origine américaine et prof d'anglais depuis plus de 20 ans, elle s'est entourée d'animateurs, tous Anglo-Saxons, pour initier enfants et adultes de façon ludique et conviviale. Les ateliers sont adaptés par tranche d'âge, par niveau et par thème (préparer un entretien d'embauche, un voyage à l´étranger). Les formules sont souples, en cours particuliers ou collectifs.

PRATIQUE

ÉCOLE DE MAQUILLAGE SOPHIE LECOMTE

6, place Jeanne-d'Arc
✆ 04 42 27 53 63
www.sophie-lecomte.com
Ouvert du lundi au vendredi.

La force de l'image se retrouve partout, que l'on soit public ou anonyme ! Sophie Lecomte crée en 1988 à Marseille, son école de maquillage, maintenant installée à Aix-en-Provence depuis près de 35 ans. Cette école, à côté de la Rotonde, propose des formations courtes ou plus longues, notamment pour préparer le certificat professionnel de niveau 5 « maquilleur artistique » (en 2015 c'est la 1re école en France à être autorisée à le délivrer) et la VAE (validation des acquis de l'expérience) pour les professionnels. Les marques partenaires et célèbres sont multiples.

ENSEIGNEMENT

LYCEE PRIVE CLOVIS HUGUES

7, rue Fernand Dol
✆ 04 42 38 51 96

Vous aurez sans doute remarqué ces contingents d'étudiants déboulant dans la rue d'Italie sur le temps de midi : ce sont des étudiants du lycée Clovis Hugues. Ce lycée professionnel privé, sous contrat d'association avec l'État, accueille les étudiants préparant une formation initiale BTS Tourisme et BTS Comptabilité et Gestion ainsi que les BAC PRO Métiers de la Coiffure (en 3 ans) ou CAP métiers de la coiffure (en 1 an). Les enseignants sont des professeurs reconnus par l'Éducation nationale en lien avec des nombreux professionnels partenaires.

AVOCAT

MAISON DE LA JUSTICE ET DU DROIT

chemin Bruno-Durand
✆ 04 42 20 90 32
Ouvert de 9h à 12h et de 14h à 17h sur RDV.

Mis en place dans les années 1990, le Conseil départemental de l'accès au droit a été créé en France pour mieux faire connaître, faire valoir et exécuter nos droits et obligations. Ce dispositif national d'aide aux personnes permet de rencontrer des professionnels de la justice et du droit (avocats, notaires, juristes, huissiers...). A la Maison de la Justice et du Droit vous pouvez vous rapprocher des conciliateurs de justice, service d'aide aux victimes, avocats, notaires, juristes spécialisés, médiateurs familiaux, accompagnement administratif ou droit des étrangers.

PRATIQUE

AIX AVF (ACCUEIL DES VILLES FRANCAISES)

8-10, rue des Allumettes ✆ 04 42 38 49 83
https://avf.asso.fr/aix-en-provence
Permanence le mercredi de 14h30 à 16h30 et le samedi de 10h à 12h.

Vous venez d'arriver à Aix ? Que vous soyez retraité, actif, étudiant ou en famille, l'association Accueil des Villes françaises est un excellent relais pour votre intégration dans votre nouvelle ville. C'est dans une ambiance conviviale qu'ont lieu les réunions d'information. Des balades, des visites culturelles, des ateliers créatifs, des sorties, cours ou perfectionnement en langues étrangères...sont organisés durant l'année afin de créer une dynamique entre les adhérents et selon les affinités. Cocktail de bienvenue dans les salons de la mairie en novembre.

MAIRIE - COLLECTIVITÉ LOCALE

ATELIER DU PATRIMOINE

6, rue Pierre et Marie Curie (RDC)
✆ 04 42 91 99 40
www.aixenprovence.fr
Ouvert du lundi au vendredi de 9h à 12h et de 13h30 à 16h.

Ce service gère plus spécifiquement les dossiers de travaux que les Aixois, soucieux de rénover leurs biens en secteur sauvegardé élargi, veulent préparer. Il s'occupe du centre ancien, périmètre défini avec l'Architecte des Bâtiments de France, et avec lequel il travaille en concertation et en appui technique. *L'Atelier du Patrimoine* a plusieurs missions : conseils et informations sur les législations et contraintes inhérentes aux rénovations en secteur protégé ; aide au montage des dossiers ; organisation des RV avec l'Architecte des Bâtiments de France. C'est une adresse compétente pour obtenir des informations sur le patrimoine et sur vos futurs travaux de qualité.

PRATIQUE

SOCIÉTÉ PROTECTRICE DES ANIMAUX (SPA) D'AIX

Route de la Tour d'Arbois ✆ 04 13 91 06 30
www.la-spa.fr/aix-en-provence
Ouvert tous les jours de 14h à 17h sauf le mardi.

En 1845, en France, a été créée la Société Protectrice des Animaux. Aujourd'hui encore, des animaux sont abandonnés sans scrupule par leurs soi-disant propriétaires : vous trouverez dans cette antenne aixoise un petit compagnon à accueillir, chats, chiens, NAC (nouveaux animaux de compagnie) ou équidé, en toute connaissance de cause et de conséquences pour leur vie auprès de vous et votre famille. Les mots forts de la SPA sont « participez, adoptez et rejoignez-nous en devenant bénévoles »... Une démarche riche de beaux souvenirs à venir mais adulte et réfléchie.

MAIRIE - COLLECTIVITÉ LOCALE

MAIRIE D'AIX-EN-PROVENCE

Place de l'Hôtel-de-ville ✆ 04 42 91 90 00
www.aixenprovence.fr
Accueil et standard de l'hôtel de ville (sur la place de l'Hôtel-de-Ville) 8h-18h.

Sur l'une des places les plus animées et touristiques d'Aix, c'est un monument historique au pied du beffroi qui abrite les services de la mairie. À découvrir côtés façade et cour, le bâtiment recèle des joyaux picturaux comme les portraits des comtes de Provence et rois de France en salle des États-de-Provence.

Si l'accueil général, situé au rez-de-chaussée, vous informe et distribue de la documentation variée, les démarches administratives sont désormais le plus souvent à faire en ligne ou, selon votre résidence, dans les mairies annexes. Consultez régulièrement le site de la ville, dynamique et fonctionnel, les réseaux sociaux ou l'appli *Aixmaville*.

PRÉFECTURE - SERVICES DÉPARTEMENTAUX

SOUS-PRÉFECTURE

455, avenue Pierre-Brossolette
✆ 04 42 17 56 00
www.bouches-du-rhone.gouv.fr
Ouvert uniquement sur RDV ou convocation.

La sous-préfecture a migré en 2016 de la rue Mignet, en centre ville, vers l'avenue Brossolette, accessible à pied, en voiture, en bus urbain et car 13. Erigé sur un ancien mess des officiers, le bâtiment d'architecture moderne, avec un large parvis ombragé, accueille désormais uniquement sur rendez-vous et convocation pour les titres de séjour ; la majeure partie des services étant dématérialisée, notamment les formalités de cartes grises car tout se fait via Internet et le site www.ants.gouv.fr.: courage et patience... Un accueil téléphonique est toujours possible (standard vocal interactif), un point numérique d'aide sur rendez-vous ou via le standard de la Préfecture de Marseille.

DÉPÔT-VENTE

LA FIBRE SOLIDAIRE

6, rue de la Mule Noire
✆ 04 42 27 44 73
Ouvert du lundi au samedi de 10h à 13h et de 15h à 18h30.

250 tonnes de linge récoltées, 35 postes agréés, en moyenne 70 personnes accueillies par an, la fibre solidaire est un chantier d'insertion qui permet d'aider des personnes à reprendre pied tout en valorisant le stock de vêtements. Collectés mais surtout triés et recyclés, les vêtements, chaussures, sacs et objets sont mis en valeur pour trouver une seconde vie. Vous pouvez apporter vos dons au centre de production de Venelles et de Marseille mais aussi trouver d'autres pépites (vu une très belle robe de marquise !) dans les 2 centres d'Aix, rue de la mule noire et à Encagnane ou encore à Gardanne, Vitrolles et Pertuis. Un petit geste pour la planète qui fait du bien !

ENTRAIDE

SECOURS CATHOLIQUE

2, boulevard Maréchal-Leclerc
✆ 04 42 64 20 20
Ouvert du lundi au vendredi de 9h à 12h.

La délégation d'Aix-en-Provence qui se situe dans la ZUP, derrière le Pasino s'appuie sur la participation de bénévoles qui sont organisés en équipes, certains visitent les prisons. D'autres aident à créer des liens sociaux entre personnes en situation précaire. Les tâches sont variées et l'association recherche des volontaires. Aide aux personnes en difficulté, ou collecte de vêtements organisée par l'équipe de la Fibre Solidaire. Ainsi vous pouvez déposer vos sacs dans un petit local situé à droite avant l'entrée. Les habits seront ultérieurement triés et auront une deuxième vie et seront donnés aux personnes démunies : les besoins sont hélas toujours là !

ENTRAIDE

C.C.A.S - LOGEMENTS D'INSERTION

Place Romée-de-Villeneuve
✆ 04 42 17 99 99
Ouvert du lundi au vendredi de 8h à 12h30 et de 13h30 à 16h30. Sur rendez-vous.

Le centre communal d'action social (CCAS) est un organisme d'action publique. Celui-ci propose des actions pour remédier aux situations de difficultés sociales, notamment l'exclusion (action d'aide alimentaire) et le soutien au logement. Des logements d'insertion sont proposés par des travailleurs sociaux à des personnes qui rencontrent des difficultés d'ordre économique (personnes âgées ou familles en difficulté). Après constitution d'un dossier, les référents sociaux du pays d'Aix adressent la demande de logement d'insertion : des compétences au service des plus pauvres.

FAMILLE

ÉCOLE DES PARENTS ET DES ÉDUCATEURS DU PAYS D'AIX

1 et 15, avenue Albert Baudoin
✆ 04 42 59 64 53
www.epeaix.org
Ouvert du lundi au vendredi de 9h à 17h

L'école des Parents et des éducateurs du Pays d'Aix est une association loi 1901, pour accompagner, écouter et conseiller les parents et les jeunes. Rencontres débats, groupes de parole, entretiens, tout est mis en place pour favoriser la communication, accompagner les moments de crise et permettre des espaces de réflexion avec des professionnels. L'association participe au dispositif national « parents en crise » (numéro vert 0805 382 300). On en nait pas parents, on le devient et tout est fait pour y aider et permettre un bien-être des adultes et des jeunes.

ENTRAIDE

CROIX-ROUGE FRANCAISE

32, cours des Arts-et-Métiers
✆ 04 42 26 25 11
aixenprovence.croix-rouge.fr
Ouvert du lundi au vendredi de 9h à 12h.

La Croix-Rouge vient en aide aux plus défavorisés pour soulager la souffrance sous toutes ses formes. Distribution de colis alimentaires, de vêtements et maraudes nocturnes, aides alimentaires, sociales, matérielles, financières, activités textile et recyclerie, actions auprès des personnes âgées, de la jeunesse, point hygiène, accueil famille-enfant, Samu social, apprentissage des savoirs de base représentent leurs engagements et leurs actions au quotidien. En tant que particulier, vous pouvez effectuer des dons de vêtements, chaussures, couvertures ou de petits objets (à condition qu'ils soient en bon état). La Croix-Rouge forme également aux gestes de premiers secours.

SOLIDARITÉ - ENTRAIDE

ATELIER JASMIN

7, Rue Germain Nouveau ✆ 04 42 59 94 56
www.atelierjasmin.fr
Ouvert lundi, mardi, jeudi et vendredi de 9h à 12h et de 13h à 16h30.

Chaque année, l'Atelier Jasmin accompagne 25 femmes en CDDI (contrat à durée déterminée d'insertion) dans leur projet professionnel et à un retour à la vie active. Service de retouches et confection depuis 13 ans, c'est dans ce lieu de vie que tous les costumes du carnaval d'Aix sont confectionnés. Une équipe pédagogique pour encadrer, enseigner une technique avec les codes de l'entreprise à des femmes aux parcours très divers. C'est un atelier créatif ouvert où l'on peut refaire des canapés mais aussi des vêtements d'après les patrons. L'atelier travaille essentiellement avec de la récup de tissus, des sacs cassés. Alors passez y pour faire un don ou vous offrir quelque chose.

Fontaine des Tanneurs.

Rue d'Aix-en-Provence.

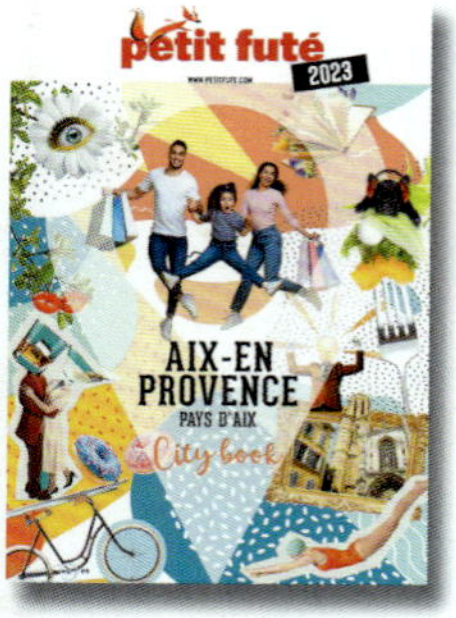

INDEX

© MARINA - STOCK.ADOBE.COM

Vue sur Aix-en-Provence.